■ 主 编 王胜三

一带一路山川志

YIDAI YILU SHANCHUANZHI

人民出版社

加强地名文化建设　服务国家重大战略

（丛书序言）

民政部副部长　宫蒲光

　　文化是一种精神、一种信念，是民族的血脉，是人民的精神家园。当今世界，文化在综合国力竞争中的地位和作用日趋凸显，增强中华文化国际影响力的要求更加紧迫。党的十八大提出了建设社会主义文化强国的战略目标，强调要推动社会主义文化大发展、大繁荣。党的十八届三中全会强调，要坚持中国特色社会主义文化发展道路，培育和践行社会主义核心价值观。习近平总书记高度重视中华传统文化，在中央城镇化工作会议、中央政治局集体学习以及在调研时多次强调，要保护好历史文化遗产，传承历史文脉。李克强总理在2015年的政府工作报告中专门强调要"保护和传承历史、地域文化"，这些充分体现了文化在国家"五位一体"总体布局中的重要位置。

　　地名是传统文化的见证和载体。地名记录着人类的历史、民族的融合、环境的变化、社会的发展。地名文化内涵丰富，源远流长，既是国家的重要历史遗产，也是五千年中华文脉不可或缺的组成部分，在社会主义文化建设中具有重要地位和作用。在新形势下，加强地名文化建设，既是促进社会主义文化大繁荣、发展社会主义先进文化的重要举措，也是传承和弘扬中华文化、增强国家文化软实力、提高国民对中华文化认同感和自豪感的重要途径。

　　当前，在党中央、国务院的高度重视下，地名文化工作迎来了繁荣发展的美好春天。地名文化建设是一项基础性、长远性的文化工作，要始终坚持"三项原则"：一要坚持保护传承与创新发展并重。保护传承与创新发展相辅相成，不可偏废，要坚持继承传统与创新发展的有机统一，在继承中创新，在创新中发展。既要在推进地名标准化的过程中做好地名文化遗产保护工作，坚持"地名要保持相对稳定"的原则，慎重更名；又要通过有效措施，深入挖掘符合时代发展要求的文化内容，提高新生地名的文化含量和文化品位，保证中国特色地名文化健康发展。二要坚持社会效益与经济效益双赢。地名文化事业具有很强的公益性，发展地名文化要把社会效益放在首位，特别是对有偿命名问题，要慎重对待，坚守健康文化和社会效益底线，确保地名文化的传承和发展。同时又要适应社会主义市场经济要求，大力发展地名文化产业，努力做到社会效益和经济效益双丰收。三要坚持理论研究与工作实践兼顾。当前，我们正在按照国务院要求开展第二次全国地名普查。各地要抓住普查之机，认真开展地名文化资源调查、挖掘、整理和研究工作，运用多种方式，宣传弘扬好地名文化，真正使地名文化建设接地气、聚人气、见实效；要及时总结地名文化建设实践经验，深入探索地名文化建设规律，充分发挥专家、学者的作用，专题研究地名文化出现的新情况、新问题，为地名文化发展提供理论支撑。

地名文化建设是地名工作的重要组成部分，要紧紧围绕中心、服务大局，重点抓好"三个关键"：一要抓好地名文化服务工作。文化是地名工作的灵魂，服务是地名工作的目的。地名文化建设要紧密围绕国家中心工作和重点任务，积极开展工作，主动作为。要积极研究丝绸之路沿途地名文化，强化丝绸之路地名考证、认定和发布工作；要围绕抗日战争胜利纪念日开展红色地名研究、认定等工作。逐步形成百花齐放的良好局面，共同挖掘、传承地名文化，为国家重大战略实施和经济社会发展服好务。二要抓好地名文化遗产保护工作。历史地名往往有着非常厚重的文化积淀，承载着优秀的文化基因。要按照中央提出的"望得见山、看得见水、记得住乡愁"的要求，按照习近平总书记关于解决"热衷于起洋地名、乱改历史地名"问题的重要指示，进一步做好"乡愁"这篇地名文化建设文章，深入开展"大洋古怪重"等地名乱象整治，构筑《地名文化遗产重点保护名录》制度，建立地名文化遗产数据库，健全地名文化评价标准体系，深入推进"千年古县"等地名文化遗产认定工作，使地名文化遗产得到分类、分级和分层保护。三要抓好地名文化发展平台建设。要进一步密切与中央主流媒体合作，着力搭建地名文化发展平台。要积极发挥高等院校、科研机构、社会组织等在推动地名文化建设方面的作用，形成社会各界关心、支持地名文化建设的良好氛围。

近年来，民政部将地名文化放在重要位置，开展了"千年古县"等地名文化遗产认定工作，在编撰图录典志、出版影视媒介等方面积极实践，深入探索，取得了可喜成绩。最近，为进一步推进"一带一路"地名文化建设，隆重纪念中国人民抗日战争胜利暨世界反法西斯战争胜利70周年，地名研究所精心编辑了"一带一路"地名文化系列丛书和红色地名文化系列丛书，这批书籍的出版既是近年来地名研究所科研成果的展示，也是普及地名文化知识、了解地名文化历史和"一带一路"战略的一个窗口。我相信，这批书籍的出版对于弘扬地名文化，加强对党和国家重要战略决策的理解将起到见微知著的促进作用。

出版说明

两千多年前，人类在荒漠与崇山峻岭间历尽艰辛、在浩瀚的大洋上劈波斩浪，造就了推动世界发展的陆上丝绸之路和海上丝绸之路。这两条道路将沿途的各国紧密地联系起来，构筑起了东西方政治、经济和文化交流的桥梁。沿线各国人民友好交往、互惠互利，促进了人类文明的进步，推动了世界文明的发展。

在21世纪的今天，习近平总书记提出了建设"丝绸之路经济带"和"21世纪海上丝绸之路"的战略构想。这一跨越时空的宏伟构想，从历史深处走来，融通古今、连接中外，顺应和平、发展、合作、共赢的时代潮流，承载着丝绸之路沿途各国发展繁荣的梦想，赋予古老丝绸之路以崭新的时代内涵。

为了更好地贯彻"一带一路"战略，发挥地名在传承文化中的独特作用与优势，民政部地名研究所组织编写了"一带一路"地名文化系列丛书。《一带一路山川志》以"一带一路"五条路线为主要框架，分四章介绍"一带一路"沿线重要山河湖泊：丝绸之路经济带北、中、南三条路线各自为一章；"海上丝绸之路"为一章，综合东线和南线。其中，一些大山、大河、大湖跨越两条或两条以上路线，则根据所属国家的具体实际情况安排所在章节。本书在纵观"丝绸之路"之历史发展的基础上，依据"一带一路"沿线山河湖泊的地理位置、地名文化、自然资源、政治地位、经济影响、文化功能，重点选择了 254 个山、河、湖（其中包括 118 座山、99 条河和 37 个湖）进行全面介绍，试图呈现一幅自然环境与文化环境相结合的全方位、多层次的"一带一路"图景，以便读者更全面地了解"一带一路"战略。

本书在介绍具体山河湖泊时，重点介绍了其地名的含义、沿革，尤其注重查阅古籍资料，试图揭示"一带一路"沿线民族对山、河、湖深远的认知、历史的记忆，与开发利用史。另一方面，因丝绸之路沿线民族、语言情况复杂，所以本书也尽量介绍了相关民族对于同一自然地理实体的不同命名，以展示各民族在同一地域所进行的不同文化创造。

图书编撰过程中，王胜三、刘连安、阮文斌负责编定全书的框架体系以及各类别国家词条编写的体例，阮文斌、陈越柳负责协调编撰人员和进度。陈越柳、刘荣、武东波、夏懿、翁菲霞、谢开、穆婷婷、吕琰琰、李肇华等曾与了词条的编写。阮文斌、陈越柳、李肇华对全书所有条目进行了修改、整理，阮文斌、李肇华负责了最后的统稿工作。

在写作过程中，我们查阅了大量的文献、论文资料，力求使内容准确和可靠。同时，"一带一路"沿线山河相关的数据和考证资料都在变动之中，本书资料和数据也将根据最新情况适时进行修订。虽然我们已尽所能，但是书中难免出现错漏，恳请读者批评指正。我们也希望这本书能够给读者提供一个由地名去观察"一带一路"的新视角。

目 录

第三章 丝绸之路经济带南线山河湖泊 / 234

绪 论

  古老的丝绸之路横跨占世界陆地三分之一的亚欧大陆，沿途有层峦叠嶂的崇山峻岭，奔流不息的大江大河，广袤无垠的戈壁沙漠，茂密葱郁的森林绿野，水草丰美的草原牧场和人稠物穰的绿洲平原。历经千年的丝绸之路将沿途的万水千山串联起来，共同见证了东西方交流的辉煌历史。两千多年以来，人类发展史上的几大重要文明在这条古道上不断对话、交融、升华，华夏文化、恒河文化、阿拉伯文化、波斯文化、希腊文化逐渐融会贯通。丝绸之路推动了沿线各国和各民族的社会文化发展，在世界文化交流史和人类文明史上留下了浓墨重彩的一笔。

  "一带一路"战略致力于加强亚欧非大陆以及相关海域的互联互通，建立和加强沿线各国的互联互通伙伴关系，构建全方位、多层次、复合型的互联互通网络，实现沿线各国多元、自主、平衡、可持续的发展。

  《一带一路山川志》以探讨丝绸之路沿线重要山岭、河流、湖泊的名称及其含义、由来、沿革为基础，追溯中西方经济、文化交流的历史，试图展现一幅自然地理环境与人文社会环境相结合的"一带一路"山河图，从而为"一带一路"战略提供新的研究视角。

  由于山、河、湖在自然地理与文化表现上的综合性与特殊性，本书首先在"绪论"部分梳理了"丝绸之路""一带一路"的相关概念与路线，阐明了本书的章节划分与山、河、湖词条选择的有关依据，从而更清晰地介绍"一带一路"沿线的地理环境与人文环境；"绪论"部分也综合介绍了山、河、湖等自然地理实体的相关通名、地理环境、资源状况和人文历史，整体上呈现了"一带一路"沿线山、河、湖的地理特性与文化表现。

第一节 从"丝绸之路"到"一带一路"

一、"丝绸之路"概念的由来

如今，"丝绸之路"（silk road）已经是一个驰名中外、老少皆知的词汇，其实它的提出也不过一百多年的历史。相对晚一些的"海上丝绸之路"概念如同"丝绸之路"一样，在引起学界高度关注之后，也逐渐进入寻常百姓的视野里。一般认为，早期的中文文献并未曾将这条起源自西安、横贯欧亚大陆的古老通道称为"丝绸之路"。这一名称始见于德国地理学家李希霍芬（Ferdinand Freiheer, von Richthofen）教授的多卷本名著《中国》（1887 年出版）。

李希霍芬是举世闻名的地理学家、地质学家、近代中国地质学研究先行者。他曾多次前往中国展开深入细致的调研，并且倾尽后半生书写《中国》一书。"丝绸之路"这一概念的提出建立在李希霍芬扎实的实践调查和深厚的文献积累的基础之上，尤其不可忽视的是他对于交通路线研究的重视。

在李希霍芬之前，已有不少欧洲学者关注这条古老的商贸道路了。根据早期西方文献记载，早在秦汉时期，中国的丝绸就经今天的新疆转运到中亚，再到欧洲，当时欧洲人以"赛尔"（即丝）来称呼丝绸，称中国为"赛里斯"，即"丝绸之国"。汉朝建立后，尤其是张骞"凿空"西域之后，西方文献中出现"丝绸"一词的频率大大增加。古希腊时期，地理学家马里纳斯（Marinus of Tyre）就曾记录了一条由幼发拉底河渡口出发，向东通往古代中国的商路。生活于 1—2 世纪的古希腊地理学家克罗狄斯·托勒密（Claudius Ptolemaeus）在其《地理志》一书中记录了这条商道。到了 19 世纪，以研究《马可·波罗游记》出名的英国地理学家亨利·玉尔（Henry Yule）出版了《中国和通往中国之路——中世纪关于中国的记载汇编》一书。通过注意中国的交通路线，研究中国历史上的商贸道路，同时结合西方文献中关于丝绸之路的记载，李希霍芬逐渐完善了丝绸之路的历史脉络，于是在《中国》一书中首次提出了"丝绸之路"这一概念。但他对这个词的使用比较谨慎，仅指汉代欧亚的贸易通道，甚至只是特指公元前 128 年至公元 150 年的欧亚交通道路。李希霍芬不仅提出了"丝绸之路"的概念，并作了有关的论证，在其《中国地图集》中，还涉及了海上丝绸之路的相关内容。李希霍芬对丝绸之路的研究，不仅为世界了解中国开启了一扇大门，也促使了以研究丝绸之路为主要内容的"丝绸之路学"的诞生，他也因而被称为"丝绸之路"的概念之父。

当时，德国历史学家赫尔曼（A. Herrmann）率先接受了这一名称，在其 1910 年出版的《中国与叙利亚之间的古代丝绸之路》一书中引申了李希霍芬的观点。他在书中指出："我们应该把这一名称（即'丝绸之路'）的含义进而一直延伸到通向遥远西方叙利亚的道路上去。"赫尔曼的主张得到了当时和之后的许多欧洲学者的支持。其后，李希霍芬的学生著名探险家斯文·郝定（Sven Anders Hedin）于 1936 年出版《丝绸之路》一书，此书一经出版就受到学术界和社会大众的热捧，从此"丝绸之路"这一概念不但得到了学术界的公认，也逐渐被世界各地的人民所熟知。

"丝绸之路"这一概念的诞生之际，正值西方学术界的中国研究热，尤其是对中国西北研究的高度关注。19 世纪末 20 世纪初以来，许多外国探险家和旅行者在中国西北地区发现了大量关于古代中国与西方进行贸易和文化交流的遗迹、遗物。丝绸之路的存在得到证实的同时，相关的研究也逐渐升温，越来越多的学者致力于揭开它的神秘面纱。于是，"丝绸之路"就成为从中国到地中海的这条陆路通道的总称。

伴随着国内外研究的不断深入，"丝绸之路"在学术界的影响越来越大，这一概念本身的内涵也发生了许多变化。在"丝绸之路"概念提出后的一百多年里，不断的考古发现和多领域多学科的深入研究将"丝绸之路"推向了新的高度，并逐渐延伸出"海上丝绸之路""陆上丝绸之路""草原丝绸之路""南方丝绸之路"等概念。中国著名考古学家徐苹芳在其《中国境内的丝绸之路》（发表于 2007 年）一文中指明，中国学术界将古代中国和西方的交通路线统称为"丝绸之路"，总括起来有四条，即沙漠丝绸之路（丝绸之路的主干）、草原丝绸之路、西南丝绸之路和海上丝绸之路。

二、狭义的"丝绸之路"

随着"丝绸之路"这一概念的发展，如今"丝绸之路"已有狭义和广义之分。广义的"丝绸之路"是古代中国和西方交通路线的统称，包括海路与陆路。狭义的"丝绸之路"指丝绸之路的主线，是汉唐两京经河西走廊通向西域以及欧洲的通道，一般也叫"古代丝绸之路""北方丝绸之路""陆上丝绸之路"，又因这一通道经过塔克拉玛干沙漠和中亚的若干沙漠以及沙漠周边的绿洲而被称为"沙漠丝绸之路"或者"绿洲丝绸之路"。"陆上丝绸之路"以西汉都城长安（今西安）为起点，东汉时期以都城洛阳为起点，跨越陇山山脉，穿过河西走廊，通过玉门关和阳关，抵达新疆，沿绿洲和帕米尔高原通过中亚、西亚和北非，最终抵达非洲和欧洲。

依据丝绸之路的历史发展以及丝路沿线的自然地理环境，一般将"陆上丝绸之路"分为东段、西段和南段三部分。东段从长安到玉门关、阳关，分北、中、南三条线路，均从长安出发，到武威、张掖汇合。北线经泾川、固原、靖远至武威；中线从泾川转往平凉、会宁、兰州至武威与北线汇合；南线从凤翔、天水、陇西、临夏、乐都、西宁至张掖。后北宋开辟了从天水经青海至西域的"青海道"，逐渐取代原来的南线。中段从玉门关、阳关以西至葱岭，也分三线：北线起自安西，经哈密、吉木萨尔、伊犁，直到碎叶（在今吉尔吉斯斯坦首都比什凯克以东的托克马克市附近）；中线起自玉门关沿塔克拉玛干沙漠北缘，经罗布泊、吐鲁番、焉耆、库车、阿克苏、喀什到费尔干纳盆地；南线由阳关沿塔克拉玛干沙漠南缘，经若羌、和田、莎车等至葱岭。葱岭以西直到欧洲都是丝绸之路西段，其北中南三线分别与中段的三线相接对应。北线沿咸海、里海、黑海的北岸，经过碎叶、怛罗斯（在吉尔吉斯斯坦与哈萨克斯坦的边境，接近哈萨克斯坦的塔拉兹的附近地区）、阿斯特拉罕等地到伊斯坦布尔。中线自喀什起，走费尔干纳盆地、撒马尔罕、布哈拉等到马什哈德与南线汇合。南线起自帕米尔山，可由克什米尔进入巴基斯坦和印度；南线也可从白沙瓦、喀布尔、马什哈德、巴格达、大马士革等前往欧洲。

一般认为这一交通要道始于西汉汉武帝时期张骞出使西域之际，当时的丝绸之路主要是中原地区联结西域，并未延伸至地中海沿岸。东汉时，班超经营西域并再次打通延伸了这一通道。当时西方的罗马人征服叙利亚的塞琉西帝国和埃及的托勒密王朝后，通过安息帝国、贵霜帝国和阿克苏姆帝国取得中国的丝绸。这不但是欧洲同中国的首次交流，也意味着完整的丝绸之路正式启程，此后这一通道上往来的中西方商人络绎不绝。

　　其实，早在张骞出使西域凿通丝绸之路前，西域与中原地区已有长久的往来，双方之间往来的通道被称为"玉石之路"。事实上，汉武帝派张骞两次出使西域，所走的"丝绸之路"正是在这条"玉石之路"的基础上拓展出来的。昆仑山和田一带盛产玉石，公元前1000多年就有古代先民将这一地区的玉石往东西两个方向运送：向东经甘肃、宁夏、山西，入河南；向西经新疆，到中亚。据史料记载，周穆王西巡路线就是这条古道的东线。但因为沿线各民族间的战争，玉石之路时断时续，时盛时衰。"玉石之路"在汉武帝时被重新开发利用，商贩们从中原向西域运去大量的丝绸和药材，归来时又带回大量的玉石和当地特产。"玉石之路"因运输玉石而闻名，汉武帝在河西走廊上设置"玉门关"，意为"玉石到此便是进入国门了"。后来，丝绸成为这条商道上的主要商品，故19世纪末李希霍芬将其誉为"丝绸之路"，并得到了全世界的公认。

　　丝绸之路起源于西汉，在隋唐时期空前繁荣，据史料记载，当时长安城胡商云集，定居者数以万计。唐中叶时期，中原地区政局动荡，朝廷疏于对西域的管理，西域地区战乱频发，丝绸之路被阻，日益衰落，规模远不如前，而后逐渐被海上丝绸之路取而代之。

三、海上丝绸之路

　　"海上丝绸之路"是指古代从中国沿海出发的商路，中国沿海的重要起点港口有广州、烟台、扬州、宁波、泉州、刘家港等。海上丝绸之路是古代中国与外国进行交通贸易和文化交往的海上通道，形成于秦汉时期，发展于三国至隋朝时期，繁荣于唐宋时期，转变于明清时期，是已知的最为古老的海上航线。元朝时欧洲探险家马可·波罗正是沿陆上丝绸之路抵达中国，又由海上丝绸之路返回欧洲。《汉书·地理志》首次记载了由中国通向印度洋的航线，根据其中"粤地"条的记载，可以得知这条存在于公元前1世纪的海上通道，即从雷州半岛之海康（当时称徐闻）出发，沿北部湾，贴着中南半岛海岸南航，到达马来半岛，然后向西北航行，到泰国南岸（当时为邑卢没国），再沿海岸南行，在克拉地峡东部（当时为谌离国）上岸，步行穿越克拉地峡，到达西海岸（当时为夫甘都卢国），换船西行到达印度东岸的甘吉布勒姆（当时为黄支国），返程时经过斯里兰卡（当时为已程不国）。这一记录对于研究中国海上交通史和对外交流史而言弥足珍贵，除了个别地名有待商榷，其主要航线基本清楚。之后的许多史籍和地志也涉及了相关内容，包括南方少数民族与南亚、东南亚各民族的文献记载、民间传说与纹饰图案等。

在丝绸之路研究伊始，许多学者就已经关注到了海上丝绸之路的有关内容。李希霍芬不仅提出"丝绸之路"的概念，也涉及了海上丝绸之路的相关内容。1903 年，法国汉学家沙畹（Emmanuel-Edouard Chavannes）在其著作《西突厥史料》中指出丝绸之路有海陆两道，但并未展开进一步的研究。日本学界较早研究海上丝绸之路的内容，涌现了一大批研究古代中国海上贸易与交流以及中国海上交通史的学者，但当时并未出现"海上丝绸之路"的概念。这一概念于 1968 年由日本学者、陶瓷研究专家三杉隆敏在其著作《探寻海上丝绸之路——东西陶瓷交流史》中首次提出，并且很快得到日本学界的认可。由于三杉隆敏提出"海上丝绸之路"概念时，中国正值"文化大革命"时期，内地学者与外界的交流少之甚少，因而国内关于海上丝绸之路的研究起步也较晚。20 世纪 80 年代以后，国际上掀起了一股关注"海上丝绸之路"的热潮，这一概念不仅得到国内外学者的高度关注，也逐渐进入社会大众的视野。此后，中国学界加快展开细致全面的研究，积极与国外学者讨论交流，取得了许多研究成果。陈炎、饶宗颐是最早关注和研究海上丝绸之路的学者，尤其是北京大学的陈炎教授，对这条路线作了多方面详尽的考释，同时还着重于中西方文化之交流。

如今，"海上丝绸之路"一词也已经广为人知，其路线也基本确定，主要有东洋航线、南洋航线、西洋航线三条线路。东洋航线由中国沿海港至朝鲜、日本；南洋航线由中国沿海港至东南亚诸国；西洋航线由中国沿海港至南亚、阿拉伯和东非沿海诸国。海上丝绸之路的主要港口，历代有所变迁，但只有泉州是被联合国教科文组织公认的海上丝绸之路的起点。汉代海上丝绸之路始发港为徐闻古港；从公元 3 世纪 30 年代起，广州成为主港；宋末至元代时，泉州超越广州，并与埃及的亚历山大港并称为"世界第一大港"；明初实行海禁政策，加之战乱影响，泉州港逐渐衰落，漳州月港兴起。

由于"海上丝绸之路"主要贸易商品为陶瓷，因而这一海上贸易路线也被称为"陶瓷之路"或者"海上陶瓷之路"。

四、"草原丝绸之路"和"西南丝绸之路"

"草原丝绸之路"和"西南丝绸之路"的概念出现相对较晚。关于"草原丝绸之路"概念的提出，目前没有一个较为明确的说法。西方学者更多地将其称为草原之路，认为这就是一条天然的草原通道。近年来，"草原丝绸之路"的概念在国内已经越来越受到重视，逐步得到学界和社会大众的认可。"草原丝绸之路"是蒙古草原地带沟通欧亚大陆的商贸大通道，主要路线由中原地区向北越过古阴山（今大青山）、燕山一带长城沿线，西北穿越蒙古高原、中西亚北部，直达地中海欧洲地区。草原丝绸之路是蒙古草原联结中亚和欧洲地区的重要贸易通道，是中西方文化碰撞、融合、升华的重要纽带。这一概念的提出虽然较晚，但实际上草原丝绸之路的存在要早于其他丝绸之路，在中西方交流史上具有极其重要的意义。研究表明，早在新石器时代蒙古草原就存在与中原、中亚文化交流的迹象了。由于地理环境和民族文化特性等因素，历史上草原丝绸之路相比其他丝绸之路要更通畅，持续时间也相对更久。

"西南丝绸之路"也被称为"南方丝绸之路"，又因为穿行于横断山区而被称为"高山峡谷丝路"，西汉时期被称为"蜀—身毒道"。一般认为西南丝绸之路始于先秦时代，繁盛于唐朝。大约公元前4世纪，中原群雄割据，蜀地（今川西平原）与身毒（今印度）间开辟了一条丝路，延续两个多世纪尚未被中原人所知，所以有人称它为"秘密丝路"。直至张骞出使西域，在大夏发现蜀布、邛竹杖系由身毒转贩而来。他向汉武帝报告后，元狩元年（公元前122年）汉武帝派张骞打通"蜀—身毒道"，先后从犍为（今宜宾）派人分五路寻迹：一路出駹（今茂汶），二路出徙（今天全），三路出莋（今汉源），四路出邛（今西昌），五路出僰（今宜宾西南）。但使者们受到了阻挠，"蜀—身毒道"未能顺利打通。直到郭昌率数万巴蜀兵平定西南地区后，西南丝绸之路和中原地区连接起来，逐渐发展为东西方交流的重要交通要道。

西南丝绸之路主要有两条线路：一条为西道，即"旄牛道"；另一条是东道，称为"五尺道"。西道从成都出发，经邛州、名山、荥经、汉源、越西、西昌、大理到保山，再到密支那或八莫，进入缅甸和东南亚。东道从成都出发，到宜宾、高县、昭通、曲靖、昆明，以后一途入越南，一途经大理与西道重合。

西南丝绸之路地形复杂，民族众多，语言丰富，文化多元，具有重要的研究意义和一定的研究难度。

"西南丝绸之路"的概念与近年来在学术界和社会大众之间广受关注的"茶马古道"并非等同。茶马古道是指存在于中国西南地区，以马帮为主要交通工具的民间国际商贸通道，是中国西南民族经济文化交流的走廊。茶马古道源于古代西南边疆的茶马互市，兴于唐宋，盛于明清，二战中后期最为兴盛。茶马古道分陕甘、陕康藏、滇藏路，连接川滇藏，延伸入不丹、尼泊尔、印度境内，直到抵达西亚、西非红海海岸。在路线上，茶马古道与"西南丝绸之路"有重合的部分，但在概念上并不等同。纵观古代中国西南地区交通史，时间上，西南丝绸之路要早于茶马古道，空间上也比茶马古道涉及的范围要广，沿途的驿站更多，交流路线更复杂。

五、"丝绸之路经济带"和"21 世纪海上丝绸之路"

如今，据"丝绸之路"概念的提出已经过去了一百多年，"丝绸之路"这一词汇早已深入人心，而"海上丝绸之路"也同样，不仅得到了国内外学者的普遍认同和高度关注，同时也具有广泛的群众基础。在中国，一般认为丝绸之路有陆上丝绸之路、海上丝绸之路、草原丝绸之路和西南丝绸之路这四条，学界和社会大众对于草原丝绸之路和南方丝绸之路的关注与认可也与日俱增。"一带一路"（英文：the Belt and Road，缩写 B&R）的概念是在丝绸之路的历史基础上提出来的，是指"丝绸之路经济带"和"21 世纪海上丝绸之路"。

2013 年 9 月 7 日，习近平主席在哈萨克斯坦纳扎尔巴耶夫大学发表重要演讲，首次提出了加强政策沟通、道路联通、贸易畅通、货币流通、民心相通，共同建设"丝绸之路经济带"的战略倡议；2013 年 10 月 3 日，习近平主席在印度尼西亚国会发表重要演讲时明确提出，中国致力于加强同东盟国家的互联互通建设，愿同东盟国家发展好海洋合作伙伴关系，共同建设"21 世纪海上丝绸之路"。"一带一路"不是一个实体和机制，而是合作发展的理念和倡议，是充分依靠中国与有关国家既有的双多边机制，借助既有的、行之有效的区域合作平台，旨在借用古代"丝绸之路"的历史符号，高举和平发展的旗帜，积极主动地发展与沿线国家的经济合作伙伴关系，共同打造政治互信、经济融合、文化包容的利益共同体、命运共同体和责任共同体。

2014 年博鳌亚洲论坛年会开幕大会上，中国全面阐述了亚洲合作政策，并特别强调要推进"一带一路"的建设。2015 年发布的《推动共建丝绸之路经济带和 21 世纪海上丝绸之路的愿景与行动》系统地勾勒出了"一带一路"路线图，标志着"一带一路"步入全面推进阶段。"一带一路"战略以互联互通为抓手，以金融合作为前导，激发大市场活力，共享发展新成果。

丝绸之路经济带重点畅通中国经中亚、俄罗斯至波罗的海（丝绸之路经济带北线）；中国经中亚、西亚至波斯湾、地中海（丝绸之路经济带中线）；中国至东南亚、南亚、印度洋（丝绸之路经济带南线）。21 世纪海上丝绸之路重点方向是从中国沿海港口过南海到印度洋，延伸至欧洲（21 世纪海上丝绸之路西线）；中国沿海港口过南海到南太平洋（21 世纪海上丝绸之路南线）。

"一带一路"涉及中国以外 65 个国家，包括东亚的蒙古，东盟 10 国：新加坡、马来西亚、印度尼西亚、缅甸、泰国、老挝、柬埔寨、越南、文莱和菲律宾；西亚 18 国：伊朗、伊拉克、土耳其、叙利亚、约旦、黎巴嫩、以色列、巴勒斯坦、沙特阿拉伯、也门、阿曼、阿联酋、卡塔尔、科威特、巴林、希腊、塞浦路斯和埃及的西奈半岛；南亚 8 国：印度、巴基斯坦、孟加拉、阿富汗、斯里兰卡、马尔代夫、尼泊尔和不丹；中亚 5 国：哈萨克斯坦、乌兹别克斯坦、土库曼斯坦、塔吉克斯坦和吉尔吉斯斯坦；独联体 7 国：俄罗斯、乌克兰、白俄罗斯、格鲁吉亚、阿塞拜疆、亚美尼亚和摩尔多瓦；中东欧 16 国：波兰、立陶宛、爱沙尼亚、拉脱维亚、捷克、斯洛伐克、匈牙利、斯洛文尼亚、克罗地亚、波黑、黑山、塞尔维亚、阿尔巴尼亚、罗马尼亚、保加利亚和马其顿。

在中国境内，"一带一路"沿线重点涉及了 18 个省份，包括新疆、陕西、甘肃、宁夏、青海、内蒙古等西北的 6 省份，黑龙江、吉林、辽宁等东北 3 省份，广西、云南、西藏等西南 3 省份，上海、福建、广东、浙江、海南等 5 省份，内陆地区则是重庆市。新疆被定位为"丝绸之路经济带核心区"，福建则被定位为"21 世纪海上丝绸之路核心区"，广西的定位是"21 世纪海上丝绸之路"与"丝绸之路经济带"有机衔接的重要门户。

斯文·赫定曾在《丝绸之路》一书中预言："落后的亚洲也会再次进入文明和发展的新时代。中国政府如能使丝绸之路重新复苏……必将对人类有所贡献，同时也为自己树起一座丰碑。"此书出版至今的八十多年里，亚洲各国纷纷摆脱西方殖民统治，走向独立发展的道路，而中国在改革开放之后的飞速发展更是举世瞩目。"一带一路"的建设为沿线地区注入了生命力，使丝绸之路重新扬帆远航，书写新的辉煌。

第二节 "一带一路"山川地名

"一带一路"沿线地理环境复杂多样，山河湖泊众多，自然景观丰富，而大部分地区很早就有人类活动的足迹了。沿线民族历史悠久，文化多元，语言复杂，留下了灿若繁星的地名以及源远流长的地名文化。丝绸之路上多民族文化不断碰撞、融合和升华，携手书写下一部浩浩荡荡的东西方文化交流史，其实，这也是一部丝绸之路沿线地名的沿革史。另一方面，各民族之间长久而广泛的交流，也造就了"一带一路"沿线地名复杂的现状。地理环境和多方面文化因素共同发力，创造了丰富深厚的地名文化。因此，若要了解沿线山河湖泊深厚的地名文化，不可避免地需要从多学科角度着手，探讨沿线各民族的历史文化发展轨迹以及民族文化特性。

本书以"一带一路"沿线山、河、湖等自然地理实体的名称这一重要地名为切入点，从自然地理、文化、历史、经济、政治等方面着力，对"一带一路"沿线重要山、河、湖进行全面的介绍。山、河、湖的地名蕴含着丰富的文化内涵，不仅可以从中窥见丝路沿线自然环境的变化，还能探寻丝路沿线民族的历史文化变迁，从而更全面地展现"一带一路"沿线的自然地理环境和人文社会环境。

山、河、湖等自然地理实体是最早成为人类标识和命名的自然实体之一。在原始的采集、狩猎、渔捞的经济生活中，人们的生存依赖于自然环境，必须与山水打交道，关于山和水的地名必定是语言中最早出现的语词的一部分。早在文字出现以前就已经存在大量的图形符号指代特定的山、河、湖。随着对物质世界的认知和利用程度的加深，人类对自然环境有了更为清晰的认识。而语言文字的发展，也帮助人们更好更有效地了解和标识自然地理实体，促使自然地理实体的通名分类逐渐细致化和体系化，最终发展为一部浩如烟海的地理实体地名录。

法国现代人类学家列维·布留尔（Lvy-Bruhl, Lucien）在《原始思维》一书中指明，不论是南非土著还是北美印第安人，其原始语言对任何一种地理事实，每一种土壤和石头都有极其丰富的专门名称。书中记录："在新西兰的毛利人那里，他们的土地、道路、海盗四周的海域……山崖和水源，全都有自己的名称。在西澳大利亚，每条山脉都有自己的名字；同样，每座山也有自己专门的名称。"在汉语中，表示山河湖泊的词汇也是不胜枚举，很多词汇更是历史久远，指意丰富。甲骨文中就有表示山河的字，而殷墟卜辞中所见地名用字就有五百多个。在《尔雅》《说文解字》等古代词书中，各式各样的山河湖泊的名称也让人叹服古人对自然实体的认知能力。

地名属于名词的一种，名词一般分为专有名词和普通名词两类，专有名词表示具体的人、事物、地点、团体或机构的专有名称；普通名词表示某些人、某类事物、某种物质或抽象概念的名称。具体山川的名字主要通过对特定"普通名词"的形容，使其具有某种属性，从而成为这一山川的"专有名词"。也可以说，具体山川的名字主要由表普遍性的名词和表特殊性的形容部分组成，例如鸣沙山和月牙泉。一般情况下我们对鸣沙山和月牙泉的命名解释为：发出鸣沙声音的山和像月牙一样的泉，却很少再解释为什么为山，为什么为泉。而古人对于物质世界的命名首先是泛指性的，归类总结式的。山有山的特点，岭有岭的本义，泉有泉的属性，湖有湖的意义。在解释山川名字之时，不仅要知其形容部分，也要知其主体部分，例如，解释古代丝绸之路上的"葱岭""罗布泊"时，需注意何为"岭"，何为"泊"；何谓"葱"、何谓"罗布"。对于通名的解释，有利于了解具体山、河、湖的自然形态和类别以及自然环境的变迁，从而更细致地展现"一带一路"沿线的自然地理风貌。

在汉语中，对于不同形态的山、河、湖有不同的称呼。山，甲骨文象形字，像山峰并立的形状，是指地面上有土石构成的隆起部分，造字本义为起伏叠嶂的峰岭，像遥望中起伏连绵的群峰的线描，有三（众多）座峰头。《说文解字》中解释为："山，土有石而高。"表示地表隆起部分以及相关部分的字有很多，山为最广泛的通称。两峰相连或零散不成方向的小山叫丘；岭，泛指山，也指有可达山顶之道的山或者高大的山脉；冈，为高地、山脊；岗，先民设阱张网、罗雀猎兽的山脊，百兽繁生的山顶；峰，指高而尖的山顶；峦，指小而尖的山；岵，有草木的山；屺，无草木的山；隋，指小山；砠，有土有石的山丘；京，为高丘；谷，山岭间洞水汇集的洼地；岳，在山脉的群峰中独立、高大的主峰；崐，在山脉的群峰中独立、高大的主峰；峨，高耸峭拔、令人惊叹的高山；崇，山之宗，比喻山系中最高耸巍峨的山脉；嵩，山大而且高；岑，小而高的山；峤，泛指高而陡峭的山峰，锐而高；屺，指矮而广的山；峛，泛指小山纵列；峘，小山与大山并立，但是小山高过大山就称为峘；峄，连绵不绝的山；蜀，单独的一座山；章，山顶平坦的山；隆，中央高的山；岫，指有山洞的山；峡，两山相夹有水处；峡谷，两坡陡峭、中间狭而深的谷地；岛，鸟类喜欢聚集栖息的、四周水域环绕的陆地；屿，比喻围绕着主岛分布的水中小山，比岛小；岩崖交错为峥，山岩堆叠为嵘。

现代汉语中使用比较多的是"山""岭""山地""山脉"等名词。"山"指突出于陆地表面的高地，一般认为绝对高度在海拔 500 米以上，相对高度应大于 200 米，有显著的山麓、山坡和山顶。"岭"主要指具有陡峭的山坡和明显的分水岭，绵延较长的高地。"山地"是指由若干山岭组成，陆地表面海拔在 500 米以上，相对高度较大，顶部高耸，坡陡，深度大的地区。"山脉"是指由山的主体山岭和分支与山谷相间组成的山体，并有一定走向的山岭系统，像脉络似的分布着。在翻译国外的山名时，更多依据目标对象的实际情况，选择使用"山""岭""山地""山脉"等语词。因山口在军事和交通上的重要地位，本书也着重介绍了丝绸之路沿线至关重要的山口，"山口"即为山岭中间的凹处。

在造字时代，石壁上飞溅的山泉叫"水"；由山泉汇成的水叫"涧"；山涧在地面汇成的清流叫"溪"；众多小溪汇成的水流叫"川"；众多川流汇成的大川叫"河"。川，是山谷间陡峭地带窄浅的湍急水流，河是开阔地带深广的舒缓水流，也就是说，川是较小的河，是河的上游；河是较大的川，是川的下游。《说文解字》中解释为："川，按象水直达之形。水之出于他水，沟流于大水及海者，命曰川水。""川"字为古代使用最广的河流总称，相当于今称的"河"。河的造字本义为非舟船无以越渡的大川，古人称登山而呼为"阿"，称临川唤船为"河"。古时"河"也专指北方第一大川，即黄河，发源于青海、流入渤海的中国第二大川流。后"河"取代"川"，成为河流总称，国外河流翻译成汉语时一般也用"河"一字。江，古代专指中国最大河，即长江，发源于中国西北（青海唐古拉山），由西至东流经中国中南部广大地区，流入东海的河流。"工"在汉字中除了表示"精巧"，通常还有"巨大"的意思，大河为"江"。"江""河"本是南、北两条大河流专称，都可兼称其支流，并分别作南、北方河流的通称，地域上为南江北河，规模上为大江小河，外国河流一般称为河。

此外还有一些表示河流的通名：淮，本义指最清的水流，也专指淮河；济，古水名；渎，本是江、河、淮、济、四大河流的专称，后可泛称大小人工河道，入湖泊的小河；溪，山里的小河沟；渠，水道，特指人工开凿的河道或水沟；沟，本义为田间小道，古时特指护城河，也泛指一切通水道。

古人称大池为"湖"；称大湖为"海"；称大海为"洋"。湖，本义是长满水草的四面有陆地的水域，泛指陆地上积聚的大片水域；泊，本义为陆地没有水草而封闭的水域；海，造字本义为水之母，比喻河流的发源地，即陆地上的大湖或大池，后指与"大洋"相连接的大面积咸水区域，即大洋的边缘部分；潭，指面积不大但水体深的水域；淀，是指平静的水域，和潭相比，可大可小，水体较浅；洪，是指大洪水过后因泥沙淤积而形成的浅水湖泊；泉，从地下流出的水源；池，多指人工挖的水塘；水深的湖沼或水草丛杂的湖沼下有水曰泽；上古时期，池和沼都表水池，塘在中古时期才表示水池。一说圆曰池，曲曰沼。现代汉语中，主要使用"湖"字，也有一些水域沿用古名。

与"山"相关的字和与"水"相关的字组成不同词汇，其所指代的含义也不同。山川，即山岳江河，也借指景色。而名山大川，泛指有名的高山和源远流长的大河，出自《尚书·武成》中"底商之罪，告于皇天后土，所过名山大川"，多为褒义，指有利于人们生存发展的山川。穷山恶水是指不利于人们生存发展的山川，为贬义词。山河，指大山大河，引申为国家或国家某一地区的土地，具有政治意涵，也指所有山与河的总称；江山，多指国家、国家领土，也具有政治意涵；山水，本义为山上流下来的水，泛指有山有水的自然风景，后特指山水文化。

古籍的记载和文化现实都证实了汉语对于自然地理实体的命名之细致和全面，若要深入了解"一带一路"沿线重要山、河、湖的自然地理情况，了解古籍中地名及其文化的相关记载是必不可少的。丝绸之路历史悠久，沿线各民族交流广泛，往来商人、僧侣、游客络绎不绝，丝绸之路沿线的一些山、河、湖很早就记载于古代文献中了。《汉书·西域传》中就记载了西域地区的山川湖泊。《大唐西域记》记述了玄奘沿丝绸之路达到印度的路途中所亲历的110个及得之传闻的28个城邦、地区、国家之概况，有疆域、气候、山川、风土、人情、语言、宗教、佛寺以及大量的历史传说、神话故事等。此外《山海经》《水经注》《西域水道记》等地理著作以及其他的古代文献资料对"一带一路"沿线的山河湖泊也有不同程度的记载。对于山、河、湖的地名，尤其是通名、古地名的研究，可以更好地了解沿线各民族文化的发展历程以及与不同文化在历史更迭过程中碰撞和交流状况。

不仅汉语，其他语言对于自然地理实体的命名也是细致与全面的，同时，随着语言文字和民族社会文化的发展，通名也逐渐向专有名字细分，极大地丰富了各民族的地名文化。

丝绸之路自古就是中西方文化交流的交通要道，各地区的地名也丰富多彩，不同民族不同语言对于同一自然地理实体的命名也屡见不鲜，地名翻译与传播也使同一地区的地名文化呈现出更加复杂的状态。各民族时空上的变迁，使同一地名的含义越来越丰富，文化的交流与传播也促使各地名被翻译成更多语言进入更广阔的天地。山、河、湖的名称也不断从简单到复杂，从通名到专名转化。例如，高加索山系间的民族和分布其中的语言极多，素有"民族之山""语言之山"的称谓和别名。这众多的民族，众多的语言，曾不约而同地给这座山岳取过很多名字。如阿布哈兹人称它为极乐山，切尔克斯人称它是把幸福带到人间的幸福山，卡尔巴达人管它叫白昼之山，巴尔卡尔人和卡拉哈伊人名之为"千山"等。

第一章　丝绸之路经济带北线山河湖泊

第一节　重要山岭

1. 阴山

阴山，位于中国内蒙古自治区的中部和河北省北部，为东西走向的山脉。阴山山脉，西起狼山、乌拉山，中部为大青山、灰腾梁山，南部为凉城山、桦山，东部为大马群山。阴山，蒙古语名为"达兰喀拉"，意思是"七十个黑山头"，由此可见是根据阴山山脉的山体特征而得名。在古代文献中有许多"阴山"地名出现，并不单指内蒙古与河北境内的这一山脉，例如元代将天山称为阴山，也有将博格达山和婆罗科努山称为阴山的。古汉语中，阴的本义为山的北面，水的南面，也指代北方，因而称位于北面的山为阴山。

阴山山脉属于古老断块山，山地南北两坡呈现不对称分布，北坡倾向于内蒙古高原，属于内陆水系，南坡从 1000 余米的落差直降到黄河河套平原。东西横向绵延达 1200 千米，平均海拔为 1500 至 2000 米，主峰为海拔为 2364 米的呼和巴什格峰。

阴山地区自古就有人类活动的历史足迹，历史绵远悠长。上溯到新石器时期，阴山以南的广大地区，属于仰韶文化的分布范围，其中的制陶业比较发达，并最能代表当时的手工业经济发展的水平；阴山以北的广大地区，则分布着以细石器为特征的诸文化，该种石器与农耕文明相结合，与蒙古高原的刮削器狩猎文化不同，呈现出更高水平的石器制作水平。到了青铜器时期，阴山山脉以南的河套地区主要为游牧民族的青铜文化，并受到商周青铜文化的影响较深；阴山以北，在南西伯利亚、鄂毕河上游及哈萨克地区，分布着命名为卡拉苏克文化的青铜文化，其中发现了与商周器物颇为相似的陶鼎、陶鬲以及青铜刀、战斧、矛、镞等青铜器物，这是一种深受商周文化影响，并在游牧民族的历史长河中形成的一种独特的游牧民族青铜文化。

阴山是华夏文明的重要发祥地，更是我国北部一个很重要的、独具特色的文化区域。阴山自古以来就是一个多民族聚居地域，先后活跃的有匈奴、鲜卑、柔然、铁勒、突厥、回鹘、契丹、党项、女真、蒙古等众多民族，同时，汉族也从春秋时期就开始有居民迁入。先后有这么多民族活跃在这样一个并不太大的区域，在我国实属罕见。在几千年来的历史岁月中，阴山地域各民族在这一地域繁衍生活，创造了十分丰富的物质文明和精神文明，成为我们中华民族文化的宝贵财富。

先秦时期，在阴山地区生活的少数民族，活动轨迹异常繁复，正如《史记》中所说"其世传不可得而次云"。在阴山地区，出现如此众多的少数民族部族，大概是由于各部族"逐水草而迁徙""随畜牧转移""居无常所""时大时小，别散分离"的生活习性所致。同时，生活在阴山地区的少数民族部族，常见于甲骨金文的有土方、鬼方、羌方、方等名称，见于史籍的则有荤粥、猃狁、犬戎、山戎、北狄等。另外，根据《史记》卷43《赵世家》记载，在公元前307年，赵武灵王召楼缓谋胡服事时说：赵国，东有胡，西有林胡、楼烦、秦、韩之边；又自请于公子成曰：吾国自常山以至代、上党，东有燕、东胡之境，而西有楼烦、秦、韩之边。由此记载，可以清晰地看到林胡、楼烦、占据着阴山以南（今乌兰察布南部丘陵、呼和浩特及鄂尔多斯市东北边沿一带）。秦王朝时期，对于阴山地区的控制呈现出秦王朝与匈奴交替控制的局面。秦囊括六国后，匈奴以乌加河以北的阴山为中心，控制着阴山南北广大地区。公元前215年，蒙恬率30万大军北击匈奴，收取楼烦、白羊王占据的河南地，匈奴头曼单于被迫放弃阴山以南地区，向北退却数百里……

阴山地域在古代社会一直是游牧民族活跃的舞台，因此起初的衣食住行都与游牧经济相关。如《史记》载，匈奴人自君王以下，咸食畜肉，衣其皮革，被旃裘。同时，该地域的古代少数民族大多有贵壮贱老、崇武好兵的习俗。如《史记》载，匈奴人壮者食肥美，老者食其余，贵壮健，贱老弱。当然，更为值得一提的是，赵武灵王推行的"胡服骑射"政策，不仅改进了赵国军队的服装装备，方便于作战，开创了我国骑兵史的新纪元，而且使"习胡服，求便利"成了我国服饰变化的总体倾向，奠定了华夏民族与北方游牧民族服饰融合的基础。

阴山岩画是中国境内已发现的岩画中分布最为广泛，内容最为翔实，艺术最为精湛的岩画，既是世界上最早发现的岩画，也是世界上最丰富的岩画之一，是中国最大的岩画宝库，为探寻阴山地区中国古代少数民族的生活提供了翔实的素材。据载，早在公元 5 世纪时，北魏地理学家郦道元就发现了阴山岩画。同时，他在著名的《水经注》中作了详细的记述。然而在其后的若干世纪里，该地区的岩画一直被人所冷落。直到 20 世纪 30 年代末，中瑞西北科学考察团才发现了几幅岩画，自 1976 年开始对岩画进行全面的探索考察。目前，现存阴山岩画的绝大部分分布在巴彦淖尔地区，最大的面积可达400 平方米，真实地记录了在此生活的古代北方匈奴、敕勒、柔然、鲜卑、蒙古等游牧民族的生产与生活风貌。其中，五虎图是阴山岩画的杰出代表作。五虎图上所呈现出的五虎形象，大概是源于古代先民对于自然及图腾的崇拜，给我们后人留下无限的遐想与启迪。

在辽远的蒙古草原上，阴山古刹，只是众多喇嘛庙宇中的一座。茫茫无际的绿色草原，环绕在阴山古刹四周，雄伟的雕梁殿宇，在蓝天和白云的映衬下，像绣在绿色缎面上的精美图案。阴山古刹虽规模不大，但建筑却精巧玲珑，金碧辉煌。据《蒙古及蒙古人》译本中记载，清朝时期归化城的土地，按照召庙分成许多地段，这些地段属于各召所有。可见，正是召庙的发展，带动了大盛魁在归化城的发展。阴山古刹，这座草原上的藏传佛教明珠，不仅让我们看到了当地人们的宗教信仰，更让人们得以虔诚地为生活祈祷，祝福这片土地风调雨顺，人民生活安乐。

阴山山脉在浓郁的生活氛围下，不仅有太多的人文胜景，同时更留下千年来口耳相传的动人诗篇。古途白道，位于呼和浩特西北部，古人以其路口千余米土色灰白而有古途白道之名，北魏时曾在南端设立白道城。阴山山区现存的名胜有昭君墓、战国赵长城、高阙鸡鹿塞、武当召、美岱召、百灵庙等。这些美不胜收的历史名胜，成为人们流连忘返的旅游胜地。北朝最具代表性的著名民歌"敕勒川，阴山下，天似穹庐，笼盖四野。天苍苍，野茫茫，风吹草低见牛羊"，唐代诗人王昌龄的"但使龙城飞将在，不教胡马度阴山"等名句，如实地描写了不同历史时期阴山的风光和人类活动，更为我们留下了举世闻名的文化遗产。

阴山山脉南北气候差异显著，是草原与荒漠草原的分界线。阴山南麓的降水较为充沛，适宜发展农业。山区植被稀疏，仅在东段的阴坡有小片森林，分布有白桦、山杨、杜松、侧柏、油松、山柳等树种。山间盆地中分布有旱作农业，出产春小麦、莜麦、马铃薯等农作物，产量低而不稳。同时，该地区的大青山的煤矿、白云鄂博的铁矿和稀土矿品质高、储量大。阴山地区为我国的经济建设的发展和人民生活水平的提高，贡献着自己的力量。

2. 杭爱山

杭爱山，位于蒙古国中部，离雁门关约1800千米左右。为西北—东南走向的山脉，跨越蒙古国扎布汗省、前杭爱省和后杭爱省，绵延总长度约700千米，平均海拔在3000米左右，是蒙古人民共和国内流区和外流区的分界线，国内北冰洋流域与内流区域的重要分水岭，著名的色楞格河、鄂尔浑河均发源于其北麓。杭爱山主峰为海拔4031米的鄂特冈腾格里峰，登临鄂特冈腾格里峰，一望无际的草原绵延，胸怀顿时开阔，大有"天高任鸟飞"的激情满怀。杭爱山山脉的北坡长有针叶林，南坡多草原牧场和温泉，并建有疗养地，更是放松身心、享受度假的好地方。厌倦了大城市生活的喧嚣与浮杂，漫步于疗养胜地，或许给自己带来别样的精神享受。

杭爱山，其语义源自蒙古语，意为水草丰美、森林茂密。杭爱山在中国被称为燕然山。根据《史记》中的记载，大约在公元前3世纪后半叶，匈奴已经发展成为一个统一的、强大的民族，其中左贤王住在东面，可能在克鲁伦高地，而右贤王则住在西面，即在杭爱山区、今乌里雅苏台附近。公元89年夏，窦宪、耿秉出朔方郡鸡鹿塞，南单于出走满夷谷，度辽将军邓鸿出走稠阳塞。三路大军会师于涿邪山，在稽落山大破北匈奴，又向北追击匈奴诸部，出塞三千余里，匈奴降者共计八十余部，班固奉命作铭，以彰显汉朝威德，刻铭记于燕然山而还。

在中国境内一直被称为燕然山的杭爱山，始终是古代诗歌中的常用事物。王维在《使至塞上》有"萧关逢候骑，都护在燕然"的豪情满怀，范仲淹在《渔家傲》中有"燕然未勒归无计"的壮志未酬，李白在《登邯郸洪波台置酒观发兵》中有"请缨不系越，且向燕然山"的激情满天，姚合在《送独孤焕评事赴丰州》有"须凿燕然山上石，登科记里是闲名"的报国情操。关于燕然山，有太多的诗词歌赋，有太多的文化底蕴，仿佛让我们回到那硝烟弥漫的时代，一番豪情壮志，自给我们后人以感慨万千。

杭爱山自古就是游牧民族足迹所到的地区。蒙元时期，元世祖忽必烈因为精通汉人生活习惯，并对汉文化非常喜爱，故而尤为重视农业生产技术的改进和农业生产的发展。在元世祖忽必烈的努力下，将注意力更偏重于边疆开发，即原来人烟稀少的长城以北广大地区。他继承成吉思汗的移民政策，组织汉人及其他各族人民，在和林、上都等城市周围和阿尔泰山、杭爱山、克鲁伦河等地屯田垦粮，并将内地工匠迁去以传授制陶等技术，促进了边疆少数民族地区经济文化得到空前发展，改变了人们生活结构与生活质量，促进了民族间的交流与融合。

3. 阿尔泰山

阿尔泰山，是国际性的知名大型山脉，位于中国新疆维吾尔自治区北部和蒙古国西部，最终向西北延伸至俄罗斯境内，整体呈现出西北—东南走向，斜跨中国、哈萨克斯坦、俄罗斯、蒙古国境，绵延长达 2000 余千米。中国境内的阿尔泰山，属于南段中坡，山体长度达 500 余千米，其中山脊高度在3000 米以上，北部的最高峰为海拔 4373 米的友谊峰。

阿尔泰山也称金山，其中"阿尔泰"系突厥—蒙古语 Altan（金）之意译，《后汉书》等称金微山、新旧《唐书》称其为金山，《元史》作按台，《元秘史》作阿勒台山。按台、阿勒台均为 Altai 之对音，蒙古语义为"金"。清代也译为阿尔台山。因阿尔泰山具有极其丰富的金矿而得名，先民早在汉朝时候就开始采挖金矿，甚至到清朝时在阿尔泰山淘金的人数可达到 5 万多人。

阿尔泰山在地质构造上属于地槽褶皱带，在加里东运动时期，也就是古生代早期地壳运动时期，山体开始成型，而基本轮廓的形成是在华力西末期，此后山体被基本夷为平原。后来，伴随着喜马拉雅运动，阿尔泰山山体沿袭北西向断裂发生断块位移上升，才形成了今天我们所看到的阿尔泰山面貌。

阿尔泰山区域径流较为丰富，发育了额尔齐斯河与乌伦古河，两河都构成典型的不对称梳状水系。额尔齐斯河是新疆境内唯一外流河，在中国境内流域面积达 5 万平方千米，全长 546 千米，河水补给主要来源为降水、积雪融水和冰川等。乌伦古河的支流在山区，山前为散失区，全长 573 千米，最后归流于乌伦古湖。两河上游多峡谷和断陷盆地，落差大，水流清澈，含泥沙量少，水力蕴藏量约 50 万千瓦，为农业生产生活提供了便利。

阿尔泰山矿产资源丰富，开采历史悠久。主要盛产黄金、宝石、有色金属等矿产资源，因此，广泛地流传着"阿尔泰山七十二条沟，沟沟有黄金"这样的谚语。同时，阿尔泰山黄金储藏量之高，自古就很闻名。阿尔泰山的开采历史可追溯到汉朝时期，并在清代就有"金夫逾万，产金逾万，列厂十区，矿工数万"的记载。当然，阿尔泰山区域是中国重要的有色金属和稀有金属分布区，总储量占中国相当大的比重。同时，阿尔泰山地的可可托海矿区是世界著名的三号矿脉，蕴藏着铍、锂、铌、钽、铯等70多种矿产，因此，被誉为世界少有的"稀有金属天然博物馆"。而在柯鲁木特矿区，则是新疆第二个稀有金属生产基地，在中国同类矿山中铌精选矿始终居第一位。阿尔泰山附近的矿藏，为人们的生产与生活带来发展的机遇，并成为自然赐予我们的宝贵财富，推动地方经济的发展与建设。

阿尔泰山地区很多部落民族都在这片热土上留下了足迹，土耳其、维吾尔、蒙古、俄罗斯都曾见证了自身民族发展的印记。阿尔泰山拥有丰富的文化遗产，并发现了大量旧石器时代的文物，广泛分布于阿尔泰崇山峻岭中的古巨石堆、石围栏、鹿石、石人、岩画，以及出土的大批石器、陶器、铜器和铁器等，让人们深切体会到阿尔泰山的魅力所在。在青河三道海子山谷发现的 60 余座古巨石堆建筑，通过结合国外的研究推断，应为 2500 年至 3000 年前的塞人遗存。这些石堆石块摆放的结构，构成的神秘纹样令人震惊不已，在物理学家及天文学家统计的"世界之谜麦田圈"等图样中，几乎囊括了巨石堆的所有图形，在石堆建筑的发展历程中，有重要而深远的影响意义。

阿尔泰山地区不仅有着丰富的人文历史，更被国内外一些学者认为是人类真正原始的、最为古老的文化发祥地。《庄子·逍遥游》中记载有一个极北之国，名曰"穷发"，即光头人国，而在阿尔泰山南北，恰好都曾发现过神秘的光头石人。在希罗多德的《历史》中也提到有"秃头人"。同样，中国《淮南子》《山海经》等书记载了阿尔泰山深处有"一目民"，而在青河大山中发现的"独目人"岩画，确凿地证明了一目人的存在。同时，独目人岩画与鹿石、巨石堆等所构成的青河文化悬案，让人们穷其精力地探寻其中的奥秘。阿尔泰山地区有着太多的文化遗产，等待着人们不断地去探索发现，在更深入地了解该地方的历史的同时，寻踪人类文明发展的足迹。

4. 唐努乌拉山

唐努乌拉山，属于俄罗斯图瓦自治共和国南部山地，从俄罗斯境内阿尔泰山向东延伸约 560 公里。唐努乌拉山，旧时称唐努山，又译作唐麓岭、唐五路、倘鲁山、塘努阿林，皆源自蒙古语汉译。《元史·地理志》记载："谦州亦以河为名，去大都九千里，在吉利吉思东南，谦河西南，唐麓岭之北。"《清一统志·乌里雅苏台》记载：唐努山"在乌里雅苏台城北，近山游牧之乌梁海，为唐努山乌梁海"。

唐努乌拉山最高点在西唐努乌拉山的萨格雷峰，海拔为 3061 米，东唐努乌拉山的最高点为杰斯品峰，海拔为 2591 米。唐努乌拉山北坡属叶尼塞河水系，南坡属库苏古尔湖水系，北坡覆盖着泰加林，南坡为草原植被，高处为山地苔原。

唐努乌拉山、西萨彦岭和东萨彦岭所环抱的图瓦自治共和国，是俄罗斯的联邦主体之一，属于西伯利亚联邦管辖，首府为克孜勒。清朝时属唐努乌梁海。

唐努乌拉山的主要居民为图瓦人，自称"特瓦人"，中国史籍称"都波人""萨彦乌梁海人""唐努乌梁海人"，俄国旧称"索约特人""唐努图瓦人"等。图瓦人为西伯利亚南部叶尼塞河上游的民族，属蒙古人种中央亚细亚类型，主要由亚洲中部地区古代突厥部落与蒙古部落长期结合形成，东北部的托真人是图瓦人的一支，由突厥部落与萨莫耶德人、克特人等结合而成。

唐朝以前，该地区先后为匈奴、鲜卑、突厥等我国北部少数民族政权的统治区域。唐代时期，唐努乌梁海先民的都播人就和唐朝建立起了臣属关系。贞观二十二年（694 年），唐政府置坚昆都督府，隶属于燕然都护府。公元 745 年，回纥在唐朝的支持下建立回纥汗国，唐王朝将唐努乌梁海地区划归回纥汗国管辖治理。9世纪中期，我国历史上的另一个边疆民族黠戛斯称雄漠北，唐努乌梁海地区成为黠戛斯民族的属地。1207年，成吉思汗遣其子术赤领兵征服了唐努乌梁海地区，在该地设置了4个千户，而其中的秃巴斯人则归成吉思汗直接管辖，后成为元朝岭北行省的组成部分。明末清初，唐努乌梁海地区属于喀尔喀蒙古扎萨克图汗部和托辉特首领管辖。1655年，清朝册封喀尔喀蒙古扎萨克图汗部和托辉特首领俄木布额尔德尼为扎萨克。但在清朝末年间，一部分被割让给了俄国。

1924年，在苏联的策划下，唐努—图瓦人民共和国宣布成立；1926年，改称为图瓦人民共和国；1944年，加入苏联，成为俄罗斯苏维埃联邦社会主义共和国，享有自治州的权力；1961年，改为图瓦自治共和国，苏联解体后成为俄罗斯联邦的一个共和国。

唐努乌拉山所在的周边城市，曾是古丝绸之路闪耀发光的点点明珠，而在"一带一路"的建设过程中，将会散发出昔日的光芒，带动地区经济发展的同时，将会推动"一带一路"沿线国家的交流与合作。

5. 塔尔巴哈台山

塔尔巴哈台山，由于是位于塔城市的北侧，所以有"北山"之称。塔尔巴哈台山，横陈在中国与哈萨克斯坦共和国边界线上，虽然山体不高，却因为较为充沛的降水量，形成了塔城市优良的夏季牧场。塔尔巴哈台山最高峰为海拔2992米的塔斯套山，山体由页岩、石灰岩、砂岩和花岗岩组成，北坡相对平缓，南坡较为陡峻。坡地为峡谷所切割，南坡草原中有灌木，且为喀斯特地貌发育。

"塔尔巴哈台"来自蒙古语，意为"旱獭"，因为地多獭而得名。塔城也来自塔尔巴哈台山，塔城是塔尔巴哈台山的简称。塔尔巴哈台为中国地名，是清代新疆所设置的一个行政区，即塔尔巴哈台参赞大臣辖区，其治所绥靖城称为塔尔巴哈台城。

塔尔巴哈台山较著名的景点有窝依加依劳草场、克孜别提、石门子等，吸引着游客至此游览，让人们感受塞北草原的独特魅力的同时，更能领略少数民族的多彩生活。

塔尔巴哈台山自古以来便是少数民族游牧之地。秦代，该山便有呼揭、塞人在此牧羊放马。西汉时期，塔尔巴哈台山地区属于匈奴右地，隶属于西域都护府所辖。三国后，该地便为鲜卑民族游牧活动的地方。隋朝时期，为西突厥铁勒部的游牧地。唐代统一西域后，隶属于安西都护府和北庭督护府统治辖区。清代，则在该地区设置塔尔巴哈台军台，并配有参赞大臣驻防，以加强对边疆地区的开发。近现代以来，塔尔巴哈台地区则成为蒙古族聚集的地方，并成为边防的重镇。

塔尔巴哈台山周围主要分布着十苏木蒙古，而十苏木蒙古的主体为额鲁特蒙古。额鲁特是蒙古族古老部落之一，是卫拉特蒙古的主要组成部分。学者们认为额鲁特蒙古的祖先是绰罗斯，额鲁特蒙古是准噶尔绰罗斯部众的后裔。塔尔巴哈台的额鲁特蒙古，主要由清朝平定准噶尔之后，留在准噶尔的绰罗斯部残余所组成，同时还融合了一些辉特部、和硕特部和杜尔布特部等氏族残余。据此而看，该地区的主要宗教信仰为萨满教，崇拜原始自然。塔尔巴哈台额鲁特人，为塔尔巴哈台的社会经济的发展、边疆驻防、边疆建设，乃至新疆卫拉特蒙古各项事业的发展做出了不朽的贡献。

6. 阿拉套山

阿拉套山，位于新疆维吾尔自治区博尔塔拉蒙古自治州的北部，西接温泉县空郭罗鄂博山，山体呈现西高东低，逐步向东倾斜，东至阿拉山口部分则为低矮丘陵。阿拉套山脉近于东西走向，东西总长度约 200 余千米，山体由古生界和新生界各种灰岩、砂岩、砂质灰岩和泥质灰岩组成，呈五颜六色状分布。阿拉套山北坡为哈萨克斯坦共和国，沿山脉南坡分布有花岗岩带，其中有些岩体伴有钨、锡矿床，具有一定的社会经济意义，尤其是在促进地区发展方面发挥重要作用。

"阿拉"，突厥语音译，意为"花木、杂色木"，引申为"花色"的意思，而"套"指山，因为阿拉套山主要由古生代的大理岩、石灰岩及页岩组成，呈多种颜色，而得此名。阿拉套山花岗岩带裸露在巩乃斯板块东北边缘，大体呈现平行板块边界分布，总长约 200 千米，岩体总出露面积约 700 平方千米，岩带东端止于艾比湖附近。博尔塔拉河断裂带从阿拉套山南部通过，断裂南盘有元古界变质岩系出露，为区域的基底岩石。

阿拉套山地区有着悠久的少数民族发展史。阿拉套所在的博尔塔拉蒙古自治州历史可追溯至春秋战国时期，当时，博尔塔拉为塞种人的游牧地。西汉初期，博尔塔拉相继为月氏、匈奴、乌孙等少数民族的游牧地。西汉神爵二年，匈奴日逐王归降汉朝，西汉政府设置"西域都护府"管辖该地。魏晋南北朝时期，博尔塔拉为柔然、悦般的游牧活动区域。西魏至隋朝，阿拉套为西突厥所占据。唐朝时期，博尔塔拉才以"双河"的名字出现于史册。宋朝时期，汉族随契丹人西迁进入博尔塔拉，不仅促进了民族之间的融合，同时推动了地区经济的发展。元、明时期，博尔塔拉为蒙古族的游牧乐园。元朝实行中书省制度，博尔塔拉隶属阿里麻里行中书省。清朝时期，设置"伊犁将军府"统辖除阿尔泰地区以外的整个新疆军事和行政事务。尤其是在乾隆年间，屯田垦粮事业的兴起和维、汉、回等各民族的陆续迁入，不但使博尔塔拉的农牧业有了较快的发展，而且为博尔塔拉现代民族格局的形成奠定了坚实的基础。

在阿拉套山发现了大量的石围栏墓地。石围栏墓地是突厥时期纪念死者的遗存。石围栏用竖埋的石板构成，一般呈正方形，少数作长方形，四边或四角正对东南西北四方，围栏内平铺小块岩石或砾石。一部分围栏东侧立有面东的草原石人，有的还列置柱形立石，即所谓"石人"。在石围栏墓地的遗存中，发现有绵羊骨、马骨，偶尔还伴有刀、马衔、镞、锛等铁器。同时，在阿尔泰和图瓦发现的石人都是男像，从脸型和胡子形式看来，多数带有蒙古人面部种特征。石围栏墓地出土的历史遗迹对于判定该地域生活的少数民族的生活、风俗、人文都是弥足珍贵的文物遗存。

阿拉套山地区的旅游资源数量众多。艾比湖湿地自然保护区、夏尔西里自然保护区、怪石峪风景区、赛里木湖、甘家湖白梭梭自然保护区等深处中国大陆内地的自然景观，让人心迷神醉。阿拉套山拥有阿拉套山齿缘草、阿拉套早熟禾、阿拉套羊茅、阿拉套棘豆、阿拉套黄耆等具有地方特色的植物资源。这些独具地方特色的自然风情和植物资源，已成为城市的色彩名片。

7. 阿拉山口

阿拉山口，位于新疆维吾尔自治区博尔塔拉蒙古自治州境内，介于阿拉套山与巴尔鲁克山之间，东毗塔城地区托里县，南依艾比湖，西接博乐市，北邻哈萨克斯坦，阿拉山口是阿拉套山的东部结点。"阿拉"，突厥语音译，意为"花木、杂色木"，引申为"花色"的意思。因为阿拉套山主要由古生代的大理岩、石灰岩及页岩组成，呈多种颜色，而得此名。

该地因其独特的地形而成为著名的大风口，年均8级以上大风达165天。阿拉山口是举世瞩目的新亚欧大陆桥中国段的西桥头堡，是我国"丝绸之路经济带"的重要节点。为发挥好阿拉山口重要的战略、经济、区位优势，1990年6月，国务院批准设立阿拉山口口岸；1991年7月，口岸临时过货营运；1992年12月，向第三国开放；1995年12月，开放公路口岸；2003年，被国家列为重点建设和优先发展口岸；2006年7月，中哈原油管道一期工程建成运营；2010年7月博乐阿拉山口机场建成通航，经过多年的发展建设，阿拉山口口岸已发展成为集铁路、公路、管道、航空四种运输方式于一体的国家重点建设和优先发展一类口岸；2011年5月，国务院批准设立阿拉山口综合保税区；2012年12月，国务院批准设立阿拉山口市，2012年12月29日正式揭牌成立县级市；2013年，阿拉山口市组织架构全部搭建完成，并在国家和自治区政府的关怀下，形成了工作衔接顺畅、运转有序、整体合力充分发挥的"一市一委两区"（阿拉山口市、阿拉山口口岸管理委员会、阿拉山口综合保税区、金三角工业园区）四位一体的管理架构。随着阿拉山口市的建立和发展，该市人民政治生活也开启了新的篇章。

经过近30年的建设与发展，阿拉山口口岸基础设施日臻完善，"大通关"机制不断健全，通关过货能力与日俱增，国际物流网初步形成，投资发展环境更加优化，人流物流资金流加速聚集，已发展成为集通关、贸易、物流、加工、仓储、金融、旅游等多功能于一体的国家一类口岸。其年过货量占整个新疆口岸总过货量的80%以上，在全国同类口岸中居于前茅，为国家和新疆的经济发展及对外开放做出了积极贡献。

随着"一带一路"规划的实施推进，作为"丝绸之路经济带"重要节点的阿拉山口必将迎来新的发展机遇，为新疆的发展和对外开放、区域合作做出新的贡献。

8. 巴尔鲁克山

巴尔鲁克，为哈萨克语，意为"富足、富饶、无所不有"，山脉位于新疆维吾尔自治区塔城地区裕民县和托里县境内，阿拉山口北侧，是一座相对独立的山脉，在巴尔鲁克山的西部尽头，是中国与哈萨克斯坦的分界线。巴尔鲁克山脉属中高山型，山体多次上升，构成明显的垂直分带，最高峰为海拔3252米的塔普汗峰。巴尔鲁克山低山带坡度平缓，土质松软肥沃，降水较为丰富，草木茂盛，呈山地草原景观。其北坡山峦起伏，灌木、草原型植被生长繁茂。因此，巴尔鲁克山脉分布着许多优良的夏季牧场，浓缩着高山、峡谷、森林、草甸、湖泊等多种景致。

由于地处边境，开发较晚，巴尔鲁克山很多地方保持了几乎原始的风貌，涉足其中的人盛赞其为"野生植被的花园、野生动物的天然博物馆、鲜花的世界"。2014年12月，巴尔鲁克山因其丰富多样的生物、较为原始的生态环境而成为国家级自然保护区，该自然保护区现有世界上面积最大的、具有重要科研和保护价值的野生巴旦杏林2.4万亩；还有国家一级保护动物北山羊、雪豹、金雕、大鸨；国家二级保护动物棕熊、马鹿、鹅喉羚等40余种。

除了美丽的自然景观外，巴尔鲁克山还蕴含着丰富的人文资源。汉代张骞凿空西域，巴尔鲁克山就是这条联系东西方交往的丝绸之路的一个重要分支。1993年裕民县出土的800余枚唐、宋、元、明、清时期的钱币，说明历史上这里各民族间商贸往来的频繁。此外，莽莽巴尔鲁克山脚下布尔干河畔便是闻名遐迩的中哈边界哨所——小白杨哨所（原名塔斯提哨所），根据小白杨哨所戍边战士事迹谱写的军旅歌曲《小白杨》更是唱遍了大江南北，激励着戍边将士。在距离哨所不足百米的地方，是革命烈士孙龙珍的烈士陵园，她1956年支边来疆，1969年6月10日，在中苏巴尔鲁克山西部地区的边界冲突中，为保卫国家领土主权、捍卫民族尊严而英勇牺牲。新中国成立后塔城地区第一任行署专员巴什拜·乔拉克也长眠于巴尔鲁克山，他在抗美援朝时期以个人名义向志愿军捐献了一架战斗机，成为当时与著名艺人常香玉齐名的爱国拥军模范。

如今，越来越多的游客慕名而来巴尔鲁克山，而这条丝绸之路上曾经重要的分支在"一路一带"战略中将发挥新的重要的作用。

9. 喀尔巴阡山脉

喀尔巴阡山脉，英文名为 Kalpacien Mountains。欧洲中部山脉，位于多瑙河中游以北。西起奥地利和斯洛伐克边界，斯洛伐克布拉迪斯拉发（Blatislava）附近的多瑙河峡谷，往东呈弧形延伸，经波兰、乌克兰边境，至罗马尼亚奥尔绍瓦（Olsova，在多瑙河河谷的铁门地段）附近。全长达1450千米。人们习惯上将呈弧状分布的山脉分为西、南、东三部分。多数山峰一般在海拔2000米以下，只有少数山峰高于2500米，最高点是西喀尔巴阡的格尔拉赫峰，海拔2655米。喀尔巴阡山脉没有常年积雪的山峰，冰川地貌仅限于少数高耸山峰。

喀尔巴阡山脉是欧洲较年轻的山脉，属阿尔卑斯山脉向东继续延伸部分，由多列断续平行的山系所组成。山脉多为断块山地，地表有受流水侵蚀的明显特征。主要可分三条地质构造带。外带是由复理层（页岩、砂岩）所构成，为山顶浑圆、山坡平缓的中山地貌；始于维也纳附近，穿过摩拉维亚，沿波兰—斯洛伐克边境，再经乌克兰西部，向罗马尼亚境内延伸，并在布加勒斯特以北突然弯曲成喀尔巴阡弧而终止。中带由很多单个的断山块所组成，地势较高。内带由不足5000万年以前的年轻的第三纪火山岩所构成。山脉上发育了许多峡谷，例如多瑙河峡谷地段，以及瓦赫(Vah)河、海尔纳德(Henad)河、奥尔特（Olt）河、艾多瑙河支流的峡谷地段

喀尔巴阡山是黑海和北部诸海的分水岭，山脉主干是黑海和波罗的海的分水岭。喀尔巴阡山脉水的径流大多（约占90%）注入黑海。该山脉仅有北坡与波罗的海连接。发源于该山脉较大的河流有维斯杜拉河和聂斯特河以及瓦赫河、提萨（Tisza）河，奥尔特河、锡雷特（Siret）河、普鲁特（Prut）河等多瑙河的支流。喀尔巴阡山脉诸河流的特点是雨—雪型水势；高水期为春季3—4月和夏季6—7月，通常是后一时期水势更加猛烈。由于泥土保存雨水能力不佳，洪水常形成灾害。天然的山地湖泊都较少而小，大多为冰川侵蚀而形成的。多瑙河是阿尔卑斯山和喀尔巴阡山的分界，也是喀尔巴阡山同巴尔干山区的分界。奥德河与摩拉瓦河谷地将其同西里西亚及摩拉维亚分开。山区气候兼具西欧与东欧之间的过渡型特点。冬季受来自东方和东北方的极地——大陆性气团的控制，而其他各季受来自西方的海洋性气团所主宰。在有些低洼地区，明显地是在特兰西瓦尼亚高原，年总降水量不足600毫米，而在海拔800米的山区降水量约为1143毫米，在最高的山上降水量可达1651—1778毫米。年和月的平均气温根据当地海拔高度不同而不同，且没有一定的变化比率。

喀尔巴阡山脉山间林木茂密，植被分布随高度而变化，分为草地、矮松、

云杉、山毛榉、栎树和榆树五个分布带。高山区（海拔 1725—2544 米）段多高山草地，亚高山区段多矮松树，上森林区段多云杉，而下森林区段则多山毛榉（2007 年联合国教科文组织把喀尔巴阡山脉的十处原始山毛榉林区列为世界遗产保护区）。前沿地区（海拔 550—850 米）段以栎和榆而著称。自然植被区段是与经济上土地利用的阶段相互配合的。前沿地种植小麦和马铃薯，下森林区段种植燕麦和马铃薯（高达 1000 米），上森林区段和亚高山区段用来放牧。有熊、狼、猞猁等动物。气候宜人，风景优美，一些矿泉产区为著名的疗养胜地。

喀尔巴阡山脉外侧山麓地带分布石油、天然气，有铁、铜、金、银、铅、锌、钾盐、褐煤等矿藏。天然气主要在特兰西瓦尼亚高原有所发现。石油储量最丰富的地方在罗马尼亚境内。在捷克共和国、斯洛伐克和匈牙利的西喀尔巴阡山脉的低洼地区发现有褐煤，而在罗马尼亚南喀尔巴阡山脉则开采了一些烟煤。另外，特兰西瓦尼亚高原、罗马尼亚亚喀尔巴阡山脉和波兰喀尔巴阡山脉底部蕴藏有岩盐床，乌克兰喀尔巴阡山脉底部发现有钾盐。

喀尔巴阡山区居住着多个民族，有捷克人、波兰人、斯洛伐克人、匈牙利人、乌克兰人、罗马尼亚人、塞尔维亚人等。西坡有捷克人，北坡有波兰人，整个中部有斯洛伐克人，南部有匈牙利人。东南喀尔巴阡山脉的北部（在外段和里段两方面）都由乌克兰人占据；北纬 47° 以南大多是罗马尼亚居民。但在东南喀尔巴阡山脉弧之内，另有特兰西瓦尼亚高原的部分地方，居住有一个坚实团体的匈牙利人以及中世纪来此殖民的某些残余的日耳曼人。在多瑙河峡谷那边、喀尔巴阡山脉西南部边缘，由塞尔维亚人所占据。

人类在喀尔巴阡山—多瑙河地区直到黑海附近持续活动的证据其实可以追溯到旧石器时代中期。喀尔巴阡山多瑙河区域的古代居民主要有盖塔人和达契亚人。"盖塔人"是古希腊历史学家对于公元前 6 世纪居住在多瑙河下游两岸及其附近平原地区的古代民族的称呼。"达契亚人"是古代罗马人对位于多瑙河下游和喀尔巴阡山一带（今罗马尼亚地区）的古代居民的称呼。盖塔人与达契亚人相邻而居，前者居住在多瑙河下游，后者主要居民在喀尔巴阡山弧之内，曾共同建立国一个国家。公元 1 世纪中叶，罗马人征服多瑙河下游地区，盖塔人被迫他迁，此后不久便从历史上消失了；达契亚人逐渐接受了罗马人的语言、信仰、习惯和传统，形成了罗马—达契亚人。盖塔人与达契亚人在族源上关系很近，不少历史学家认为这两个名字是不同学者或是不同时期对同一个民族的称呼。因之，他们的文化有时便被称为盖塔—达契亚文化。

喀尔巴阡山区与中国自古就有联系，亚欧草原丝绸之路从中国北方的大兴安岭地区一直绵亘至喀尔巴阡山脉，这一区域是世界范围内的草原文化圈。

10. 西喀尔巴阡山脉

西喀尔巴阡山脉属喀尔巴阡山脉，横亘在斯洛伐克中北部，构成斯洛伐克地形的骨架。西喀尔巴阡山是喀尔巴阡山脉最高的一段，也是最宽的一段。它被河谷和山间盆地分割成一系列东西走向的山脉，从布拉迪斯拉发到杜克拉山口分为外、中、内三条构造带，海拔一般不超过2000米，由北向南递降。

外西喀尔巴阡山脉一般海拔不高，此山脉中很大一部分是海拔396—488米的丘陵高原，最高峰是位于波兰和斯洛伐克分界线上的贝斯基德山（Beskid Range）的巴比亚山（Mount Babia，高1725米）。

中带山势挺拔险峻，由一系列的孤立山脉组成。其中最高者为塔特拉山脉（格拉赫峰），海拔2655米，呈现出带有冰块刨削过的（圆形凹地）湖泊和瀑布的典型高山冰川的地形，有角峰、冰斗、悬谷等冰蚀地貌。在波兰和斯洛伐克两侧都已建国家公园。在塔特拉山以南，隔着利普托夫（Liptov）盆地和斯皮什（Spris）盆地，平行地蜿蜒着下塔特拉山，它在地质结构上与塔特拉山相似，但较低（琼别尔峰〔Dumbier Peak〕高2043米），冰川侵蚀和凹凸面也较不明显。沿着外与中西喀尔巴阡山脉的分界线有一条狭窄的飞来峰（石灰岩）岩石地带，这些岩石在塔特拉山以北已发展成为矮小而风景如画的皮耶尼内（Pieniny）。就在这里，维斯杜拉河的支流杜纳耶茨河（Dunajec River）已将其切削成一条狭窄陡峭、曲折蜿蜒的峡谷。一战著名战场杜纳耶茨河谷即位于波兰南部塔特拉山北部，这里拥有湍急的河流、深邃的峡谷、独特的岩石和银白色的山峦。古老小镇和星罗棋布的山泉也为这里增添了人文色彩。

内带在斯洛伐克矿山，比较低矮且更加支离破碎。主要的支脉为斯洛伐克矿山（Slovak Ore Mountains），最高峰斯托利察（Stolica）峰海拔1477米。在这一地区还有很多原本为火山的山丛，其中最大的是波拉纳（Pol'ana）山，海拔1458米。

西喀尔巴阡山脉和奥地利阿尔卑斯山脉之间有一条峡谷，它是多瑙河的上游。西喀尔巴阡山区有茂密的森林和良好的天然牧场，多旅游胜地和温泉。附近主要城市有皮耶什佳尼、特尔纳瓦、哥特瓦尔德夫、日丽纳、切申等。

11. 马特劳山脉

马特劳山属西喀尔巴阡山脉，位于匈牙利北部，珍珠市和埃格尔之间。它是一座东西走向的山脉，长约 50 千米，山体平均宽度约为 14 千米。

真哲什是进入马特劳山的起点。早在 11 世纪，这里就是贸易中心，在 21 世纪已经发展为马特劳山区的经济、文化和交通中心。马特劳山的南坡盛产葡萄，真哲什生产的葡萄酒闻名世界，其中以翠白酒和金黄酒最为有名。在真哲什有一座匈牙利最大的哥特式建筑，即圣·巴托罗缪教堂，建于 14 世纪中期，气势宏伟。

位于马特劳山麓的阿巴萨尔村，也以盛产美酒而驰名。传说中这里是匈牙利的阿巴部族的发祥地，阿巴部族人酷爱美酒，他们的领袖塞缪尔·阿巴曾即位为王，他死后归葬于村里的一个石酒窖中，此窖至今仍被用来窖藏美酒。

马特劳山的最高峰是凯凯什峰，海拔 1015 米，也是匈牙利的最高山峰。这里是匈牙利最大的冬季运动中心之一，有一条长 2400 米，高 330 米的滑雪道从山峰通向旅游中心马特劳豪佐。马特劳山区覆盖着茂密的森林，山间分布着瀑布溪流，在狭长幽深的山谷里，旅店、山庄和度假房舍随处可见，这里旅游设施完善。在山顶设有凯凯什疗养院，周围是一望无际的森林，空气清新，夏季凉爽，秋冬明朗，日照时间长。这里的矿泉含有碳酸矿物，能治疗众多疾病，是非常理想的疗养地。凯凯什峰顶有一座九层塔楼，登楼远眺，苍山如海，绵延起伏，令人心旷神怡。

马特劳山区较高的山峰还有伽利亚峰、皮斯克什峰等。伽利亚峰海拔 965 米，山中设有疗养区，现代化的旅游设施为游人提供各种服务。皮斯克什峰海拔 946 米，匈牙利最高的地震观测所就设在这里。山中的旅游胜地马特劳豪佐，海拔 715 米，景色迷人，建有许多疗养院，这里与凯凯什峰并列为匈牙利最大的冬季运动中心。

希罗克也是马特劳山区的著名休养胜地。在其近郊山顶，有 13 世纪时从石山上开凿出的城堡遗迹。山上古迹众多，奇石林立，许多岩石都有奇特的名称，据说它们都有一段自己的传说和神话。

马特劳山区的游览地还有马特劳费莱德、费尔代布勒等。马特劳费莱德附近有建于 11 世纪的拜奈城堡，萨斯湖也在这里，湖中设有游泳区。在费尔代布勒的教堂地下室里，完好保存着匈牙利最古老的壁画，它们创作于公元10 至 11 世纪，是极具价值的艺术珍品。

12. 比克山

比克山，英文名为 Bukk Mountains。比克山属西喀尔巴阡山脉，位于匈牙利东北部，喀尔巴阡山南延部分（向南突出的山嘴），为强烈褶皱和断块山脉。西起陶尔瑙河，东抵绍约河，延伸 50 千米，南北宽约 32 千米，最高峰伊什塔洛什克峰，海拔 950 米。中心部分是 20 千米长、7 千米宽的灰岩高原——比克高原，海拔 800—900 米，长 20 千米，宽 6—7 千米，为匈牙利最大最美的石灰岩台地。

比克山南部山地上多泉水（包括温泉），有勒洛菲赖德旅游胜地、泽勒塔文化的史前人类遗址，边缘洞穴有旧石器时代"比克文化"遗迹。夏季徒步旅游和冬季滑雪运动盛行。

匈牙利第二大城市米什科尔茨（Miskolc）位于匈牙利大平原与喀尔巴阡山前地带接壤处，比克山东缘，蒂萨河右岸支流辛沃河谷。市区伸延辛沃河两岸，海拔约 130 米。米什科尔茨为包尔绍德—奥包乌伊—曾普伦州首府，位于布达佩斯东北 144 千米处。属温和大陆性气候。1 月平均气温—3℃，7月为 21℃左右；年降水量 700—800 毫米。米什科尔茨城市始建于 15 世纪，原为大庄园中心。附近的绍约河谷两侧有丰富的晚第三纪褐煤，还有鲁道巴尼奥铁矿。19 世纪米什科尔茨建成铁路，开采褐煤和铁矿，遂发展为匈牙利东北部商业和交通中心。现为仅次于布达佩斯的工业城市。主要有黑色冶金工业，还有重型机器制造、水泥、玻璃、纺织、造纸等工业，迪欧什吉厄尔的列宁冶金联合企业是全国大钢铁厂之一。米什科尔茨为匈牙利东北部的铁路与公路枢纽，与布达佩斯有电气化铁路相通。城内有建于 17 世纪的古老行政大厦，有重工业技术大学、陈列比克山出土文物的博物馆、13 世纪哥特式教堂、国家剧院（1823 年建）等文化设施。附近农业发达，山麓葡萄园散布，是全国重要农业区之一。更有茂密山林，多温泉，为休养旅游胜地。此外，米什科尔茨与中国内蒙古包头市为友好城市。

13. 东喀尔巴阡山脉

　　东喀尔巴阡山脉为喀尔巴阡山脉中段，全长约 600 千米，宽达 354—402 千米，多 2000 米左右的山峰，最高峰为罗马尼亚境内的罗德纳山的彼得罗斯峰，海拔 2305 米，呈西北—东南走向。东喀尔巴阡山脉由几列平行的西北—东南走向山脉组成，西起斯洛伐克的拉博雷茨河谷，向东南经乌克兰西南部（称乌克兰喀尔巴阡），至罗马尼亚的普拉霍瓦河谷（称摩尔多瓦喀尔巴阡）。外东喀尔巴阡山脉是外西喀尔巴阡山脉的延续部分，前者与后者相比较高大。最高的山丛是乌克兰一侧的切尔诺格勒（Chernoqra）山，最高峰为戈韦尔拉（Govel'la）峰，海拔 2061 米。在内东喀尔巴阡山脉中，罗马尼亚的罗德纳山（Rodna Massif）海拔最高。

　　东喀尔巴阡山脉山坡多森林，且是由云杉、冷杉、水青冈、雅伏槭组成的混交林，这种森林是纸浆造纸工业和化学工业的原料基地。此外，该山脉富藏石油、天然气、岩盐和铅、锌等矿藏。

　　普热梅希尔（Przemyśl）为东喀尔巴阡山脉上一个古老的城市，是波兰南部第二古老的城市，仅次于克拉科夫。1754 年，罗马天主教的主教在该城建立了第一间公众图书馆。1772 年第一次瓜分波兰后，普热梅希尔成为奥地利帝国的领土。从 19 世纪中叶至一战前，奥匈帝国根据普热梅希尔的地形，在其周围建造了多个要塞，设计上可容纳守军 85000 人，最终驻守当地的军队达 12 万人。1914 年 8 月，第一次世界大战开始后，俄国军队在战斗开始时击败奥匈帝国军队，迅速进入加利西亚，普热梅希尔要塞有效地发挥了作用，阻止了 30 万俄国大军向喀尔巴阡山关口和西里西亚首府克拉科夫的推进。

　　东喀尔巴阡山脉附近的其他主要城市还有乌日哥罗德、巴亚马雷、皮亚特拉—尼亚姆茨、斯勒尼克—摩尔多瓦。

　　1944 年 9 月 8 日—10 月 28 日，在第二次世界大战的苏德战争中，苏军乌克兰第 1、第 4 方面军为粉碎东喀尔巴阡山的德军和援助反抗德军占领的斯洛伐克人民而实施的进攻战役，史称东喀尔巴阡山战役（Battle of the Eastern Carpathians）。最终匈牙利第 1 集团军被粉碎，德军第 1 装甲集团军遭重创；苏军完全解放外喀尔巴阡乌克兰，撤出至多瑙河中游平原和蒂萨河右岸，援助了斯洛伐克人民起义。

14. 南喀尔巴阡山脉

南喀尔巴阡山脉，属喀尔巴阡山脉，亦称"特兰西瓦尼亚阿尔卑斯山脉"，特兰西瓦尼亚在拉丁语中的含义为"越过森林"。该山脉盘亘在罗马尼亚中部，呈东西走向，从布拉索夫西折到铁门，东起普拉霍瓦河谷，西至多瑙河的铁门峡谷。长约 300 千米，一般宽度 100—120 千米。该山脉山高坡陡，有多座海拔 2200 米以上山峰，最高点摩尔多韦亚努峰，海拔 2543 米，是全国最高峰。

南喀尔巴阡山坡森林茂密。南麓和日乌河谷地富藏石油和煤矿。特兰西瓦尼亚高原还分布着天然气和岩盐。

喀尔巴阡山脉的矿泉十分有名，为著名的游览和疗养胜地。山区的矿泉具有医疗价值，成为一些国家发展疗养以及旅游事业的宝贵资源。在罗马尼亚，有 160 多个矿泉疗养站，大都建立了现代化的疗养设施，吸引着大量国外游客。南喀尔巴阡山西端的切尔纳河谷，有罗马尼亚最古老的疗养、旅游胜地——海尔库拉内矿泉，这里气候宜人，绿树成荫，景色幽雅，到处可见淙淙的泉水。据文献记载，古罗马帝国的军队进入达契亚国境后，在这里安营扎寨，一些患有风湿病或皮肤病的士兵偶然用这里的泉水洗浴，病状大为减轻，后来罗马帝国的一些达官贵人闻讯赶来，用古希腊神话中大力士神海克力斯的名字给这里的矿泉区命名，海尔库拉内就是海克力斯的罗马尼亚语译名。如今这里的矿泉站博物馆还珍藏着当年罗马人用的浴盆、水管、管道等。海尔库拉内的泉水温度为 45—50℃，水中含有硫、盐、钙等矿物质，可治疗关节炎、皮肤病、妇科病、胃病等。海尔库拉内设有许多医疗点，每个医疗点都有现代化的医疗设备。除了各处温泉浴池外，各大饭店内还设有室内游泳池。海尔库内拉市内虽然只有 4000 居民，但每年至少要接待 6 万多名国外游客。

位于南喀尔巴阡山脉上（罗马尼亚胡内多阿拉县）的雷泰扎特国家公园（Retezat National Park），在 2009 年被世界各地的人们投选为世界上十大最美自然景观之一。雷泰扎特生物圈保护区没有人居住，因此它属于最原始的一类，仍保留着大面积的原始森林。

南喀尔巴阡山脉附近的主要城市有布拉索夫、波亚纳、锡纳亚、斯勒尼克、肯普隆格、锡比乌、勒姆尼库沃尔恰、雷希察、贝莱—黑库拉内等。

15. 巴尔干山脉

巴尔干山脉（Balkan Mountains），保加利亚语和塞尔维亚西里尔语作 Стара планина，塞尔维亚拉丁语作 Stara planina，意为老山。巴尔干山脉在古希腊时期，被当时的历史学家称为"珂埃蒙"，罗马人又称之为"赫穆斯"。"赫穆斯"在希腊文中意为血，故而巴尔干山又称为"血山"。围绕着这座血山，有许多动人的传说流传。其中一个说：一位风火神沿着高山登天，被天神宙斯杀死，它的鲜血染红了漫山遍野。有的传说则称：最早居住在巴尔干半岛的色雷斯人，他们的著名歌手奥菲士，曾站在山顶上为被蛇咬死的妻子放歌哭泣，悲恸欲绝的歌声飘向遥远的天空。有的还说，公元前 181 年，马其顿王菲力曾登上赫穆斯的最高峰，远眺他征讨罗马时经过的土地，从山顶上可以看到黑海和白海。公元 6 世纪，斯拉夫人来到了巴尔干半岛，把"赫穆斯"改成了"马托里埃"，意思是"成熟的""老的"意思。公元 14 世纪，土耳其人征服了巴尔干半岛的广大地区，并且将山名改为"科贾巴尔干"，或简称为"巴尔干"，意为老山。这一名字从此延续下来，直到今日。巴尔干半岛即以此山命名。

巴尔干山脉位于巴尔干半岛东部，为阿尔卑斯—喀尔巴阡山脉的延续。西起塞尔维亚（原南斯拉夫）边境的蒂莫克河，横贯保加利亚中部，东抵黑海，绵延 555 千米，平均宽度为 50 千米，平均高度约 700 余米，总面积约为 1.2 万平方千米。它横贯保加利亚全境，是多瑙河和爱琴海以及马尔马拉海的分水岭，被称为巴尔干半岛的"脊梁"。巴尔干山脉以塞尔维亚边界附近的蒂莫克谷向东延伸约 530 千米，形成几座山嘴，在黑海埃米内角突然中止。巴尔干山脉分为东、中、西三段。西段从贝洛格拉奇查隘口到兹拉蒂查隘口长约 200 千米，呈西北—东南走向，西段较窄较低，东面较宽且高，最高峰 2000 余米。中段从兹拉蒂查隘口到弗拉特尼克隘口，全长 185 千米。这段山脉较为完整，巴尔干山脉的最高峰"博泰夫峰"就在这里，海拔 2376 米。东段包括弗拉特尼克隘口到黑海这一部分山脉，长约 155 千米，此段山脉地势较缓，山幅渐宽。巴尔干山脉的主脉为河谷深切，形成伊斯克尔河隘口和卡姆奇亚河隘口，有著名的希普卡峡谷。

巴尔干山脉地处北温带，是多瑙河河谷的大陆性气候和山脉以南的过渡性大陆性气候的气候屏障，故南北两面气候差异较大。北坡较平坦，气温低，较湿润；南坡日照长，干燥，森林面积少，山中多岩洞，遍布温泉和矿泉，是旅游胜地。山区年降水量逾 1000 毫米。冬季漫长而寒冷，谷地和盆地适于发展农业。除了冬天被厚厚的白雪覆盖外，在其他季节里是一座容易攀登的高山。

巴尔干山脉为多瑙河和马里查（Maritsa）河主要分水岭，横贯山区的约有 20 处山口（比较著名的有希普卡 Shipka 山口），数条铁路线和伊斯克尔河（Iskur River）通过这里。巴尔干山拥有丰富的矿藏，为保加利亚提供了巨大的财富。这里的煤炭、金属、木材和石料储量丰富，还有水力、电力资源，此外，还有众多牧场、果园，在保加利亚国民经济中起着重要作用。巴尔干山中段的什普卡隘口和弗拉特尼克之间，是举世闻名的巴尔干煤田。这一煤田蕴藏丰富，是保加利亚炼焦煤的主要产地。保加利亚最大的铁矿——克雷米科史齐铁矿位于巴尔干西段的索菲亚附近，是保加利亚最大的钢铁基地克雷米科史齐钢铁联合企业的重要资源。

从保加利亚首都索菲亚沿着巴尔干山脉南麓向东 100 余千米的河谷平地，是盛产玫瑰的"玫瑰谷"。玫瑰谷东西长 130 千米，南北宽 15 千米。保加利亚园艺业发达，君子兰、郁金香、牡丹、樱花等百花争艳，是世界著名的玫瑰产地。这里受地中海暖流影响，空气湿润，给玫瑰的生长提供了理想的条件。相传从 17 世纪起，这里就从小亚细亚引种玫瑰，平均每亩土地可产玫瑰花瓣 100 千克。约 3000—3100 千克玫瑰花才炼出 1 千克玫瑰油，其价值相当于 1.52 千克黄金。玫瑰谷的玫瑰花有 7000 多个品种，能炼油的却只有 4 种。相传数百年前，克什米尔有一位美女，喜爱玫瑰花的香味，洗澡时喜欢把玫瑰花撒入池内，一次玫瑰花中有含油花瓣，水上漂着油滴，浓香经久不散。后来，人们开始提炼玫瑰油。保加利亚生产的玫瑰油产量占世界首位，出口量占世界市场的 80%。保加利亚全国 3/4 的玫瑰都生长在玫瑰谷里。每年 5 月底到 6 月中旬，玫瑰谷都要举行隆重的玫瑰节。索菲亚则是保加利亚的"玫瑰之都"，花城的街道和公园、花园融为一体，花店、花摊随处可见，宾馆、商店、货物等多以"玫瑰"命名或作商标，如"红玫瑰"宾馆、"白玫瑰"宾馆、"白玫瑰"饭店、"黑玫瑰"咖啡馆、"玫瑰花"连衣裙等。

　　保加利亚三大古都之一——中世纪古城大特尔诺沃（Veliko Turnovo）屹立于保加利亚中部、巴尔干山北侧。多瑙河支流扬特拉河深切两岸陡坡，漫长的岁月冲刷出了奇特的河岸。幽雅的山城散布在沿河两岸，呈阶梯式多层次建筑。扬特拉河蜿蜒曲折形成了两个半岛：皇宫和教堂巍然耸立在一半岛上，四周筑有坚固的城堡。城东山梁上有一个300年前建的民俗村——阿尔巴喜，有保留完善的古民居、教堂、壁画、村寨石围墙。大特尔诺沃还是19世纪保加利亚民族主义运动中心。

　　巴尔干山脉有许多岩洞、温泉和矿泉，有多个旅游胜地，如山顶有古堡遗址的阿瓦拉山、古城有普利斯卡、普雷斯拉夫等。同在巴尔干山脉北坡的还有笑城加布罗沃（世界幽默中心），这里每年举行民族幽默联欢节。

16. 罗多彼山脉

　　罗多彼山脉，英文名为 Rhodope Mountains，保加利亚语作 Родопи，Rodopi，希腊语作 Ροδόπη，Rodopi，土耳其语作 Rodoplar。罗多彼这个名字要追溯到色雷斯文明，Rhod-ope（Род-опа）起初是一条河的名字，意为"生锈的，微红的河"。印欧语系中亦有 Rhod- 这个词根，保加利亚语"руда"（矿石，ruda），"ръжда"（锈蚀，răžda），"риж"（红发的，"riž"），拉丁语"rufus"（红色）和德语"rot"（红色）均源于此词根。在希腊神话中，色雷斯国王的妻子罗多彼王后冒犯了众神，国王和王后双双被宙斯和赫拉变成一座山，这座山便成为俄耳甫斯的神话角色。

　　罗多彼山脉位于欧洲东南部，为巴尔干半岛的主要山脉，地处保加利亚南部边缘和希腊东北部，向东南沿保加利亚和马其顿、希腊的边界伸展。东西绵亘约250千米，宽约100千米。山地广阔，总面积达14737平方千米。平均高度为785米。山势平缓浑圆，西段较高，山脊超过1800—2000米。东段较低，最高点1483米（奥尔利查峰）。它形成了重要的气候屏障，保护沿爱琴海的低地不受北方侵袭。罗多彼山脉一般包括里拉（Rila）山和皮林（Pirin）山，在地貌上，属于里拉—罗多彼地块，是巴尔干半岛上最古老的大陆。

　　罗多彼山脉由西、东、南罗多彼山组成。湖流、河谷纵横，森林密布，为旅游胜地。东部罗多彼山脉的年平均气温是13℃，最多降水量月份为12

月，8 月份最少。西部罗多彼山脉，气温在 5—9℃之间变化，夏季多降雨。温和的气候外加一些局部因素，使得罗多彼山区特别适宜发展娱乐及旅游活动。如 Pamporovo 度假胜地，该地每年中皑皑白雪覆盖很长时间，雪景如画。

罗多彼山脉多针叶林、草地，亦有挪威云杉和黄桦等巴尔干半岛南部的树种，所在地还是保加利亚葡萄酒重要产区。山脉富含铅、锌矿藏。

罗多彼山脉在古罗马时为色雷斯和马其顿的分界线。在土耳其统治期间（15—19 世纪）是斯拉夫民族的避难地，也是古代习俗的保存地。

第二节　重要河流

1. 额尔古纳河

额尔古纳河，位于内蒙古自治区东北部呼伦贝尔地区，为中俄界河。额尔古纳河上游被称为海拉尔河，发源于大兴安岭西侧吉勒老奇山西坡，向西流至阿该巴图山脚，折而北行始称额尔古纳河。额尔古纳河在黑龙江省漠河县以西的内蒙古自治区额尔古纳右旗的恩和哈达附近与流经俄罗斯境内的石勒喀河汇合，向下便被称为黑龙江。额尔古纳河全长为 970 千米，总流域面积为 15 万平方千米，主要的支流为克鲁伦河，右岸为山岭森林，并是一代天骄成吉思汗的故乡。

额尔古纳河是黑龙江正源，语义源自通古斯语，意思为"鄂温克江"，"鄂温克"为鄂温克族的族名，鄂温克族是东北亚地区的一个民族，主要居住于俄罗斯西伯利亚以及中国内蒙古和黑龙江两省区，蒙古国也有少量分布。鄂温克是鄂温克族的民族自称，其意思是"住在大山林中的人们"，鄂温克江系意为大山林中的河，或我们的河（鄂温克族的河）。在《旧唐书》中称为望建河，在《蒙古秘史》中称为额尔古涅河，在《元史》中称为也里古纳河，在《明史》中称为阿鲁那么连。自清代开始，方有额尔古纳河的称呼。额尔古纳河本为蒙古帝国时期的内陆河，在 16 世纪末，康熙皇帝为同卫拉特的噶尔丹争夺对蒙古地区的控制权，同南侵的俄罗斯匆匆签订《中俄尼布楚条约》，将额尔古纳河以西划归俄罗斯，所以成为中国与俄罗斯的界河。

额尔古纳河是蒙古室韦的发祥地。大约在公元 6 世纪中叶，铁木真的祖先乞彦氏和白鹿氏从额尔古纳起程，向南迁至鄂嫩河、克鲁伦河、土拉河三河之源的布儿罕哈勒敦地区驻牧。1206 年，铁木真在鄂嫩河畔建立伊和忙豁勒乌鲁斯后，率领蒙古骑兵南征北战，逐步建立了真正世界的、横跨欧亚大陆的蒙古帝国。成吉思汗建立蒙古国之前，额尔古纳河地区一直是他母亲的氏族弘吉剌部的游牧地；13 世纪中期，额尔古纳河地区被分封给了铁木真成吉思汗的大弟弟哈萨尔。新中国成立后，建立了额尔古纳旗，后来又分为额尔古纳左、右旗，在右旗的基础上成立了额尔古纳市。

大自然赋予了额尔古纳河独特的景观。一目九岭，山外有山，岭外有岭，九重山一览无余，因而有"一目九岭"之名。阳光下山形多样，岚雾浮绕，层次分明，甚为壮观。偃松幽径位于莫尔道嘎国家森林公园 12 千米处，树干蜿蜒，叶五针一束，淡黄色、紫红色的球形花蕊相映生辉，再现偃松两性同株的特性，令人称奇。熊谷占地 2400 公顷，盘山公路绕谷环行，驱车而入，时有棕熊，野猪出没，左旋右转，险象环生。位于海拉尔西部的西山自然保护区，森林公园总面积 21 万亩，水面积 2 万亩，其中树龄最高到 500 年，呈现原始森林的自然美景。同时，额尔古纳河流域还有西山生态湿地、乌尔旗汉原始森林、室韦蒙古族发祥地、龙岩览胜、九曲松风等自然人文景观。

额尔古纳河流域居住着蒙古族、达斡尔族、鄂伦春族、俄罗斯族等不同民族，不仅可以欣赏到浑厚的蒙古族长调，还能看到俄罗斯姑娘的舞蹈，至于纵马驰骋，拈弓搭箭，则更是传统项目。当然如果到额尔古纳河旅游，传统的烤羊腿、手把肉、全鱼宴等草原民族的特色饮食，都将让你大快朵颐，感受舌尖上的饕餮盛宴。

每到冬季，这里白雪皑皑，天地间冰清玉洁，浑然一色；山林雾气凝重，满山遍野，雾凇悬挂，营造出人力而不能的童话世界，是观兴安雾凇的少有去处。

2. 色楞格河

色楞格河，发源于蒙古国境内库苏古尔湖以南，由伊德尔河和木伦河汇合而成。中国古代称之为娑陵水，《新唐书·地理志》作仙娥河，《圣武亲征录》作薛良格河，王恽《玉堂嘉话》卷 3 薛良河今悉连哥，《元朝秘史》作薛凉格河。

色楞格河向东北流向与鄂尔浑河汇合于苏赫巴托尔，继续向北流去，进入俄国境内转向东，到达布里亚特首府乌兰乌德，向北流到塔陶罗沃，再向西弯转，流经一片三角洲，最终注入贝加尔湖。色楞格河全长 1024 千米，流域面积为 945480 平方千米，流经蒙古国重要的农牧经济地区，因而被蒙古国尊称为母亲河。

色楞格河是人类文明的发祥地之一。早在距今约 4000 年到 5200 年前的贝加尔湖沿岸青铜时代早期文化的格拉兹科沃文化，分布于色楞格河下游、勒拿河上游及布拉茨克以上安加拉河流域的大森林地区。在格拉兹科沃文化的墓葬中，双人葬比新石器时代基托伊期更多，且出现男女同异穴的葬法。从出土的随葬品，明显反映出男子从事渔猎和女子从事家务及采集的明确社会分工。同时，在墓葬中发现有把女子用箭射死为男子殉葬的现象，厚葬墓与贫墓的对比鲜明，由此，可见当时已进入父系氏族社会，并产生了具有等级的父权奴隶制。

色楞格河与蒙古民族的发展有天然的联系。据《新五代史》记载，属蒙古的五大兀鲁思之一的篾儿乞部是一个凶强的部族，其人用大弓长箭，杀死他族人再生食其肉。12 世纪下半叶，篾儿乞部驻牧于今鄂尔浑河、色楞格河流域下游一带，是当时漠北的强大部落。同时，篾儿乞部与成吉思汗部经常互相攻击，长期处在战争状态。在克烈部首领王汗和札答阑部首领札木合的援助下，成吉思汗打败了前来袭击的篾儿乞人，并在以后的战争中统一篾儿乞部。

色楞格河三角洲因为有大量的水生植被，因而被称为"贝加尔湖的过滤器"。色楞格河三角洲是一片扇形状的湿地，由于泥沙的不断淤积，湿地面积不断扩大。20 世纪 80 年代，俄罗斯科学家测量时，它的面积为 500 平方千米，扇状的三角洲呈现逐步向湖心延伸的趋势。湿地里有茂盛的水生植被，相当于一个绿色屏障，将这些泥沙和污染物截流在整个湿地当中，使得进入贝加尔湖的污染物大量减少。

色楞格河是蒙古国最大的河流，同时水量也最为充沛。在蒙古国境内，色楞格河流长约 600 千米，穿越蒙古边界，并为蒙古国的农牧业发展提供了水源。

色楞格河流域生活着喀尔喀蒙古、布里亚特蒙古、俄罗斯族、鄂温克族和汉族人。在多元化的民族融合中，各民族共同发展。色楞格河畔著名的城市有蒙古国的苏赫巴托尔市，俄罗斯的乌兰乌德和色楞格斯克等。

随着"一带一路"倡议的深入实践，将为该地区城市带来新的发展机遇，人们的生活也会更加富足。

3. 鄂尔浑河

鄂尔浑河，发源于后杭爱省的杭爱山脉，向东流出山区，然后转向北，经过古代蒙古帝国的首都哈拉和林，最终注入俄蒙边界的色楞格河。《新唐书·回鹘传》作昆河，《元朝秘史》作斡儿洹河，《圣武亲征录》及《元史·太宗本纪》作斡儿寒河，《明宗本纪》作斡耳罕水，《土土哈传》作斡欢河，《伯颜传》作斡鲁欢河。

鄂尔浑河与色楞格河被断层分开，两条河都流向东北，在俄罗斯边界南侧的贸易中心苏赫巴托尔汇合，而色楞格河继续向北流入俄罗斯。鄂尔浑河比色楞格河要长，全长为1130千米，主要支流为土拉河及塔米尔河，是蒙古国最长的河流。

鄂尔浑河是欧亚草原文明的重要区域，并是匈奴频繁活动的重要场所。据中国史学家司马迁记载，公元前3世纪后半叶，匈奴发展成为统一的、强有力的民族后，匈奴首领单于驻留在鄂尔浑河上游的山区，并建立了成吉思汗系蒙古人的首都哈拉和林。同时，在鄂尔浑河畔，兰氏部族、呼延氏部族、须卜氏部族这三大匈奴望族都与汉朝进行了长期的战争，与汉朝进行了民族间的融合，加强了民族间的经济交流与往来。

匈奴之后，回纥便一直活动在该区域，并同唐朝保持长期的交往与合作。安史之乱的平定及抵御吐蕃对西域的进攻，回纥都发挥了重要的作用，同时，回纥加强了与唐朝的经济文化交流，促进了民族间的相互融合。北魏时期，铁勒一部袁纥游牧于伊犁河、鄂尔浑河和色楞格河流域。在隋朝时期，袁纥部与仆固、同罗、拔野古等成立命名为回纥的联盟，反抗突厥的压迫。唐朝时期，回纥推翻了后突厥汗国，并建立起漠北回纥汗国，并在鄂尔浑河畔设置王庭首府。回纥在发展鼎盛的时期，版图疆域最大东接室韦，西至阿尔泰山，南跨大漠，成为活跃在草原上的重要少数民族政权。

鄂尔浑河在元朝及以后较长的岁月里，便与蒙古族有持久的联系。窝阔台汗七年，即在今蒙古国中部鄂尔浑河上游的哈拉和林建都，忽必烈在开平自立为汗打败阿里不哥后，才将都城南迁汉地。元朝灭亡后，北元便重新退回到哈拉和林，重新将哈拉和林设为都城。直到15世纪初期，蒙古诸部分崩离析，鞑靼与瓦剌两部蒙古贵族之间相互攻伐，哈拉和林的地位逐渐没落。

鄂尔浑河流域作为草原民族的重要活动区域，积淀了深厚的草原文化底蕴。在鄂尔浑河畔，重要的历史遗迹有王庭牙帐、蒙古帝国的首都哈拉和林、匈奴单于坟墓、蒙古黄金宫帐、九姓可汗碑、回纥牙帐城、窝阔台夏宫与匈奴三连城。匈奴、回纥、蒙古这些民族在鄂尔浑河畔的频繁活动，不仅促进了地区的文化发展，保留了大量的历史遗迹，增添了历史文化旅游胜地，同时更为现代留下了浓郁的文化积淀，成为人类宝贵的精神文化财富。

鄂尔浑河虽作为蒙古国最长的河流，却由于雨量不稳定、冬季酷寒的原因，农业发展局限性较大，河畔的农业只能维持基本粮作。但作为拥有壮丽风景和多元文化的鄂尔浑河，却有着开发旅游经济的天然独特优势。无论是感受鄂尔浑河畔的历史遗迹，还是领略异国风情的自然景观，更甚是体验"天苍苍，野茫茫，风吹草低见牛羊"的草原美景，都会让你的内心深深为之熏染，久久为其辽阔的美景所沉醉。

4. 额尔齐斯河

额尔齐斯河，古称多逻斯川、曳河、都罗河、额尔的失河、叶儿的石河、也儿的石河、也里的失河，《旧唐书》中称其为"安习水"，《水道提纲》中称其为额勒济思河。额尔齐斯河上源在中国新疆维吾尔自治区北部，源出阿尔泰山南麓，西流注入哈萨克斯坦境内的斋桑湖。清徐松《西域水道记》卷3记载：额尔齐斯河，"准语（蒙古语）额尔齐斯，遒紧之谓。河流湍急，故名"。

额尔齐斯河发源于新疆维吾尔自治区阿勒泰地区富蕴县阿尔泰山南坡，流经新疆阿勒泰地区，在哈巴河县以西注入哈萨克斯坦国境内的斋桑湖，之后继续西北流穿行于哈萨克斯坦东北部进入俄罗斯境内，在汉特—曼西斯克附近汇入鄂毕河，并最后注入北冰洋。额尔齐斯河全长4248千米，流域面积164.3万平方千米，在中国境内长达546千米，流域面积5.8万平方千米，是中国唯一流入北冰洋水系的国际河流。额尔齐斯河流域位于北半球中纬度，由大西洋而来的季风，通过额尔齐斯河谷地进入本区，并受山地抬升，在山区形成丰富的降水。此外，流域内山区融雪性洪水，也是河水的主要来源。额尔齐斯河一般11月封冻，翌年4月中旬开河。

中国境内的额尔齐斯河流域风光壮美，森林资源丰富。平原森林一般在海拔414米至584米的平原河谷两岸，主要树种有白杨、胡杨等；山地森林一般在海拔1300米至2300米的中山带，主要树种为西伯利亚落叶松、冷杉、红松等。该流域内还有多种珍稀鸟兽野生动物资源。额尔齐斯河里生长有哲罗鲑、白斑狗鱼、鲟鱼等20多种原生优质冷水鱼。同时，该流域还是中国有色金属矿、稀有金属矿、宝石矿及黑色金属矿最为丰富的区域之一。随着经济发展的需求，对于该地区的生态环境产生很大破坏。由此，各级政府部门，加强了对额尔齐斯河流域自然生态环境的保护。

额尔齐斯河流域内主要发展畜牧业，实行农牧结合的发展策略。沿河是农牧民的主要聚居地，阿勒泰地区的富蕴县、北屯市、布尔津县、哈巴河县等均坐落在额尔齐斯河河畔。流域内民族构成以哈萨克族为主体，汉族、回族、蒙古族等各民族和谐共处，彼此交流经济、推进文化繁荣。同时，依托额尔齐斯河的丰富水量和国际河流的便利，沿河的中俄两国人民很早就开始了商贸交通和民事交往。据《阿勒泰地区志》载，中国在布尔津设立码头与俄方定期通航的历史，至少可以追溯到清光绪二十七年。20世纪50年代，富蕴县可可托海镇的矿石也源源不断地从布尔津县转运至苏联。20世纪60年代，因中苏关系急转恶化，布尔津县口岸航运中断，中俄互相通航的历史中断。

中国境内的额尔齐斯河水量充沛，落差集中，蕴藏着丰富的水能资源。早在1725年，清政府便着手在额尔齐斯河流域深挖沟渠，开田积粮，屯垦戍边，开启对该地区的开发建设。此后，额尔齐斯河流域及各主要支流上先后修建了众多引水渠，发展农业生产。新中国成立后，特别是改革开放以来，各级人民政府非常重视水利工作，陆续修建了可可托海水库电站、富蕴水电站、双红山水电站、团结水库等多座水利工程，引额尔齐斯河河水灌溉农田、草场，引水发电，为边疆地区的经济建设与边疆稳定发挥了极大的作用。

5. 额敏河

额敏河，古称叶密里河，"额敏"为"叶密里""也木勒"的同音译写，也作额米尔河、额米里河，蒙古语为马鞍之意，因河流形似马鞍而得名。额敏河河畔地饶水草，旧为准噶尔鄂毕特鄂托克游牧处。

额敏河其主干流沙拉依灭勒河发源于新疆维吾尔自治区塔额盆地东北部的塔尔巴哈台山脉的科米尔上，是该盆地最大的水系。额敏河是一条国际内陆河，如同一条洁白的哈达横贯额敏全境，向西南流经裕民县、塔城市，最后注入哈萨克斯坦的阿拉湖。额敏河全长300多千米，在我国境内为154千米，流域面积20900平方千米。

额敏河径流补给为降雪与融雪混合型，河流汛期较短，通常在每年的4—5月间。额敏河流域是个多风区，而塔额盆地三面环山的有利地形，使得其降水量较为丰沛。降水主要在春秋两季，其中最大月降水量出现在4月，占年降水量的12.8%—14.1%，最小降水量出现在1—2月，占年降水量的3.6%—4.8%，连续最大4个月降水量出现在4—7月，占年降水量的42.6%—48.7%。

额敏河流域地处中纬度的中亚内陆区，属中温带大陆性干旱气候，四季分明，冬季漫长而寒冷，夏季短暂而炎热。额敏河流经的塔额盆地，高山带分布着亚高山草甸土，低山带分布着灌溉棕钙土，林区主要分布着新疆杨、柳树、沙枣、钻天杨等乔木和灌木植被，以蒿草类植被为主，土地肥沃，草场辽阔，流域内的各县市旗国民经济以农牧业为主。额敏河流域鱼类资源丰富，尤其是流域中流的南湖湿地是多种鱼类的主要繁殖地，每年额敏河春汛期间，大量的野生鱼类借助额敏河暴涨的水势，逆水洄游南湖湿地，开始了一年一度为期约2月的繁殖期。

位于额敏河上游的额敏县，因河而得名，该县东邻和布克赛尔蒙古自治县，西与塔城市为邻，南接托里县，北同哈萨克斯坦接壤。民族构成有汉族、哈萨克族、维吾尔族、回族、蒙古族等。额敏县风光秀丽，气候宜人，夏牧场"孟布拉克""海航"以它独特的美景吸引着四方宾客，而"樊梨花点将台"、古通商口岸、喇嘛庙、喀拉也木勒古岩画群、草原石人等历史、宗教、文化遗址又增添了额敏的历史厚重感。额敏土地广袤，物产丰富，素有"粮仓、油缸、肉库"之美誉。在某种程度上，额敏的自然资源与人文资源都与额敏河息息相关。

为进一步保护与开发额敏各族人民的这条"母亲河"，美化环境，多年来，额敏历届县委、县政府高度重视，致力于额敏河治理工程建设，打造集防洪、景观、旅游于一体的民心工程。从2009年起，额敏县额敏河综合治理工程计划开始启动，2010 年 10 月全面竣工，总投资近 2 亿元，额敏河旧貌换新颜。

6. 玛纳斯河

玛纳斯河，一作马纳思河，在新疆维吾尔自治区准噶尔盆地南缘，天山北麓，是天山北麓最大的一条河流。在《元史》中，第一次出现了"马纳思河"记载。清徐松《西域水道记》记载："准语（蒙古语），玛纳，巡逻也。斯，谓其人，滨河有巡逻者也，是以名焉。"

玛纳斯河发源于北天山最高的依连哈比尔尕山，流出天山山口后，在平原地带与乌兰乌苏河汇流后蜿蜒流向西北，最后注入玛纳斯湖，全长约 324 千米，流经行政区域包括石河子市、沙湾县、玛纳斯县，以及分布在沿河两岸的新疆生产建设兵团农八师和农六师的农牧团场。据《西域水道记》载："玛纳斯河出山北流百十一里为渠口，疏东渠三，皆东入绥宁城南边墙，河又北流……迳泉沟西七里，北流至县北，沿河左右悉为民田，又西北流百五十里与乌兰乌苏河会……玛纳斯、乌兰乌苏二河既会，西北流百里入自淖尔之南。"此段文献是对玛纳斯河发源及流经的较为详细的注解。

玛纳斯河流域属中温带大陆性干旱气候，夏季炎热干燥，冬季寒冷多风。玛纳斯河径流补给类型为以冰川积雪融水补给为主，降雨混合补给为辅。全年水量集中在 6—8 月，其量占全年水量的 68%，仅 7 月份就占约 28%，以夏汛形式出现，年最大流量多发生在 7 月下旬至 8 月上旬，冬季为枯水期，径流量稳定。

玛纳斯河除鱼类等资源外，还出产黄金及玉石，是我国重要的碧玉产地，因此，玛纳斯河流经的一段地方，被人们称为"金版玉底"。"金版"是源于河床及两岸出产的黄金，一些清朝时开掘的淘金洞，在岁月的风尘里至今仍可见到；"玉底"得名于河底蕴藏的大量的碧玉，据史料记载，清康乾年间，曾在此开设玉厂。玛河碧玉是一种透闪石玉，色泽幽绿，玉质坚硬度与和田碧玉接近。

游牧是玛纳斯河流域人民古老的生活方式。进入清乾隆盛世时，沿河两岸才开始民屯军屯，发展农耕。乾隆年间设县后，玛纳斯河就成为玛纳斯城的一道屏障，西去东往的官兵客商都要经过这条河流。新疆解放后，为了合理开发、利用玛纳斯河，国家和各级地方政府在河上兴修水库，渠灌事业迅速发展，河流两岸的县、市、农牧团场获得长足的发展，成为著名的粮棉产地。

7. 奎屯河

奎屯河，位于新疆维吾尔自治区天山北坡中部，准噶尔盆地西南缘，全长 220 千米，年径流量为 6.307 亿立方米，是天山北坡仅次于玛纳斯河的第二大河。奎屯河古名叶叶河，又名扎尔玛图水。《新唐书·地理志》记载："白杨河七十里有清镇军城，又渡叶叶河，七十里有叶河守捉"。"奎屯"，蒙古语，意为"寒冷"，因该河一带冬天极其严寒而得名。

奎屯河发源于天山北部依连哈比尔尕冰川，其东西分别与八音沟河和四棵树河毗邻，南至天山分水岭，自然状态下汇入博尔塔拉州境内的艾比湖，属艾比湖水系。奎屯河流域地处欧亚大陆腹地，远离海洋，属大陆性北温带干旱气候，是新疆北部无霜期最长、光热能最丰富的地区之一。气候特点是夏季炎热，冬季严寒，降水稀少，每年 5 月底前为枯水期。降水多集中在 6—8 月，这段时期内，除降水外，依连哈比尔尕现代冰川上的积雪与冰川融化速度增快，融雪补给量迅速增大，这三个月的径流量占全年总量约为 65%。

奎屯河流域内蕴藏有煤、石油、水晶、碧玉、黄金、石棉、石英、铜等主要矿产资源。流域内动植物资源丰富，野生动物共计 19 目 35 科 53 种，其中有国家一级保护动物黑鹳、波斑鸨，另有马鹿、鹅喉羚等国家二级保护动物 8 种；植物主要有天山云杉、白杨、桦树、胡杨、梭梭、芨芨草等。

奎屯河流域行政区辖伊犁州的奎屯市，新疆生产建设兵团农七师的 9 个团场，塔城地区乌苏市及所属 22 个乡（镇场），克拉玛依市的独山子区和托里县的庙尔沟镇。流域内有汉、哈萨克、维吾尔、回、蒙古、乌孜别克、塔塔尔、满、锡伯、俄罗斯、柯尔克孜、达斡尔等 17 个民族。

奎屯河流域是以石油化工和农业为基础，农副产品加工和轻纺工业为主导的经济。农业以粮食、棉花、甜菜、油料为主，工业除石油化工以外，还有纺织、制糖、电力、卷烟、皮革、造纸、建材、煤炭、印染、食品等类别。

奎屯河流域在清代隶属于乌苏县。解放后，流域内各族人民和新疆生产建设兵团克服各种困难兴修水利、开荒造田，先后在奎屯河上修建了奎屯河老渠首、奎屯河新渠首、团结大渠、阿加干渠、东风干渠等引输水渠。改革开放后，对灌区部分引蓄水工程进行了除险、加固、扩建，并新建了一批新的引水灌溉渠。有力地促进了流域工农业生产，保障了城乡生活和工业供水，为流域经济的可持续发展奠定了坚实的基础。

8. 叶尼塞河

叶尼塞河，英文名为 Yenisei River，俄文名为 Енисе́й，位于亚洲北部，发源于蒙古国，朝北流向喀拉海，流域范围涵盖中西伯利亚大部分地区，是西西伯利亚平原与中西伯利亚高原的分界。中国古籍亦作剑河、剑水、谦河，"剑""谦"系突厥语之对音，原意指"江、河流"，最初为通名，后逐渐成为这一河流的专有名词。中国清朝史籍译称远尼舍。叶尼塞一词来源于基里尔文，是大河的意思。叶尼塞河流域历代为坚昆、唐努（图瓦）等族聚居之地，是草原丝路所经河流之一。

叶尼塞河西侧为平原区，东侧为高原区，是西伯利亚河流中水量最丰盈的河流，同时还是入流北冰洋最大的河流。若按源头从色楞格河—安卡拉河算起，叶尼塞河流程总长度达 5539 千米，是俄罗斯水量最大的河流，更是世界第五长河。

叶尼塞河流经地区地形地貌复杂，有较多的支流汇入。其干流自东向西流动在宽阔的草原与盆地中，从克姆契克河口顺着地势高低的走向，急转向北而去，纵横于西萨彦岭，在奥兹纳琴诺耶村附近再次流入草原。在流经草原地段的进程中，在左右两岸分别有阿巴坎河和图巴河注入。自耶札加什村跨越东萨彦岭支脉后，转变为山地河流。水量丰富的马纳河，在克拉斯诺亚尔斯克的上游汇入叶尼塞河。由此到河口流段，叶尼塞河有安加拉河、中通古斯卡河、下通古斯卡河、库列依卡河和汉泰卡河等大型支流汇入，最后注入北冰洋喀拉海的叶尼塞湾。

叶尼塞河支流的阿尔丹河附近发现了旧石器晚期的遗迹，出土的文物与黄河流域的河套地区、山西峙峪、河北虎头梁等遗址有许多共同点。为了更有效地管理西伯利亚远东地区，元王朝建立前的蒙古汗国及元王朝，曾对北极地区进行了四次大规模的探险、调查、考察及测量，其中便涉及叶尼塞河流域。《元史·地理志》记载：谦河（今叶尼塞河）注于昂可剌河（安加拉河）北入于海（北冰洋）。后金与清朝前期，为了加强对于叶尼塞河流域的控制，对东北亚雅库地区西面的贝加尔湖及叶尼塞河上中游地区进行了招抚，并将其纳入了统治范围。《清太宗实录》崇德二年六月辛丑（1637 年

7月25日）记载：是日，叙追杀喀木尼汉部落叶雷功……尔（俄尔多木）至博穆博果尔处，率博穆博果尔追之，行一月追及……至温多河，追获叶雷等，皆杀之。

叶尼塞河流域有不同民族居住，形成了多元民族共存的生活状况。叶尼塞河流域居住着俄罗斯人、埃文基人、图瓦人、乌克兰人、鞑靼人、哈卡斯人、雅库特人、涅涅茨人等多元民族，他们以渔猎、驯鹿和贸易为主要生存方式，兼有石墨、煤炭等采矿业的经济活动。大小叶尼塞河附近农村地区以图瓦人为主，在图瓦首府克孜勒也有相当数量的俄罗斯人，两个民族相互融合，互通往来。在图瓦地区以北，俄罗斯的克拉斯诺亚尔斯克地区则主要集中了俄罗斯人、乌克兰人、鞑靼人及其他许多原住民族。多元化民族聚集发展的格局，使得民族间的交往频繁，推动了地区的民族融合。

叶尼塞河流域所使用的语言，属于叶尼塞语系，其语言形态变化复杂，有前缀、后缀、中缀、元音交替等丰富的构词手段。有学者认为，中国古代的匈奴、羯等民族所使用的语言和叶尼塞语系语言有同源关系。更有学者大胆猜测，叶尼塞语系和汉藏语系同源。

叶尼塞河曾是草原丝绸之路上的重要河流，如今也是丝绸之路经济带北线的重要水域，富有多种资源和深厚的民族文化。

9. 鄂毕河

鄂毕河，俄语名为 Обь，英文名为 Ob River，位于西伯利亚西部，发源于阿尔泰山的比亚河和卡通河流域，在阿尔泰边疆地区的比斯克西南汇流后形成鄂毕河。中国近代史籍译称沃皮江。

鄂毕河曲折向北流，最终向东注入北冰洋，属于北冰洋水系。其上源为中国境内的额尔齐斯河，全长为 3650 千米，流域面积达 297 万平方千米，径流量仅次于叶尼塞河和勒拿河，为俄罗斯第三大河流，同时是世界性的著名长河。

鄂毕河所流经的地区主要为西西伯利亚平原和阿尔泰山地，其中流经西西伯利亚平原地区占比约在 85% 左右。鄂毕河流域南界是额尔齐斯河流域与图尔盖河和萨雷河流域间的分水岭，东界是阿巴根山脉和库兹涅茨阿拉套山脉。鄂毕河自库兹涅茨阿拉套山脉向北，通过西西伯利亚平原把鄂毕河支流和叶尼塞河支流分开，然后顺着终碛脊，把鄂毕河和普尔河及纳迪姆河流域分隔开。位于鄂毕河和伯朝拉河、卡马河和乌拉尔河流域之间的乌拉尔山，是鄂毕河流域西侧的分水岭。

鄂毕河流域位于俄罗斯的西西伯利亚地区，远离大西洋，邻近东西伯利亚地区，属于典型的温带大陆性气候。该地区冬季寒冷漫长，1月的平均气温低于—20℃，夏季较温暖，南部7月平均气温达22℃，北部7月的平均气温只有9℃左右。最冷月和最热月的平均温差，在北部为30℃至35℃，在南部为40℃至45℃。同时，鄂毕河流域结冰期很长，在森林地带，比如克季河、瓦修干河以及托博尔河等地结冰期往往达到4至6个月，下游地区冰厚达1米至1.5米，许多支流冰冻到底，因此该流域通航能力较差。

鄂毕河水能资源丰富，建有新西伯利亚水电站、布赫塔尔马水电站和乌斯季卡缅诺戈尔水电站等。其中，新西伯利亚水电站建在鄂毕河干流上，总装机容量40万千瓦，年均发电量16.87亿千瓦，为地方的工农业生产提供了有力的能源供应，促进了地方工农业的发展，为人民的生活提供了许多便利。

鄂毕河流域的生物资源丰富。松、雪松、银枞、白杨和桦木生长在鄂毕河岸，在泛滥平原较高的地带，同样可以看见孤立的森林。河流的大片区域，更有柳、欧洲荚迷、稠李、鼠李、茶藨子灌木及野玫瑰等植物。鄂毕河流域不仅有西伯利亚鼹、西伯利亚及美洲水貂、鼬獾、狐、狼、白兔、水鼠、麝鼠、水獭及河貍等可提供毛皮的哺乳动物，还有松鸡类、山鹑、雁及鸭等170余种鸟类。同时，在河中和水湾里生存有狗鱼、江鳕、西伯利亚代斯鱼、鲤鱼及鲈鱼，其中最有经济价值的是数种鲟和白鲑。鄂毕河流域丰富多样的动植物资源，呈现出了多姿多彩的生态景观，并保证整体地区的生态稳定与平衡。

人类在鄂毕河流域的足迹可追溯到中国的商周时期。卡拉苏克文化的青铜文化中发现了与商周器物颇相似的陶鼎、陶鬲及青铜刀、战斧、矛、镞等。鄂毕河流域的文化，受到商周文化的影响。今天，在全球一体化趋势下，文化的相互交流，必将带动地区的发展与繁荣。

10. 伏尔加河

伏尔加河，俄语名为 Волга，英语名为 Volga River，又译窝瓦河，其名源于古代西芬语，意为光明的、白色的河流或圣河。伏尔加河位于俄罗斯的西南部，为欧洲第一大河，也是世界最长的内流河。中国隋朝史籍称阿得水，元朝史籍称亦的勒河、也只里河，清朝史籍译称瓦喇夏河、浮而嘎河、倭尔噶河等。

伏尔加河发源于东欧平原西部的瓦尔代丘陵中的湖沼间，流经森林带、森林草原带和草原带，最终注入里海，全长 3690 千米，流域面积达 136 万平方千米。伏尔加河在俄罗斯的国民经济与生产生活中起着重要的作用，因而俄罗斯人将伏尔加河称为"母亲河"。伊里亚·叶菲莫维奇·列宾的世界名画《伏尔加河上的纤夫》生动描绘了伏尔加河纤夫的艰辛。

在历史的长河中，伏尔加河中下游地区和乌拉尔山前地带，是以游牧为生和以农耕为生的两个不同民族的交汇地带。在伏尔加河中游和卡玛河沿岸的混合林中间，草原和耕地纵横交错，这里生存着现代芬兰—乌戈尔人和摩尔多瓦人、马里人、楚瓦什人、鞑靼人以及南乌德穆尔特人等突厥语各民族的祖先。在伏尔加河中下游中部地区，居住过说蒙古语的卡尔梅克人，他们是 16 至 17 世纪迁移到这个地区的厄鲁特蒙古的一部分。

伏尔加河是古代丝绸之路上的重要通道，生活在伏尔加河流域的哈萨克人自古以来善于商贸事业。15 世纪，蒙古金帐汗国瓦解之后，从阿尔泰山脉到伏尔加河下游的草原带由突厥语哈萨克人部落占据。作为以游牧为生的哈萨克人，不仅有着茶饮、瓷碗、毡房具有民族符号的生活，同时积极拓展与邻邦的友好关系，开展自己的商贸事业。他们从事车马运输行业、参与集市交易和娱乐聚会等活动。时至今日，俄罗斯哈萨克人仍旧致力于在俄罗斯多民族的调色板中，保护并传承自己突出的民族传统文化。

伏尔加河流域人们宗教信仰复杂。18 世纪，作为宗教教派交汇处的伏尔加河，其教派主要是东正教和伊斯兰教。目前，俄罗斯族信奉东正教，遵循东正教教规的有马里人、楚瓦什人、摩尔多瓦人、乌德穆尔特人。相对东正教而言，伊斯兰教的主要信仰区域是在伏尔加河的中下游地区，也就是鞑靼人和巴什基尔人的居住地区。

伏尔加河流域有着悠久的戏剧传统。出生在科斯特罗马的 Ф.Г.沃尔科夫，在雅罗斯拉夫创建了雅罗斯拉夫 Ф.Г.沃尔科夫戏剧院，该戏剧院是俄罗斯第一个职业剧院。伏尔加河流域的大型城市，几乎都有剧院，其中的一些甚至是早在 19 世纪建立的。Ф.И.夏里亚宾等许多著名的演员和歌唱家都曾在这些剧院演出过。在萨马拉、萨拉托夫、阿斯特拉罕、雷宾斯克、下诺夫哥罗德等城市都有话剧院，在萨马拉、萨拉托夫、下诺夫哥罗德等城市有剧院和芭蕾舞剧院，在萨拉托夫和下诺夫格罗德有音乐学院。

伏尔加河流域有萨拉托夫美术馆、雅罗斯拉夫美术馆、雷宾斯克可博物馆、阿斯特拉罕美术馆等众多文化场馆。其中，萨拉托夫美术馆是久负盛名的博物馆，并被称作"伏尔加河埃尔米塔日博物馆"。

伏尔加河是俄罗斯内河航运的主干道。伏尔加河可连接波罗的海、白海、亚速海、黑海和里海，因而有"五海通航"的美称。伏尔加河在河口的三角洲上，分成 80 条汊河注入里海，其中干、支流的通航总里程达到 3256 千米。伏尔加河主要有特维尔、雷宾斯克、雅罗斯拉夫尔、下诺夫哥罗德、喀山、乌里扬诺夫斯克、萨马拉、萨拉托夫、卡梅申、伏尔加格勒和阿斯特拉罕等港口，并连接俄罗斯特维尔州、雅罗斯拉夫尔州、科斯特罗马州、伊万诺沃州、下诺夫哥罗德州、马里埃尔共和国、楚瓦什共和国、鞑靼斯坦共和国等 13 个联邦主体，主要运送石油、木材、粮食、机械等货物，为俄罗斯重要的水上交通通道，为地区经济的发展搭建了"水上桥梁"。

伏尔加河的渔业资源在苏联时期占有极其重要的地位。在建设水库之前，全河捕鱼量约占苏联的 50%，捕鲟量占近 90%。梯级水库的建立对伏尔加河鱼类，主要是鲟科和鲱科鱼类资源增殖有很大影响。为救护珍贵洄游鱼类，政府采取了修建过鱼建筑物、开展人工繁殖放流、发展水库养鱼等措施，取得了良好的效果，有效地保证了区域渔业资源的稳定。

有着俄罗斯"母亲河"之称的伏尔加河，在对俄罗斯的经济做出重大贡献的同时，也产生了很多严重的生态污染问题。水库的修建，阻塞并切断白鲟和白鲑这类溯河产卵的鱼的通道，改变了近 70 种当地鱼栖息地的环境。工农业生产废水的排放，导致伏尔加河的环境恶化。水库储水、蒸发和河水分流，极大地缩减了伏尔加河的排水量，造成里海水平面持续下降。同时，伏尔加河化学污染问题日益严重，给农业的生产造成重大的影响。一系列的环境问题，成为俄罗斯母亲河所面临的重大问题，并成为在寻求经济发展的同时亟待解决的重要问题。

11. 奥卡河

奥卡河，属于俄罗斯西部河流，是伏尔加河水流量最多的支流。奥卡河发源于中俄罗斯丘陵中部，曲折东流，折向东北，在下诺夫哥罗德附近注入伏尔加河。奥卡河全长 1478 千米，流域面积为 24.5 万平方千米，主要有日兹德拉河、莫斯科河、乌帕河等支流。

奥卡河，语出芬兰—乌戈尔诸语，可能是梅晓拉语，意思是"河流"。据史料记载，早在公元 6 世纪，斯拉夫人分出的东斯拉夫人便生活在奥卡河、伏尔加河上游，他们从事农业和饲养家畜，并开始使用铁犁、铁镰、铁斧等铁制生产工具，生产的农作物主要有小麦和大麦。同时，东斯拉夫人同拜占庭人有着频繁的贸易往来，他们出售粮食、毛皮和奴隶，换回各种手工艺品和钱币，促进了奥卡河流域的手工业生产和商贸活动。在长时期的历史发展演变中，生活在奥卡河流域的东斯拉夫人，成为俄罗斯人、白俄罗斯人及乌克兰人的祖先。

13 世纪中期，成吉思汗的孙子拔都征服基辅—罗斯，在奥卡河流域广大的地区上建立起金帐汗国，从此开始了对俄罗斯长达 240 年的统治。至伊凡家族的第六代，伊凡大帝于 1479 年在奥卡河战役中彻底打垮阿合马可汗，结束了蒙古人对该地区的统治，实现了自身的政治独立和自主。

奥卡河流域生活的东斯拉夫人，在宗教信仰上，为近似于萨满教的拜物教阶段，视万物为神灵。萨满教主要包括满族萨满教、蒙古族萨满教、中亚萨满教、西伯利亚萨满教。萨满被认为是有控制天气、预言、解梦、占星以及旅行到天堂或地狱的能力。萨满教的拜物教阶段，主要是赋予山川、火、树木、日月星辰、雷电、云雾、冰雪、风雨、彩虹以及某些动物以人格化的想象和神秘化的灵性，视为主宰自然和人间的神灵。萨满教在东斯拉夫人的精神世界的反馈，是基于他们对于大自然的崇拜，同时也在某种程度上反射出当时的生产水平和文化风貌。

奥卡河流域的近现代生活，从艺术画作《在奥卡河上》可以管窥一斑。画家阿尔希波夫 27 岁时画的《在奥卡河上》是一幅著名的生活场景画作。其中描绘了奥卡河上摆渡船的场面，船上乘载着些许农民，他们有的从集市归来，有的像是走亲访友，一幅俄国农村生活的场景映入眼帘。平静流淌的河水，淳朴的自然风光，那么自然而恬淡。《在奥卡河上》目前被收藏在俄罗斯莫斯科特列恰科夫美术馆，其中温暖的画面色调，丰富的色彩变化，是印象画派外画法的艺术造诣。

12. 卡马河

卡马河，属于俄罗斯中西部河流，发源于乌德摩尔梯自治共和国喀尔普什基诺村附近，是伏尔加河左岸最大的支流，河流长度 2032 千米，流域面积达 52.17 万平方千米，是俄罗斯最重要的河流之一。卡马河历史上是前往乌拉尔山区和西伯利亚的大通道，而现在为大窝瓦河水路系统的组成部分，沿河建有的三座水力发电站，为周边区域的社会经济的生活提供了便利。

卡马河名字源于强大的卡马壮士传奇故事。卡马在故事中时而是强大的壮士，时而是保卫彼尔姆的好心的神灵，时而是恶巫师。学者们推断，卡马这个词源于乌德穆尔特语，意思是长或者是更长。卡马河主要有维舍拉河、别拉亚河、维亚特卡河等支流，上游河床不稳定，多弯曲，维舍拉河以下水量较大。

卡马河孕育出了伏尔加河—卡马河文化，属于东欧乌拉尔山西侧森林地带的新石器时代文化。该文化年代为约公元前 5000 年末至前 3000 年末，末期过渡到青铜时代的图尔宾诺文化和分布于喀山地区的沃洛索沃文化。1947年，苏联考古学家 O.H. 巴杰尔和 A.X. 哈利科夫主持了系统的发掘与研究，并据地域分布进而命名为伏尔加河—卡马河文化。

卡马河流域分布的人口主要是鞑靼人，即成吉思汗及其子孙西征后所建立的金帐汗国蒙古征服者的后裔。鞑靼人混合了跟随蒙古人西征的突厥人的血统，形成了今天的喀山鞑靼人、阿斯特拉罕鞑靼人、克里米亚鞑靼人、西伯利亚鞑靼人等分支。15 世纪金帐汗国灭亡后，在伏尔加河、卡马河一带建立了喀山汗国。16 世纪中期，喀山汗国被沙俄兼并，并于 1920 年建立自治共和国。在经过长达 800 年的蒙古人与其他民族的混血过程后，该河流域的鞑靼人兼具白种人与黄种人的特征。

卡马河流域的鞑靼人，绝大多数信奉伊斯兰教，属于逊尼派。也有少数信东正教，还有部分信原始的萨满教。十月革命前，在鞑靼人居住地区，清真寺到处可见，在一些穆斯林家庭中也设有礼拜点，并出版了本民族文字的《古兰经》译本。

13. 顿河

顿河，英文名为 Don River，中国清朝史籍译称东河，发源于中俄罗斯丘陵东麓，曲折向东南流，后转折向西南，流域区域经过森林草原带和草原带，最终注入亚速海的塔甘罗格湾。顿河是俄罗斯欧洲部分的第三大河流，河流长达 1870 千米，流域面积为 42.2 平方千米，年均径流总量约为 295 亿立方米。

顿河的历史悠长绵远，在这里发生过号称中世纪最大会战之一的顿河会战。顿河战役，也叫库里科沃战役，发生于 1380 年 9 月 8 日，是弗拉基米尔和莫斯科大公德米特里·伊万诺维奇率罗斯军队同蒙古军队在库里科沃原野进行的一次战役，更是俄罗斯人民反抗蒙古压迫的斗争的转折点。库里科沃战役虽未结束蒙古统治，但却使金帐汗国遭到毁灭性的打击，加速了金帐汗国的土崩瓦解，对罗斯和东欧其他民族摆脱蒙古的统治具有重大历史意义。

顿河是俄罗斯历史上有名的河流，顿河流域的顿河马，更是饶有盛名。19 世纪俄沙皇亚历山大二世在顿河流域创建了一个大型马场，在此进行了大量的马匹繁育工作，其间培育的新品种顿河马，主要就要用来装备轻骑兵。在第一次世界大战和俄国国内战争期间，顿河马的经营遭受重创，大批量的优良战马死于战乱。20 世纪 20 年代，苏联红军在罗斯托夫地区重建军马场，大量繁殖顿河马，品种改良速度加快。顿河马种繁育的中心布金诺夫马场，有俄罗斯最好的良种战马。我国培育的伊犁马，即是由苏联引入的顿河马改良的哈萨克马培育而成，并成为我国珍惜的动物资源。

顿河蜿蜒曲折，全河落差为 190 米，但河床比降不大，使得顿河河流从容而平缓，故而人们把顿河称为"静静的顿河"。顿河流域正是因为这种平缓的流速，使得顿河成为具有重要通航能力的河流，流域分布有乔治乌—德治、列别江、卡拉奇、伏尔加顿斯克、罗斯托夫和亚速等港口，通航里程达到 1604 千米，最远通航至里海、波罗的海和白海流域，运送的主要货物是煤炭、木材、粮食和金属。顿河航运增强了流域内的贸易往来，促进了该地区的经济发展。

苏联作家肖洛霍夫的小说《静静的顿河》以第一次世界大战、二月革命、十月革命、国内战争这一动荡历史时期为写作背景，呈现了顿河流域人们在风尚、生活和心理状态中所发生的巨大变动。顿河流域的圣母玛利亚诞生大教堂，因其美丽的外观被称为俄罗斯独特的风景。

14. 锡尔河

锡尔河，中亚大河，流经乌兹别克斯坦、塔吉克斯坦和哈萨克斯坦，英语名为 Syr Darya，哈萨克语称 Сырдария，乌兹别克语为 Sirdaryo，塔吉克语为 Сирдарё，古希腊语作 Jaxartes。锡尔河古称药杀水（见于《隋书》《新唐书》），亦称叶河（《大唐西域记》）、叶叶河（《大慈恩寺三藏法师传》），《元史》作忽章、忽禅、忽毡等，《明史》作火站河。其上游一段到纳伦河史称真珠河，《新唐书》石国条"西南有药杀水，入中国谓之真珠河，亦曰质河"。

锡尔河位于天山山脉与咸海之间，源于天山山脉，由纳伦河和卡拉河在费尔干纳盆地汇合而成，中、下游流经沙漠地区，注入咸海。全长 2212 千米（以支流纳伦河起计河长则为 3019 千米），为中亚最长的河流。流域面积 21.9 万平方千米，上游流域面积 46.2 万平方千米。锡尔河的中、下游水道逶迤曲折，经常改道，一些水道于干旱季节消失在沙漠中，而在洪水季节河水则会溢出低矮的河岸。锡尔河及其支流灌溉的土地面积在 200 万公顷以上，整个中下游河段沿岸有狭窄的绿洲，是哈萨克斯坦重要灌溉农业区之一。费尔干纳盆地和锡尔河中游农作物以棉花为主，下游产稻米。锡尔河主要支流有阿汉加兰河、奇尔奇克河、克列斯河和阿雷西河。锡尔河畔有多座水电站，以法尔哈德、凯拉库姆、恰尔达拉等水电站为最大。在克孜勒奥尔达和卡札林斯克还筑有拦水坝。

锡尔河流域也是民族文化交流频繁的地区，商贸往来与文化交流自古有之。同时，这里也是战争多发地区。历史上著名的"药杀水之役"就发生于此。公元前 329 年秋，亚历山大大帝打败大流士三世，并杀了他的继承人，领军围攻药杀水南边的赛勒斯。居鲁士大帝的远征至药杀水止步，亚历山大大帝希望建筑一座新城取代赛勒斯，标志自己的功绩可媲美居鲁士大帝。

锡尔河流域系突厥、葛逻禄等突厥语游牧民族活动之地。据中国史书记载，昭武九姓中的石国建都于此水支流。石国最早见于《魏书·西域传》，称为者石。《隋书·西域传》称为石国："石国居药杀水，都城方十余里其王姓石名涅……有粟麦，多良马。其俗善战……南去镟汗六百里东南去瓜州六千里。"杜佑《通典》:"石国隋时通焉。居于药杀水，都柘枝城，方十余里，本汉大宛北鄙之地。东与北至西突厥，西至波腊界，西南至康居界……有粟、麦，多良马。隋大业五年，唐贞观八年，并遣使朝贡。"天宝九载，高仙芝擒石国国王及妻子归京师。天宝十载，石国向大食求救兵攻打怛逻斯城，引起怛逻斯战役，高仙芝兵败，石国归附大食。石国是唐代高僧往印度取经时必经之地。玄奘往印度取经，曾路过赭时国，即石国;《大唐西域记》卷一记载:"赭时国周千余里……西临叶河，役属突厥。"石国人善舞，有柘枝舞流行唐代长安，到宋代仍流行。明代称为达失干。明朝永乐年间行在吏部验封司员外郎陈诚出使西域曾到过达失干:"达失干城在塞兰之西，去撒马尔罕七百余里。城周回二里，局平原上，四面皆平岗，多园林，广树木。水流长行。土宜五谷。居民稠密。"

锡尔河流域自古以来就是丝绸之路沿线重要地区，承载着中西方文化的交流与融合。流域内的民族与中国历朝历代都保持了友好的贸易往来与外交关系。

15. 奇尔奇克河

奇尔奇克河，英语名字为 Chirchiq 或 Chirchik，乌兹别克斯坦语为Чирчи，俄罗斯语为Чирчик，锡尔河上游右岸支流，位于乌兹别克斯坦，古代丝绸之路途经此河。奇尔奇克河全长 155 千米，其流域面积 14900 平方千米，上游流经约 30 千米的峡谷，下游山谷扩大并最终流入锡尔河。奇尔奇克河在流经中亚著名历史文化古城塔什干时以东北—西南走向，分为数股平行汉流，从市区流贯而过。奇尔奇克河上建有几个大坝，主要用于发电和灌溉。

奇尔奇克河位于丝绸之路的冲要，是古"丝绸之路"上重要的商业枢纽之一，很早就有中国远行人涉足其间或从旁经过，汉代的张骞，晋代的法显和唐代的玄奘，是这个行列中最著名的人物。

奇尔奇克河地处河中地区，主要为草原地带，草原民族在此建立了引以为傲的游牧文化。但是，游牧者渴望在农、牧相接处，获得一片能够带来巨大经济利益的绿洲。因此，以奇尔奇克河河谷为中心的地区注定会成为多方争夺的焦点，不仅是不同游牧体系渗透的目标，也是南部绿洲农业政权对抗草原游牧政权的前哨。

位于奇尔奇克河谷地绿洲中心的乌兹别克斯坦首都塔什干是丝绸之路上重要的城市。"塔什干"一名由突厥语词 tosh / tash（岩石、石头、卵石）和 kent（城市）合并构成，可意译为"石头城""卵石城"或"石城"。因城区处于山麓冲积物构成的扇面上，地表遍布从上游滚滚而下的卵石和巨砾，因此而得名。塔什干在中国史籍中先后有过多种译名，如《魏书》中的者舌、《隋书》中的柘折、《新唐书》中的柘支、《大唐西域记》中的赭时、《经行记》中的赭支、《元史》中的察赤等。

中世纪以来，在不断的政治纷争和日益活跃的社会、经济生活中，塔什干发挥着越来越重要的作用。1865 年被俄国占领，被定为突厥斯坦总督区的首府，并逐渐发展为整个中亚地区最重要的经济、文化和交通运输中心。十月革命后，塔什干成为突厥自治共和国首府，1924 年起为新建立的乌兹别克加盟共和国首都，1991 年 8 月 31 日，乌兹别克斯坦共和国成立，塔什干为首都。塔什干是中亚地区第一大城市和重要的经济和文化中心。

奇尔奇克河的历史与西域文明和丝绸之路的发展息息相关，是"一带一路"沿线极具历史意义的重要河流，流域内的历史名城和文化古迹也是"一带一路"沿线重要的旅游景点和考察地。

16. 乌拉尔河

乌拉尔河，又称乌拉河，俄文名为 Урал，Urál，英文名为 The Urals，是俄罗斯联邦和哈萨克斯坦境内河流，与乌拉尔山脉一起，同为亚、欧两洲分界线。乌拉尔河 18 世纪前称"雅伊克河"，河旁建有雅伊克城。约公元前 5 世纪时，该河即见于记载，古希腊地理著述称吕西河，托勒密的《地理指南》称达伊赫河，俄国史籍称之为亚伊克河，中国隋朝史籍称巇水，元朝史籍称扎牙黑水。1773 年，在耶·伊·普加克夫领导下，雅伊克起义爆发。其后，为"使所有发生的事完全遗忘"，女皇叶卡捷琳娜二世发布命令，自 1775 年 1 月 15 日起将雅伊克河改为现名，雅伊克城改名为乌拉尔斯克，乌拉尔河因其源出山脉乌拉尔山脉而得名。

乌拉尔河源于乌拉尔山脉东南部，沿乌拉尔山东麓南流，至奥尔斯克以下折向西流，进入平原，乌拉尔斯克以下折向南，流经滨里海低地，在古里耶夫注入里海。乌拉尔河全长 2428 千米，属于内陆河，流域面积为 23.1 万平方千米。奥尔斯克以上为上游，流经松林和森林草原带，支流较多，水流湍急，属山地河流，河水以乌拉尔山脉融雪水补给为主；奥尔斯克至乌拉尔斯克为中游，中游流经森林草原和草原之间过渡带，年降水量 300—400 毫米，在赤卡洛夫有最大支流萨克马拉河汇入，属过境河；乌拉尔斯克至河口为下游，流经半荒漠和荒漠地区，年降水量小于 200 毫米，无支流注入，河口附近形成三角洲。中上游河谷深急，奥尔斯克以下穿过峡谷，河谷展宽。水文特征受气候影响，春季为洪水期，11 月至翌年 4 月为结冰期。有奥里河、萨克马拉河等主要支流；有运河通伏尔加河。沿岸主要城镇有俄罗斯的马格尼托哥尔斯克、奥尔斯克、奥伦堡和哈萨克斯坦的乌拉尔斯克、古里耶夫等。

乌拉尔河是丝绸之路北线以及草原丝绸之路的必经之地，人们跨过这条亚欧界河通往欧洲。乌拉尔河流域内矿产资源丰富，马格尼托格尔斯克、奥尔斯克等城市因矿产和工业而兴起。在乌拉尔河流入里海的地方，是哈萨克斯坦国的石油重镇阿特劳市，中哈石油管道就是以阿特劳为起点，途经中方在哈购买的阿克纠宾油区，横穿哈全境，经中哈边境的阿拉山口，最后到达中国的独山子炼油厂。

阿特劳是一座古老的城市，横跨乌拉尔河两岸，也是一座跨越欧亚两洲的城市，人们通过阿特劳大桥来往于欧亚两洲。阿特劳曾臣服于蒙古。在阿特劳的州博物馆里保存有蒙古人西征时遗留下来的文物，其中还有一座被称为"成吉思汗墓"或"蒙古大汗墓"的墓碑。

以乌拉尔河命名的古城乌拉尔斯克是哈萨克斯坦乌拉尔斯克州首府，在乌拉尔河改名之前，城市名同该河旧名，为雅伊克城。乌拉尔斯克于公元1613 年或 1622 年由哥萨克人建立的要塞城市。19 世纪成为贸易中心，在中西方经济文化交流中占有重要地位。

17. 伊犁河

伊犁河，亚洲中部内陆河，跨越中国和哈萨克斯坦。我国先秦时期，伊犁河流域为塞种游牧地；汉为乌孙地，隶属西域都护府。中国史书对伊犁河记述更早，《汉书·陈汤传》作伊列水，《唐书·突厥传》作伊丽水，元为察合台汗封地，《元史》及耶律楚材的《西游录》均作亦剌河，据《西域同文志》称，

"伊犁即伊勒，光明显达之谓"。清乾隆年间定名伊犁。《西域同文志》记载，伊犁为维吾尔语，取义于"犁庭扫闾"，即将庭院犁平整用来种地，把里巷扫荡成废墟，寓意平定准噶尔功盖千秋，西陲从此永保安宁。古代伊犁以伊犁河得名，泛指伊犁河流域以及巴尔喀什湖以东、以南的广大地区。

伊犁河的主源特克斯河发源于天山汗腾格里峰北侧，向东流经中国新疆的昭苏盆地和特克斯谷地，又向北穿越伊什格力克山，与右岸支流巩乃斯河汇合后始称伊犁河，西流至霍尔果斯河进入哈萨克斯坦境内，流经峡谷、沙漠地区，注入中亚的巴尔喀什湖。伊犁河从河源至入湖口，全长1236千米，流域面积15.1万平方千米，其中中国境内长442千米，流域面积5.6平方千米。

伊犁河为周边的城市与村庄提供了丰富的水资源和动植物资源。沿河众多的沼泽以及牛轭湖、苇湖等，是水禽、水兽的天然栖息地。河中盛产鲤、鳊、鲈等鱼类。河流两岸地域平旷，土壤肥沃，降水较丰，气候相对湿润，是富饶的粮油瓜果之乡。伊犁河流域内有许多优质草场。流域内矿产资源丰富，已发现的有远景的矿产有20多种，主要有煤、铁、铜、铅、钒、铝土、火黏土、石英砂、砂金及白云母等。

伊犁流域自古以来就是多民族的聚居地，素有"亚洲人种博览地"之称。我国古代历史上，塞种人、月氏、匈奴、乌孙、柔然、悦般、突厥、契丹、回纥等民族，都曾在伊犁河这片水土上扮演过重要角色。

最早见于中国史册的伊犁河流域是塞种人。西汉时，乌孙在伊犁河附近建国。张骞两次出使西域都曾到过伊犁河流域的乌孙国。自汉细君公主、解忧公主、冯嫽远嫁乌孙起，伊犁河流域就和内地建立了紧密联系。

唐显庆二年（657年），唐廷任命苏定方为伊丽道大总管，进军伊犁，统一了西域，其地置州、府，隶属安西都护府。唐武周长安二年（702年）改为北庭都护府。唐朝中央政府在西域实行了和内地一致的行政建制，针对伊犁地方各部族多是西突厥这一特殊情况，采用羁縻性质的都督府州制度进行管理，任命和册封当地各族部落首领担任都督，允许世袭。他们作为唐朝政府的官员，领取俸禄，具体负责当地日常行政事务，在伊犁及其邻近地区设置了洁山、盐泊、双河等都督府，在各都督府内设了功、仓、户、兵、法等专职官司吏，并在北庭沿天山北麓通弓月城，渡伊犁河到碎叶的交通线上，设置了完整严密的驿站制度。唐朝在伊犁除设官轩守，征收赋税外，还加强了军事部署，从内地调拨了大批常备军队驻防伊犁，归北大庭大都护府直接指挥。唐朝在伊犁的这些措施，把伊犁同祖国内地紧密地联结在一起，维护了中西经济文化交流的畅通和繁荣，使伊犁与中原的统一达到了新的高度。唐代后期，伊犁地方的主体民族为突厥旧属葛逻禄部，葛逻禄与回纥、牙格马部联合建立了喀喇汗王朝，它的首领认为自己是中国人，自称"桃花石汗"，这是中国历史上第一个信奉伊斯兰教的地方政权。

1124 年，东北契丹贵族耶律大石率部万里西迁至西域，1131 年灭喀喇契丹。伊犁的葛罗禄部即臣服于西辽王朝。在这一时期，伊犁著名的古城——阿里马城、赤木儿城开始兴建，并发展成为丝路北道上的重镇。

13 世纪初，成吉思汗统一漠北草原诸部落，建立蒙古帝国，后又向西进军，开始征服西域；1211 年，伊犁河流域的葛逻禄部投附成吉思汗；1219 年，成吉思汗亲率大军，经伊犁河谷，出征中亚。成吉思汗征服西域和中亚广大地区后，将伊犁等广阔土地分封给其二儿子察合台，史称察合台汗国。伊犁虽是察合台汗王的封地，但由于伊犁的战略地位，蒙古帝国和以后的元朝中央政府实际上是伊犁的直接管辖者。

清朝统一西域后，于 1762 年在伊犁设立了"总统伊犁等处将军"，作为当时新疆最高行政和军事长官，统辖天山南北各路驻防城镇及归附清朝的中亚和哈萨克各部。

清政府在伊犁将军所在地——伊犁河谷进行了大规模开发建设，其中最著名的就是修建"伊犁九城"，惠远城为伊犁将军驻地，也是当时新疆政治、军事中心。1842 年，林则徐被贬至伊犁，在当地办理屯垦，兴修水利，主持开挖从喀什河到惠远长达 100 千米的水渠——林公渠。这些措施，大大加快了伊犁地区的发展。

同治三年（1864 年），《中俄勘分西北界约记》将图尔根河注入伊犁河以下河段及巴尔喀什湖划入俄境（今属哈萨克斯坦）。光绪七年（1881 年），《中俄伊犁条约》更改为以霍尔果斯河注入伊犁河以下河段划入俄境（今属哈萨克斯坦）。自此，伊犁河成为国际河流。哈萨克斯坦共和国独立后，中哈两国共同开发、利用伊犁河。新疆境内的伊犁河流域为上游部分，下游流经哈萨克斯坦境内，至博勒库依干最终归于巴尔喀什湖。

中国境内的伊犁河段，水能蕴藏量大，开发条件较好，已建成中小型水电站 132 座，其中规模最大的是喀什河托海水电站。中国境内的伊犁河段已建成各类永久性渠首 64 座，先后新建、改建和扩建了引水干渠 164 条。在哈萨克斯坦境内的阿拉木图州和塔尔迪库尔干州的伊犁河上，已修建了卡普恰盖水库。该水库用于当地的发电和灌溉。这里还是阿拉木图地区以及南部哈萨克其他各城市居民的休养地。

伊犁河是丝绸之路必经之地，河谷地带是古代丝绸之路的北新道、通往中亚的必由之路。从河南岸到天山北麓，遗留着众多排列有序的乌孙墓。墓场规模宏大密集，墓中出土的丝织残片，说明当年和丝道交易的频繁。伊犁河流域各民族在促进东西方贸易中发挥过重要作用。伊犁河附近的塔尔加尔遗址和卡拉摩尔根遗址是丝绸之路上重要的遗产点。塔尔加尔遗址位于阿拉木图州，在公元 8 至 13 世纪，是伊犁河流域的重要贸易城市，见证了该地区在中世纪与其他国家的贸易联系。卡拉摩尔根遗址位于阿拉木图州，在公元 9 至 12 世纪，是伊犁河三角洲流域的保障性城址，丝绸之路自此向西通往哈萨克斯坦中心地区，然后到达东欧。如今，伊犁河依然是"一带一路"沿线重要地区，河流两岸的人民依然在新时代的中西方文化交流中扮演着重要的角色。

18. 楚河

楚河，哈萨克斯坦和吉尔吉斯斯坦境内的内流河，中国古称碎叶水、素叶水、细叶川、垂河、吹河等。《隋书》《新唐书》称之为碎叶川或细叶川，《大唐西域记》称作素叶水，《元秘史》称为垂河。

楚河发源于天山山脉，由朱瓦纳里克河和考克霍尔河汇合而成。上游谷深流急，入伊塞克湖盆地后河谷展宽。后向北经伯阿姆峡和冲基尔敏河相汇，再折向西北后进入楚河谷地，最后渗入穆允库姆沙漠。全长 1186 千米，流域面积 6.2 万多平方千米。

楚河河谷是中亚历史上重要的文化中心，也是丝绸之路沿线重要的贸易集散地，多民族、多文化的融合地。河南有碎叶古城，曾是唐安西四镇之一，是中亚地区重要的历史文化古城。《新唐书》《经行纪》称碎叶城，《大唐西域记》作素叶水城，或作素叶城，都以楚河当时的河名为城市名字。碎叶城故址在今吉尔吉斯斯坦境内托克马克城西南 8 千米处的阿克—贝西姆遗址。

5 至 6 世纪时，移居楚河流域的粟特人建立了碎叶城。7 世纪初，西突厥汗庭移设于此。公元 651—657 年，唐朝三次出兵，终于生擒阿史那贺鲁，灭了西突厥汗国。唐朝设立了昆陵和蒙池两个都护府，以西突厥出身的唐朝将领为都护，统率伊丽河（今伊犁河流域）、碎叶河（今楚河流域）、怛逻斯河（今塔拉斯河流域）一带的十姓突厥部落，归安西都护府统辖。唐高宗调露元年（679 年），安西都护王方翼又在旧城基础上增筑此城。一度为安西四镇之一，曾经多次修筑城墙，唐代碎叶城就是仿长安城而建。

开元七年（719 年），"十姓可汗"阿史那献请居碎叶，唐乃弃碎叶，以焉耆备四镇。武则天统治时期，统领西突厥十姓部落的阿史那斛瑟罗施政残暴，不得民心，被迫东归长安，十姓突厥依附于突骑施首领乌质勒。乌质勒及其儿子婆葛建立了突骑施汗国，其可汗接受唐朝皇帝的册封，为唐朝守卫西方疆土。因此，昆陵、蒙池二都护府自然废止，伊犁河以西成为突骑施汗国的范围，碎叶城成了突骑施的大牙帐（政治中心），唐朝即将碎叶的军队改置于焉耆。

据考证，唐朝大诗人李白出生于楚河河畔的碎叶城。李白在碎叶一直长到五岁，幼小时，其父就在这里教他读司马相如的辞赋，这说明当时碎叶城的文化与内地相似。玄奘法师也曾在碎叶城见到西突厥统叶护可汗。

碎叶城是唐代天山西部北麓最大的城市和贸易中心，是天山南道与天山北道会合点，号称中亚贸易中心索格底亚那地区"伸向东方的触角"。楚河、楚河河谷以及楚河流域都是丝绸之路重要地区。据玄奘记述，自凌山行 400 余里至大清池（伊塞克湖），清池西行 500 余里至碎叶水城，城周六七里，诸国商胡杂居。隋唐以来的"碎叶道"是丝绸之路重要的线路之一，即自北庭都护府所在地庭州（今新疆吉木萨尔县）西行，经轮台县（今乌鲁木齐市）北、张堡守捉城（今新疆昌吉市）、清镇（今新疆玛纳斯县），渡黑水（奎屯河）、石漆河（精河），经车岭（清朝称登努勒台峡谷），至弓月城（今新疆伊宁市附近）。又西渡伊丽水（伊犁河）。沿热海（今伊塞克湖）西行至碎叶城（今吉尔吉斯斯坦的托克玛克）。由碎叶城西南行，经怛逻斯城（今哈萨克斯坦的江布尔），或南下阿姆河流域，西经波斯，至东罗马；或沿锡尔河西北行，经突厥可汗国，渡阿得水（伏尔加河），至东罗马。公元 627 年玄奘西行取经，从塔克拉玛干沙漠古城阿克苏出发，翻越凌山到伊塞克湖，走的正是这条"难以全生的危险道路"。中国历代王朝的使节、商人、僧侣和军队曾一批又一批在这条古道上循着天山北麓的峡谷西行到楚河流域和西域各国。

楚河以及碎叶城在唐朝时为我国领土，在 1864 年的清政府与沙俄签订《中俄勘分西北界约记》后被俄国侵占。俄国占领后，俄罗斯和乌克兰移民到此定居。哈萨克斯坦和吉尔吉斯斯坦两国独立之后，楚河成为流经两国的国际河流。如今，楚河沿岸居住着吉尔吉斯、俄罗斯、乌克兰、鞑靼、哈萨克、东干、维吾尔、德意志等民族的居民。

19. 塔拉斯河

塔拉斯河，中亚内陆河，位于吉尔吉斯斯坦西部、哈萨克斯坦南部。汉代称都赖水；唐作呾逻私、呾逻斯、怛罗斯；元作塔剌寺、塔剌思、答剌速没辇，"没辇"为蒙古语，意为河；清作塔拉斯河。"塔拉斯"为西蒙古语，宽广之意，因河床宽阔而得名。

塔拉斯河始见于《汉书·陈汤传》："郅支单于自以大国，威名尊重，又乘胜骄，不为康居王礼，怒杀康居王女及贵人、人民数百，或支解投都赖水中。"据《汉书》记载，匈奴郅支单于杀汉使谷吉，西奔康居，在都赖水畔筑郅支城以居。西汉元帝建昭三年（前 36 年），副校尉陈汤发西域诸国兵及车师戊己校尉屯田吏士，击北匈奴郅支单于于此。

根据《清一统志·伊犁》记载，塔拉斯河"在伊犁西北，吹河西南三百余里。源出天山北额得墨克岭，初分四水，北行三十余里，合流北注，东西汇入之河凡十余道，支河交会之处，经流二百余里，为塔拉斯河上流。又名乌鲁穆玛拉尔河。支河交会后，西行三百里之间，又名察拉哈雅河。由是折西行二百里为小海，周回三百里，总名塔拉斯河"。《清高宗实录》卷 690 记载：乾隆二十八年（1763 年）七月，"著传谕明瑞等，酌派人员，率同熟谙地理之厄鲁特，前往吹、塔拉斯、阿勒和硕、沙喇伯勒等处巡查"。

自唐及清，有同名之城于河之附近，即今中亚布尔城。《清一统志·伊犁》记载：怛逻斯城"在塔拉斯河上游四百里……则怛逻斯即塔拉斯，音以相近而变之"。初为厄鲁特牧地，清平定准噶尔后立有满文石碣，记载平准过程。属伊犁西路。后为哈萨克、布鲁特（今柯尔克孜）牧地。同治三年（1864 年）沙皇俄国强迫清政府签订《中俄勘分西北界约记》后，割让给沙俄。

塔拉斯河是中西方文化的交汇处，也是丝绸之路沿线重要地区，依河而建的古城怛罗斯（塔拉兹）是丝绸之路重要驿站。流域内的有多处著名遗址，如阿克托贝遗址、奥尔内克遗址、阿克亚塔斯遗址、科斯托比遗址，是丝绸之路遗产点集中的地方。此外，在塔拉斯河上游有始建于公元14世纪的吉尔吉斯族传说中的民族英雄玛纳斯的纪念陵墓。这座陵墓是当时中亚流行的正门穹顶砖结构。

由于塔拉斯河特殊的地理位置，此地也是多种文化碰撞、融合之处，自古以来许多民族在这里繁衍生息，同时，这里也是战火不停的地方，是众多民族征战之处。历史上著名的怛罗斯战役就发生在塔拉斯河附近，这场战役是中国唐朝玄宗时唐朝的势力与新兴阿拔斯王朝（即黑衣大食）的势力在包含昭武九姓国、大小勃律、吐火罗在内的中亚诸国相遇而导致的战役。怛罗斯战役是一场当时历史上最强大的东西方帝国间的碰撞。

战役后，中国的造纸术亦因为唐军战俘中的造纸工匠被带到由阿拔斯王朝第一任哈里发阿布·阿拔斯—萨法赫在撒马尔罕新建的造纸坊里工作而传到中亚和中东。怛罗斯战役对东西方历史进程影响是非常深远的。

塔拉斯流域内自古就有吉尔吉斯游牧部落生息活动。俄国吞并后这里出现了俄罗斯人和乌克兰人的村落。1882年从斯塔夫罗波尔和伏尔加河流域迁来第一批德意志人。农业集体化时期，吉尔吉斯牧民开始定居。居民分布不平衡，江布尔—塔拉斯公路沿线是人口密集地区。

20. 第聂伯河

第聂伯河，英语作Dnieper，俄语作Днепр，是欧洲境内的第三大河流，也是俄罗斯在欧洲部分的第二大河流。第聂伯河又译德涅伯河，中国清代史籍译称得义夜泊尔。古希腊人称鲍里斯芬河，古西徐亚人和古罗马人称达纳普里斯河，土耳其人称乌祖河。这条河对东斯拉夫人的政治、经济和文化的发展都具有重要意义。

第聂伯河源于俄罗斯瓦尔代丘陵南部的沼泽地带。该河流先由北向南，至基辅处转而东南方向，至扎波罗热后又转向西南方向，依次流经俄罗斯、白俄罗斯和乌克兰等国家，最后注入黑海。该河流全长约为2200千米，流域面积大约为50.4万平方千米。

在习惯上，第聂伯河常常被划分为上第聂伯河和下第聂伯河。上第聂伯河主要指的是从河源至乌克兰境内的基辅这部分；下第聂伯河主要指的是从基辅至河口这部分。沿着整个第聂伯河，依次有克烈缅楚格、第聂伯、卡涅夫、第聂伯罗捷尔任斯克和卡霍夫卡、基辅等六座重要的大型水电站，沿岸同时还分布着基辅、第聂伯罗彼得罗夫斯克、扎波罗热和赫尔松等主要河港，而沿着第聂伯河两岸又还建立起了基辅、第聂伯罗彼德罗夫斯克等重要城市。

第聂伯河流域广阔，河网密集，支流众多。从河源至入海口，别列津纳河、索日河、普里皮亚季河、捷捷列夫河、杰斯纳河等主要支流依次注入第聂伯河，形成一道亮丽的风景线。其中，第聂伯河右岸的最大支流是普里皮亚季河，该河发源于乌克兰境内的沼泽地中，全长约为 862 千米，流域面积约为 12.1 万平方千米；第聂伯河左岸最大支流是杰斯纳河，该河发源于俄罗斯斯摩棱斯克省境内的沼泽地中，并在乌克兰首都基辅周围注入第聂伯河，全长约为 1190 千米，流域面积约为 8.92 万平方千米。

聂伯河流域内的地形地貌丰富多彩，主要有台地、山脊、丘陵、高地和盆地等，而盆地的中心则是广阔的低地。

第聂伯河上游部分是基辅以上至河流发源地；中游部分是基辅至札波罗热地带；下游部分是札波罗热至河口地区。上游河段位于森林地带，该区域内河网发达、流量很大，有索日河、普里皮亚季河、捷捷列夫河、杰斯纳河等主要支流，上游最主要的特点就是水气太多和土地太湿。中游河段流经黑土森林大草原地区，该区域内河网比较稀疏，河中水量较小，主要有罗斯河、苏拉河、萨马拉河等支流。下游河段流经盆地地区，属于黑壤大草原地区黑海低地，该区域内水分不足，河网多是间歇河。

除了蕴含丰富的水能资源外，第聂伯河中还有丰富的生物资源，主要以水生植物和动物为主。仅仅是鱼类就有 60 多个种类，比如有狗鱼、红眼鱼、边材鱼、鲇鱼、红鳕、梭鲈、梅花鲈等珍贵种类。由于第聂伯河鱼类资源丰富、种类繁多，尤其在河流的低地地区，水产养殖业尤为发达。同时，矗立在第聂伯河流域沿岸的一座座雄伟的水电站和壮丽的风景，又带动了旅游业的不断发展和壮大，促进了当地经济的发展。

在欧洲，特别是在东欧各族人民的历史当中，第聂伯河流域有着非常重要的作用和影响。早在 4—6 世纪，斯拉夫民族就发挥自己民族的聪明才智，充分利用第聂伯河发达的水系，开发成畅通的航运系统，连接着波罗的海、黑海沿岸的各民族人民，形成密切的联系。在苏联时期，又在多方面开发利用聂伯河水资源上进行过大量的工作。1932 年，苏联政府在位于现在乌克兰境内的札波罗热地区建成了聂伯河第一座水电站，是当时欧洲最大的水电站。在第二次世界大战期间，该水电站被德军毁坏殆尽。1947 年，苏联政府重建该水电站，重修后的水电站蓄水能量大增。

位于丝绸之路北线的第聂伯河由于便利的航运、丰富的资源及其特殊的地理位置，使其成为这一地区重要的经济地带。第聂伯河水电站的修建，不仅有效地解决了部分区域的灌溉问题，同时也吸引了各地游客前往参观旅游，对于推动经济的发展起到非常重要的作用。

第聂伯河自古以来便是战略要冲，是兵家必争之地。在第二次世界大战期间，发生在该流域内的"第聂伯河会战"，或称"第聂伯河防线"，是二战当中一场规模庞大的军事行动，涉及苏德双方几乎 400 万人的部队和全长1400 公里长的战线。前后持续 4 个月的战争阶段，苏联 5 个方面军最终从德军手中解放了第聂伯河东岸。作为战争中其中一个代价最昂贵的军事行动，双方估计伤亡人数从 170 万人到 270 万人。该战役扭转了当时苏德双方的攻守态势，也扭转了第二次世界大战欧洲战场的形势，为世界反法西斯战争做出了巨大的贡献。

21. 维斯瓦河

维斯瓦河，波兰语作 Wisla，又名"维斯杜拉河"，是波兰境内第一大河流，全长约为 1047 千米，流域面积约为 19.2 万平方千米，占到波兰国土面积的三分之二，因此也被形象地称为波兰的"母亲河"。维斯瓦河发源于波兰南部西里西亚的贝兹基德山脉，从南向北呈 S 形穿过波兰南部山地和山麓丘陵，到比得哥什附近折而北流，依次流经克拉科夫、华沙、托伦，最后在格但斯克注入波罗的海。

维斯瓦河流域内支流众多，水量丰富，主要有布格河、桑河、普热姆沙河和拉多姆卡河等沿岸支流。该河流经北欧平原，最后在格但斯克附近注入波罗的海的格但斯克湾。根据维斯瓦河流经区域的特点，该河又被划分为上、中、下游三个不同的河段：上游指的是从河源至桑河入河口处，主要以坡度很陡的山溪为主；中游主要是从桑河河口至纳雷夫河河口；下游则是从纳雷夫河河口至波罗的海，是人工修建过的航运水道。上、中、下游流经区域地势依次由高到低。

维斯瓦河支流系统和三角洲的分布形态，是第三纪后半期和第四纪期间（即自大约3000万年以前之后）地质变迁的结果。维斯瓦河低地河谷的不断演变与连续的冰川作用历史有关，特别是与间冰期的变化有关。在间冰期维斯瓦河放弃了以往由西向东河谷而确定了现今由南向北的河道。下游的终端是在冰期后时代、波罗的海形成之后，才最终稳定下来。不对称是维斯瓦河流域的显著特征，其中右岸支流水势明显大于左岸支流，这是因北欧平原向西北倾斜的结果，因而也就使波罗的海河水流域区水势较大的河流截断了流往更东的冰川溪流。

由于流经区域气候的不同，导致维斯瓦河流量也有很大差异，因而各地段的水位也就有明显的高低，上游平均为4米，中游是8米，下游达10米。维斯瓦河的枯水期大约是从每年的晚夏持续到来年的春季，其间河中航运则完全被切断。春季，由于整个流域冰雪的不断融解造成洪水；夏季，由于山区和山麓丘陵大雨而导致洪水。维斯瓦河河面的冰冻期是在1月上半月到2月底。

维斯瓦河有非常多的水生动植物资源。慈姑、菖蒲和睡莲是维斯瓦河中最常见的高茎水生植物。河内鱼类资源相当丰富，大约有40余种鱼类。上游主要产比目鱼，中下游主要产鲤鱼，河口湾主要产鲑鱼。下游距海50千米附近形成三角洲，称"维斯瓦河口沼泽区"。维斯瓦河水力资源丰富，目前已建有多座水电站。

作为波兰的母亲河，维斯瓦河流域是古代丝绸之路进入欧洲后的重要地段，如今也是丝绸之路经济带北线的重要区域，在很早以前就产生了人类文明，作为重要港口城市的克拉科夫、华沙等是其文明的典型代表。

维斯瓦河上游的克拉科夫，曾经是中世纪波兰的古都，也是中欧最古老的城市之一，在波兰历史上有着重要的历史意义。克拉科夫至今已有一千多年的历史。相传，早在7、8世纪时，有位名叫克拉科斯的英雄，曾和一条龙搏斗，把龙杀死后，就在龙死处建筑了一座城市，这就是克拉科夫。至今，在克拉科夫的山前地带上还有一个克拉科夫土堆，据说克拉科斯便葬在那土堆下面。10世纪，波兰首都从格涅兹诺迁到克拉科夫。克拉科夫从此成为波兰政治、宗教、文化中心。

克拉科夫的名胜古迹很多，其中瓦维尔王宫最负盛名。瓦维尔王宫始建于8—9世纪，经几个世纪不断扩建，到16世纪才形成今天的规模。11—16世纪，这里共住过约40位国王。瓦维尔王宫北面正门外有一座主教座堂，从1320年到18世纪末波兰亡国之前，历代国王都在此加冕，其地下室埋葬着十几位国王和科希秋什科、密茨凯维奇、毕苏茨基等名人。克拉科夫至今还保存了14世纪建造的古城门及城墙片段。

华沙位于东欧富饶的平原上，蔚蓝色的维斯瓦河像锦带似的缠在它的腰际。早在13世纪末，华沙即开始建城。16世纪，它成为波兰首都，并在这里建立起了王室贵族的宫殿和豪富的庄园。1655—1657年，瑞典战争时期，华沙遭到了严重破坏。18世纪时，华沙的建筑艺术曾有巨大的发展，人们称之为"华沙古典主义"，同时进步的政治思想、文化艺术活动也非常活跃。19世纪，波兰国家衰落，华沙成为爱国志士活动的中心。第一次世界大战后，波兰恢复独立，华沙得到了进一步的发展，到第二次世界大战前，人口已达120多万。华沙的城徽是一座竖立在维斯瓦河河畔的青铜制美人鱼雕像，美人鱼右手持剑，左手执着盾牌，像一个无畏的城市守卫者，傲然屹立地凝视着远方。

22. 维普希河

维普希河，又译维普日河，波兰东部河流，是波兰的母亲河维斯瓦河的重要支流，发源于波兰东部扎莫希奇省中部，由东南向西北流，切过卢布林台地，在卢布林省西北部注入维斯瓦河。该河全长约为328千米，流域面积约为1万平方千米。维普希河的右岸是大片沼泽地带，其间修有南北向的维普希河—克日纳运河与布格河相通，主要用于排水。

作为波兰东部的一条重要河流，在其流域范围内有两座著名的城市，分别是卢布林和扎莫希奇，各有其特色。此外，维普希河流域范围内的城市还保存有众多的历史遗迹，具有丰富的人文历史价值。

卢布林是波兰东部的一个省，初建于公元9世纪，古代为要塞和通往东方的贸易中心。其发展过程经历过几个不同的阶段：第一阶段：波兰统治时期。卢布林一直是塔塔尔族、罗塞尼亚人、约域治亚人及立陶宛人的攻击目标，在一段时间内该市甚至被摧毁。波兰国王卡西米尔大帝，察觉到此地的战略价值，于1341年在此建筑了一座石造城堡，并以防守城墙环绕。此后，卢布林又发展成一个重要的贸易中心。1474 年卢布林附近的地区组成了卢布林省。

第二阶段：俄国统治时期。在 17 世纪，北方战争期间该市受到瑞典入侵，之后变得衰落。1795 年第三次瓜分波兰后卢布林位于奥地利帝国境内，1809 年开始则位于华沙公国之内，之后从 1815 年波兰会议后开始被俄国直接统治。

第三阶段：德国统治时期。1939 年德国入侵波兰之后，卢布林成为普通政府的一部分。在德国占领时期，该市的人口都是占领者压抑的对象，尤其是对犹太人社群的残暴对待。卢布林成为德国消灭占领区境内犹太人的行动基地。

第四阶段：苏联统治时期。1944 年，卢布林被苏军占领，并成为苏联控制的共产波兰国家解放委员会的所在地。1945 年 1 月该会迁往华沙。战后卢布林继续发展，人口是以前的三倍，地区大大扩展。

扎莫希奇位于波兰东部，邻近卢布林高地和罗兹托切丘陵地带，坐落在北欧和西欧通往黑海的商道上。扎莫希奇古城建立于公元 16 世纪，由军事将领简·扎莫希奇建立，历史上是贸易、文化活动中心，古城位于黑海地区连接西欧和北欧的商贸道路上。古城以意大利商业城市为雏形，由建筑大师波南多·莫兰多设计建造，完成于巴洛克时期。扎莫希奇古城完美地保留了 16 世纪城镇的最初风貌和要塞堡垒，与此同时还保留了大量的、充分体现意大利和中欧建筑风格完美结合的建筑物。12 世纪中叶，波兰进入封建割据时期，全国分裂为几个公国，达 200 年之久。13 世纪条顿骑士团在此修筑城堡，城堡成为征服普鲁士和感化普鲁士的历史象征，这就是托伦城的雏型。不久以后，托伦在中世纪的汉萨同盟中发挥着重要作用，成为重要的商业中心。18 世纪末，扎莫希奇进入了漫长的萧条时期，它在 17 和 18 世纪多次沦陷。

23. 布格河

布格河，维斯瓦河支流，又名"西布格河"，其名称在斯拉夫语中意为蛇状弯曲，因河流蜿蜒弯曲而得名。

布格河发源于乌克兰西南部沃伦—波多尔高地，沿卢布林高地东缘，由东南向西北流，为乌克兰、白俄罗斯与波兰的界河，经波兰东部低地，在华沙西北 38 千米处注入维斯瓦河。该河全长约 831 千米，流域面积约 7.3 万平方千米，大部分在波兰境内。在布列斯特附近折向西流入波兰境内与纳雷夫河汇合，其间有运河连接华沙，疏通布格—纳雷夫河汇合处的水流。

　　布列斯特是布格河沿岸的重要港口城市，自古以来便是兵家必争之地，是历经两次世界大战的要塞，在世界历史上具有重要的战略意义。布列斯特位于白俄罗斯和波兰交界的布格河东岸，是连接华沙—莫斯科以及立陶宛—西白俄罗斯—西乌克兰的交通要道，也是一个有着悠久历史的古城，它的名字最早出现在欧洲历史书籍中是在 1017 年，当时被称为"别列斯季耶"。由于布列斯特城特殊的地理位置，它成为兵家争夺的要地。11 世纪，基辅罗斯占领了此地。1319 年又被立陶宛占领，改称为"布列斯特—立托夫斯基"。1569 年，布列斯特归属波兰立陶宛王国。1795 年并入俄罗斯。20 世纪初，沙皇俄国为了在布列斯特旧城位置建造要塞，把原来的布列斯特城搬迁到要塞以东三千米处。

　　1917 年十月革命取得胜利，俄国建立了以布尔什维克党主导的苏俄新政权，而当时以英国、法国、意大利等为代表的西方国家对新生的苏俄政府大肆干涉，严重影响苏俄的稳定与发展。面临内忧外患的情况之下，苏俄政府为巩固新政权，便与同盟国的德国进行和约谈判，最终在 1918 年在布列斯特与德国签订了苛刻的《布列斯特和约》。该和约的签订，使得苏俄尽早退出第一次世界大战，为巩固苏维埃政权，恢复和发展经济、建立红军赢得了喘息时间，为此后维护政权创造了有利条件，布列斯特因此闻名于世。1919 年 2 月，波兰占领了布列斯特。1920 年苏俄进攻波兰，8 月夺回了该要塞，同月波兰军队又重新占领布列斯特。

　　1939 年，德国侵略波兰，苏军根据《苏德互不侵犯条约》的秘密条款，发动了"西白俄罗斯解放进军"，已经占领该要塞的德军古德里安部根据协议从这里撤退，布列斯特及其要塞又成为苏联领土，纳粹德国和苏联在这里以布格河为边界。

　　1941 年，德国军队大举进攻苏联。驻守在布列斯特要塞的苏军浴血抵抗，双方相持不下，经过长期的调整和反抗，苏军最终以惨烈的牺牲成功将德国军队赶出苏联，成功保卫家园，史称"布列斯特要塞之战"，为苏联卫国战争史上书写下可歌可泣的一页，同时也为世界反法西斯战争做出了重要的贡献。

24. 奥得河

　　奥得河，英文名为 the Oder River，波兰语和捷克语中称作奥得拉河

（Odra），是东欧重要河流，流经德国、捷克和波兰。奥得河发源于捷克东北部北摩拉维亚州境内的奥得山北坡海拔 634 米处，先向北流，在俄斯特拉发以北约 25 千米处进入波兰境内，然后转向西北流，至艾森胡腾斯塔特转向北流成为德国与波兰的界河，在距河口 84 千米处，分成西奥得河和东奥得河两支，平行注入什切青湾，经沃林岛两侧海峡通波罗的海。全长 912 千米，其中在波兰境内长约 741 千米。总流域面积 11.8 万平方千米，其中在波兰境内约 10.6 万平方千米，在捷克境内 5841 平方千米，在德国境内 6159 平方千米，分别占整个流域面积的 89.8%、4.95%、5.25%。

奥得河是东欧重要的航道，河口多年平均流量 580 立方米 / 秒，年径流量 183 亿立方米。大部分河道皆可通航。它通过格利维采运河将波兰西南部西里西亚工业地区和波罗的海贸易航线连接起来。奥得河通过瓦尔塔河、诺泰奇河同比得哥什运河与波兰最大河流维斯瓦河河相连接；通过德国东部奥得—施普雷运河和奥得—哈弗尔运河与西欧的航运水道系统相连接。奥得河沿河特别重要的城镇有：捷克的奥斯特拉瓦，德国的法兰克福，波兰的拉齐布日、奥波莱、布热格、弗罗茨瓦夫、新苏尔、什切青等。

25. 伏尔塔瓦河

伏尔塔瓦河，易北河上游拉贝河的支流，是捷克境内最长的河流。伏尔塔瓦河发源于波希米亚西南部舒马瓦山海拔 1172 米处，上游为波希米亚森林中的泰普拉伏尔塔瓦河和斯图代纳伏尔塔瓦河。该河先向东南而后折向北穿越波希米亚，在布拉格北 29 千米处的梅尔尼克注入易北河；中下游区为峡谷，多急流和锯齿状曲流；长 435 千米，流域面积 28093 平方千米。主要支流有卢日尼采河、萨札瓦河、奥塔瓦河和贝龙卡河；春季冰雪融水注入形成春汛，夏季枯水。

伏尔塔瓦河流域地处欧洲中心地带，在交通和贸易上具有重要意义。伏尔塔瓦河沿岸主要城镇有比尔森、布拉格、马里安温泉镇等。捷克首都布拉格处在其下游河段上，河口与布拉格之间建有十二道水闸，保持水深 2.1 米，什切霍维采以下至河口可通航 84 千米。在布拉格和捷克—布杰约维采附近建有水库和水电站。

伏尔塔瓦河是捷克民族的摇篮，在捷克人民心中有着特殊的地位，被捷克民族称为"母亲河"。漫步河流两岸，放眼望去皆是红瓦的精美建筑物，沿岸静谧的街景和沉静的河水融为一幅美丽的油画，使人驻足沉思。褐色雄伟的查理大桥连接两岸，岸边还有一座高耸入云的尖顶教堂，增添了伏尔塔瓦河精美的气息。著名的交响乐章——《伏尔塔瓦河》也使得这条河流更具艺术气质。

伏尔塔瓦河从布拉格穿城而过。布拉格是捷克最大的城市，是一座全世界著名的旅游城市，众多的文学艺术作品以及影视作品展现了布拉格的美丽，也吸引了来自世界各地的游客。市内拥有为数众多的各个历史时期、各种风格的建筑，其中以巴洛克风格和哥特式更占优势；布拉格建筑顶部变化丰富，色彩绚丽夺目，为欧洲最美丽的城市之一，也是全球第一个整座城市被指定为世界文化遗产的城市。布拉格这个极具知识分子气质也是闻名遐迩的著名音乐家德沃夏克和著名作家卡夫卡的故乡，吸引了无数的文艺爱好者前来探寻、求学。

早在旧石器时代，伏尔塔瓦河一带就有人类居住。约公元前500年，凯尔特人的波伊部落居住在这一地区，他们将这个地区称为波希米亚。后来，日耳曼人赶走凯尔特人，移居到这一地区。到公元6世纪，日耳曼人部落多数移居到多瑙河流域，其中一支斯拉夫部落乘机从西面入侵，定居在波希米亚地区，他们就是捷克民族的祖先。

26. 多瑙河

多瑙河是欧洲第二长河，长度仅次于伏尔加河。多瑙河发源于德国西南部，自西向东，流经乌克兰、摩尔多瓦、罗马尼亚、塞尔维亚、克罗地亚、匈牙利、保加利亚、斯洛伐克、奥地利和德国等10个国家，最后注入黑海，是世界上流经国家最多的河流。

多瑙河，英语作Danube，德语作Donau，捷克语作Dunaj，塞尔维亚—克罗地亚语及保加利亚语作Dunav，罗马尼亚语作Dunzea，俄语作Dunay，斯洛文尼亚语作Donava。多瑙河的英文名称使用了源于法语的词语"Danube"。拉丁文称"Danubius""Danuvius""Ister"等，古希腊语作"Istros"。中国清朝史籍译称秃纳河、丹牛浦江、丹牛波河、丹牛伯江、达吕不等。

多瑙河全长 2850 千米，流域面积 81.7 万平方千米，河口年平均流量 6430 立方米／秒，多年平均径流量 2030 亿立方米。多瑙河干流从河源至维也纳为上游，上游流经崎岖的山区，河道狭窄，河谷幽深，两岸多峭壁，水中多急流险滩，是一段典型的山地河流。从维也纳至铁门为中游，它流经多瑙河中游平原，河谷较宽，河道曲折，有许多汊和牛轭湖点缀其间，接纳了德拉瓦河、蒂萨河、萨瓦河和摩拉瓦河等支流。多瑙河中游平原是匈牙利和塞尔维亚两国重要的农业区，素有"谷仓"之称。多瑙河中游流经区域，都是各国的经济中心，其重要城市有布拉迪斯拉发、布达佩斯和贝尔格莱德等。铁门以下为下游，这里流经多瑙河下游平原，河谷宽阔，水流平稳，接近河口时宽度扩展到 15—20 千米，有的地段可达 28 千米之多。多瑙河流到土耳恰城附近分成基利亚河、苏利纳河、格奥尔基也夫三条支流，冲积成面积约 4300 平方千米的扇形三角洲。多瑙河三角洲还是鸟类的天堂，这里是欧、亚、非三大洲来自五条道路候鸟的会合地，也是欧洲飞禽和水鸟最集中的地方。河口三角洲是世界最大的芦苇产区。

多瑙河切穿喀尔巴阡山脉形成壮丽险峻的卡特拉克塔峡谷，卡特拉克塔峡谷从西端的腊姆到东端的克拉多伏，包括卡桑峡、铁门峡等一系列峡谷，全长 144 千米，首尾水位落差近 30 米；峡谷内河道最窄处约 100 米，仅及入峡前的 1/6，而深度则由平均 4 米增至 50 米。陡崖壁立，水争一门，河水滚滚，奔腾咆哮，成为著名的多瑙河天险，蕴藏着巨大的水力资源。

多瑙河流域属温带气候区，具有由温带海洋性气候向温带大陆性气候过渡的性质。特别是流域西部和东南部，温、湿适宜，雨量充沛。因水量丰富，水质清澈，似蜿蜒在欧洲大地上的一条蓝色飘带，故有"蓝色的多瑙河"之称。

多瑙河流域面积广大，形成稠密的河网，内有支流约 300 条，其中 30 多条利于通航。多瑙河盆地汇集着来自阿尔卑斯山脉及其他山区的水，占多瑙河总流量的 2/3。多瑙河航运发达，沿岸有 100 多个码头，是沿岸各国的运输大动脉。为了连接其他航道，先后开凿了多条运河，德国修建了莱茵—美因—多瑙运河，把多瑙河和莱茵河两大水系连为一体。多瑙河在中欧和东南欧的拓居移民和政治变革方面都发挥过极其重要的作用。它两岸排列的城堡和要塞形成了伟大帝国之间的疆界；而其水道却充当了各国间的商业通衢。捷克、斯洛伐克和匈牙利于 1992 年建成了加布奇科沃水利工程。这一水利工程竣工三年多，在防洪、发电、航运、供水、灌溉等诸方面发挥了显著效益，并使其成为旅游热点。今天，多瑙河仍继续发挥着作为贸易大动脉的作用。

多瑙河很早就产生了人类文明史。公元前 7 世纪，一些希腊人到达多瑙河下游并溯流而上进行贸易活动。他们将其命名为伊斯特尔（Ister）河。罗马帝国时期，多瑙河为罗马帝国的北部边境，被称为多瑙韦斯（Danuvius）河，并有一支罗马船队巡视其水域。沿岸有居民聚集区，其中有文多博纳（后来的维也纳）、阿昆库姆（后来的布达佩斯）、辛吉杜努姆（后来的贝尔格勒）和塞克桑塔普里斯塔（后来的鲁塞）。在中世纪期间，古要塞继续发挥着重要作用，诸如 9 世纪查理曼所建的韦尔芬斯泰因（Werfenstein）等城堡也建立起来。当 15 世纪鄂图曼帝国从东南欧扩张到中欧时，土耳其人就依靠多瑙河沿岸一连串的要塞作防御。1740—1780 年，匈牙利和波希米亚女王玛丽亚·特蕾西亚（Maria Theresa）曾设置一专职部门监督航运。1830 年，一艘内河船首次从维也纳航行到布达佩斯。这次航行象征多瑙河结束防御线的作用，开始成为贸易渠道。

为了有效管理多瑙河航道，各国签订了一系列协议。1856 年《巴黎条约》签订后成立了第一个多瑙河委员会，旨在将多瑙河当作一条国际航运水道来监管。1921 年和 1923 年，奥地利、德国、南斯拉夫、保加利亚、罗马尼亚、英国、意大利、比利时、捷克斯洛伐克、匈牙利和希腊先后批准了《多瑙河章程》（Danube River Statute）。据此，国际间的多瑙河委员会便建成为具有广泛权力的权威机构，它拥有自己的会旗，有权征收捐税，委员有外交豁免权。它管理从乌尔姆（Ulm）到黑海的航运并负责保管维修航运设备。第二次世界大战后，各国签订一部公约，规定仅多瑙河沿岸国家才有权参加重建的多瑙河委员会。

多瑙河对其沿岸 10 国具有重要的经济意义，各国利用它运输货物、发电、供应工业和居民用水、灌溉和发展渔业。多瑙河沿岸的大港口有：乌克兰的伊兹梅尔、罗马尼亚的加拉茨和布勒伊拉、保加利亚的鲁塞、塞尔维亚的贝尔格勒、匈牙利的布达佩斯、斯洛伐克的布拉迪斯拉发、奥地利的维也纳和德国的雷根斯堡等。

多瑙河流经的著名城市有布达佩斯、维也纳、贝尔格莱德、布拉迪斯拉发等。布达佩斯被称为"多瑙河上的明珠"。它是由西岸的布达和东岸的佩斯两座城市，通过多瑙河上 8 座美丽的桥连为一体的。城内许多古迹多建于城堡山。城堡山是面临多瑙河的一片海拔 160 米的高岗，13 世纪时修建的城堡围墙至今保存完好。著名的渔人堡，是一座尖塔式建筑，结构简练，风格古朴素雅。游人可以站在渔人堡的围墙上，欣赏多瑙河上的美景和佩斯的风光。塞尔维亚首都贝尔格莱德是个美丽的城市，它坐落在多瑙河与萨瓦河交汇处，碧波粼粼的多瑙河穿过市区，把城市一分为二。贝尔格莱德，意思是"白色之城"。贝尔格莱德附近是多瑙河中游平原的一部分，是全国最大的农业区，向有"谷仓"之称。多瑙河缓缓穿过奥地利的首都维也纳市区。这座具有悠久历史的古老城市，山清水秀，风景绮丽，优美的维也纳森林伸展在市区的西郊，郁郁葱葱，绿荫蔽日。布拉迪斯拉发，位于摩拉瓦河与多瑙河汇合处，自古以来就是北欧与南欧之间的重要商道，所以古罗马时起此地就是交通要塞。

27. 德拉瓦河

德拉瓦河，英文名为 Drava River，多瑙河中游主要支流之一，位于巴拉顿湖附近。德拉瓦河源自意大利向东流经奥地利的蒂罗尔（Tirol）和克恩滕（Karnten）州，在那里形成德罗塔尔（Drautal）谷，是阿尔卑斯山脉最长的纵向河谷。德拉瓦河出河谷后继续向东南，穿过斯洛文尼亚，在克罗地亚的莱格勒（Legrad）附近与穆拉（Mura，或称穆尔〔Mur〕）河汇合，形成克罗地亚和匈牙利之间的部分边界，最终汇入多瑙河，全长约 725 千米，流域面积 4 万余平方千米。

德拉瓦河主要由高山雪水补给，河口附近年平均流量 610 立方米／秒。上、中游形成阿尔卑斯山脉最长的纵向河谷，水力资源丰富，河上建有多座水电站；下游具有平原河流特点，自河口上溯 151 千米可通航。奥地利、斯洛文尼亚和克罗地亚境内的许多水力发电厂控制了原本湍急的德拉瓦河水流。上游只能航行小船，从克罗地亚的下米霍利亚茨（Donji Miholjac）以下则可通行较大的船只。

德拉瓦河及其支流附近的主要城镇有奥地利的克拉根福（Klagenfurt）和格拉茨（Graz）、斯洛文尼亚的马里博尔（Maribor）和普图伊（Ptuj），以及克罗地亚的瓦拉日丁（Varazdin）和奥西耶克（Osijek）等。在 1929 至 1941

年，南斯拉夫王国的一个省以德拉瓦河命名，即德拉瓦河省，领土包括今斯洛文尼亚大部分地区，首府是卢布尔雅那。1941 年，该省被轴心国占领，由纳粹德国、意大利和匈牙利瓜分。二战过后，该地与威尼斯朱利亚（Venezia Giulia）的一部分合并，成为南斯拉夫下辖的斯洛文尼亚的一部分。

二战时期，在德拉瓦河曾爆发过保加利亚历史上最血腥的战役，史称德拉瓦河战役。1945 年 3 月，德军集中兵力在巴拉顿湖对苏联、保加利亚和南斯拉夫军队实施打击。保加利亚军队沿德拉瓦河设置了防御阵地，最终战胜德军。

28. 蒂萨河

蒂萨河，中欧南部河流，发源于乌克兰西部，由西向南流经匈牙利平原，在塞尔维亚的诺维萨德注入多瑙河。蒂萨河是匈牙利重要的灌溉及水电来源。

蒂萨河的英文名为 TiszaRiver，斯拉夫与罗马尼亚语名为 Tisa，在匈牙利语中意为"紫杉林后面的河"。

蒂萨河是多瑙河中游重要支流，两源头黑、白蒂萨河分别发源于喀尔巴阡山支脉布科维纳山和乌克兰西南部的东喀尔巴阡山，在乌克兰—罗马尼亚边界上的锡盖图—马尔马切伊以东汇合后流向西北，继而向北大迂回到乌克兰的乔普之后，纵贯匈牙利东部，在南斯拉夫首都贝尔格莱德西北约 42 千米处汇入多瑙河。蒂萨河河道弯曲，原长 1400 千米，经截弯取直后缩短为 980 千米，流域面积 15.7 万平方千米。下游南斯拉夫森塔附近平均流量为 810 立方米 / 秒。山区河段水清流急，因喀尔巴阡山地无大湖，难以调节流量，每年有三次洪水期。沿河两岸筑有防洪堤。此河段可流放木材、灌溉。上游蒂萨菲赖德附近的蒂萨洛克水坝拦成匈牙利最大水库并建有水电站。自索尔诺克以下 320 千米可通航；重要支流有索梅什河、埃格尔河、穆列什河、贝加河。沿岸有索尔诺克、塞格德、森塔等城镇。

蒂萨河具有极其重要的战略地位，历史上发生过蒙古军队与匈牙利人民之间著名的"蒂萨河之战"，使得蒙古人控制了从第聂伯河到奥得河和从波罗的海到多瑙河的整个东欧。

1958 年出品的苏联电影《蒂萨河上》使得蒂萨河声名远播，也增加了蒂萨河的凄美与浪漫，成为世界各地游客前来观光旅游的重要景点。

29. 萨瓦河

萨瓦河，英文名为 Sava River，亦作 Save，德语名为 Sau，匈牙利语名为 Szava Sava River，罗马时代称之为 Savus，其名称来源于匈牙利语，是"小河"的意思；多瑙河中游右岸重要支流，位于巴尔干半岛西部，流经斯洛文尼亚、克罗地亚、波斯尼亚和黑塞哥维纳及塞尔维亚的北部。

萨瓦河主要有两个水源，都是源自斯洛文尼亚西北方的阿尔卑斯山支脉尤利安山的特里格拉夫峰群，一个是克兰斯卡·格拉附近的萨瓦·多林佳泉（Sava Dolinka）。另外一个被称为"小萨瓦"则是流经柏欣湖，称为 Sava Bohinjka 的支流。两个支流在斯洛文尼亚北方的拉多伍利查汇流，流过萨瓦谷地，向东南流经克罗地亚、波斯尼亚和黑塞哥维那，在南斯拉夫首都贝尔格莱德注入多瑙河。萨瓦河全长 940 千米，流域面积 9.57 万平方千米，水量丰富，年平均流量为 1670 立方米 / 秒，支流有库帕河、乌纳河、佛尔巴斯河、德里纳河等。萨瓦河上游流经山区，多峡谷，水力资源丰富。萨瓦河自克罗地亚锡萨克以下 592 千米河段可通航。河谷地带人口密集，经济发达。沿岸的主要河港有卢布尔雅那、萨格勒布。

萨瓦河之上有一座著名的大桥，名为萨瓦河桥，位于南斯拉夫贝尔格莱德，于 1979 年建成。萨瓦河桥为双线铁路桥，总长 2000 米，跨越几条公路、萨瓦河、贝尔格莱德市广场和几条街道，一直延伸到一座隧道入口的连接处。正桥为全长 555.94 米的六孔钢斜拉桥。萨瓦河桥在巴尔干半岛的交通地位显著，是世界著名的桥梁建筑。

19 世纪时斯洛文尼亚诗人弗兰策·普列舍仁写下了有名的英雄史诗 Krst pri Savic，这一史诗也凸显了萨瓦河的悲壮气息，使之成为巴尔干半岛上著名的河流。

30. 摩拉瓦河

摩拉瓦河，英文名为 Morava River，由南摩拉瓦河、西摩拉瓦河以及两河汇入后的大摩拉瓦河组成，是欧洲重要的河流。南摩拉瓦河是塞尔维亚南部的一条河流、多瑙河支流大摩拉瓦河两条源头之一。南摩拉瓦河起源于马其顿共和国北部山区，向东北流经科索沃东南部，进入中塞尔维亚后经弗拉涅、莱斯科瓦茨等城市，全长 295 千米，流域面积 15469 平方千米。西摩拉瓦河是塞尔维亚中部的一条河流、大摩拉瓦河源头之一，是舒马迪亚南部的界线。西摩拉瓦河起源于塞尔维亚西部兹拉蒂博尔山，横贯中塞尔维亚，经乌日采、查查克、克拉列沃、克鲁舍瓦茨等城市，全长 308 千米，流域面积 15849 平方千米。大摩拉瓦河由南摩拉瓦河和西摩拉瓦河在斯塔拉奇附近汇合而成，大致向北流去，在斯梅代雷沃以东注入多瑙河。以南摩拉瓦河的源头算起，长 568 千米。河口年平均流量约 260 立方米 / 秒。大摩拉瓦河属山地型河流，水位随季节暴涨暴落，河谷深切，为南北交通孔道，可供灌溉和流放木材，河上建有水电站。自南摩拉瓦河中游的尼什以下可通航。

整个摩拉瓦河的流域面积为 37444 平方千米（其中 1237 平方千米在保加利亚境内，44 平方千米在马其顿共和国境内），这覆盖了塞尔维亚总面积的 43.38%。大摩拉瓦河流过塞尔维亚最富饶和人口密集的中部地区，这个地区被称为摩拉瓦河谷。它流入多瑙河的地方是一个巨大的产煤谷地。

三条河流汇合处的斯塔拉奇是塞尔维亚中部的一个铁路枢纽。从这里开始到它在斯梅代雷沃东北注入多瑙河，这一段共长 185 千米。与西摩拉瓦河算在一起的总长度为 493 千米。南摩拉瓦河是摩拉瓦河流系统的自然发源地，它本来比西摩拉瓦河长，但是通过河床调节后使它比西摩拉瓦河短。南摩拉瓦河进行了全流域河床调解，因此摩拉瓦河流比过去要短。今天摩拉瓦河的源头是伊巴河，它是西摩拉瓦河最长的支流，起源地在蒙特内哥罗。整个伊巴河—西摩拉瓦河—大摩拉瓦河河流系统的长度为 550 千米，因而摩拉瓦水系成为巴尔干半岛上最长的河流。

摩拉瓦河谷为欧洲天然走廊之一，自古以来占据重要地位，是商贸往来与经济文化交流的重要通道。在北部贝奇瓦河与奥得河之间一低平的山口——摩拉维亚门——将多瑙河流域诸国与西里西亚平原、波兰的中央平原连接起来，是重要的河流交通枢纽。

31. 日乌河

日乌河，罗马尼亚西南部河流，多瑙河下游左岸支流。古代罗马尼亚人——达契亚人也称其为 Rhabon。

日乌河由发源于沃尔坎（Valcan）山和帕伦格（Parang）山的两条源流在

彼得罗沙尼（Petrosani）以南汇合而成，向南流经阿尔卑斯山的苏尔杜克山口，切穿南喀尔巴阡山，经丘陵地带和多瑙河下游平原注入多瑙河。日乌河全长348千米，流域面积约1万余平方千米，不能通航。上游谷地为重要煤矿区。沿河有特尔吉日乌、克拉约瓦等城市。

特尔古日乌为古代为罗马人居住地，是罗马尼亚重要的铁路、公路枢纽，南郊有石油和褐煤矿。横跨日乌河的日乌桥（Jiu Bridge）为特尔古日乌最上镜、最具名气的大桥，是一座历史桁架桥，建造于1896年。这座城市拥有三大纪念碑，即无尽梁柱、吻之门和静桌，无尽梁柱是为了纪念那些罗马尼亚战士而矗立的，被认为是现代艺术的代表。静桌由石桌和环绕石桌的沙漏型石凳组成，象征着时间。

克拉约瓦是罗马尼亚西南部城市，也是罗马尼亚最大和最重要的城市之一，位于罗马尼亚大平原，原为古罗马居民点。欧洲快车道穿过克拉约瓦市。该市距首都布加勒斯特227千米，离欧洲多瑙河港75千米。

日乌河流域是罗马尼亚重要的农业区，流域内雨水充沛，土壤肥沃。日乌河一直滋养着罗马尼亚国人，河畔两旁景色优美，众多特色旅馆集聚于此，是罗马尼亚重要的旅游区。日乌河流域也曾是古代丝绸之路进入欧洲的重要地区。

32. 伊斯克尔河

伊斯克尔河，英语作 Iskur River，亦作 Isker 或 Iskar，拉丁语作 Oescus，多瑙河下游支流，保加利亚最大的河流。伊斯克尔河，古称"埃斯库斯河"，为"火星""火花"的意思，是巴尔干半岛上最古老的河流。

伊斯克尔河位于保加利亚西部，全长368千米，流经该国7个省，它南起里拉山脉（Rila），由白伊斯克尔河（White Iskar）、黑伊斯克尔河（Black Iskar）、真伊斯克尔河（Cherni）和左伊斯克尔河（Left Iskar）四个源头汇流而成。伊斯克尔河上游流经萨莫科夫盆地和索非亚盆地，向北切穿斯塔拉山脉，流出山脉以后先向北流经保加利亚最大的水库——伊斯克尔水库（Iskar Reservoir），然后在首都索非亚以东流过，穿越巴尔干山脉（Balkan Mountains）时形成了著名的伊斯克尔峡谷，随后改朝东北方，在基根注入多瑙河（Danube）。

伊斯克尔河全长 368 千米，流域面积 8.646 平方千米，河口年平均流量 54 立方米／秒。水力资源丰富，下游建有一系列小水电站。该河不适宜通航，利于灌溉，水力丰富。长 151 千米的伊斯克尔峡谷是保加利亚西部的南北通道，有铁路通过，沿河有萨莫科夫、索非亚、新伊斯克尔、切尔文布里亚格等城镇。峡谷中库里洛至留蒂勃罗德一段长约 67 千米，两岸多悬崖峭壁，景色壮美，已辟为自然风景游览区。

伊斯克尔河流经保加利亚首都索非亚。索非亚建城于 2 世纪，如今是全国政治、经济、文化中心和交通枢纽，位于西部索非亚盆地，跨伊斯克尔河。索非亚为中欧和西亚之间的交通要冲。市区有街心花园数百个，有"欧洲花园都市"之称。古老的索非亚大学建于 1888 年。闻名遐迩的圣索菲亚大教堂始建于 6 世纪，是该城著名的旅游景点。索非亚曾先后归属罗马帝国、拜占庭帝国和奥斯曼帝国。14 世纪末定名为索非亚，以著名的圣索菲亚大教堂命名，1879 年定为保加利亚首都。如今，索非亚是伊斯克尔河上一颗璀璨的明珠，吸引各地游客前来旅行。

33. 阿尔杰什河

阿尔杰什河，多瑙河下游左岸支流，位于罗马尼亚南部。阿尔杰什河发源于南喀尔巴阡山支脉弗格拉什山南坡，流经多瑙河下游平原，在奥尔特尼察附近注入多瑙河。阿尔杰什河全长 327 千米，流域面积 1.25 万平方千米。主要支流有沃尔桑河、多阿姆娜河和特尔古卢伊河。水量较丰盈、春季为汛期，年平均流量 50 立方米／秒。上游建有阿尔杰什等水电站。沿河的主要城市为皮特什蒂，罗马尼亚首都布加勒斯特在其支流登博维察河畔。

著名古城阿尔杰什苑在今罗马尼亚南喀尔巴阡山山麓，阿尔杰什河东岸。13 世纪初，内·巴萨拉布大公在此修建王宫和隐修院，至今尚存，院内葬有 14 位王公遗体，墙上有形象生动的古代彩色壁画。公元 14—16 世纪，罗马尼亚公国有数位大公定都于此。丰富的历史古迹成为阿尔杰什河流域重要的文化旅游资源，吸引着各地游客前来观光。

罗马尼亚于 1916 年 8 月参加第一次世界大战，是年 12 月，罗马尼亚军队试图在俄国军队的协同下，包抄德军的左翼，并阻止德军的推进。罗马尼亚军队在阿尔杰什河与德军展开会战，是为阿尔杰什河之战，此役罗马尼亚军队遭到重创,德军进占布加勒斯特。

第三节 重要湖泊

1. 居延海

居延海,位于内蒙古自治区阿拉善盟额济纳旗北部,为古弱水的归宿地。《水经注》中将其译为弱水流沙,汉代称"居延泽",后也称"西海",魏晋时称之为北海,唐代以来一直称"居延海"。"居延"是西夏语,意为"流动的沙漠"。

历史上的居延海,由东、西、北三个湖泊组成。居延海的湖面因额济纳河的改道而时有变动,自元代以后分为了亦集乃、哈班哈巴儿、塔剌失三个海子(湖泊),清代以来又分成两部分,东部为的苏古诺尔,亦称苏古湖,蒙古语意为苔草湖,即东居延海;西部为嘎顺诺尔,蒙古语意为苦湖,即西居延海。居延海是横贯整个居延地区——黑河的终点。据传我国古代哲学家老子就在西居延海得道成仙。传说老子出关前留下五千字的《道德经》,最后化身入海,踪迹不见。

公元前121年(西汉元狩二年),汉朝大将军霍去病的军队出北地自灵武(今宁夏银川西北)渡河,翻越贺兰山、穿越浚稽山沙地(今巴丹吉林大沙漠),饮马于居延海,再经黑河向南包抄祁连山下,在酒泉和张掖一带击败了匈奴主力,擒获单桓王和酋涂王,匈奴浑邪王刺杀休屠王之后,归降汉朝。公元前102年(汉太初三年),西汉伏波将军路博德筑城于居延泽上,遣军民十八万,置居延、休屠二县,广建寨墙亭障,防御匈奴南下侵扰。公元前99年(天汉二年),"使(李)陵将其射士兵五千人,出居延北可千余里,欲以分匈奴兵"。东汉时期设居延属国。

居延地区出土了西汉中期至东汉晚期的汉简,其中记载了大量的居延军民活动。汉简中记载东汉的窦融在居延地区统领五郡,在居延地区重点保持和加强了西汉以来的各种军事设施,从而保持了河西地区的稳定与安定。

从居延地区大量汉简中整理出有名有姓的戍边将士士卒达千人,他们为当时的汉朝屯田戍边政策做出了极为重要的贡献。当时的居延地区成为重要的产粮区，被誉为"居延粮仓"。关内出现饥荒的时候，为关内提供过粮食支持。

汉武帝时期的大臣桑弘羊提出并制定了在居延进行戍边屯田政策和方案，对居延地区的发展起到了重要作用。

居延地区曾是各个民族交流和融合的重要区域。居延地区的古城在唐代仍然是非常重要的边防重镇。当时的重要文人都曾踏足居延，并留下了诗篇。李白有很多诗都与居延有关。王维曾旅居居延，并且写下了诗篇《使至塞上》："单车欲问边，属国过居延。征蓬出汉塞，归雁入胡天。大漠孤烟直，长河落日圆。萧关逢候骑，都护在燕然。"

宋代时这里在西夏国的统治之下，西夏时期建有黑水城（喀喇浩特），是当时西夏政治、经济、文化中心之一，也是军事战略要地。在居延地区的黑城，曾发现了大量的西夏文书。成吉思汗发兵西夏，饮马黑河，鞭指居延，蒙古大军却在这里遭到了严重的阻击，讨伐西夏久攻不下，最后竟因积劳成疾，以致在归途中去世。

元代，意大利人马可·波罗在《马可·波罗游记》中，就有一段他到达居延海后的描述。

明代，居延地区的古城大部分都是在这期间消失的，最为著名的就是明朝将军冯胜对黑城守将哈日巴特尔的战斗。冯胜遇到了守城将士的顽强抵抗，最后他采用了阻断黑河流水，黑城军民失去了水源供给，军心大乱，黑城不攻自破。

曾经担任过成吉思汗护卫军的土尔扈特人是居延地区至今人数最多的少数民族。元朝灭亡后，这个部落曾迁徙到伏尔加河流域，清朝乾隆时期，16万人土尔扈特人开始克服重重阻挡，不远千里回归故土。进入额济纳河流域，在居延绿洲定居至今。

1958年，西居延海面积约为267平方千米，东居延海面积约35平方千米。此后，由于黑河上中游人口的增加，过度开荒造田，截留蓄水灌溉，20世纪后期居延海曾几度干涸，1961年西居延海干涸，1992年东居延海干涸，造成胡杨林、沙枣林、红柳林、芦苇、茇茇草等优质牧草大面积死亡，生态环境急剧恶化，成为沙尘暴的发源地之一。

2000年起，国务院授权黄河水利委员会设立黑河流域管理局，对黑河流域进行统一管理，逐步采取措施恢复居延海生态环境。每年通过"全线闭口，集中下泄"向下游多次调水。同时，限制上游（主要是甘肃省张掖市）用水。从 2002 年开始，每年从黑河向居延海调水。2003 年的第二次调水，形成了东居延海 26.8 平方千米。2003 年 9 月 24 日，首次流入干涸 42 年的西居延海。2005 年 7 月调水后，居延海自 1992 年以来首次实现全年不干涸。到 2016 年，东居延海已经连续 12 年不干涸。东居延海水面面积保持在 40 平方千米左右，蓄水量达到 5050 万立方米，周边地区生态环境得到显著改善，湖滨地区地下水位升幅明显，芦苇等水生植被面积不断扩大，植被退化区域经过灌水、抚育等人工措施的实施也已逐步恢复。多年维持一定水面面积的东居延海，初步遏制了额济纳绿洲生态恶化的趋势。

随着生态恢复好转，在东居延海湿地发现的鸟类种类目前已达 65 种，种群数量也由几千只增加至 3 万余只。其中包括世界珍稀鸟类火烈鸟和国家一级保护鸟类黑鹳，以及灰鹤、大天鹅、疣鼻天鹅、卷羽鹈鹕等 9 种国家二级保护鸟类。多年不见的兔、蛇、蜥蜴、黄羊、狐狸等动物也重新出现在湿地内。

2. 贝加尔湖

贝加尔湖，世界上年代最久的湖泊，为世界第七大湖。贝加尔湖地名的来源说法众多。一说来源于古肃慎语"贝海儿湖"。一说名称来源于"贝音嘎嘎拉"（蒙古语意为不灭的火焰）。有的学者还认为：突厥人称贝加尔湖为"富裕之湖"，突厥族语中"富裕之湖"逐渐演化成俄语的"贝加尔湖"。

我国汉代称之为"翰海""北海""柏海"，元代称之为"菊海"，魏晋南北朝时称"于巳尼大水"，隋唐称"小海"。18 世纪初的《异域录》称之为"柏海儿湖"，《大清一统志》称为"白哈儿湖"。蒙古人称之为"达赖诺尔"，意为"海一样的湖"，17 世纪 20 年代，沙俄殖民者亦称之为"圣海"。英文"Baikal"一词为汉语"北海"的音译；俄语称之为"baukaji"源出蒙古语，是由"saii"（富饶的）加"kyji"（湖泊）转化而来，意为"富饶的湖泊"，因湖中盛产多种鱼类而得名。贝加尔湖湖型狭长弯曲，宛如一弯新月，所以又有"月亮湖"之称。

贝加尔湖曾是中国古代北方游牧民族主要活动地区。贝加尔湖最早出现在书面记载中是在公元前 110 年前，中国汉代的一个官员在其札记中称贝加尔湖为"北海"，这可能是贝加尔湖汉语名称的起源。

最早生活在贝加尔湖畔的是距今7000年前的肃慎族系先民，后人从他们留下的壁画等物来了解他们的生活方式。在湖岸的萨甘扎巴悬崖壁上刻着海东青、天鹅、鹿、狩猎台、跳舞的萨满巫师等图画，这些图画在1881年被发现。另外，在湖岸上，沿着路边还建有许多石祭台。这些图画和祭台可能是早期居民的生活见证。

公元前6—前5世纪，突厥族库雷坎人从东方迁移至贝加尔湖边，他们在这里遇到了土著居民鄂温克人。鄂温克人以捕鱼、采集野果和养鹿为生。在西汉时期，"贝加尔湖"是在匈奴的控制范围之内，名曰"北海"，苏武被匈奴王单于流放到"北海"去牧羊。苏武在北海边艰难熬过19年，最后回到汉都长安。在东汉、三国和西晋时期，"贝加尔湖"是在鲜卑的控制范围之内，名亦曰"北海"；在东晋十六国时期，"贝加尔湖"改称为"于巳尼大水"；南北朝时期，"贝加尔湖"先被柔然控制，后又被突厥控制，名仍称为"于巳尼大水"；隋朝时期，"贝加尔湖"被东突厥控制，复改称"北海"；到了唐朝前期，"贝加尔湖"成为唐帝国版图的一部分，归关内道骨利干属，"贝加尔湖"也改称为"小海"；后东突厥（史称后突厥）复国，"贝加尔湖"复归突厥，后又归回纥所辖，仍称"小海"；宋朝，"贝加尔湖"被蒙古八剌忽部控制；13世纪，蒙古后裔布里亚特人也来到贝加尔湖地区。蒙元时期，"贝加尔湖"又划入元朝版图，属"岭北行省"；明朝时期，"贝加尔湖"被瓦剌不里牙惕部控制；清圣祖康熙三十六年（1697年）和清乾隆二十二年（1757年），喀尔喀蒙古和准噶尔蒙古分别先后被清军控制或征服。不过之前在清俄《尼布楚条约》中，属于布里亚特蒙古的贝加尔湖以东地区被康熙皇帝划归俄罗斯帝国，清雍正帝在位期间划分清俄中段边界的《布连斯奇条约》和《恰克图条约》签订后，标志着中原王朝最终与贝加尔湖彻底割离。

如今，贝加尔湖属于俄罗斯，湖畔居住的主要居民为布里亚特人。布里亚特人是蒙古人的一支，属蒙古人种西伯利亚类型，又称"布里亚特蒙古人"现主要分布在俄罗斯，部分居住在蒙古国和中国的一些地方。20世纪20年代以来，多由游牧转为定居，文化和生活深受俄罗斯人影响。贝加尔湖地区居民相信，贝加尔湖不会"归还"得到的任何东西，湖太深，沉入水中的东西无法探寻。据传说，所有沉入湖中的东西都被送到湖中最大的岛奥利洪岛上，这是"湖神"布尔汗的"仙居之地"。布里亚特人供奉布尔汗。老住户们习惯了贝加尔湖的脾气，摸透了"湖神"的秉性。他们千方百计地侍奉他，希望能讨个平安。在当地，当人们喝伏特加时，都要往地上倒几滴以敬湖神。在路上碰到祭台时，都要献上钱币、糖果、香烟，甚至是火柴等供品。

贝加尔湖是世界最古老的湖泊之一，为大陆裂谷湖。贝加尔湖的山谷洼地是西伯利亚地区重要的自然屏障。这一自然屏障将不同的动植物区分开，在这里生长着许多独特的生物群落，有逾1700种动物及植物栖息其中，而且2/3为特有种，联合国教科文组织于1996年将贝加尔湖登录为世界遗产。

贝加尔湖狭长弯曲，好像一轮弯月镶嵌在东西伯利亚南缘，是全世界最深、蓄水量最大的淡水湖。2015年贝加尔湖水体总容积23.6万亿立方米，最深处达1637米，蕴藏着地球全部淡水量的约20%，相当于北美洲五大湖水量的总和，超过整个波罗的海的水量，是世界上储水量最大的淡水湖泊。湖水质好，透明度深达40.5米，被誉为"西伯利亚的明眸"，湖水可供50亿人饮用半个世纪。湖畔阳光充沛，有300多处温泉，是俄东部地区最大的疗养胜地。1996年被列入世界人类文化和自然保护名录。

贝加尔湖位于欧亚大陆内陆，属柯本气候分类的大陆性气候，湖面1月至5月结冰，冰层厚度约70—115厘米，冬季时，可于湖面行驶汽车至奥尔洪岛。贝加尔湖东侧地区冬季最低温可达—19℃，夏季最高温则可达14℃。有336条河流注入贝加尔湖，主要是色楞格河，但只有一条河——安加拉河从湖泊流出。在冬季，湖水冻结至1米以上的深度，历时4—5个月。但是，湖内深处的温度一直保持不变，约3.5℃。

贝加尔湖地区阳光充沛，雨量稀少，冬暖夏凉，有矿泉300多处，是俄罗斯东部地区最大的疗养中心和旅游胜地。西伯利亚第二条大铁路——贝阿大铁路，西起贝加尔的乌斯季库特，东抵阿穆尔的共青城。铁路沿湖东行，沿途峭壁高耸，怪石林立，穿行隧道约50处，时而飞渡天桥，时而穿峰过峡，奇险而壮美。贝加尔湖大量的温水海湾和异域风情的奥利洪岛吸引大量游客到这里来旅游参观。再加上这里相对适宜的气候、美丽的风景、大量的自然和考古古迹、不同种类的生物群、清新的空气、原生态环境以及独特的休闲资源使得贝加尔湖拥有超高的旅游休闲潜力。

美丽富饶的贝加尔湖，在世人心中，一直有种神奇色彩。主要景点有奥利洪岛、塔利茨博物馆、胡日尔镇、贝加尔湖火车环线、贝加尔湖博物馆、萨满岩石、哈伯伊角。奥利洪岛是 6—10 世纪古文化的最大文化中心，被认为是萨满教的宗教中心。这里的民族传统、习俗以及独特的民族特征都被完整地保存了下来。贝加尔湖民俗博物馆位于贝加尔湖的东岸，离湖边 60 千米，驱车可前往。民俗博物馆坐落在一片林中空地上，属露天式建筑。馆内有许多东方游牧民族的生活设施：埃文基人的兽皮、桦皮帐篷，布里亚特贫民的蒙古包，俄罗斯古布里亚特民族的木制小屋，以及草棚、粮仓、澡堂、鸡舍等。加上居民别具风情的民族服装、服饰、佩挂精美鞍具的骏马，这一切在大森林的衬托下，俨然一幅美丽的天然风景画。乌兰乌德其他旅游参观点还有喇嘛教堂、自然博物馆等。

3. 库苏古尔湖

库苏古尔湖，蒙古国北部湖泊，是蒙古国最大的淡水湖，属于贝加尔湖水系，位于蒙古国与俄罗斯边界附近，地处东萨彦岭南麓。湖泊所在的库苏古尔省也是因湖得名。

库苏古尔湖，中国古称延婼伽水，延特勒泊，《新唐书·地理志下》记载："回纥有延婼伽水，一曰延特勒泊，曰延特勒郇海。"库苏古尔湖被誉为"东方的蓝色珍珠"。库苏古尔湖在蒙古国无人不知，它如同一颗巨大的、一尘不染的璀璨明珠镶嵌在蒙古辽阔的草原上。人们说，因为有了库苏古尔湖，才使蒙古壮美的大地显得更加多娇。湖水清澈见底，如果俯瞰水中，湖底的彩石和嬉戏的鱼群跃然入目。

库苏古尔湖的水域总面积 2760 平方千米，深度超过 244 米，最深处为 262.4 米，湖面四周为山丘起伏的乾旷草原。该湖水经蒙古最大的河流色楞格河，汇入贝加尔湖。一共有大小 96 条河流汇入湖中，湖水储量为 3800 亿立方米，是蒙古国重要的淡水储备。

库苏古尔湖边附近的森林山区居住着不同民族，图哈人（Tsaatan）也被称为察坦人或查唐人，是生活在库苏古尔湖流域的一支驯鹿牧民。他们生存在蒙古国的泰加针叶林带，每年都要骑着驯鹿，在草原上迁徙 5 到 10 次，四处寻找牧场。库苏古尔湖区有野山羊、盘羊、绵羊、麋鹿、驯鹿、麝鹿、棕熊、山猫、貂鼠、狼、海狸、驼鹿等 68 种哺乳动物、244 种鸟类和包括西伯利亚河鳟在内的 9 种鱼类。其中最负盛名的当属库苏古尔白鱼，其肉细鲜嫩。

库苏古尔湖附近屹立着萨满神哈穆·博格多·达英—杰尔赫的石像。他是最主要的萨满神之一。授予萨满称号仪式的保护者、山的精灵。

库苏古尔景区 1992 年被蒙古国定为四大国家公园之一，同时也是自然生态保护区，被称作"东方的瑞士"。库苏古尔湖的冬天最为奇特。因为湖水是在农历腊月的某一夜顷刻之间结冻，而湖水在封冻之际，会发出似雷霆滚过的山崩地裂般的轰鸣声。能亲耳聆听这声响的人，被认为是福星高照之人。湖水封冻之后，一团团浓雾从天而降，将苍天和大地融为一体，变成银白一色。

4. 乌布苏湖

乌布苏湖，又作乌布萨诺尔，蒙古语译为乌布苏淖尔，位于蒙古国北部，是蒙古国最大湖泊，其东北部属俄罗斯图瓦共和国。《清一统志·科布多》记载："（乌布萨淖尔）在科布多城东北。特斯河自乌里雅苏台界西流入泊。和赖河、特里河、伊尔河、博尔河、扎尔河、齐塔齐河俱南流入泊。喀喇奇拉河、古萨尔泊水，出杜布伯特左翼旗北流，萨里克哈拉河，亦出杜尔伯特左翼旗东流，俱潴于淖尔。"

乌布苏湖，海拔 753 米，面积 3350 平方千米，湖周围的盆地面积 700000 平方千米。乌布苏湖地处西伯利亚和中亚之间，它拥有极端的气候。冬天可低至—58℃，而夏天可高达 47℃。

乌布苏湖具有典型的大陆和咸水湖地理特点，气候条件以及湖水资源均具有重要的科研价值。乌布苏湖地区生态环境保持良好，动植物资源丰富，栖息着许多珍稀和濒临灭绝的动物。从常年的雪原和雪山到沙漠，乌布苏湖环绕了中亚所有的生态类型。由于乌布苏湖是生态系统和大陆气候的唯一集合，所以它被选为了解地球的大气、生物、地质和水文系统的变化，以及人类对它们的影响的国际地圈生物圈计划研究地区之一。

乌布苏湖从 1967 年起被列入蒙古国家自然保护区。该湖大部分在蒙古国境内，一些支流流入俄罗斯。1997 年，蒙、俄两国共同向世界遗产委员会提出申请，要求将乌布苏湖列入世界自然遗产名录。2003 年 6 月，世界遗产委员会在巴黎正式批准这一申请。

地域性植物种类繁多的乌布苏湖地区是东欧生态群落的主要代表，是亚欧大陆保持得最好的温带草原景观，也是 173 种雀鸟和 41 种哺乳动物的家园，当中包括雪豹、盘羊及羰羊等濒危物种。

5. 斋桑湖

斋桑湖，又称斋桑泊，为额尔齐斯河上游流经的淡水湖，位于哈萨克斯坦东部，地处阿尔泰山脉和塔尔巴哈台山脉之间的洼地。蒙古语称为斋桑淖尔，斋桑一词为蒙古语，意为古代蒙古族官衔，又名鸿（烘）和尔图淖尔。

斋桑湖，海拔 386 米，由额尔齐斯河从东面注入形成，为椭圆形，周长200 余千米。额尔齐斯河注其东、出其西北，俄依河注其东南，哈流图河注其北，阿布达尔摩多河注其西。其周围旧系准噶尔牧地。布赫塔尔马水库建成前，面积为 1800 平方千米，长 111 千米，宽 30 千米。平均水深 4—6 米，最深约 10 米。1959 年水库建成后，在水坝以上沿额尔齐斯河直达斋桑泊形成面积为 5500 平方千米的大水库，湖水平均深度增至 11—13 米。斋桑湖可通航，而且渔业发达。

斋桑湖原属中国，清朝平定准噶尔后，于其地置卡伦，分隶塔尔巴哈台（今塔城）参赞大臣与科布多（今蒙古人民共和国西境）参赞大臣。清同治九年（1870 年）《中俄塔尔巴哈台界约》签订后，斋桑淖尔及其以东以南原属中国领土遂为沙俄所有。

神话故事中的西王母的国家就在今斋桑湖附近。据说西王母是远古西域一个国家的女君主，亦称金母、王母或西姥。其生卒年、死年、葬地均不明。几代西王母，先后与黄帝、周穆王、汉武帝有外交来往。周穆王西行曾访问过西王母国。古希腊历史学家希罗多德也提到过西王母的国家。

在后代，又称她为"瑶池金母"，每逢蟠桃熟时，大开寿宴，诸仙都来为她上寿。旧时民间因将西王母作为长生不老的象征。有学者认为，西王母的国家确实存在，昆仑山即阿尔泰山，瑶池即阿尔泰山西的斋桑泊。当年周穆王是从阿尔泰山中段的东麓，越过山口，经该山西麓再沿黑水（即喀喇尔齐斯河）西进，到达一个宜于畜牧的平原。再往西，过一山口，到达西王母之国，国中有瑶池（即斋桑泊）。周穆王在那里举行狩猎。有无数大鸟在湖边解脱它们的羽毛。穆王装载这种珍贵的鸟羽百车之多。这段记述与希罗多德转述斯基泰人传说空中密布羽毛的地方，正相符合。斋桑泊及其周围，就是西王母之国。

斋桑湖也是古代丝绸之路所经之处，东西方往来的商人、僧人、旅客在湖畔驻足、辗转、游赏。如今，斋桑湖也是"一带一路"沿线重要的湖泊，其所具有的神秘性和神圣性正吸引着越来越多的游客前来观光旅游。

6. 阿拉湖

阿拉湖，突厥语意为"花彩"，哈萨克斯坦境内的咸水湖，位于巴尔喀什湖东 180 公里处，接近中国新疆维吾尔自治区边界。阿拉湖为断层湖，是阿拉山口的延伸，与其西北的萨瑟克湖有沼泽相连。其主要水源为我国境内的额敏河和哈萨克斯坦境内的乌尔贾尔河。

阿拉湖是哈萨克斯坦最著名的湖泊之一，同时也是杰特苏地区巴尔喀什湖之后的第二大湖，包括岛屿在内面积为 2696 平方千米，长 104 千米，最宽的地方达 52 千米，湖边总长度 384 千米，平均深度 22.1 米，最深处达 54 米，湖水体积约 58—60 立方千米。

阿拉湖距离中国的阿拉山口口岸不足 30 千米，1864 年，清政府与沙俄签订《中俄勘分西北界约记》时阿拉湖割让给沙俄。阿拉湖毗邻巴尔鲁克山，为椭圆形湖泊。唐代诗人李白就出生在阿拉湖湖畔。

阿拉湖流域盆地属典型干旱、半干旱地区。气候的总体特征是：晴天多，日照强，干燥，少雨，冬寒夏热，昼夜温差大，风沙多。全年日照时间近 3000 小时，无霜期大多不到 150 天。阿拉湖平均年降水量 145 毫米。年平均气温低于 10℃。

阿拉湖的西南方向就是哈萨克斯坦南部大草原，继续向前便进入了俄罗斯南部区域。从阿拉湖直接向南，即可抵达中亚乃至南亚各国，是一条连接欧亚大陆的重要的地方，在军事和商业贸易上均具有重要的意义。

阿拉湖紧邻巴尔鲁克山和托热加依劳草原，是哈萨克斯坦著名的景区。巴尔鲁克山融雪为阿拉湖提供了丰富的水源。阿拉湖、巴尔鲁克山和托热加依劳草原交相辉映，形成如画般的美景。特别是黄昏的托热加依劳草原更令人陶醉。阿拉湖湖水与夕阳折射出的鲜红色使得托热加依劳草原和海拔 3000 多米的巴尔鲁克山全部变为红色，使其成为知名景观。每年 4 月至 5 月，额敏河春汛期间，哈萨克斯坦阿拉湖的鱼类逆流抵达塔城境内南湖产卵，然后，乘春洪未退之际重新返回阿拉湖。小鱼孵化出来后，经过一个夏季的生长，再返回阿拉湖。阿拉湖鱼肉质鲜美，价格是当地鱼价的三到四倍。阿拉湖为当地带来了巨大的经济效益。

阿拉湖曾经是苏联的宇航员们从太空回来休养的地方，湖水中含有多种矿物质，对身体非常有益。今天，这里也成为哈萨克斯坦人旅游度假的首选地，很多年轻人的毕业假期都会选择在这里度过。

7. 巴尔喀什湖

巴尔喀什湖，又名巴勒喀什池，是哈萨克斯坦共和国的东南部的一个内流湖，唐代称其为夷播海。《新唐书·地理志》记载："又西行千里至碎叶城，水皆北流入碛及入夷播海。"《西域图考》中作巴勒喀什泊，元称库克恰腾吉斯海。有伊犁河等七条河注入，故又称为谢米列契（七河）地区。在世界众多的湖泊中，它因湖水一半为咸水湖一半是淡水湖而独具特色。

巴尔喀什湖在中国唐代属昆陵都护府管辖。根据清咸丰十年（1860年）《中俄北京条约》和同治三年（1864年）《中俄勘分西北界约记》，此湖被沙俄侵占。1991年苏联解体后，该湖变成哈萨克斯坦领土。

巴尔喀什湖东西长约605千米，南北宽8—70千米，水域面积1.83万平方千米。中部的萨雷姆瑟克半岛从南岸向北，把湖面分为两个水域，西半部较广阔而水浅，东半部较狭窄且水深。湖的西半部宽27—74千米，湖水为淡水，水深不超过11米；湖的东半部宽10—19千米，湖水为咸水，水深达26米。流自中国新疆的伊犁河，接纳了大量的来自天山的冰雪融水注入巴尔喀什湖西半部，而湖东半部因较少河水注入，加之湖区气候干旱，湖水大量蒸发而使湖水含盐量增高，因而形成了西淡东咸的一湖两水现象。由于西半部注入水量多，因此湖水常年自西向东流，西半部湖水清澈，东半部湖水含盐量较高，两湖之间有一狭窄的水道相连。

整个湖区属温带大陆性气候，西部年平均气温10℃，东部9℃，年降水量430毫米，11月底到次年4月初湖面冰冻。湖区地层多碳酸盐沉积。北岸是岩石高地，有古代阶地的痕迹；南岸是低洼的沙地，芦苇丛生，中多小湖沼，经常被湖水淹没。湖区动物繁多，特别在芦苇丛中有大量鸥、野鸭和鸬鹚，此外多天鹅、鹈鹕、雉和鹧鸪，还有野猪、狼、狐狸等野兽。湖区是哈萨克斯坦旅游疗养地。东西两端湖滨有铁路干线通过。湖沿岸蕴藏有铜矿和铁矿。湖中产鲤、鲈等鱼类。

北岸为著名的铜矿带，巴尔喀什城在此兴起，成为重要的炼铜中心，与哈萨克斯坦和中亚重要城市有铁路连接；南岸伊犁河下游地区种植水稻和养牛。

1970年，伊犁河上建成卡普恰盖水电站，水库蓄水后，巴尔喀什湖的水文状况有了巨大的变化。主要湖港有布鲁尔拜塔尔和布尔柳托别。

巴尔喀什湖东南岸历来为游牧民族乌孙、突厥、哈萨克等族游牧之地，也是丝绸之路所经中亚湖泊之一，曾在丝绸之路的历史上发挥了重要作用。

8. 里海

里海，英语作 Caspian Sea，位于辽阔平坦的中亚西部和欧洲东南端，高加索山脉以东，制约着中亚巨大、平坦的土地。西面为高加索山脉，东北为哈萨克斯坦，东南为土库曼斯坦，西南为阿塞拜疆，西北为俄罗斯，南岸在伊朗境内，是世界上最大的湖泊，也是世界上最大的咸水湖，属海迹湖。

里海的英语名、俄语名以及哈萨克语名都是"卡斯皮海"，"卡斯皮"是拉丁文继承自希腊语对里海西南岸高加索东部人的称呼。里海在现代波斯语、阿塞拜疆语、土库曼语等其他突厥语族语言中为"哈扎尔海"（可萨海），来自9世纪时它附近的哈扎尔王国（可萨汗国）。里海的中文译名按西文海的原意也使用"海"字，写作"里海"。古代曾用名"北海"，见于《史记·大宛列传》："奄蔡临大泽无崖，盖北海云"，就是指的里海。《汉书·苏武传》中北海指贝加尔湖。

里海海域狭长，南北长约1200千米，东西平均宽度320千米。面积约38.64万平方千米，相当全世界湖泊总面积（270万平方千米）的14%。里海的水面低于外洋海面28米，湖水平均深度约180米。里海北浅南深，湖底自北向南倾斜，北里海面积99404平方千米，是海中最浅部分，平均深度为4—6米，在与中里海的分界沿线最深达20米。中里海面积137918平方千米，形成不规则盆地，西坡陡峭，东坡平缓。阿普歇伦暗滩为一沙洲和岛屿带，是南里海盆地过渡的标志。南部凹陷，最深处达1024米，整个里海平均水深184米，湖水蓄积量达7.6万立方千米。海面年蒸发量达1000毫米。

里海北部属于温带大陆性气候带，而整个里海中部（及南部大部海区）则位于温热带。西南部受副热带气候影响，东海岸以沙漠气候为主，从而造成多变的气候。

湖区纵跨几个不同的气候区，但变化不剧烈；中里海西部气候温和，东部则为干燥的沙漠气候；南里海属夏季干燥的亚热带气候。冬季里海的天气不稳定，气温变化较大。平均气温，北部为 -8—10℃，南部为 8—10℃。气温变化不大，7—8 月间平均气温为 24—26℃，最热月平均温度为 28—29℃，在太阳炙烤的东海岸极端最高气温可达 44℃。海上平均年降水量为 200—1700 毫米，分布不均，东海岸少，西南海岸多。大多降于冬季和春季。海面蒸发量很高，年蒸发量一般为 1000 毫米，南里海的东部和阿普舍伦半岛达 1400 毫米。结冰影响里海北部地区，通常至 1 月份完全封冻，在很冷的年代，沿西海岸漂浮的冰可南达阿普歇伦半岛地区。

里海与咸海、地中海、黑海、亚速海等，原来都是古地中海的一部分，经过海陆演变，古地中海逐渐缩小，今天的里海是古地中海残存的一部分，地理学家称之为"海迹湖"，作为世界上最大的咸水湖，湖中也有多种海洋生物。里海生物资源丰富，既有鲟鱼、鲑鱼、银汗鱼等各种鱼类繁衍，也有海豹等海兽栖息。据统计共有 850 种动物和 500 多种植物。里海长期以来，一直以出产鲟著称，产量约占世界鲟鱼捕获量的 4/5。今天，在水位下降和随之而来的产卵场干涸等因素作用下，鲟鱼数量锐减。目前，已经采取包括禁止在公海捕鲟及推行水产养殖在内的措施，以试图改善这一状况。

1991 年以前，无论按传统还是地理位置，里海都被认为是苏联和伊朗的内湖，1921 年和 1940 年两国签订的条约中作了明确规定。根据该条约，只有挂苏联和伊朗国旗的船只才能在里海航行。自 1991 年苏联解体后，在里海地区不断发现大规模的油气田，因此，新独立的里海沿岸国家哈萨克斯坦、阿塞拜疆和土库曼斯坦都要求重新确定里海的法律地位。

按国际法，里海的资源应当是沿岸各国的共同财产，任何国家开采里海任何资源必须征得各国同意或经共同协商后方能进行。里海沿岸五国元首于 2014 年 9 月 29 日在俄罗斯南部城市阿斯特拉罕签署有关里海法律地位问题的联合政治声明，该声明成为里海法律地位问题公约的基础性文件。

里海沿岸是多民族国家和地区，其东北为哈萨克斯坦，主要有哈萨克族、俄罗斯族；东南为土库曼斯坦，主要民族有土库曼族（占总人口的 94%，和中国的撒拉族为同一民族）、乌兹别克族占 2%、俄罗斯族占 1%，此外，还有哈萨克、亚美尼亚、塔尔、阿塞拜疆等民族；西南为阿塞拜疆，阿塞拜疆族占90.6%，列兹根族占2.2%；西北为俄罗斯，主要少数民族有鞑靼族、乌克兰族、楚瓦什族、巴什基尔族、车臣族、亚美尼亚族、哈萨克族、摩尔多瓦族、白俄罗斯族等；南岸在伊朗境内，波斯人占66%，阿塞拜疆人占25%，库尔德人占5%，还有阿拉伯人、巴赫蒂亚里人、卢尔人、俾路支人及土库曼人等少数民族。多数信仰伊斯兰教。

里海地区石油资源丰富，西岸的巴库和东岸的曼格什拉克半岛地区，以及里海的湖底，是重要的石油产区。里海湖底的石油生产，已扩展到离岸数十千米的水域。里海含盐量高，盛产食盐和芒硝。从卡拉博加兹戈尔湾提取硫酸钠一类矿物也具有相当重要的经济意义。

里海地区航运业较发达。通过伏尔加河及伏尔加—顿河等运河，实现了白海、波罗的海、里海、黑海、亚速海五海通航。但由于北部水浅，航运受到一定限制。在巴库和克拉斯诺沃茨克之间有火车轮渡。运输货物以石油为主，其次为粮食、木材、棉花、食盐、建筑材料等。沿岸主要港口有阿塞拜疆共和国的巴库，俄罗斯联邦共和国的阿斯特拉罕、马哈奇卡拉，哈萨克斯坦共和国的舍甫琴科，土库曼斯坦共和国的克拉斯诺沃茨克，伊朗的恩泽利和托尔卡曼港等。它们还通过常规客运连接起来，而在巴库与土库曼巴希之间，铁路货运直接轮渡，无须装卸。里海在这一地区交通运输网中以及在石油和天然气的生产中也具有重大意义。其优良的海滨沙滩也日益被用作疗养和娱乐场所。

9. 黑海

黑海，是欧洲东南部与小亚细亚之间的一个内海，古地中海残留盆地。黑海通过土耳其海峡与地中海相连接。流入黑海的重要河流有多瑙河和第聂伯河。北岸为乌克兰，东北岸为俄罗斯，格鲁吉亚在其东岸，土耳其在南岸，保加利亚、罗马尼亚在其西岸。沿海重要城市有伊斯坦布尔、敖德萨、塞瓦斯托波尔、巴统等。

黑海的称呼，最早来自古希腊。因为远离希腊人认为的"世界文明中心"，因水色深暗、多风暴所以希腊语中将其称作"黑暗"或"昏暗"之海。随后的游牧民族也沿袭了这个名字。在突厥文化里，北方为黑色，西方为白色，南方为红色，东方为蓝色。因为黑海位于后来奥斯曼土耳其帝国之北，所以依然叫作黑海。

黑海形似椭圆形。东西最长1150千米，南北最宽611千米，中部最窄263千米，海面约461000平方千米。海岸线长约3400千米。平均水深1315米，最大水深2210米。黑海经由其西南角的博斯普鲁斯海峡、马尔马拉海、达达尼尔海峡、爱琴海以及地中海与遥远的大西洋海域相通。克里米亚半岛从北面伸入黑海，东端有较为狭窄的刻赤海峡通往面积较小的亚速海。黑海海岸低地很少，大部分低地都在北岸。注入黑海的大河流有多瑙河、聂伯河、聂斯特河和顿河。

黑海原是古地中海的一部分。随着地壳运动和冰期，黑海盆地逐渐与大洋分隔，其含盐量下降，所以黑海海水含盐量几乎只有世界各大洋海水含盐量的一半。

大部海区冬季温和湿润，水面温度6—8℃，北部近岸海域有较短结冰期，西北部冬天表层水温—0.5℃，西北部冬天绝对最低温达到—30℃，黑海冬季盛行偏北大风，凛冽的极地冷空气不断急速袭来，在黑海尤其是西北部海区掀起汹涛巨浪，景象十分壮观；夏季水温25℃以上；秋季常有龙卷风；春季整个地区平均气温16℃。年降水量西部、西北部300—500毫米，南部750—800毫米，东部1800—2500毫米。表层海水平均盐度17%—18%，底层22.5%。有多瑙河、第聂伯河、德涅斯特河等注入黑海，年均入海淡水量355毫米，其中多瑙河约占60%。

黑海海中浮游生物较少，海洋生物种类和数量贫乏，主要可捕捞鱼类有安抽鱼、竹荚鱼、西鲱、鲭、鲟等。

黑海是世界最深的内海之一。海底较平坦，大陆架宽一般2.5—15千米，少岛屿和海湾，克里木半岛为唯一大半岛。海底地形从四周向中部倾斜。中部是深海盘，水深2000米以上，约占总面积的1/3。

由于黑海是连接东欧内陆和中亚、高加索地区出地中海的主要海路，故其战略地位非常重要。黑海航道是古代丝绸之路由中亚通往罗马的北线必经之路。

黑海沿岸居住着众多民族，主要有罗马尼亚族、匈牙利族、保加利亚族、土耳其族、罗姆族（吉卜赛）、乌克兰族、俄罗斯族、白俄罗斯族、犹太族、鞑靼人等。主要信仰东正教和天主教。

1992 年 6 月 25 日，土耳其、保加利亚、罗马尼亚、希腊、亚美尼亚、格鲁吉亚、俄罗斯和阿尔巴尼亚等 11 个黑海地区的国家在伊斯坦布尔举行首脑会议，签署了黑海地区经济合作宣言和博斯普鲁斯声明。1996 年 10 月，第三次首脑会议在莫斯科举行，会议决定鼓励各国在贸易和工业、通信、科技，能源、矿产开采和加工、农业、旅游和环保各方面加强合作的愿望。2007 年 7 月，黑海经济合作组织首脑会议在土耳其伊斯坦布尔举行。土耳其、俄罗斯、保加利亚、罗马尼亚、希腊、乌克兰等 12 个成员国的国家元首或政府首脑参加了此次会议，与会国讨论了把里海和哈萨克斯坦的石油及天然气输送到欧洲而铺设新管道问题，表达了黑海经合组织成员国同欧盟和其他国际组织合作的意愿。

黑海在航运、贸易和战略上具有重要地位，是联系乌克兰、保加利亚、罗马尼亚、格鲁吉亚、俄罗斯西南部与世界市场的航运要道，也是欧洲地区各主要河流的出海口。主要河流包括第聂伯河、顿河、源自乌克兰境内的德涅斯特河以及发源于德国南部的多瑙河。黑海沿岸重要港口有乌克兰的敖德萨，保加利亚的布尔戈斯，罗马尼亚的康斯坦察和土耳其的伊斯坦布尔等。黑海北部沿岸，尤其是克里米亚半岛，是东欧人的度假、疗养胜地。有保加利亚的金色沙地、阳光海岸及罗马尼亚的玛玛亚等著名旅游区。

10. 巴拉顿湖

巴拉顿湖，中欧最大的湖泊，地处匈牙利中部，位于布达佩斯西南约 90 千米处，包科尼山东南侧，是东北—西南走向断层形成的湖泊。巴拉顿湖，又称匈牙利海，其名称意为 "浅水" "沼泽"，因其水文状况而得名。

巴拉顿湖呈狭长条状，从西南到东北长 80 千米，面积 596 平方千米，平均水深仅 3.3 米，最深处 11 米。巴拉顿湖湖水浅，容积小，湖水靠佐洛河和北岸入湖河流补给和调节。每年的 4、5 月间水位最高，9、10 月间由于气温偏高，蒸发量大，湖水水位最低。气候属大陆性，5、10 月天气温暖，阳光充足。夏天温度 24—28℃，冬天湖面结冰，厚达 20 厘米。巴拉顿湖湖水沿东岸希欧渠流入多瑙河。

最早这里原有一串南北向的五个小湖，经过风、雨、冰的侵蚀作用，逐渐连成一片。其北岸是岩石丘陵；西北陶波茨拉湾地区多玄武岩山帽，是700万年前火山喷发的遗迹；南面是沙土和黄土平地。

　　早在新石器时代末期就有人在此定居，当时的情形被记载于洛瓦斯和兰多尔山洞穴的岩壁画中。罗马人于公元1世纪攻占了巴拉顿地区，正是他们把葡萄园种植及酿酒技术传入这一地区。在奈迈什瓦莫什附近的巴拉茨布斯塔挖掘出的罗马时期的一个保存完好的庄园是那个时期最壮观的里程碑。2至4世纪间罗马时期的瓦勒库母村就是今天的菲尼克布斯坦。

　　巴拉顿湖以其诱人的湖光山色，成为世界闻名的游览胜地。在景色秀丽的湖滨，建有许多饭店、疗养院和别墅等服务设施。巴拉顿湖的西北面为火山土，适宜种植葡萄，当地盛产名酒，后开辟为旅游胜地。南岸的希欧福克和北岸的巴拉顿菲赖德现已成为著名旅游胜地。在巴拉顿湖西岸不远处，还有一个名叫赫维斯的温泉湖，温泉水具有治疗多种疾病的功能。而湖区内古老的蒂豪尼镇以博物馆和生物站吸引游人。北岸的蒂哈尼半岛深深地伸入湖心，几乎把湖面分割成两半。蒂哈尼半岛高出水面约百米，岛上道路崎岖，古木参天，景色幽静秀丽，是巴拉顿湖上景色最美的地方，从半岛顶端可眺望湖区全貌。半岛上还有野生动物保护地。

　　巴拉顿主湖的附近还有一个小巴拉顿湖与之相连。小巴拉顿湖湖水明澈，湖上经常有大批稀有的鸟类来安家，是鸟类的天堂。小巴拉顿湖附近的森林中还有个水质含硫的湖泊，是天然疗养地。湖中水产丰富，盛产鲤鱼。

　　巴拉顿湖不仅自然风光优美，而且还有许多著名的古建筑。在湖岸南北，分布着古老的罗马式、哥特式和巴洛克式建筑。其中最华美的巴洛克式建筑是舒梅格教区教堂。巴拉顿湖区已被辟为国家公园，也是举行水上运动比赛的场所。

第二章　丝绸之路经济带中线山河湖泊

第一节　重要山岭

1. 新安汉函谷关

函谷关，西据高原，东临绝涧，南接秦岭，北塞黄河，又名"函谷"，亦有"涵关""函谷塞""函塞""隆谷"等别名。然而作为古代中原西通关中必经关隘，曾有秦、汉两关。所谓秦函谷关也称古函谷关，在今河南省三门峡市灵宝县坡头乡王垛村。战国秦置，地处长安古道，东起崤山，西至潼关，紧靠黄河岸边。而今距秦函谷关约 150 千米，位于河南新安县城东 1 千米处则为汉函谷关。据《汉书·武帝纪》中记载，"元鼎三年（前 114 年）冬，徙函谷关于新安，以故关为弘农县"，故名新关、汉关。在东汉中平元年（184年），因镇压黄巾起义军，设置八关，此即八关之首。

新安汉函谷关作为公元前 2 世纪至公元 3 世纪西汉、东汉王朝设在长安、洛阳之间的古要道，南有龙头山，北有凤凰山，大道从两山之间穿谷而过，是交通隘口、要塞重地。该关历代均有修茸，清朝末年坍塌。民国十三年（1924年）秋重修，上下共 3 层。下层为涵洞，洞宽 5.1 米，长 19.4 米，高 7.6米。第二层中间有十字形拱洞，分东、西、南、北四门。第二层与第三层相通，砖木结构，四面楼阁，粉壁画栋，玲珑精巧。现兴建有石拱桥、立交桥，关前北侧有陇海铁路，南侧有郑潼公路，气势雄伟壮观。

汉函谷关是支撑丝路交通、见证汉帝国交通和防御制度的典型汉代关隘设施，亦是东汉王朝定都洛阳以后又作为以洛阳为起点丝绸之路的必经之地和第一要塞。汉函谷关既是当时重要的军事设施、关卡还是驿站，更对丝绸之路的形成、发展起着不可替代的作用，见证了丝路的繁荣与兴盛。在 2013 年由中国、哈萨克斯坦和吉尔吉斯斯坦联合申报世界遗产项目"丝绸之路：起始段与天山廊道"中，"新安函谷关遗址"则作为 33 处系列申报点之一。新安函谷关遗址是丝绸之路沿线中原地区的重要汉代关隘遗存，它由关城和长墙组成，是一条贯穿南北的防线，它控制着黄河漕运、崤函北道、崤函南道等三条路径，进而控制两汉王朝核心地带洛阳盆地和关中平原之间联系，是维系统一的多民族国家安定、繁荣的纽带和桥梁。

2. 崤山

崤山又称三崤山、二崤山、二陵、崤陵、嵚岑山、嵚崟山，亦作"殽山"，以古崤县得名，为河南省八大山脉之一，属秦岭东段的北支脉，为豫陕两省的交通要道，是洛阳经长安入丝绸之路的必经之地。古时常与函谷合称"崤函"之塞。而崤函古道是古代东西交通要道，有南北二崤道，东西二崤都在崤山北道上，今留有崤函古道石壕段遗址。《吕氏春秋》中将其列为天下险要的"七塞"之一，曾在此置崤关，为历代主要战场，如春秋时期著名的秦晋"崤之战"。《春秋》僖公三十三年(前 627 年)："晋人及姜戎败秦师于崤"，即此。

崤山今位于河南省三门峡市，南接洛宁县，西北接陕县，东接渑池县，延伸于黄河、洛河之间，长约 160 千米。据《水经注》记："崤有笿盘崤、石崤、千崤之山"，故称"三崤"；通常以涧河谷地为界，界南山地称西崤山，界北山地称东崤山，故又称"二崤"。《元和郡县图志》卷五记："自东崤至西崤三十五里。东崤长坂数里，峻阜绝涧，车不得方轨。西崤全是石坂十二里，险绝不异东崤。"因此素以险峻著称。

崤山山势高峻雄伟，海拔 1200—1800 米，相对高度大约 500—1000 米。崤山山脉的主峰段为官道口东北至硖石一段，其主峰为灵宝县东南的千山，海拔约 1902 米。主要山峰除千山外，还有海拔 1866.1 米的冠云山、1713.2 米的青王寨、1681.9 米的石牛岭等。山势自西南向东北逐渐低缓，其各段山势特征均有差异。西段尤其是卢氏县境一段山势高峻，山脊狭窄如锯齿状矗立。而东段东村与官前之间，属中山。西北部与平缓的黄土塬相接，东南部则与黄土丘陵相连。属于崤山尾闾部分的硖石东北部亦是呈西南—东北走向，但是没有西段高峻、完整。而陕县和渑池县交界地段，虽低缓破碎，但十分奇险，故有"渑隘""崤塞"之称，自古即为兵家必争之地。

崤山植被属于暖温带植物区系，山地气候温凉湿润，中山林地以栎类、华山松、油松等乔木为主，低山自然植被以旱生灌丛和草甸为主。部分山岭和凹坡林木葱郁处，风景秀丽，发展旅游潜力大。煤、铝土等矿产也比较丰富。北麓灵宝寺河山一带产优质苹果闻名全国。崤山山地中的历史古迹较多，如渑池县的仰韶文化遗址、秦赵会盟台等。

3. 秦岭

秦岭，这座横亘在中国内陆腹地的巨大山系，其名称源于古代秦人和秦帝国。古代地理学认为，中国大陆众多山脉的根是昆仑山。因此，在秦始皇统一中国之前，秦岭被称为昆仑；后来，又因为秦岭矗立在秦国都城之南，所以秦岭又被称作终南山，或者南山。《诗经》有"节彼南山"，《禹贡》称"终南惇物"，《山海经》亦称"南山"。直到公元 1 世纪，司马迁在《史记》中写下"秦岭，天下之大阻"这句话之后，秦岭才有了正式的文字记载。

秦岭分为狭义上的秦岭和广义上的秦岭。狭义上的秦岭，仅限于陕西省南部、渭河与汉江之间的山地，东以灞河与丹江河谷为界，西止于嘉陵江。而广义上的秦岭是横贯中国中部的东西走向山脉。西起甘肃省临潭县北部的白石山，向东经天水南部的麦积山进入陕西。在陕西与河南交界处分为三支，北支为崤山，余脉沿黄河南岸向东延伸，通称邙山；中支为熊耳山；南支为伏牛山。长约1600多千米，为黄河支流渭河与长江支流嘉陵江、汉水的分水岭。

秦岭被尊为华夏文明的龙脉，主峰太白山高 3771.2 米，在陕西省宝鸡市境内。由于秦岭南北的温度、气候、地形均呈现差异性变化，因而秦岭—淮河一线成为中国地理上最重要的南北分界线。

秦岭山势雄伟，由东向西逐渐升高，陕西境内岭脊海拔约 2000 米，华山主峰海拔为 2400 米，太白山主峰为 3771.2 米。秦岭北坡山麓短急，地形陡峭，多峡谷，通称秦岭"七十二峪"。南坡长而和缓，有许多条近于东西向的山岭和山间盆地。秦岭北邻渭河平原，其间有大断裂，山势陡峭，形成千崖竞秀的壁立山峰，河流短促，多急流。

秦岭淮河一线是1月份0度等温线和800毫米年等降水量线。冬季，秦岭能够阻挡寒潮南下，夏天又能阻挡潮湿的海风进入西北地区，导致这条线的南北地区在气候、河流、土壤、农业、植被等方面存在差异，所以也就成为中国东部地区重要的南北分界线。秦岭成为亚热带与暖温带的分界线。秦岭以南河流不冻，植被以常绿阔叶林为主，土壤多酸性。秦岭以北为黄土高原，1月平均气温在0℃以下，河流冻结，植物以落叶阔叶树为主，土壤富钙质。

秦岭山地、流域地区尚保存连片森林，并有珍贵动植物。野生动物中有大熊猫、羚牛、金丝猴等珍贵品种，鸟类有国家一类保护对象朱鹮和黑鹳。秦岭现设有国家级佛坪自然保护区和太白山自然保护区。其中，大熊猫、羚牛、朱鹮、金丝猴被并称为"秦岭四宝"。在秦岭里，还有鬣羚、斑羚、黑熊、林麝、小麂、竹鼠、鼯鼠、松鼠等数不清的哺乳动物，以及世上最为丰富的雉鸡类族群。

秦岭的秦巴山区跨越商洛、安康等地，一直延伸至河南省，自然资源特别丰富，素有"南北植物荟萃、南北生物物种库"之美誉。特色产品繁多，如核桃、板栗、木耳、柿子产量居全省之首，核桃产量占全国的六分之一；它还是全国有名的"天然药库"，中草药种类1119种，列入国家"中草药资源调查表"的多达286种。秦岭以南柑橘、茶、油桐、枇杷、竹子等亚热带标志植物均可生长良好，而秦岭以北盛产苹果、梨等温带水果。

作为中央国家公园，秦岭已成为研究欧亚大陆生物起源、发展和演变规律的天然基因库，也是研究世界古北界和东洋界动物区系界线的接合部，同时秦岭也是研究黄河文化、历史考古的重点目标之一。

秦岭对中华文化的形成和发展发挥了重要作用，是中华文化发展当中重要的自然生态因素之一。秦岭是中国南北方文化、东西部文化的聚合点和交汇点。半坡人、蓝田人、郧西人和仰韶人曾在这里生活，伏羲、女娲、后羿的故事也发生在这里。道教文化、秦楚文化、巴蜀文化、中原文化和佛教文化都与它密不可分……这座绵延一千五百千米的高峻山岭，在中华民族的历史上扮演了重要的角色。

现今除汉族外，有多个少数民族在陕西境内杂居、散居。少数民族中，回族人口最多，占少数民族人口的89.1%。此外，还有满族、蒙古族、壮族、藏族等少数民族。

在秦岭地区关中平原盆地南部山地的矿产资源丰富，不仅金矿、钼矿等蕴藏丰富，而且有大量的非金属矿和建材石料，为发展冶金、建材工业提供了丰富的资源，其中潼关、太白的金矿，金堆城的钼矿，蓝田的玉石等最为著名。秦岭地区的秦巴山区矿产资源含量高，主要矿产金、银、煤、钒、铝、锌等，钾长石储量位居全国第一，世界第二，钒矿储量亚洲第一。

关中平原自古灌溉发达，渭河、泾河、北洛河等均有灌溉之利。该地区盛产小麦、棉花等，是陕西省重点产棉区，也是中国重要的商品粮产区。其自然、经济条件优越，是中国历史上农业最富庶地区之一。此外，由于交通便利，四周有山河之险，自西周开始，先后有秦、西汉、隋、唐等13代王朝建都于关中平原，历时千余年。

秦岭旅游资源丰富，有麦积山石窟、秦岭七十二峪、南梦溪、华山等。麦积山石窟为中国四大石窟之一，被誉为"东方雕塑馆"，位于秦岭西段山脉，悬崖绝壁。著名的山峪有华山峪、文仙峪、大敷峪、蒲峪等。南梦溪位于西安南110千米的宁陕县境内，野生动植物资源非常丰富，清水瀑布随处可见，有众多千年古树、奇花异草、绝峰怪壁，溪水石潭，气候湿润温和。

秦岭也是丝路经济带中线上自东向西的第一座大山。秦岭终南山北麓有一条古道，名"神仙路"，又称"古丝绸之路"，宽度为0.1—2.0米，绵延1000多千米，是古老的丝绸之路历经之处。

4. 岐山

岐山，关中山名，亦称天柱山。《元和郡县图志》卷二"关内道"二："岐山，亦名天柱山，在（岐山）县东北十里。"因其山形似柱，故名。《文选·西京赋》注云：《说文》曰，岐山在长安西美阳县界。山有两岐，因此为名焉。"又因其山两岐，俗呼为箭括岭、箭括山。《国语·周语上》曰"周之兴也，鸑鷟鸣于岐山。"鸑鷟为凤凰别名，后以此山名凤凰堆。《太平御览》卷四"岐山"引《河图括地象》："岐山在鸑鷟山东南为地乳，上多白金。周之兴也，鸑鷟鸣于岐山。时人亦谓岐山为凤凰堆。"而《尚书·禹贡》："导汧及岐"，《诗·大雅·绵》：周先祖"古公亶父，来朝走马，率西水浒，至于岐下"，《孟子·梁惠王下》："去邠，逾梁山，邑于岐山之下居焉"，均指此山。

岐山，在今陕西省岐山县城东北祝家庄乡岐阳村北 10 千米处，位于关中平原北缘，跨岐山、扶风、麟游、凤翔、永寿五县。因山名县，双峰并起，也如蛟龙吞天，北有岐山天然屏障，南麓有平坦开阔地带，周原东西而横，山川秀丽，沃野千里，宜于农耕，发展农业，繁衍生息。东北以漆水河为界，西以横水河—川口河为界。南至北郭、黄雄、店头一线。

一般狭义上的岐山仅指岐山县北部与麟游县西南部一带的山地，是广义岐山的主体部分，是六盘山余脉东支千山山地向南突出部分。岐山北侧平缓、南坡陡峻，大部分海拔在 810—1400 米，主峰东崛山海拔约 1674 米。

岐山是周人的发祥地。周族先人古公亶父，在受到戎狄入侵后，从豳迁到岐山的周原，在这里营城建郭，建居室。据《诗经·大雅·绵》记载："古公亶父，来朝走马，率西水浒，至于岐下。"在岐山周原建立岐邑，设立官吏，建成周国，并在岐山京当乡凤雏村一带建立宗庙，岐山便成了周的发祥之地。《史记·封禅书》《汉书·郊祀志》均列此山为华山以西七名山之一。韩愈《岐下》、唐龙《岐山》、郭庄《岐山阻雨》等诗作中均有记述。20 世纪以来陆续在周原地区发现大量有关周人的建筑遗址，出土了一批青铜器和甲骨文等。

丝绸之路开辟之后，岐山作为古代丝绸之路上的重要驿站，千百年来迎送着东西方往来的僧侣和商人。

5. 积石山（阿尼玛卿山）

积石山，又称阿尼玛卿山、玛积雪山。"阿尼"在藏语中是"先祖老翁"之意，亦有"美丽、幸福"或"博大无畏"含义；"玛"，神之名；"卿"，意为"大"；"玛卿"，是藏语音译，意为"黄河上最高的大山"。"阿尼玛卿山"合起来意思则是"祖父大玛神之山"。古代西藏人最初主要信奉的本教传说，在西藏没有产生王之前，玛神是统治藏区的十几个男神之一。其以此山为宫殿，以神力保护这一带的平安，且赐之以福，故本教徒称其为"阿尼玛卿"。后来，则以神名专称其居住的山，故山名取为"阿尼玛卿山"。另说因此山雪峰突兀，气魄雄壮，带有神秘色彩而得名。在当地民间传说中，则将此山描绘成一个神通博大的英雄之神。积石山之名为汉语名，因山体表面多石砾而得名。

积石山（阿尼玛卿山），位于青海省东南部，延伸至甘肃省南部边境，是昆仑山中支的东延部。山地呈西北—东南走向，黄河绕流山地东南侧。其作为藏区名山，在藏族传说中，该山是藏区开天辟地九大造化神之一，也是藏区二十一座神圣雪山之一。据说它可拯救庶民百姓，永保四方平安，是藏乡的救护者，有朝山习俗，因为藏族群众认为绕山瞻拜能消灾免难。

积石山（阿尼玛卿山）主峰阿尼玛卿峰（又名玛卿岗日）悬崖下是积石冰川。山势呈西北—东南走向，长约455千米，平均海拔4000米左右。土壤主要为高山荒漠土。西北部及北部，雪线（4800米左右）以下怪石嶙峋，河流两岸形成洪积、冲积山间滩地，植被以异叶针茅和小蒿草为主，草原化的草甸成为良好牧场。山腰多冰川湖，其中以"金湖""银湖"最令人神往。南北两侧山麓，海拔多在4600—4700米，多形成沼泽化草甸，4800米以上为高山垫状植物。这里人迹罕至，山麓水草丰美，溪流纵横，生长有松柏等常青林木。山中蕴藏多种矿产，兼有珍禽异兽，名贵药材亦颇丰富。

自20世纪80年代初，阿尼玛卿山对外开放，因其山势雄伟壮观吸引着许多国内外游客、朝山者和登山健儿，是我国对外开放的八座登山旅游点之一。

6. 麦积山

麦积山，又名麦积崖，位于甘肃省天水市东南50千米处，是秦岭山脉西端小陇山的一座独立山峦，山高为142米。五代人撰写的《玉堂闲话》中说："麦积山者，北跨清渭，南渐两当，五百里冈峦，麦积处其半，崛起一石块，高百丈寻，望之团团，如民间积麦之状，故有此名。"《方舆胜览》卷六九：麦积山"在天水县东百里。状如麦积，为秦地林泉之冠。上有姚秦所建寺"。

麦积山地处我国南北自然地理分界和东南、西北季风交替带，山上有南北兼备的各种野生观赏植物和药用植物。麦积山的自然景色十分优美，风景区由麦积山、仙人崖、石门、曲溪、街亭古镇五个子景区180多个景点组成，是中国著名的5A级风景名胜区，其中"麦积烟雨"的壮丽景观列居秦州八景之首。

古城天水是丝绸之路南大道第一重镇，因而从古至今往来于麦积山的商人、僧侣、游人络绎不绝。公元4、5世纪，随着佛教艺术传入我国，麦积山成为著名的佛教圣地。闻名于世的麦积山石窟就是随着丝绸之路畅通，从十六国后秦时期开始营造的，后经十多个朝代的不断开凿、重修，成为我国著名的大型石窟群之一。据《梁高僧传》记载，南宋永初年间，高僧昙弘和玄高相继在麦积山讲学，常有学徒 300 余人。西魏时，魏文帝皇后乙弗氏死于此地，"凿麦积崖为龛而葬"。北周保定、天和年间，秦州大都督李允信为其亡父建造七佛阁，庾信为其写《秦州天水郡麦积崖佛龛铭并序》。隋文帝仁寿四年，秦州使麦积山顶修建高 9.4 米的七级宝塔一座，相传为阿育王 84000 宝塔之一。至今宝塔仍屹立于山顶，不过只剩下五级。

麦积山石窟惊险陡峭，洞窟大都开凿在二三十米乃至七八十米高的悬崖峭壁上，十分罕见。最大的洞窟横宽 30 多米，最小洞窟仅能容身。洞窟之间由架设在崖面上的凌空栈道连接通达。麦积山石窟以其精美的泥塑艺术享誉世界，塑像大的高达十五六米，小的仅十多厘米，集合了千余年来各个时代塑像的特点，系统地反映了我国泥塑艺术的发展和演变过程。此外，石窟内也有一定数量的石雕和壁画，同样精美珍贵。

千百年来，麦积山石窟虽然曾遭遇过多次地震、火灾的破坏，现仍保存窟龛 194 个，泥塑、石刻造像 7800 多尊，壁画千余平方米，是我国四大石窟之一。麦积山石窟如今也是丝绸之路上著名的遗产点，国家重点文物保护单位，闻名世界的艺术宝库，享有"东方雕塑馆"的美誉。

7. 六盘山（陇山）

六盘山，位于今宁夏回族自治区南部和甘肃省东部，为陕北、陇中两高原的界山。现一般指宁夏固原县瓦亭以西的六盘山。其山势巍峨险峻，山路盘旋曲折，自古有"扼九塞咽喉、七关襟带"之说。山名的由来有三种说法：一种说法见于《方舆纪要》卷 58 固原州：六盘山"曲折险峻，盘旋有六"。因其山路曲折盘旋，六重始达山顶，故名。一说因其山路险仄峻阻，盘旋而上，古谓之络盘道，后"络盘"讹为"六盘"，故名。第三种说法则认为其原名为"鹿盘山"，后来因为音近相讹，变为今名。

六盘山是中国最年轻的山脉之一，其南段又称陇山。山势险峻且巍峨，山路曲折盘旋，大致呈南北走向，且东坡陡，西坡缓。其主体包括西北—东南走向的平行狭长山脉，长约 240 千米，宽 30—60 千米。西列称大关山，海拔 2500 米以上，主峰米缸山（美高山）2931 米。东列称小关山，海拔

2100—2400 米，最高峰 2466 米。六盘山两侧是黄河水系的清水河、泾河、葫芦河等发源地。它也是陕北黄土高原与陇西黄土高原的分界线。

六盘山区光热资源较少，年日照时数 2200—2400 小时，年均温 5℃—6℃，有"春来秋去无盛夏"之说。山脉走向与季风近似垂直，因此降水较多，是黄土高原中的"湿岛"，许多河流从此发源，呈辐射状分流。

山上植物种类多，万木参天，覆盖面广，郁郁葱葱，酷似黄土海洋中的"绿色岩岛"。植被主要以落叶阔叶林为主，亦有少量针、阔混交林。主要树种有辽东栎、山杨、华山松、桦等，林下多箭竹、川榛及多种灌木。六盘山区盛产蜂蜜，且野生生物资源丰富，仅药用植物就有 600 余种，桃儿七、党参、贝母、黄芪等药材畅销全国。脊类动物约有 200 种，其中兽类有金钱豹、林麝等 38 种。鸟类有红腹锦鸡、金雕等 147 种。山谷、坡地有黄土之处多为已垦农田。六盘山林区已划为水源涵养林及约 2.7 万公顷的自然保护区。1988 年，六盘山自然保护区被划为国家级自然保护区。

六盘山是丝绸之路上的重要山岭，元朝曾改道经此山去凉州，故六盘山一度成为古丝绸之路东段北道必经之地，也是历代兵家用武的重镇要塞。

该山是民族杂居之地，也是中原耕耘文化与北方游牧文化的结合地区。汉武帝、韩琦、范仲淹、杨文广、成吉思汗、忽必烈、徐达等人均在此留下足迹。西夏宝义二年（1227 年）成吉思汗率军攻打西夏，曾避暑于六盘山，元时安西王曾建清暑楼于此。传说成吉思汗曾扎营狩猎于凉殿峡。

1935 年 10 月，毛泽东曾率中国工农红军长征时跨越六盘山，击败了 4 个敌骑兵团的堵截。毛泽东在登上六盘山后，写下了《清平乐·六盘山》，其中"六盘山上高峰，红旗漫卷西风"的著名词句不仅抒发了革命豪情，更使六盘山名扬海内外。

如今，地处西安、银川、兰州三省会城市的三角中心的六盘山旅游区，有二龙河、野荷谷、老龙潭、胭脂峡、凉殿峡、鬼门关、大雪山、南华山、白云寺、火石寨等七十余处景点。此外，回族聚居区伊斯兰风格的建筑、音乐、舞蹈、饮食文化与民间工艺等构成了多彩的民族风情画廊。而"清凉世界""丝路古道""回族之乡""红色之旅"已然成为六盘山旅游区引人注目的四大品牌，正吸引着越来越多的游客观光游览。

8. 崆峒山

崆峒山，中国史籍记载最早名山之一，又作空桐山、空同山。关于名称来由，现有多数材料解释大致有三：一是古为空同氏族居住之地；二是崆峒山为道教圣地，取道教空空洞洞、清静自然之意；三是崆峒山洞穴众多，有空洞之意。又因其山体特征，亦有鸡头山、笄头山、薄落山等别名。

崆峒山位于泾河上游主流与其北岸支流后峡河之间，长 100 多千米，平均宽 15 千米，海拔在 1870—2100 米。最高峰海拔 2123 米，山势巍峨，树木葱葱，形成北西走向的一道天然绿色屏障，故名翠屏山。

据《史记·五帝本纪》记：黄帝"西至于空桐，登鸡头"。《正义》引《括地志》："笄头山一名崆峒山，在原州平高县西百里。《禹贡》泾水所出。"崆峒山位于今甘肃省平凉市西，是泾河源地，属六盘山向东南延伸的一支，自古是"山川雄秀甲于关塞"的名山，山势险峻，松柏参天、怪石遍布。金代以前，六盘山道未开，崆峒山前峡是古丝绸之路主要通道，是古丝绸之路西出关中的"西来第一关"。

崆峒山因侵蚀形成了许多奇峰绝壁以及岩崖峡谷等特殊地貌。崆峒山不仅有着奇险灵秀的自然景观，还有古朴精湛的人文景观。在山顶平台及山麓修建有佛教、道教的寺观 42 处，每年的农历四月初八是崆峒山传统的庙会日。现遗存有宋、元、明等建筑。

崆峒山被誉为"道家第一名山"，称之为"道源圣地"。据《史记》载，黄帝曾"西至崆峒，登鸡头"。秦始皇、汉武帝等也曾游历于此山。其中关于黄帝"闻广成子在崆峒山之上，故往见之"的故事流传最广。山上道院极盛，琳宫梵刹遍布诸峰，原有古建筑八台、九宫、十八院、二十二寺观等。汉唐以来，佛、道两教在山上广建寺庙道观，清同治初年寺庙多毁于兵燹。尚存唐盘龙石柱、宋经幢、明宝塔、清康熙时建太和宫等，形成了规模颇大的建筑群。此外，历代名人墨客留有大量诗词、碑记、游记、壁画和摩崖石刻。此外崆峒山武术流传海内外，与少林、武当、峨嵋、昆仑派武术并称中国五大武术流派。

崆峒山林木苍翠，古树名木近百株，有各类植物 1200 余种，花繁草茂，药材遍地。山上名胜有定心峰、月石峡、插香台、羽仙峰、千丈崖、莲花台、丹梯崖、棋盘岭、绣球峰、黄龙泉等 40 多处名胜古迹。2006 年崆峒山被评为

"中国游客十大满意风景名胜区"和"中国最值得外国人去的 50 个地方"之一；2007 年跻身国家首批 5A 级旅游景区之列。如今，崆峒山已然成为国家重点风景名胜区、国家地质公园、国际 ISO9001 质量管理体系和 ISO14001 环境管理体系双认证景区、国家级自然保护区。

9. 须弥山

须弥山，在今宁夏回族自治区固原县西北约六十千米，位于六盘山脉的北端，与海原县接界，在须弥山南端有清水河支流。须弥，为梵语 Sumeru 的译音，亦译"修迷卢""须弥楼""苏迷卢山"等，有"妙高""妙光""安明""善积"诸义。原为古印度神话中的山名，后为佛教所采用，又称妙高山、善积山。此山正是借神山之名命名。明嘉靖《固原州志》卷一，有须弥山在"州北九十里。上有古寺，松柏桃李郁然，即古石门关遗址"一说。

须弥山呈南北走向，长约 3 千米，宽 1.5 千米，其山重峦叠嶂，主峰海拔 2108 米，岩石嶙峋。古时松柏青翠，有"红柳松涛"之誉。

须弥山曲径幽静，是"凿仙窟以居禅"的好场所。佛教和佛教石窟沿丝路传入中国，因此丝路沿途的石窟数量之多，沿袭时间之长，艺术价值之高是可想见的。须弥山作为古丝绸之路的重要孔道，须弥山石窟即是代表性的例子之一。须弥山石窟分散开凿在山麓的东南向。崖壁上的洞窟初创于北魏，兴盛于北周至唐，可分为前后两期。后经北魏、西魏、北周、隋、唐、宋、西夏、元、明各代不断修建形成了庞大的石窟群，总称为"须弥山石窟"。今编号有一百三十二个窟，其中保存较为完整的石窟有二十余个，具有相当高的艺术价值。须弥山石窟是中国石窟艺术的重要遗迹，中国十大石窟之一，于 1982 年被国务院确定为全国重点文物保护单位。

10. 桥山

桥山，曾名艾蒿岭，亦名桥山山地。今位在甘肃省东部，南北纵贯正宁、合水、宁县、华池等县，长约 150 千米。桥山一般指大桥山，即子午岭。子午岭，也称为子午山，在陕西省和甘肃省最东部交界地带，处于北洛河和泾河支流环江—马连河间。桥山因主脊大体为南北走向，与子午线方向一致而得名。颜师古《汉书注》有云："子，北方也；午，南方也。"

《清一统志·鄜州》中记载，子午岭"在中部县西北二百里，接甘肃庆阳府合水县界。沮水出此"。

《尔雅·释山》中说此山"山锐而长桥"。《释名》记载其"形作桥也"。《寰宇记》卷三五坊州中部县："按《山海经》云，其山下水流通，故曰桥山。桥山主峰如桥，支如华盖。"据《延安府志》记载："华盖山在桥山之后，三峰秀丽，形如张盖，高出诸山，即桥山之支麓。桥山在太古洪荒之时，地势高亢，山上多柏，较之平川低洼之地，地利实优，称曰福地，故黄帝卜葬于此。"如《史记·五帝本纪》有云："黄帝崩，葬桥山。"汉·刘向《列仙传》载："黄帝自择亡日，与群臣辞，至于卒，还葬桥山。山崩，枢空无尸，唯剑舄在焉。"罗隐《薛阳陶觱篥歌》亦有"桥山殡葬衣冠后，金印苍黄南去疾。"后人则以"桥山"作为咏皇帝陵墓的典故，表现追悼帝王去世；或借指帝王的葬地。

桥山山势呈南北走向，以子午亭为界，分南北两段。主峰子午岭海拔1756米，在正宁县东。南段向南经正宁、宁县，为陕西、甘肃界山，山岭长约65千米，为温带半湿润区。北段在华池县北，长90千米，北高南低，海拔1500—1750米，属温带半干旱区。

桥山现存历代祭祀刻石50余通，古柏数十株，以"黄帝手植柏"和汉武帝"挂甲柏"最为珍贵。桥山东北麓有黄帝庙，山巅为黄帝陵，四周古柏环绕，冢高3.6米，是国家重点文物保护单位，为国内著名旅游胜地。桥山山区有青冈、杨、桦和灌木为主的天然次生林。主要山岭有黄土梁、子午岭、洪山梁、石门山、双庙梁等，岭上大都有薄层黄土覆盖，系黄土高原上的石质山地，河谷中出露侏罗、白垩系砂页岩，产煤和石油，黄陵店头有大量的煤炭储量。桥山上有狼、狐狸等野生动物。此外，始建于隋代的富县石泓寺石窟凿于志丹群砂岩，规模宏伟，为陕北四大名窟之一。

11. 贺兰山

贺兰山，中国北方著名山脉，"贺兰"在蒙语中是"骏马"的意思。亦有阿拉善山、楼树山、空青山等别名。唐《元和郡县图志》记载："山有树木青白，望如驳马。北人呼驳为贺兰。"其北段西汉时称为卑移山，见《汉书·地理志》北地郡廉县（治今贺兰县暖泉西）后注："卑移山在西北"，后又称乞伏山。在唐代史籍中则开始普遍称贺兰山。

　　贺兰山位于宁夏回族自治区西北部，东临银川平原，与内蒙古自治区阿拉善高原形成天然分界。山体大致呈南北偏东走向，山势险峻，北起巴音敖包，南迄中卫县马夫峡子，长 200 千米，东西宽 20 至 80 千米等，为宁夏平原西边屏障，远望如骏马奔驰，气象万千。贺兰山山脉有 40 余条大谷口，为入山通道，较著名的有哈拉乌沟、强岗岭沟、南寺沟等。其中山间垭口（苏峪口和三关口等）为东西交通要道。

　　贺兰山是中国主要南北向山地和西北地区地理界线之一，也是温带荒漠草原与荒漠及内外流域的分界，它挡住了西北高寒气流的东进和腾格里沙漠的东移，也阻止了潮湿的东南季风西进，是银川平原的天然屏障。

　　贺兰山分为北、中、南三段，北宽南窄，东陡西缓。北段山幅最宽，长达 60 千米，海拔一般在 1450—2430 米，山体主要由花岗岩石组成，这些由不同颜色的矿物组成的岩石，在长年的日照作用和风雨雕琢下，形成了别具一格的球状风化地形。中段是山的主体，海拔一般为 2000—3000 米，最高峰即坐落于此，这里层峦叠嶂，林木参天，是贺兰山景色最宜人之处。南段山势最低，一般在 1300—1900 米，植被极少，大多在内蒙古自治区阿拉善左旗境内。

　　贺兰山年降水量达 420 毫米，超过银川平原 1 倍。贺兰山现有乔灌木林地面积 1.8 万多公顷，木林蓄积量约 115 万立方米，1988 年被定为国家级自然保护区。山中盛产多种药用植物，主要树种有油松、间有云杉，云杉林带盛产蘑菇，还有山杨、白桦、杜松、山柳等，伴生有耐旱的乔灌木层，散生着灰榆、蒙古扁桃、酸枣、狭叶锦鸡儿等。林区还有鹿、兔、狐、兰马鸡、麝、石鸡、盘羊、青羊等野生动物。矿藏以煤炭资源最为丰富，汝箕沟矿区的"太西煤"享誉国内外，还蕴藏石灰岩、石英砂岩、白云岩及磷矿、黏土等矿产。石炭井矿区是西北地区重要炼焦煤基地。山中还盛产雕刻砚台等工艺品的贺兰山石，被誉为宁夏五宝中之"蓝宝"。

　　自西夏在银川建都以来，贺兰山就被广泛开发，建王陵、修佛寺，盛极一时。据地方志记载，西夏时就建有文殊殿、双塔、拜寺和贺兰庙。现"文殊有殿存遗址，拜寺无僧话旧游"，仅存贺兰庙和双塔。其中尤以双塔著名，其在拜寺口内，东西相对，相距 100 余米，中间为原佛寺遗址。西夏王陵区、拜寺口双塔、滚钟口、三关口古长城等已然成为宁夏最大特色的人文景观旅游资源。值得注意的是，贺兰山山脉自古就是北方诸多少数民族的游牧之地，是历史上匈奴、乌桓、鲜卑、羌、柔然、突厥、回纥、吐蕃、党项、蒙古等游牧民族的放牧居住地，也是农耕民族与游牧民族的交接地带。

自 1965 年以来，在贺兰山东麓南北走向的峡谷中陆续发现了春秋战国前北方游牧民族和西夏时期的岩画。1983 年，文物部门正式组织调查，此后经近十年的工作，发现北至石嘴山，南至中卫的 250 多千米的十多个山口，分布着 1000 多幅岩画，个体图案已超过两万个，题材广泛、大小不一，既表现日月宇宙，也描画动物足蹄，较多为牛、马、羊、鹿、豹等动物形象，还有有狩猎、放牧、舞蹈的场面。同时还有一些西夏文字，具有浓郁的异域风格，是研究我国古代北方民族迁徙史、艺术史、文化史的珍贵资料。

12. 皋兰山

皋兰山，在今甘肃兰州市南部，为马衔山之余脉。《元和郡县图志》卷三九兰州："取皋兰山以为名。"战国时期，匈奴趁秦灭六国之机，大举南下。逼近黄河一线后，站到黄河边上看到此山非常高，所以取名为皋兰。张维《兰州古今注》中有云："皋兰者，译音也。匈奴谓天为祁连，而皋兰、乌兰、贺兰诸山名，皆与祁连音近，当亦高峻之意。"

皋兰山为兰州主要形胜之一，海拔 2170 米，山势高峻挺拔。皋兰山东麓有红山，西延伸为龙尾山，林木翁翠，风景秀丽。皋兰山山顶的三台阁地势开阔，可将市区全景尽收眼底，这在全国城市中是少见的景观，皋兰山因而赢得了"中国城市景色一绝"的美誉。王道成在《皋兰旧志》称："高厚蜿蜒如张两翼，东西环拱州城，延袤二十余里，山下地势平旷，可耕可守。"

始元六年（前 81 年），西汉昭帝在皋兰山附近设金城郡，称"金城"（今兰州市）。隋文帝开皇元年（581 年）立兰州，置总管府，以地处皋兰山之麓，故名，兰州之名始于此时。《元一统志》（残本）卷 585 记载皋兰山"在州正南五里。隋文帝置兰州。下有五眼龙泉，祈祷有应"。唐大业初又改为金城郡；明、清时期为兰州府治。

皋兰山是兰州城区的屏障，自古为中原通往西北地区的交通要冲。汉代以后，皋兰山成为中西贸易丝绸之路上的重要商埠和贸易集散地，唐代还是西北重要的茶马互市总站。

兰州市区有黄河穿过，呈带状沿黄河两岸发展，是黄河上游最大的综合性工业城市。兰州还是陇海、包兰、兰新、兰青铁路交点，是西北地区最大的铁路枢纽。兰州有众多文物古迹，例如秦汉长城遗址、西秦国国教遗址、白衣寺塔、庄严寺、兰州文庙、五泉山、白云观、白塔寺、兴隆山、炳灵寺石窟等。

由于皋兰山的地理位置重要，自古以来，其政治军事的战略地位也十分显著。皋兰山东连关中，西接湟水，西北临河西走廊，东北通宁夏、内蒙古河套地区交通路口，历来是丝绸之路上的交通要冲。

如今，兰州市充分发挥黄河文化、丝路文化、民俗文化交融的优势，启动了"大兰山建设项目"，将兰山索道站旧址划归皋兰山造林站，开发建设了皋兰山山地生态公园，旅游生态价值大。

13. 龙首山

龙首山，在今甘肃山丹县西北和内蒙古自治区西部边境，位于河西走廊中段北部，是河西走廊与阿拉善高原的分界线，因其形似龙首而得名。《清一统志·甘州府》中记载，龙首山"在山丹县西北二十五里边外。明万历中，夷人青把都自昌宁湖移驻于此，巡抚田乐击走之。一名龙头山，俗呼为甘峻山。山腰有三洞，各深五尺。山阴有泉。旱可祷雨"。

龙首山为西北—东南走向的断块山，与合黎山合称走廊北山，是河西走廊与内蒙古高原的界山。龙首山西起板桥堡，东至金川镇，长195千米，宽30—35千米，主峰在山丹县西北。山体主要由古老变质岩和花岗岩构成。

龙首山北坡平缓，南侧为断崖，相对比较陡峭，植被稀少。该山地区的气候则属大陆性草原气候和大陆性荒漠气候。山腹背斜较高，海拔一般为2500—3000米，主峰东大山海拔3616米，位于张掖市以东地区，高出河西走廊平原1400米。

龙首山西段有小片青海云杉为主的针叶林，海拔2500米以下有旱生灌木、半灌木；东端的龙首山有著名的金川铜镍矿，此外还有十多种金属和贵金属。位于甘肃省山丹县境内的龙首山自然保护区，面积约25.6平方千米，生物资源丰富，其主要生物保护对象为青海云杉及其森林生态环境。保护区内有国家重点保护动物岩羊、猞猁、鹅喉羚及草原雕、暗腹雪鸡、金雕、鸢等。此外，1960年由甘肃区测队在金昌市建立、命名了龙首山岩群。龙首山岩群为有层无序地层，是变质岩系。

14. 乌鞘岭

乌鞘岭，位于甘肃省天祝藏族自治县境内，是祁连山东段冷龙岭向东南延伸的山脉，为陇中高原和河西走廊的天然分界。《清一统志·凉州府一》中记载乌鞘岭"在庄浪县南六十里，安远堡东五里，接平番县界。长二十里"。乌鞘岭是黄河水系庄浪河与内陆水系古浪河的分水岭。

"乌鞘"，藏语原名为"哈香日"，意为"和尚"，因相传岭上曾有韩湘子庙得名。历史上先后曾称洪池岭（十六国时称之为洪池岭）、分水岭、乌梢岭、乌沙岭，新中国成立后通称乌鞘岭。乌沙岭的名称由来是因其岭上有乌色的沙石。

山岭有一系列北西走向的盆地与河谷，其山势呈西北—东南走向。乌鞘岭西北端与祁连山脉主干相接，东南没入黄土高原。其海拔一般为2500—3500米，最高的岭脊超过4500米。乌鞘岭气候变化剧烈，属半干旱气候区，年降水量约411毫米。山岭东面是良田、牧场；南面是马牙雪山，山峰如根根玉柱；北面有毛毛山与乌鞘岭相连；西南方向有雷公山与乌鞘岭遥遥相对；岭下则是喜秀龙草原。因乌鞘岭阻挡夏季风气流的作用较大，地形雨丰富，许多地方的高山草甸是优良的牧场。

乌鞘岭处于我国东部季风区、西北内陆区和青藏高原区的交汇地带，使它不仅成为河西走廊东部的天然屏障，也是从兰州一带的陇西地区进入河西走廊的障碍。它不仅是我国地形上、气候上以及农业上的重要界线，也是黄土高原和沙漠地区的分界线。

乌鞘岭地扼东西孔道，势控河西咽喉，素有"河西走廊门户"之称，也是丝绸之路西去的必经之道。西汉张骞出使西域，唐玄奘西天取经，都曾经过乌鞘岭。乌鞘岭下金强河畔的安门村，曾是古代戍卒把守乌鞘岭的营地。古时东西往来的商旅及使者均要在此交验文书出关。乌鞘岭附近今尚保存安远驿古驿道和明长城遗址，如今兰新铁路和至新疆的国道均经过乌鞘岭。

15. 焉支山

焉支山，汉代匈奴地区山名，有删丹山、焉耆山等别名。因其产大黄、松木，又名大黄山、青松山。据说焉支山长有红蓝，其花可制胭脂，因以为山名。一说因山石赭红如胭脂而得名胭脂山。或谓山中生长燕支花，是制作胭脂的原料，又作燕支山。今在甘肃省永昌县西、山丹县东南，绵延祁连山和龙首山间。《史记·匈奴列传》中记载："汉使骠骑将军去病将万骑出陇西，过焉支山"，即此。因匈奴人将妻子称作"阏氏"（谐音胭脂），意思是妻子像胭脂般美丽，后来阏氏成了匈奴皇后的专称。

焉支山在先秦时曾为月氏地，后为匈奴所占，成为其驻牧地。该地树木繁茂，水草丰饶，适宜畜牧，同时因其地理位置上的优势，也使其成为当时军事必争之地。据《史记·匈奴列传》引《西河故事》云：燕支山形势险要，是河西通往青海的隘口。西汉元狩二年（前121），汉将霍去病两度率部"出陇西""逾焉支山"大破匈奴，杀折兰王、卢胡王、执浑邪王子及相国、都尉，获8900余人，收休屠王祭天金人。《寰宇记》卷151引《西河旧事》云："焉支山东西百余里，南北二十里，亦有松柏五木，其水草茂美，宜畜牧，与祁连同。匈奴失祁连、焉支二山，乃歌曰：亡我祁连山，使我六畜不繁息。失我焉支山，使我妇女无颜色。"隋、唐、宋、元时期，这里多次发生过战事，直到元世祖忽必烈中统元年（1260）经过一次重大战役后，基本上结束了河西频繁的战事。至今峡口镇仍留有明嘉靖年间镌刻的"锁控金川"几个大字，可见其重要的军事地位。

焉支山为山丹河与石羊河分水岭，盘踞在河西走廊中段。焉支山与南面的祁连山之间是辽阔的草原，还有世界第二、亚洲第一的山丹马场。焉支山北临合黎山，两山之间只有峡口镇附近一条不宽的通道，该道绵延约70千米。千百年来，焉支山锁控着河西走廊的北路，是河西走廊的重要战略要地。汉代以来，历朝历代都在焉支山屯兵驻守。晋曾在此设焉支县，今古城遗址依然清晰可辨。山下西北有霍城遗址，并有长城逶迤，烽燧相望。山西面有明代建钟山寺。唐代哥舒翰在山中建宁济公祠，已毁。

焉支山山体呈东西走向，西北坡较平缓，主峰高3978米，山顶终年积雪，素有"西凉咽喉"之称。山腰水草丰茂，冬温夏凉，风景宜人。大诗人李白在《幽州胡马客歌》就曾赞叹："虽居焉支山，不道朔风寒。"

焉支山地貌复杂，群峦耸秀，盛产大黄、黄芪、秦艽等药材，山上有百花池，风景独特。焉支山森林公园有植物1000多种，其中乔木树种有青海云杉、祁连圆柏、华北落叶松、山杨等；灌木种类繁多；药材有大黄、黄芪、沙参等100多种；野花奇草，争秀斗艳。野生动物有鹿、麝、獐、青羊等几十种。

16. 合黎山

合黎山，位于甘肃省河西走廊中部和内蒙古自治区边界。在今甘肃高台县北部，也包括临泽、张掖北部的一段。东至卧牛山，西起黑河正义峡，南界山前戈壁，北邻巴丹吉林沙漠。东西长约85千米，南北宽约38千米。清代侯桢著《禹贡古今注通释》中有云："合黎山，因水而名。"又云："黎，黑也。……弱水合黑水而行，故曰'合黎'。"《元和郡县图志》张掖县："合黎山，俗名要涂山，在县西北二百里。"《汉书·地理志》亦有："删丹，桑钦以为道弱水自此，西至酒泉合黎。"

合黎山，亦有称兰门山，见于《史记·夏本纪》："弱水至于合黎"。唐代张守节《正义》引《括地志》："兰门山一名合黎（山），一名穷石山，在甘州删丹县西南七十里。《淮南子》云弱水源出穷石山。"《晋书·沮渠蒙逊载记》：东晋隆安五年（401年），北凉沮渠蒙逊欲图段业，与其兄"男成同祭兰门山，密遣司马许咸告业曰：'男成欲谋叛，许以取假日作逆。若求祭兰门山，臣言验矣。'至期日果然"。《方舆纪要》卷63甘肃镇："合黎山在镇西北四十里。……《括地志》：合黎山亦名兰门山。"另有穷石山一说——战国楚·屈原《离骚》："夕归次于穷石兮，朝濯发乎洧盘。"《淮南子·地形训》："弱水出自穷石。"汉·高诱注："穷石，山名也，在张掖北塞水也。"此外，合黎山又名要涂山，《元和郡县图志》卷四十"陇右道"下："合黎山，俗名要涂山，在（张掖）县西北二百里。"

合黎山与龙首山合称走廊北山，与走廊南山（祁连山）相对而望，属阿拉善高原边缘隆起带，为甘肃河西走廊北山山系组成部分。山势东西高，中间低，为西北—东南走向。由于气候干燥，侵蚀严重，植被稀少，山地岩石与山麓砾石裸露，形成了戈壁景观。海拔多在1500—1700米，主峰海拔2081米，相对高度500—1000米。

由河西走廊向北穿过合黎山，可达居延海（今内蒙古额济纳旗）及蒙古草原。明人郭绅有诗《合黎山》，描绘了此山风光。可见，合黎山在古丝绸之路上的重要意义。

17. 祁连山

祁连山脉，位于中国青海省东北部与甘肃省西部边境，是中国境内主要山脉之一。在青海境内，位于柴达木盆地北缘，茶卡—沙珠玉盆地，黄河干流一线之北，西起当金山口，与阿尔金山脉相接，东至黄河谷地，与秦岭、六盘山相连。

"祁连"系匈奴语，匈奴呼天为"祁连"，祁连山即"天山"之意。因位于河西走廊之南，历史上亦曾叫南山，还有雪山、白山等名称。唐代诗人李白的"明月出天山，苍茫云海间；长风几万里，吹度玉门关"中之"天山"即指祁连山。据《汉书》记载：祁连山"在张掖、酒泉二界上，有松柏五木，美水草，冬温夏凉，宜畜牧。"有青鹿、马鹿、猞猁、雪鸡、野驴、雪豹等动物出没，有万宝山之誉。西汉时霍去病出临洮，扫荡匈奴后，匈奴发出"亡我祁连山，使我六畜不蕃息；失我焉支山，使我嫁妇无颜色"的悲歌。

祁连山由多条西北—东南走向的平行山脉和宽谷组成。东西长 800 千米，南北宽 200—400 千米，海拔 4000—6000 米，共有冰川 3306 条，面积约 2062 平方千米。包括大雪山、托来山、托来南山、野马南山、疏勒南山、党河南山等著名山岭。山峰多海拔 4000—5000 米，最高是峰疏勒南山的团结峰，海拔达 5808 米。海拔 4000 米以上的山峰终年积雪，即使山间谷地也在海拔 3000—3500 米之间。

祁连山脉西段由走廊南山、黑河谷地、托莱山、托莱河谷地、托莱南山、疏勒河谷地、哈拉湖盆地、党河南山、喀克吐郭勒谷地、赛什腾山、宗务隆山、柴达木山等一系列盆地与山脉组成。祁连山脉东段有冷龙岭、大通河谷地，大通山、大坂山。在一系列平行山地中，南北两侧和东部相对起伏较大，山间盆地和宽谷海拔一般在 3000—4000 米，谷地较宽，两侧洪、冲积平原或台地发育。

祁连山位于北温带，深居内陆，远离海洋，又处于青藏、蒙新、黄土高原的交汇地带，由于青藏高原对大气环流的特殊影响，使夏季来自东南季风的湿润气流得以北进西伸，波及本区；冬季受内蒙古干冷空气，以及西北寒冷气流的影响，使本区冬季降温幅度大，气温年较差大。众多因素的叠加构成了祁连山林区的主要气候，即大陆性高寒半湿润山地气候。气候特征表现为冬季长而寒冷干燥，夏季短而温凉湿润。祁连山区冷湿气候，有利于牧草生长，有许多天然牧场。祁连山区的气候变化会直接影响其周围植被的好坏，继而影响当地经济的发展。

祁连山在古丝绸之路上占有重要位置。丝绸之路在此分成南北两道继续前行，祁连山把丝绸之路引向了天山和帕米尔高原。祁连山的高大山体截留了水汽，形成了降水，是祁连山的冰川融水和祁连山中发育的河流在河西走廊中造就了一个个绿洲。可以说，没有祁连山上的雪山和冰川融水，就没有河西走廊的绿洲，没有河西走廊的绿洲也就没有丝绸之路。

中国西部的祁连山留下了卡约遗址、汉唐古堡、明清寺庙以及"昆仑之丘""西王母石室""大禹治水"等众多文化内涵深厚的古代文化遗迹和美丽传说。早在西汉以来，这里就是由内地通往西部牧区至西藏的重要通道，也是汉、藏等民族经济、文化交流的重要集聚地。祁连山素有"海藏咽喉""海藏通衢"之称。

据《祁连县志》载，祁连古为西戎（西羌）地，与世居河西走廊的古老民族月氏人毗邻。秦末汉初，大月氏活动于祁连与敦煌间，西汉高祖六年（前201年），匈奴王冒顿击败月氏，占据河西走廊。大月氏西迁至今新疆维吾尔自治区西部伊犁河上游，小月氏入居祁连山及湟水流域，与当地羌族杂居，渐融入羌汉等民族之中。匈奴则占据祁连山一带，史称匈奴右地。

汉武帝时，为开辟西域，于元狩二年（前121年）派霍去病出兵河西走廊，攻下焉支山和祁连山，迫使匈奴浑邪王杀休屠王率部4万余人降汉。西晋永嘉二年（308年），护羌校尉、凉州刺史张轨命子张寔等人率兵经扁都口进入青海。从此，包括今祁连地区在内的青海东北部归于以后的前凉王国。南朝宋元嘉十六年（439年），北魏军队占领河西走廊及青海东北部湟水流域，祁连地区羌人部落归附北魏。不久，为吐谷浑所控制。隋大业元年（605年），吐谷浑攻张掖。张掖是内地通西域的要冲，丝绸之路重镇，吐谷浑屡犯此地，自然有碍丝路畅通。在这种情况下，炀帝于大业四年（608年）开始征服吐谷浑。玄宗开元十六年（728年），金吾将军林宾客，为守卫扁都口道，曾在峨博一带与吐蕃作战。唐朝末年，祁连地区为河湟吐蕃政权所控制。南宋高宗绍兴六年（1136年），西夏军队占领湟水流域及其以北地区，今祁连地区亦为夏人统治。南宋宝庆三年（1227年），成吉思汗亲率蒙古大军，从中亚回师，进占西宁州和祁连境域。康熙四年（1665年），西蒙古厄鲁特部聚众驻牧于大草滩，清军自扁都口驻边墙、修城堡，驻兵防守。道光二年（1822年）后，原属玉树四十土司之阿力克土司（亦称环海八族之一），移居祁连。道光二十六年（1846年），清军于野牛沟设防，驻兵千人。

祁连山附近是裕固族的主要聚居区，裕固族是中国人口较少的民族，是西北特有的少数民族。根据2010年全国第六次人口普查统计，裕固族总人口约为1.4万人。其主要分布在甘肃省肃南裕固族自治县，少部分居住在酒泉市黄泥堡裕固族乡。肃南裕固族自治县地处河西走廊中段和祁连山北麓的狭长地带。此外，祁连山还有汉、藏、土、蒙古、回族等。

祁连山素有"万宝山"之称，蕴藏着种类繁多、品质优良的矿藏，有黄铁矿、铬铁矿及铜、铅等，八宝山的石棉为国内稀有的"湿纺"原料。祁连山区的冷湿气候，有利于牧草生长，在海拔2800米以上的地带，分布有大片草原，为发展牧业提供了良好场所。此外，在浅雪的山层之中，有名为雪山草甸植物的蘑菇状蚕缀，还有珍贵的药材——高山雪莲，以及一种生长在风蚀岩石下的雪山草。因此，雪莲、蚕缀、雪山草又合称为祁连山雪线上的"岁寒三友"。

祁连山的平均山脉海拔在4000—5000米，高山积雪形成了颀长而宽阔的冰川地貌奇丽壮观。祁连风光景区位于青海省祁连县的祁连山南麓，主要包括卓尔山风景区、阿柔大寺景区、祁连山草原、冰沟林海景区等景区和服务点，具体有卓尔山、牛心尖、门源油菜花、北山森林公园、山丹军马场等。这里草场辽阔、牛羊遍地、雪峰屹立，壮丽无比。终年不化的冰雪覆盖着与草原相接的祁连山，银装素裹，白雪皑皑，而草原上一望无际的金灿灿的油菜花令人神往。

祁连山脉地区修建了健全的公路系统，近年来，穿越祁连山脉的兰新铁路，为这一地区注入了新的活力。

18. 三危山

三危山，位于甘肃省敦煌东南，莫高窟以东，属祁连山脉。三危山因"山有三峰，形危如堕"而得名。《都司志》云："在城东南三十里，三峰耸崎，如危欲坠，故名"。又名卑羽山，或作升雨山，《史记·五帝本纪》记载："迁三苗于三危。"唐·张守节正义引《括地志》云："三危山有三峰，故曰三危。俗亦名卑羽山，在沙州敦煌县东南三十里。"又因山呈土红色而俗称火焰山。古代三危山名有多处。据《尚书·尧典》记载："窜三苗于三危"。在《括地志》则认为"三危山有三峰，故曰三危山，俗亦名卑羽山，在沙州敦煌县东南三十里"。另一说在今甘肃省渭源县鸟鼠山西南。

三危山西起莫高窟前大泉河东岸，向东延绵六十里。西有鸣沙山，东有无穷山，海拔在 1500—1800 米，山顶平缓。主峰在敦煌城东南四十里，莫高窟东北十里，海拔约 1947 米。

三危山地处干旱地区，属暖温带干旱气候区，其岩石裸露，剥蚀作用强烈，植被稀少，属荒漠景观。该山主要矿物成分有钾长石、云母、斜长石、角闪石、石英、磷灰石等。在阳光照射下，山体表面和各种云母可反射出奇异多彩的金光。

三危山为敦煌第一圣境，在地方志中被列为敦煌八景之首，称为"危峰东峙"。三危山隔大泉河与莫高窟毗邻，莫高窟则因三危山之佛光而建。三危佛光是开凿莫高窟的动因，也可说三危山是莫高窟的摇篮，因此有"敦煌八景"之二"千佛灵岩"。三危山自古以来都是敦煌一处重要的宗教朝拜圣地，现保存的仍有王母宫（三危楼）、老君堂、观音井、观音庙、南天门等。三危山诸景观都有许多美丽的神话传说，例如三危山与瑶池、西王母、三青鸟等的传说。这些故事增添了三危山的美丽，也吸引了更多的游人前来一探究竟。

19. 鸣沙山

鸣沙山，敦煌山名，是中国西部的名山之一。《后汉书·郡国志》刘昭注"敦煌郡"时引《耆旧记》语："山有鸣沙之异。"北周武帝改敦煌县为鸣沙县，即以此山为名。《隋书·地理志》中称之为神沙山，《通典》中作鸣沙山。《新五代史·四夷附录三·于阗》记载："瓜州南十里鸣沙山，云冬夏殷殷有声如雷，云《禹贡》流沙也。"《元和郡县图志》曰："鸣沙山，一名神沙山，在县南七里。今按其山积沙为之，峰峦危峭，逾于山石。四面皆为沙垄，背有如刀刃，人登之即鸣，随足颓落，经宿风吹，辄复如旧。"故又名神沙山、沙角山。

鸣沙山东起莫高窟，西至党河口，东西长约 40 千米，南北宽 20 千米，高数十米。山为流沙积成，海拔约 1650 米，为丝绸之路上的一处天然奇观。俗传古代有大将率兵出征，兵马在此宿营，狂风骤起，黄沙蔽天，全军因此覆没，后因山内时闻鼓角之声，故有鸣沙之名。

鸣沙山已经形成 3000 多年，而鸣沙的记载也由来已久。早在东汉时期，《辛氏三秦记》就有记载："河西有沙角山，峰愕危峻，逾于石山，其沙粒粗色黄，有如干𧿼"；魏晋《西河旧事》中记载："沙洲，天气晴朗，即有沙鸣，闻于城内。人游沙山，结侣少，或未游即生怖惧，莫敢前"。这里的沙角山和沙山即指敦煌的鸣沙山。

唐朝由于民族间的进一步融合，文字记载已经大量出现。《沙洲图经》中说："流动无定，俄然深谷为陵，高岩为谷，峰危似削，孤烟如画，夕疑无地"；《元和郡县志》中记载："鸣沙山一名神山，在县南七里，其山积沙为之，峰峦危峭，逾于石山。四周皆为沙垄，背有如刀刃，人登之即鸣，随足颓落，经宿吹风，辄复如旧"；五代的《敦煌录》记载："鸣沙山去州十里，南北四十里，高处五百尺，悉纯沙聚起。此山神异，峰如削成"，皆是形容鸣沙山。

敦煌鸣沙山与宁夏中卫市的沙坡头、内蒙古达拉特旗的银肯塔拉响沙群和新疆巴里坤鸣沙山号称中国的四大鸣沙。

据史书载，天气晴朗时，山内有丝竹管弦之音，犹如奏乐，"冬夏殷殷有声如雷"，故称"沙岭晴鸣"，为敦煌一绝。鸣沙山自古以来就是敦煌的旅游胜地，是敦煌八景之一。由于大自然的神工鬼斧之力，使鸣沙山与月牙泉成为天下一大奇景，是世界上最独特的沙漠奇观。

鸣沙山沙粒从陡峭的山坡上被人带动，就会发出响声。沙山的细沙分红、黑、黄、白、绿、五色，相映生辉，浩瀚壮观。从山顶下滑，沙粒随人体下坠，鸣声不绝于耳。

鸣沙山的声名更在于东麓断崖上开凿有闻名世界的莫高窟，即敦煌石窟，俗称千佛洞。上下五层，始建于前秦，盛于唐，原有窟室千余，现尚存 492个，壁画 45000 多平方米，彩塑 2415 身，洞窟连绵 1000 多米，是我国罕见的建筑、绘画、雕塑的综合艺术宝库。北麓有月牙泉，登山俯瞰，沙丘林立，清泉荡漾。

鸣沙山的气候特点，一是日照充分，年日照时数达 3200 小时，无霜期150 天，年均气温 9.3℃；7 月份平均气温 24.7℃，1 月份平均气温零下 9.3℃；二是干燥少雨，属于干旱少雨地带，年均降雨量只有 39.9 毫米，夏季降雨占63.9%，冬季只有 7.5%，年蒸发量却达 2400 毫米；三是四季分明，且冬长于夏，昼夜温差大，有"早穿皮袄午披纱，怀抱火炉吃西瓜"之说；四是常年多东风和西北风，近地面平均风速为 3 米 / 秒，干热风和沙暴为主要的自然灾害。

20. 万佛峡

万佛峡，即榆林窟，中国佛教石窟，敦煌石窟之一，在今甘肃安西县西南，洞窟凿在榆林河西岸崖上。始建于北魏，其后历代续有兴建。现存窟龛41 个，30 个在东岸，11 个在西岸。其中唐代三窟，五代八窟，宋代十三窟，西夏四窟，元代四窟，清代九窟。因洞窟开凿于榆林河（踏实河）峡谷两岸的东西峭壁上，故名"榆林窟"。因雕、绘佛像数以万计，故又名"万佛峡"。1961 年该石窟被公布为全国重点文物保护单位。

榆林窟开凿年代无文字可考，但据窟中形制推断，当在隋、唐以前。唐、五代、宋、西夏、元等各代均有窟龛。其中，西夏洞窟中有三处唐僧取经图，为我国现存最早的唐僧取经故事壁画。两崖相距 100 米，峡中急流奔腾，窟畔建有水电站，河岸绿树成荫，景色秀丽。窟内系统地保存着 1000 多平方米的壁画和 100 多身彩塑。中唐时期壁画色彩绚烂，人物丰腴健美，构图宏伟严密，线条遒劲流畅，富于想象，为国内所罕见。西夏及元代洞窟可补敦煌石窟之不足。

榆林窟周围尚有水峡口石窟、昌马石窟、东千佛石窟、红口子石窟、旱峡石窟、碱泉河石窟等，均属榆林窟的分支，总计残缺余存百余处。榆林窟从洞窟形制、壁画表现内容、整个艺术风格，都与敦煌艺术有着密切的渊源，十分相似，是敦煌艺术的重要组成部分，亦是莫高窟的一个分支，具有许多历史艺术价值的资料。如西夏、元代风格别致的密宗曼陀罗和衣冠特殊的西夏人、蒙古人的形象，反映了少数民族的风俗服饰，补充了莫高窟的不足。西夏、元代的壁画，虽不如前代生动活泼，但更真实地反映了当时的社会生活。如"舞蹈""打铁""耕作""酿酒"等壁画，都具有浓郁的生活气息。而描写自然风景的山水画，也作为背景出现在壁画中。壁画线描工致，色彩浓重而匀称，富装饰意味。多种多样的艺术风格，正是汉族传统艺术和民族艺术交流相融的成果。窟中还出现了不少画工题名，为研究我国石窟艺术历史提供了珍贵资料。

21. 鸟鼠山

鸟鼠山，位于甘肃省渭源县，是渭河的发源地之一，同时是古代从渭河进入洮河谷地的重要通道。鸟鼠山名称的缘起应该和"鸟鼠同穴"有关。鸟鼠山处在陇西黄土岭谷区，因缺乏大树筑巢，这里的鸟只得用鼠穴来作自己的巢穴，下蛋孵鸟，这样倒显得自在轻松；而鼠以鸟为它们报警，谨防老鹰捉拿；鼠在穴内，鸟在穴外，各自生育，互不相侵。早在2300多年前，由孔子编选成书的《尚书》中《禹贡》篇里，就已经有大禹"导渭自鸟鼠同穴山"的记载了。后来的《汉书·地理志》《水经注》《括地志》等地理典籍中，都有同样的记载。唐代诗人杜甫《秦州杂诗》中，有"水落鱼龙夜，山空鸟鼠秋"之句，岑参《与独孤渐道别长句》诗中，也有"鱼龙川北盘溪雨，鸟鼠山西洮水云"的描写。

鸟鼠山作为西秦岭北支山脉的一部分，是渭河上游北源和洮河支流东峪沟的分水岭。鸟鼠山雄立于昆仑山脉西侧，是甘肃省中部的一条主要山脉。鸟鼠山宛如巨龙，昂首起伏，蜿蜒东去；南侧密林深处，三眼清泉涌出，形成"品字泉"；泉旁建有禹王庙，以纪念这位"三过家门而不入"的治水英雄。千百年来，"鸟鼠同穴"的神奇景观吸引了众多文人墨客访古探幽、吟诗作赋。城北面是从鸟鼠山留下的禹河，河床挺宽，水流较少，可能会成为一个季节河。它不仅是古代中原通往西域的边塞要地，同时还是丝绸之路的必经之地，在推动同西域各国经济文化的交流中起到了重要的作用。

在历史上，鸟鼠山是一座名山，原因主要有二：一是鸟鼠山位于渭水源头，提起渭水，人们自然而然就会想到鸟鼠山。二是因为这里有一种很奇异的自然现象，即"鸟鼠同穴"。小鸟和老鼠，一为飞禽，一是走兽，却祖祖辈辈和平共处于同一个洞穴里，是一种很奇怪的现象，非常有趣，耐人寻味。

鸟鼠山是高人雅士的隐居之地。三国时期，养生名家封衡就曾隐逸于此。东汉末年著名的政治家、军事家曹操，非常注重养生，并追求"龟寿永年"。基于此，曹操广招仙释与方伎人物，充作养生顾问，向他们征询修心养身、强身祛病的真谛。被称作"青牛道士"的封衡即是曹操招揽的十六大方士名家之一，并向曹操提出了减思虑、节饮食、慎房事、戒驱驰的养生法门。同时，封衡还完成养生经典《容城养气术》《灵宝卫生经》等著述，并将养生书目拜献给曹操后，即远离喧嚣嘈杂的魏国国都，飘然离去，长期隐居在故乡渭源鸟鼠山。

22. 马鬃山

马鬃山，即甘肃省北山，山形破碎，如马鬃状，故名。马鬃山东至内蒙古自治区西部的弱水西岸，西南到达新疆维吾尔自治区罗布泊洼地东缘，南起疏勒河北岸戈壁残丘，北抵中蒙边境，面积为 8.8 万平方千米。

马鬃山由一系列雁行状山脉组成。同时，在宽平向斜中，常有中生代沉积分布，火山岩和花岗岩的侵入普遍，有广泛的接触变质现象。在花岗岩侵入石灰系灰岩的接触带上，形成矽卡岩型铜、铅、锌等多种金属矿床，在古老基底岩系中伴有铁矿。在古生代末期形成的地堑式盆地中，多沉积成侏罗系煤层，如野马街南已开采的马鬃山煤矿。

马鬃山所在地区的文化，在马鬃山玉矿遗址中可见一斑。马鬃山玉矿遗址是西北地区所见年代最早的一处古代玉矿遗址。在玉矿遗址的发掘中，出土的玉料、陶器、水晶、骨器、石器、兽骨等遗物达千余件。在年代判定上，为汉代陶片和骟马文化陶器。同时，还发现典型汉式风格的三棱形带挺镞和三翼銎孔镞及石镞，并判定其为汉代的工业遗址。在当地文化遗存中，我们看到当时文化的繁盛，也能看到当时手工业生产的规模与技术水平，并可据此了解当时人们的生活风貌。

马鬃山所在的地区是中国同蒙古国乃至俄罗斯进行民间贸易往来的通道。自明清时期，商贸往来活动就曾几度繁荣。明末清初，内地的内蒙古以及新疆的商旅，常常利用庞大的驼队贩运丝帛、布匹、日用铁器、砖茶、炒米、皮毛、沙金等货物，经桥湾或明水，汇聚到滚坡泉打尖休憩，补充草料和食物，然后由那然色布斯台抵达外蒙古乃至俄罗斯进行贸易。其中，为保证行商方便，在桥湾、伊哈托里、那然色布斯台沿线建有住宿的土房，掘有水井，久而久之，便形成了一条较为固定的通商路线。

清顺治二年（1645年），清政府有限开放与蒙古、新疆、西藏的贸易，允许内地与嘉峪关外诸少数民族进行生活日用品的贸易交往。乾隆至同治年间，由于朝廷的大力支持和保护商贸政策，内地与外蒙古的贸易更加频繁，马鬃山传统商路的商贾行迹更是日渐多了起来。然而，在外蒙古独立后，中蒙商人仍不时通过这条商路往来经商，蒙古国曾在跃进山以北沿途设置税卡，征收税赋，直至 1930 年前后因双方冲突而中断贸易往来。

在"一带一路"的倡议与实践中，曾经关闭的通商口岸将会再次为彼此的边境贸易打开通道，实现双边间的贸易往来，加强彼此间的经济合作，促进地区的繁荣发展。

23. 扁都口（大斗拔谷）

扁都口，位于甘肃和青海两省的交界处，为甘肃省民乐县东南的隘口，古称大斗拔谷、达斗拔谷、大斗谷。"扁都口"源自藏语，属于"扁麻多"的音变词汇，为"金露梅"的意思。《隋书·炀帝纪》：大业五年（609 年），炀帝伐吐谷浑，"经大斗拔谷，山路隘险，鱼贯而出……次张掖"。《元和郡县国志》卷四十删丹县："大斗拔谷在县南二百里。隋大业五年，炀帝躬率将士出西平道讨吐谷浑，还此谷，会大霖雨，士卒冻馁死者十六七。"《资治通鉴》：唐武德元年（618 年），西突厥可汗与甘州曹琼合兵击李轨，"为轨所败，窜于达斗拔谷"。皆指此地。

扁都口横亘在绵延起伏的祁连山脉中段，是一个贯通南北的峰口，为古代冷兵器时代重要的雄关险隘。扁都口海拔 3500 余米，南通祁连县城峨堡镇，北抵甘肃省民乐炒面庄，山势峻伟，地势险要，不仅是古代兵家必争之地，同时更是商旅通行的重要通道。中国古代丝绸之路的南路，便以此为商旅通道，由青海省进入甘肃省，并向西抵达西域地区，增进了中国与西域地区的经济贸易往来。

扁都口自古就是甘肃省河西走廊地区通往青海省湟中地区的捷径。自汉唐以来，羌、匈奴、突厥、回纥、吐谷浑、吐蕃等少数民族，在相互的政治、军事、经济、文化往来上，便经常出入于此雄关险隘之间。东晋时期，著名高僧法显在海外取经的路程上，从长安出发，由靖远途经兰州、西宁，穿越地势险峻的扁都口，在达到张掖之后，最后经西域达到天竺。法显游历二十余个国家，收集了大批梵文经典，将佛教文化进一步引入中国，对中国历史及文化产生重大影响。

扁都口最为让人捉摸不透的历史迷雾，便是隋炀帝时期的"大斗拔谷事件"。据《隋书》记载："（大业五年六月）癸卯（初八），经大斗拔谷，山路隘险，鱼贯而出。风霰晦冥，与从官相失，士卒冻死者太半。"根据《隋书》的记载，在盛夏的六月，为何冻死士卒大半？关于"大斗拔谷事件"，至今仍旧是历史学家和学者探讨不休的话题。

扁都口流传着很多美丽的传说故事，并被人们所喜闻乐道。目前尚且流传着的传说故事，有诸葛碑、黑风洞和娘娘坟等。其中，在当地人们的口耳相传中，诸葛碑的传说神乎其神。在峡口内，立有一块石碑，被当地人称为"诸葛碑"。据当地人言说，每当清晨日出的时刻，在石像旁就能看见朱红色的"诸葛碑"三字。根据当地文化局工作人员介绍，诸葛碑是由于在造山运动中被掀起的由各种颜色胶结而成，只是神似石碑，而不是真正的石碑。

除了文化遗迹和历史传说之外，扁都口谷地的自然风景，也令人称奇。走进扁都口，登临远眺，层次分明的景致尽在眼前。远处是雄峙的皑皑雪峰，近处是苍翠的层林叠翠，自由的牛羊在碧绿的山间撒欢奔跑，像是点缀在草原上的白色毡房。如此优美的自然风光和人文景观叫人称绝。

24. 阿尔金山

阿尔金山，位于新疆维吾尔自治区东南部，其名称源自蒙古语，意思是"有柏树的山"。阿尔金山地处藏北高原北缘，南北界于柴达木盆地和塔里木盆地之间，东西与祁连山和昆仑山两大山系相连，向东绵延至新疆、青海、甘肃三省（自治区）交界处，其山脉东西长约 730 千米，南北宽约 60 至 100 千米，近似东西走向。

阿尔金山脉西段、中段最高峰分别为 6295 米的苏拉木塔格峰和 6062 米的玉苏普阿勒克峰。东段山脉较容易进入，最高峰也被称为阿尔金山，海拔达到 5828 米。山脉东段北坡山麓处于疏勒河下游南岸，南坡在苏干湖附近。

阿尔金山古老的岩溶地貌更是令人称奇。东起布喀达坂山峰，西止阿其克库勒湖，在长达 350 千米，宽 20 至 30 千米，面积约 10000 平方千米，海拔 4400 至 5000 米的崇山峻岭之间，古老的石灰岩山经过千百年的风吹雨打，在自然的溶解分化历程中，山石呈现出千奇百怪的状貌。

1985 年 3 月，阿尔金山国家自然保护区设立，面积达 4.5 万平方千米。在自然保护区的东段，有著名的"魔鬼谷"，西起库木库里沙漠，东到布仑台，南有高耸入云的昆仑山主脉，北有祁曼塔格山，两山夹峙，阻挡着柴达木盆地夏季炎热的燥风，雨量充足，形成一片牧草繁茂的地带。关于这一山谷，在当地流传着许多的神秘传说：当黑云笼罩着山谷，伴随着电闪雷鸣，即可看到蓝莹莹的鬼火，听到猎人求救的枪声和牧民及挖金者绝望而悲惨的哭号。经科考人员考察，发现魔鬼谷是一个雷击区，这里有大面积强磁性的玄武岩，还有大大小小三十多个铁矿脉及石英体，由于湿空气受昆仑山主脉和祁曼塔格山脉的阻挡，汇集谷内，形成雷雨云，加上地下磁场的作用，常产生"雷暴"现象。

阿尔金山得天独厚的自然美景，历来为人们所赞美。五代时期《白雀歌》赞叹阿尔金山："金鞍山上白牦牛，白寒霜毛始举头……嵯峨万丈耸金山，白雪凝霜古圣坛……山出西南独自秀高，白霞为盖绕周遭"。

25. 帕米尔高原（葱岭）

帕米尔高原，我国古代称不周山、葱岭，为古代丝绸之路必经之处。帕米尔高原地处中亚东南部、中国的最西端，横跨塔吉克斯坦、中国和阿富汗三国，是亚洲多个主要山脉的汇集处。

"帕米尔"是塔吉克语，"世界屋脊"的意思。"不周山"最早见于《山海经·大荒西经》："西北海之外，大荒之隅，有山而不合，名曰不周。"战国诗人屈原在《离骚》中写道："路不周以左转兮，指西海以为期。"据历史考证，不周山即今日昆仑山西北部的帕米尔。葱岭是自汉代到清代对今帕米尔高原及昆仑山、喀喇昆仑山西部诸山的统称，《水经·河水注》记载："其山高大，上生葱，故曰葱岭。"也有说是《穆天子传》中的春山，春、葱系一音之转。唐代又称葱岭为极凝山，而玄奘在《大唐西域记》里首次称其为"波谜罗川"。到了清代，帕米尔之名已完全取代了历代使用的其他名称。

帕米尔高原平均海拔 4000—7700 米，高峰林立，是阿尔卑斯—喜马拉雅山带和帕米尔—楚科奇山带的山结，是喜马拉雅山脉、喀喇昆仑山脉、昆仑山脉、天山山脉和兴都库什山脉的汇集处，号称亚洲屋脊。其最高峰是位于喀喇昆仑山脉的乔戈里峰，在中国和巴基斯坦的边境上，海拔 8611 米，为世界第二高峰。

根据地形特点，帕米尔高原在萨烈兹湖西北被南北走向的科学院山分为东西两部分。东帕米尔的地形较开阔坦荡，由两条西北—东南方向的山脉和一组河谷湖盆构成，海拔的绝对高度为5000—6000米，相对高度不超过1000—1500米。西帕米尔则由若干条大致平行的东北—西南方向的山脉谷地构成，地形相对落差大，以高山深谷为特征。

帕米尔高原属严寒的强烈大陆性高山气候，特别是东帕米尔的大陆性更为显著，这里冬季漫长（10月至翌年4月），在海拔3600米左右，1月平均气温 –17.8℃，绝对最低气温—50℃；7月平均气温13.9℃，最高不超过20℃。雪豹、北山羊、藏羚羊、马可·波罗盘羊、金雕、鹅喉羚、棕熊、黑鹳、喜马拉雅秃鹫、山鹑、雉和雪鸡等上百种野生动物在此地生息。

东帕米尔因有高山阻挡西来的湿润气流，年降水量仅75—100毫米。该地区主要是高山寒漠景观，仅在谷底、盆地及干燥的山坡生长着优若属的矮小灌木、刺雪属和棘豆属的一些垫状植物，在较湿润的谷底生长有蒿草。

西帕米尔气候的垂直变化很大，来自大西洋的湿润气团遇到山脉的阻挡，沿坡上升而冷却凝成浓雾，并有大量降水。该地植被丰富，高原下部和山谷中是以蒿类和盐木为主的荒漠群落；3200—3600米为多刺垫状植物群落；3600—3800米为棱狐茅、针茅草原地带；3800—4300米为高山寒漠植物；以上为高山永久积雪带；沿西帕米尔的河谷，还生长有柳、杨、桦和沙棘属蔷薇属组成的灌丛，有灌溉条件的地方，还可栽培葡萄、苹果和杏树。

帕米尔高原是丝绸之路中、南两路在喀什会合后唯一通往西亚的道路，被今人称为"葱岭古道"。东晋僧人法显，北魏僧人宋云、惠生，唐玄奘、慧超等西赴印度，意大利马可·波罗（1254—1324年）、葡萄牙鄂本笃（1561—1607年）等来中国，都途经葱岭。

丝绸之路老北道（东汉以后的中道）经过高原东北部的伊尔克斯坦山口与阿赖谷地，通往奥什、费尔干纳。南道有三条主要支道：一是喀什—英吉沙道，向南经喀什卡苏山口、切里拱拜孜，再经托里阿特山口、齐奇克里克山口到达石头城（今塔什库尔干县城、清代蒲犁厅城）；二是叶尔羌—蒲犁驿道，从莎车向西到吉什尔山口折向南，再经过喀喇山口折向西至恰尔隆，在切里拱拜孜与喀什—英吉沙道汇合；三是玄奘葱岭东冈道，从石头城向东南经过乌古里亚特山口、坎达尔山口，再折向东北至大同乡，然后向东跨过叶尔羌河，翻越库尔干山口，抵达莎车。现代公路建成之前，这三条道路一直是中国境内帕米尔高原主要交通路线。

　　帕米尔地区一直是许多政权争夺的地方，历史上也有许多民族在此定居，建立政权。西域葱岭诸国是中国史书上记载的古代中国各民族在该地区建立各个政权的统称，依次为皮山、乌秅、西夜、蒲犁、依耐、无雷、难兜、大宛、桃槐、休循、捐毒、高昌、朱俱波、康居、护密、俱密、吐火罗、识匿、喝盘陀、乌铩、漕矩砟、弓月部、塞种、嚈哒、康国、石国、米国、东安国、西安国、中安国、何国、史国、火寻国、曹国。帕米尔地区是古波斯、古印度、古希腊、西域与古代中国文明的交汇处。

　　汉代，帕米尔地区属西汉都护府管辖。唐开元年间（713—741年）置葱岭守捉，派兵驻守，该地区隶属于安西都护府。清乾隆二十四年（1759年），清朝统一新疆后，帕米尔地区属叶尔羌办事大臣。在清全盛时期，帕米尔高原全境由中国所管辖，是中国塔吉克族和柯尔克孜族居住、游牧的地方。清代根据帕米尔地区的自然环境，将其分为八个"帕"，即和什库珠克帕米尔、萨雷兹帕米尔、郎库里帕米尔、阿尔楚尔帕米尔、大帕米尔、小帕米尔、塔克敦巴什帕米尔、瓦罕帕米尔，并且在各帕共建有八所卡伦（哨所）。清朝还在阿尔楚尔帕内立有记功碑。

　　1890年，英、俄两国对中国西部领土都存有野心，因此两国签订英俄协定，英国取得瓦罕帕米尔，俄国取得帕米尔高原北部地区。1883年，沙俄抢占新疆7万平方千米的土地后，又于1892年出兵强行占领萨雷阔勒岭西部2万多平方千米的土地。中华民国成立以后，帕米尔高原始终无法获得有效统治。但中华民国政府始终将帕米尔高原西边的喷赤河视为是中国的极西点。1960年，中华人民共和国与阿富汗签订边界条约，正式划定中阿边界。1990年，塔吉克斯坦独立；1999年8月13日，中塔签订《中华人民共和国和塔吉克斯坦共和国关于中塔国界的协定》等协议；2011年9月20日，中塔新划定国界交界。

　　帕米尔地区人口约9.8万，大部分是柯尔克孜族和塔吉克族。塔吉克族住在西部，讲伊朗语，为什叶派穆斯林；东部主要是柯尔克孜人，语言为突厥语系，为逊尼派穆斯林。在新疆南部帕米尔高原上居住着中国的塔吉克族和柯尔克孜族同胞，现通用维吾尔语，该地设有塔什库尔干塔吉克自治县。

　　帕米尔高原地区的居民主要从事农牧业，建有小水电站和采矿场。东帕米尔高海拔地区的牧业主要是牦牛和有关杂交品种绵羊和山羊；大麦和马铃薯、豆类、油菜籽和根菜是这一地区的主要农作物。西帕米尔谷地种植着棉花和其他农作物，建有苹果园、梨园、杏园、葡萄园等果园；小麦是主要粮食，玉蜀黍为冬季主要饲料；牛正在取代绵羊和山羊成为主要牲畜。

帕米尔地区旅游资源丰富，有汉代古驿站、公主堡、蒲梨国王城遗址（石头城）等人文古迹，还有被称为"冰山之父"的慕士塔格峰、世界第二峰乔戈里峰、卡拉库里湖等自然风光。卡伊高速公路、中巴友谊路、中塔友谊路等道路联结了中国与南亚、中亚之间的往来，促进了中国与南亚、中亚的商贸往来。

26. 天山

天山，即天山山脉，是中亚东部地区的一条大山脉，横贯中国新疆的中部，西端伸入哈萨克斯坦，跨越乌兹别克斯坦、吉尔吉斯斯坦、哈萨克斯坦、塔吉克斯坦和中国等多个国家。

天山为世界七大山系之一，是世界温带干旱地区最大的山脉链、是全球最长最大的独立维向山系，也是世界上距离海洋最远的山系和全球干旱地区最大的山系。从帕米尔北端起，在向东延伸至新疆维吾尔自治区哈密市以东的戈壁中，天山山脉宛如半岛般突起。

习惯上，将我国新疆境内的天山部分称为"东天山"，长约1700千米，古名白山，因冬夏山顶均有积雪，又名雪山；将乌兹别克斯坦、吉尔吉斯斯坦、塔吉克斯坦和哈萨克斯坦境内的天山部分称为"西天山"，长约800多千米。天山在纵向上为三条规模很大的山链，即北天山、中天山、南天山；在横向上为阶梯状山地，天山山体是由20多条山脉间夹着的许多菱形山间盆地、谷地组成。天山山脊线的平均海拔为4000米左右，最高的托木尔峰达7435.3米。天山山脉聚集了15座海拔6000米以上的雪山以及全球最集中的山岳冰川。

天山在欧亚大陆中心的位置决定了其具有鲜明的大陆性气候，气温变化主要取决于海拔高低。作为在全球最大的干旱区域培育与发展起来的多样类型的山地生态系统，天山山脉以其高大雄伟的身躯，拦截着大西洋和北冰洋西风气流携带的水汽，构成一个内陆以流域为特征的水分循环系统。丰沛的山区降水、积雪、冰川水资源，使天山山地成为中国新疆及中亚沿山脉国家不少大河的源头，这也彻底改变了中亚干旱区的自然环境，为周边广袤的绿洲和沙漠提供了丰富的水资源，形成了典型的山地—绿洲—荒漠生态系统。

天山山脉蕴藏着铁、煤、铜等丰富的矿产资源，生物资源也异常丰富，有野生动植物3000余种，各类珍稀濒危动植物近500多种，其中雪豹、金雕、北山羊、小叶白蜡、新疆郁金香等久负盛名。天山地区还是著名的瓜果之乡，历史上从西域传来的苜蓿、胡麻、核桃、葡萄等均是通过这里传入中原地区的。

天山丰富的水资源使天山南北出现了千里绿洲。天山因其所负载的历史及人文意义，自古就成为西域的象征。天山山脉既是古代中国与西域，进而与中亚、与世界交流的枢纽，又是中亚与欧洲交往的枢纽。可以说没有天山就没有东西方物质和精神的交换，就没有丝绸之路所推进的文明进程和发展，就没有各种宗教、艺术等的交流与融合。当然，不仅仅是丝绸，陶瓷、香料、玉石也都沿着这条凿空西域、立足中亚、面向世界的古丝绸之路被往来运送于东西方文化之间。所以有学者提出："如果说丝绸之路是亚洲活动的中心，那么天山就是亚洲的心脏，因此可以说，天山是丝绸之路存续的命脉。"

天山是农业文明与游牧文化交融的纽带和桥梁。天山山脉从地理上而言，一方面具有划分南方绿洲和北方草原的界标及屏障的功能，另一方面又将南北有机地结合起来。因此，天山山脉不仅是两种经济文化圈的边界线，同时也是两种文明和经济、文化间的交汇线、共融线。事实上，天山南北的各族人民始终有着交流的渴望和互通有无的实践。两种生活圈之间相互支持，既通过战争、掠夺，也通过通商、互市等手段推动彼此的进步与发展，天山是南北农耕游牧的生命线。天山沿线各游牧民族自觉或不自觉地充当了历史使者，沟通了欧亚内陆两端的交通，促进了彼此物质文明和精神的交流。然而，当游牧民族进入绿洲之后，往往会放弃原有的生存方式，转而从事农耕，因此天山山脉还起着引导草原游牧民族进入绿洲并最终使其转化为农耕民族的作用，从而构成了亚洲文明的轴心，进一步凸显了欧亚大陆腹地的中亚地区在国际地缘政治与经济中的重要地位。

可以说，天山山脉上一条条道路通往亚洲所有的地方，"古代亚洲具有代表性的势力，全部都与天山路相联系，并以此十字点为中轴而进行活动"。没有天山就没有丝绸之路、玉石之路、香料之路、陶瓷之路；没有天山就没有世界文明东西方和南北间的交流、融合；没有天山就没有十字点各端的世界几大文明。天山山脉以其雄伟之势、博大之怀，见证和包容着周遭历史的兴替、文化的变迁、文明的交往。

2013 年 6 月 21 日，在柬埔寨金边举行的第 37 届世界遗产大会上，新疆天山成功入遗，被批准列入联合国教科文组织《世界遗产名录》中的自然遗产名录，成为中国的第 44 个世界遗产。而天山扼东西文化枢纽、衔丝绸之路要冲，在国际政治、经济战略格局中所具有的不可忽视的地位，必将随着"一路一带"战略的实施而不断绽放新的光彩。

27. 吐尔尕特山口

吐尔尕特山口，又称作吐鲁噶尔特山口、托云山口，地处帕米尔高原，与吉尔吉斯斯坦国接壤，海拔 3500 米以上。"吐尔尕特"为古突厥语，意为"突厥山口"。吐尔尕特山上常年积雪，低温极值达零下 40 多摄氏度。

吐尔尕特山口虽自然环境较为恶劣，但因其地理位置，早在汉代就是古丝绸之路上的一个重要驿站。汉代吐尔尕特一带属于捐毒国，往来客商携带丝绸、茶叶、玉器、香料等往返于中原、中亚与西亚之间。在唐朝，吐尔尕特是陆上丝绸之路商旅南行西区的主要通道。

吐尔尕特作为通商口岸，通关历史已逾百年，1889 年起与俄国正式通商，1950 年 4 月正式对苏联开放。为改善口岸交通状况，1953 年，中国人民解放军驻疆部队修建了喀什至吐尔尕特口岸的公路，从此，平坦的大道代替了崎岖的山路，公路运输取代了畜力运输。20 世纪五六十年代，我国从吐尔尕特口岸进口的主要商品有来自苏联的石油，比利时、意大利等国的化肥；出口的商品则以矿产、纺织品、农畜产品为主。1969 年，口岸关闭。1983 年 12 月 23 日，吐尔尕特口岸重新开放。1984 年，吐尔尕特口岸归属于克孜勒苏柯尔克孜自治州管辖，并成立口岸管委会，统一管理口岸的各项事务。

如今，吐尔尕特口岸是中国与吉尔吉斯斯坦通商的重要口岸，也是通往中亚、南亚、西亚和欧洲各地的重要门户。吐尔尕特口岸为国家一类口岸，分为老口岸与新口岸，老口岸地处图鲁嘎尔特山口，海拔 3800 米，与吉尔吉斯斯坦的纳伦州接壤，位于克孜勒苏柯尔克孜自治州乌恰县托云乡境内，因此老口岸又有"图鲁嘎尔特""托云"口岸等名。1985 年经国务院批准正名为"吐尔尕特口岸"。老口岸由于海拔较高，缺氧少水，气候恶劣，条件艰苦，且口岸占地面积小，硬件设施配套有限等原因，制约了边境贸易的发展。经国务院批准，口岸机构于 1995 年 11 月下旬迁至现址托帕（仍沿用吐尔尕特口岸之名），该口岸距原址 110 千米，距中吉边境 109 千米，海拔高 2200 米，口岸距阿图什 62 千米，距喀什 57 千米，距吉尔吉斯斯坦首都比什凯克市 640 千米，距吉国纳伦口岸 115 千米。

经过 20 年的发展，新口岸的工作、生活环境得到了极大改善，通关速度和能力明显提升。2000 年，吐尔尕特口岸已和吉尔吉斯斯坦、哈萨克斯坦、塔吉克斯坦、土库曼斯坦、乌孜别克斯坦等五个国家以及俄罗斯的三个边区州开展了通商贸易。随着中国经济的进一步发展以及对外交往的展开，吐尔尕特口岸已成为新疆西南部进出中亚、欧洲、南亚和西亚各国的重要门户。随着我国"一路一带"战略的推进实施，吐尔尕特口岸将进一步发挥其在进出口贸易、购物旅游、国际自由贸易和货物中转等方面的重要作用。

28. 别迭里山口

别迭里山口，位于中国与吉尔吉斯斯坦之间天山山脉东段郭克沙尔套山别迭里沟末端，海拔高度 4259 米，在我国古籍中称为：勃达岭、拔达岭、凌山、冰山或别迭里达坂等。唐杜环《经行记》称勃达岭，《新唐书·地理志》作拔达岭，亦为西域交通必经之处。《经行记》记载："从安西西北千余里有勃达岭，岭南是大唐北界，岭北是突骑施南界，西南至葱岭二千余里。其水，岭南流者经过中国而归东海。"

山口与吉尔吉斯斯坦共和国接壤，中方位于新疆维吾尔自治区阿克苏地区西部。达坂横向宽 120 米，纵向宽 2 米，两侧为风化沙石，南、北、西三面均为高山。由于特殊的地理环境，别迭里山口风少，夏季多雨，冬季降雪较少，气候相对温和，常年可通行。

别迭里山口是古丝绸之路的通商口岸之一，也是阿克苏地区通往中亚的咽喉与捷径、新疆南疆重要的通商口岸，口岸距乌什县城约 70 千米，距今吉尔吉斯斯坦伊塞克湖州的喀拉库尔市约 80 千米。清代、民国时期，中国政府在别迭里山口设有海关和关卡以管理往来通商。据《新疆图志》记载，俄国商人出入口货物属于镇迪、伊塔、喀什噶尔、阿克苏四道属。清光绪三十一至三十二年（1905—1906 年），阿克苏道两年累计进出口贸易额达白银 75242 两。1933 年，新疆省政府正式批准开放乌什别迭里口岸以促进对外贸易，口岸贸易进入鼎盛期，成为中国与苏联的重要贸易口岸。1943年新疆军阀盛世才关闭乐乌什别迭里及其他沿边口岸。

新疆解放后，随着改革开放和新疆"向西发展"战略的深入开展，以及吉尔吉斯斯坦向市场经济的转轨，重新恢复开放乌什别迭里口岸已成为双方的共识与迫切愿望。2003年11月，新疆维吾尔自治区阿克苏行署和吉尔吉斯斯坦伊塞克湖州政府代表团签署《关于两地州间口岸公路对接意向书》，确定了乌什口岸公路中吉两侧经别迭里山口对接的意向。2004年3月新疆维吾尔自治区人民政府正式将乌什口岸问题上报国务院，并于当年7月将乌什口岸开放与建设纳入自治区"十五"及"十一五"规划中。

随着新疆丝绸之路经济带核心区域建设步伐的加快和新疆全力构建对外开放大通道的实施，乌什别迭里口岸的开放将进一步提上议事日程，届时，乌什口岸的开放，将有力地完善新疆口岸网络，加大向西开放力度，培育南疆经济新的增长点，为新疆全面建成小康社会，巩固和发展中吉两国战略合作伙伴关系，构筑中亚经济圈等发挥更重要的作用。

29. 明乌达格山—克孜尔千佛洞

明乌达格山，新疆名山，历史上在古龟兹国的境内。明乌达格山自然风景优美，以著名的克孜尔千佛洞而享誉国内外。明乌达格山的山光、水色、绿树、石窟交相辉映，构成了一幅极美的画卷。

克孜尔千佛洞也称为克孜尔石窟，在新疆维吾尔自治区阿克苏地区拜城县克孜尔镇以南约9千米处，自天山南麓的木扎提河北岸，陡峭的明乌达格山的山崖石壁上遍布了人工开凿的石窟，绵延数千米。这里绿树成荫、环境优雅，是佛教徒进行苦修的理想之境。因此，这里成为古龟兹以及整个塔里木边缘地区最大的一处佛教石窟遗址，也是我国修建最早，规模较大，位置最西的石窟寺群，是佛教艺术的一颗明珠。

克孜尔千佛洞最早的开凿于公元3世纪末4世纪初，最晚的开凿于公元7、8世纪以后。石窟群分谷西、谷内、谷东和后山4个区，尤以谷西区洞窟最多，层层叠叠、鳞次栉比。现已编号的洞窟有236个，由于自然和人为因素，石窟寺庙及雕塑损毁严重、窟内塑像几乎无一幸存，只有个别塑像残躯。只有1/3的洞窟内遗存着尽管损毁严重、但仍不失绚丽风范的1万平方米壁画。

克孜尔千佛洞的石窟形制可分为中心柱窟、大像窟、僧房窟和方形窟四类。中心柱窟一般有主室和后室,主室为长方形,纵券顶,后设方柱。中心柱前壁开龛塑有佛像,由左右甬道通向后室,窟顶和窟壁满绘彩画。大像窟是僧徒膜拜的中心,一般主室宽大,顶为券形,正壁塑高数米乃至数十米的大立佛像,主室左右侧壁也塑数尊塑像,均已毁坏;后室室顶及侧壁亦绘满彩绘,后壁下方凿有巨大的涅槃台,台上塑有涅槃像。僧房窟是僧人生活起居和修禅的场所,窟内一般无壁画。方形窟是僧人讲经说法的地方,主室为方形,窟顶有覆斗形、弯斗形、穹窿形、纵券形和横券形,其上绘满彩画,华丽无比。

克孜尔千佛洞的雕塑主要有木雕、彩雕、浮雕、圆雕等多种形式,均因年代久远或战事而损毁。现存的壁画是佛教艺术的珍品,其中公元3—4世纪的壁画题材主要为佛传故事、游化说法、因缘故事、涅槃故事等。壁画中的大量裸体形象在克孜尔千佛洞秣菟罗艺术中较为常见。就壁画的表现技法来看,其衣纹起伏较大,线条奔放;而那种均匀细劲的线描则同秣菟罗的笈多风格有承继关系。但那种小眼、圆脸、五官集中于面部中央的人物造型和强烈的色彩对比,以及菱形画格表现故事的布局,显示了鲜明的西域民族和地区的特点。随着后期石窟的陆续开凿,壁画的内容又有了许多表现耕种、狩猎、商旅、乐舞、供养人像等反映现实生活的题材。壁画广泛运用晕染、对比、凹凸画等艺术手法,使画中形象简洁流畅,栩栩如生。

明乌达格山—克孜尔千佛洞石窟艺术风格是以本地文化成分为主,吸取印度、波斯等多种外来文化以及中原文化之后形成的一种独特文化。它也是一个宝库,留给了后世包括宗教、建筑、绘画、音乐、舞蹈、文学等多方面的研究资料,对于我们了解古龟兹文化、了解丝绸之路上国家间的交流、了解佛教文化的传播等具有重要意义。如今,明乌达格山—克孜尔千佛洞不仅是中国十大石窟之一,而且还是国家一类文物保护单位、国家级风景名胜区。

30. 盐水沟—赤砂山

盐水沟,位于新疆维吾尔自治区阿克苏地区库车县境内的城北山区,距库车县城约60余千米,坐落在苍茫的秋里塔格山(亦称为却勒塔格山)中,因为盐碱很高,周围山峦几乎寸草不生,由此而得名。

盐水沟由南向北截断秋里塔格山，山体东段简称东秋，西段简称西秋，风蚀而成的雅丹地貌是天山山脉沧桑巨变的地质档案。雅丹地貌在盐水沟内形成的奇峰异景和成片颜色、形状各异天然石林石雕，见证了大自然的鬼斧神工。沟内有著名的"赤砂山"景区，赤砂山山体呈红褐色，在阳光的映照下，似燃烧的火焰，当地维吾尔人称其为克孜亚尔（红崖）山，古称"北山"，史称"赤砂山"。

盐水沟是古丝绸之路的故道，是古龟兹国通往姑墨国的咽喉地带。唐王朝在龟兹设立安西都护府，并在此设立盐水关。盐水关关口扼守盐水沟最险峻地段，这里两山对峙，悬崖峭壁林立，有"一夫当关，万夫莫开"之势。彼时，盐水关是贯通新疆南北东西的交通要冲，昔日客商、军旅、佛教徒们穿梭于此，盛唐文明远播四海。直到近代，这里一直都是兵家杀伐争夺的要地。据史料记载，仅在汉唐时期，盐水关就经历了多次焚毁、重建。20世纪初，国内外探险家和考古工作者对这里进行了探测和发掘，特别是1907年法国探险家伯希和在盐水沟峡谷口古堡中发掘的一批龟兹文书，为我们进一步了解盐水关提供了重要的依据。如今，曾经的盐水关所在地除了一片空地以及库车县设立的一座石碑外，早已荡然无存。盐水沟所在的秋里塔格山也是古龟兹的圣山，古龟兹国流传下来的主要石窟寺庙遗址库木吐拉、森木塞姆等均分布于此山中及周边。

日月流转，丝路繁华已成历史，现代工业在此崛起。2000—2004年，塔里木石油人在秋里塔格山南北先后建成了牙哈凝析气田和克拉二气田；2009—2015年在秋里塔格山东西部又建成了迪那二气田和克深气田。这四大油气田都是西气东输工程的主力气源，为祖国腾飞提供着源源不断的能源动力，盐水沟正在以新的姿态再次发挥重要作用。

31. 却勒塔格山

却勒塔格山，又名秋里塔格山，"秋里塔格"维吾尔语意为"黄羊和雄鹰都过不去的地方"，它是天山山脉的支系，始于新疆维吾尔自治区库车县牙哈镇，西跨库车、新和、拜城、温宿四县，横亘在塔里木河和拜城盆地之间，连绵起伏数百公里。库车河、盐水沟和渭干河都从山下流过。

却勒塔格山被视为西域的佛教圣山。龟兹石窟遗址大都分布在却勒塔格山系周边，克孜尔千佛洞、库木土拉石窟、苏巴什遗址都是以却勒塔格山为依托和背景。中国佛教史上的著名翻译家鸠摩罗什就是从却勒塔格山走出去的龟兹高僧；玄奘西行也曾经过此山；吴承恩的小说《西游记》中却勒塔格山还是孙悟空大战妖怪的地方。古往今来，却勒塔格山如同保护珍贵的龟兹圣迹的手臂，静静守护着那些沉淀着历史与记忆的石窟、古城。

从却勒塔格山的盐水沟往西，河网密布，绿洲相连，却勒塔格山不仅多年来为库车绿洲遮挡了大漠风沙的侵袭，还为当地人提供了宝贵的水源。它扼丝绸之路的东西咽喉，守通往北疆的战略要道，历史上从库车往西必须穿过此山，过拜城而折向西南，通阿克苏和喀什。因此，古代曾在此山修建关隘。西汉时"安远侯"郑吉曾在此处驱逐匈奴，率龟兹、姑墨归附中央，汉朝在此建立西域都护府。班超曾在此处击败北匈奴，巩固了中央政府对西域政权的管辖。在近代历史上，这里曾先后发生过反击张格尔、阿古柏入侵的战斗，这里的各族人民为维护国家统一做出了巨大的牺牲。

32. 丁谷山—库木吐拉千佛洞

丁谷山在库车县北，库木吐拉千佛洞位于此山。库木吐拉，维吾尔语，意为"沙漠中的烽火台"，此名得之于丁谷山龙口附近已损毁的烽燧。丁谷山—库木吐拉千佛洞现有洞窟 112 个，分丁谷山峡谷区、南区、北区。主要洞窟在北区，约 80 个，南区至北区 3 公里有洞窟 32 个。

库木吐拉千佛洞石窟艺术的第一个发展期为公元 3—7 世纪，即古印度犍陀罗造像风格传入龟兹并与当地民族艺术相融合的时代，因此，这里 4 世纪以前的壁画人物也是大眼、鼻高且直的人物形象。当龟兹历史进入公元 4—7 世纪时，库木吐拉石窟壁画艺术又融入了印度、波斯的艺术风格，从而致使龟兹风格的作品极具表现力。绘画上多运用凹凸法，人体晕染，铁线描技法，使画面形象生动，立体感极强。

库木吐拉又是一处受到汉地风格影响甚重的石窟，这也是唐帝国强化在龟兹国家机器的政治举措在文化上的突出体现。今库木吐拉石窟的洞窟壁上还留有多处当年汉族僧人的题记，上面可辨识法名的不下 30 余名僧人；东干沟深处之罗汉窟也是汉族僧人埋骨之处。可以认为库木吐拉石窟所谓的"汉风窟"，即客居龟兹的汉人捐资开凿而以汉族僧人为住持的佛寺。汉风影响库木吐拉石窟的又一表现，则是在丁谷山峡南崖壁上发现了"大宝寺"的题刻，据有的专家学者考证，它可能是库木吐拉石窟当初的名字。石窟中还有大型净土变壁画和密教的千手观音的形象，还有唐式流云的纹样。在库木吐拉的大乘净土宗经变画和千佛图中，可以欣赏到汉风人物画的特点。此外，在石窟对岸的寺庙遗址发现了天宝五载、大历十六年的文书。

到公元 9 世纪中叶，回鹘统治龟兹，此时期修建的洞窟规模较小，以方形窟为多。从窟中所绘供养人的服装及榜题来看，都有明显的回鹘痕迹。库木吐拉晚期石窟的开凿年代约为 10—11 世纪或稍晚。

丁谷山—库木吐拉千佛洞的壁画是我们了解我国早期佛教文化与艺术的重要资料，其壁画不仅受西方文化和中原文化的影响，还有着本地独特的艺术风格。而除壁画外的僧侣题名也是研究古龟兹历史文化艺术的极为珍贵的史料。如今，丁谷山—库木吐拉千佛洞已是国家重点文物保护单位，政府多次对其洞内的文物、壁画等进行修复、保护。

33. 火焰山—葡萄沟

火焰山位于新疆维吾尔自治区吐鲁番盆地北缘，是天山东部博格达山坡前山带短小的褶皱低丘。古书称之为"赤石山"，维吾尔语称"克孜勒塔格山"，意为"红山"，因其山体由红色砂岩构成而得名。唐人以其炎热曾名为"火山"。火焰山山体雄浑曲折，主要受古代水流的冲刷，山坡上布满道道沟壑。山上寸草不生，基岩裸露，且常受到风化沙层覆盖。盛夏，火焰山在灼热阳光的照射下，红色山岩热浪滚滚，热气流在熠熠发光的红色砂岩上蒸腾，恰是团团燃烧的火焰，故而得名火焰山。

火焰山东西长约 100 千米，南北宽约 9 千米，东起鄯善县兰干流沙河，西止吐鲁番桃儿沟，平均高度 500 米左右，最高峰在鄯善县吐峪沟附近，海拔 831.7 米。

火焰山是中国最热的地方，夏季最高气温达 50℃，地表最高温度在 70—80℃左右。唐代边塞诗人岑参有诗云："火山突兀赤亭口，火山五月火云厚。火云满山凝未开，飞鸟千里不敢来。"火焰山的独特地貌，加之明代小说家吴承恩将唐僧西天取经途中受阻火焰山、孙悟空三借芭蕉扇的故事写进了中国古典四大名著之一的《西游记》，更增添了火焰山的神奇色彩，使之成为天下奇山。

由于地壳运动与河水切割,火焰山山腹中形成了许多沟谷,主要有吐峪沟、木头沟、桃儿沟、葡萄沟、苏伯沟、连木沁沟等。与火焰山荒山秃岭和炎热炙烤形成强烈对比的是这一条条穿过山体的沟谷,谷底大多清泉淙淙、绿树成荫、风景秀丽、瓜果飘香,其中最著名的便是葡萄沟。

葡萄沟是火焰山西侧的一条沟,南北长 8 千米,东西宽 0.6—2 千米,沟谷狭长平缓,沟谷西岸,悬崖对峙,犹如屏障。维吾尔族把葡萄沟称为布依鲁克,意为"又好又多的葡萄地"。葡萄沟溪流两侧遍布葡萄架,藤蔓层层叠叠,绿意葱葱,果树花草点缀于四周茂密的胡杨林中,掩映着错落有致地排列在缓坡上的村舍农家,滋养着居住在此的维吾尔、回、汉等民族。由于吐鲁番雨量少、日照时间长的独特气候有利于农作物的光合作用和养分消耗的减少,因此吐鲁番地区蔬果特别甜。葡萄沟内盛产无核白、马奶子、红玫瑰、喀什哈尔、日加干等上百个品种的葡萄,成为一座天然的葡萄博物馆,也是火洲吐鲁番的"世外桃源"。吐鲁番及葡萄沟栽种葡萄的历史悠久,在国内外享有较高的声誉。据《史记·大宛列传》和《汉书·西域传》记载,早在两千多年前,此地就已种植葡萄。

火焰山—葡萄沟是古丝绸之路上的一颗明珠,它以悠久的历史、浓郁的少数民族风情、奇特的地形地貌正吸引着越来越多来自中外的游人。2007 年 5 月 8 日,吐鲁番市葡萄沟风景区经国家旅游局正式批准为国家 5A 级旅游景区。

34. 红山

红山在新疆首府乌鲁木齐市内,位于市中心的红山公园内。红山山体颜色呈红褐色,通体由二叠纪的红褐色砂砾岩构成。每当晨昏,红色的山体岩壁映日,红光熠熠,红山因此而得名。

红山海拔 910.6 米,相对高度 400 米,山势呈东西走向,与对面的雅玛里克山(俗称妖魔山)相对峙。红山脚下原为乌鲁木齐河,20 世纪 70 年代以后,乌鲁木齐市不断发展,昔日流进红山脚下的乌鲁木齐河如今变成了宽阔的河滩公路。因红山所负载的历史及文化意义,它又被认为是乌鲁木齐的象征,也是乌鲁木齐市主要的旅游景点之一。

关于红山的起源，传说远古时代从博格达峰上的天池曾经跑出来一条赤色的巨龙，后来西王母追上巨龙并将其拦腰砍断，被斩断的两段身躯化为了两座山，东边的为红山，西边的为雅玛里克山，而斩断巨龙的宝剑就是乌鲁木齐河。另有传说为红山压着王母娘娘的赤鳞龙，而雅玛里克山压着王母娘娘的青烈龙。正因为红山的险峻峥嵘，也因为传说的奇幻色彩，红山一直被视为当地人的圣地，游牧民族还在红山顶上筑起祭祀神灵的祭台。据史料记载，唐朝经营西域时，还在红山修建了一座被称为"红庙子"的庙宇。清朝时期，红山上又先后修建了玉皇庙、大佛寺、地藏府等庙宇，并在每年农历四月十五日举办红山庙会，热闹非凡。后玉皇庙被新疆军阀盛世才烧毁，宗教圣地的盛况不再。

1785 年和 1786 年，乌鲁木齐连续遭受洪涝灾害，红山附近居民损失惨重，便有红山和雅玛里克山正在靠拢，巨龙将要再度兴风作浪，一旦两山相连，乌鲁木齐将成为汪洋大海的谣言。时任乌鲁木齐最高长官的尚安便在红山顶和雅玛里克山顶各建了一座六面九级八角顶的青灰色实心"镇龙宝塔"。200 多年来，经历了塞外风雪和多次强震的红山顶上的宝塔完好无损，巍然屹立在红山顶上，"塔映斜阳"曾是乌鲁木齐著名的旧八景之一。1988 年，乌鲁木齐市园林部门将该塔涂成了红色。而雅玛里克山顶的宝塔则在 20 世纪 70 年代毁于大风，近年又重新修复。

20 世纪 80 年代，各民族共同努力修建了一个以红山顶上的镇龙宝塔为中心的公园，即红山公园。公园内的宝塔、远眺楼、人工瀑布、鉴湖、林则徐雕塑、大佛寺等景点连同繁花绿树为乌鲁木齐市民及外来游客提供了休闲娱乐的好去处。登临红山顶，乌鲁木齐全城景象尽收眼底。如今，红山正见证着乌鲁木齐市这座丝绸之路上新兴而重要城市的发展与变迁。

35. 雅玛克里山（妖魔山）

雅玛里克，蒙古语意为"山羊的家"，位于新疆维吾尔自治区乌鲁木齐沙依巴克区，与乌鲁木齐的地标红山相对峙。

从地貌及地理位置上看，雅玛里克山位于准噶尔盆地南缘，山体呈南北走向，是晚二叠纪由深海湖泊沉积而形成的山峦，平均海拔 800 米，最高点青年峰的海拔为 1391 米，山体地表面积约 40 平方千米，长度约 16

千米。

雅玛克里山上每生云雾，夏则降雨，冬则降雪，还由于山势层峦叠嶂，沟梁交错，每起风便飞沙走石容易迷失方向。于是被蒙上了一层神秘的面纱，说是山上有妖魔作怪，这也是雅玛里克山一直以来被称为"妖魔山"的原因。

据史料记载，当年屯田的清代军民，为祈求妖魔山"晴雨以遂人愿"，还在山上修建八蜡庙，供奉农神、田神、地神等八位与农事有关的神灵求取福祉，常年香火不断，因此，历史上雅玛里克山历史上又曾被称为"福寿山""灵应山"。雅玛里克山顶的宝塔则在20世纪70年代毁于大风，近年又重新修复。而曾经繁华的寺庙则因历史变迁而损毁、沉寂。

新疆解放后，由于山上风沙较大，少雨干旱，加之过度放牧，雅玛里克山曾是乌鲁木齐市最大的一座荒山，上山一片荒芜，山地荒漠化程度较高。每到刮风天气，大量的沙土随着大风飘进市区，成为乌鲁木齐市最主要的沙尘污染源。对雅玛里克山的治理一直是乌鲁木齐市绿化改造的重点与难点。1996年沙依巴克区政府提出"绿化雅玛里克山，建设绿色人居环境"的构想，雅玛里克山的绿化改造工程正式拉开帷幕。同时，由于雅山流动人口集中，曾一度是首府脏乱差的地方之一，所以，与雅山绿化改造工程同时进行的还有违章民房拆迁、棚户区改造等工程。经过二十年的不断努力，曾经"晴天一身土、雨天一身泥"的不毛之地变成了绿树成荫，集休闲、娱乐、健身于一体的"森林公园"。

36. 昆仑山

昆仑山，又名南山、昆仑虚、昆仑丘、玉山。《水经注》中称为阿耨达山，昆仑山在中国传统文化中被视为"万山之宗""龙脉之祖"。昆仑山绵延壮阔，如巨蟒蜿蜒于亚洲中部，故又有"莽昆仑"与"亚洲脊柱"之称。

昆仑山脉是横贯中国西部地区的高大山脉，西起帕米尔高原东部，东到柴达木河上游谷地，与巴颜喀拉山脉和阿尼玛卿山相接，全长2500余千米。南北最宽处达250千米，最窄处为150千米。山势宏伟挺拔，峰顶终年积雪，屹立在塔里木盆地与柴达木盆地之间。山脉北部与盆地的高差为3500-4500米，南部与高原的高差为500—1500米。

昆仑山地势西高东低，以皮山为界，其西为西昆仑山，其上海拔7000米以上山峰有 3 处，海拔 6000—7000 米山峰有 7 处。皮山至且末间为中昆仑山，其上海拔 6000 米以上高峰有 8 处，山体平均海拔比西段约低 500 米，发育有和田河、克里雅河和尼雅河。且末城以东为东昆仑山，其上海拔 6000 米以上高峰有 4 处，山体平均海拔比中段约降低 500 米。昆仑山是亚洲最干旱的高山区之一，植被稀少，人迹罕至。在海拔 5000 米以上的高山地带是中国的大冰川区之一，有丰富的冰川资源，冰川面积达 3000 平方千米以上。

昆仑山北坡毗邻最干旱的亚洲大陆中心，属暖温带塔里木荒漠和柴达木荒漠，山前年降水量小于 100 毫米，西部小于 60 毫米，东部小于 20 毫米。年降水量随海拔增高而略增。源于昆仑山脉北坡诸河流，汇流于塔里木盆地与柴达木盆地内流水系。主要河流有流入塔里木盆地中的车尔臣河，流入柴达木盆地的有那仁郭勒河、乌图美仁河、格尔木河及柴达木河，前者由冰雪融水补给，属于塔里木内流水系，后者由降水与湖水补给，属于柴达木内流水系。

昆仑山矿产资源较为丰富，但最为著名的是位于新疆和田的昆仑山麓出产的高质量的美玉——和田玉，因此，昆仑山从古代起就是中原地区玉石的主要来源，有"玉出昆岗"之说。

昆仑山在我国历史文化中占非常重要的地位。我国古代典籍《山海经》《穆天子传》《禹贡》《水经注》等都有对昆仑山的记述，且大多都具有神奇的色彩。如说它是"天帝的下都，方圆八百里，高七万尺"。其中《山海经》将昆仑山称为昆仑之丘："西海之南，流沙之滨，赤水之后，黑水之前，有大山，名曰昆仑之丘。"又有传说昆仑山上居住着人首、虎齿、豹尾，由青鸟侍奉的西王母，而她的瑶池也位于此山之中。

我国上古流传下来的神话传说也多与昆仑山有关，妇孺皆知的"女娲补天""共工触山""后羿射日""嫦娥奔月""姜太公修炼"以及"白素贞盗仙草"等都与昆仑山有关。《封神演义》中的三清之一，阐教教主元始天尊的道场玉虚宫也位于昆仑山。这些神话传说独具特色、影响深远，有的寄托了抵御自然灾害的希冀，有的传递了人类与自然和谐共存的愿望，有的表达了万物有灵的思想，有的讲述了智勇超群的英雄伟业，有的赞美了人类神奇的创造力和艺术想象力，有的则歌颂了爱情这一永恒主题。从某种意义而言，昆仑山这座"中国第一神山"是中国古代神话传说的摇篮，其丰富的人文内涵令人神往。

　　神话传说中的昆仑山，高大雄壮，是连接天地、沟通万物的所在。现实中的昆仑山脉也确因其气吞万里、气象万千的气势，擎起雄浑的青藏高原，成为世界的第三极。从远古开始，昆仑山便成为中华各族人民心向往之的圣地。尽管气候和地理条件不是很好，但昆仑山及其毗邻的地区还是孕育了北坡的维吾尔族人的绿洲文化，青海、西藏的游牧民也常年在青藏高原一带游牧，并孕育出内涵隽永的游牧文化。而昆仑山沿线的汉族人民也繁衍生息在这块古老的土地上。各民族人民也通过各种形式交往、融合，创造出灿烂、辉煌的昆仑文化。同时，昆仑山脉也如同丝绸之路上的其他山脉一样，在沟通中西、连通中原与西域等交流交往中发挥着重要的作用。

　　"横空出世，莽昆仑，阅尽人间春色。"雄壮、古老、苍莽的昆仑山见证了人世沧桑变化，"巍峨昆仑，神州脊梁。百仙会聚，诸宝珍藏。青藏高原，气象万千。江河源头，民族发祥。"在丝绸之路经济带和西部大开发战略实施的今天，古老的昆仑山将再次见证各族人民实现新的跨越和发展。

37. 乌孜别里山口

　　乌孜别里山口，亦称为碑博乌孜别里、克则勒治业克，1884年《中俄续勘喀什噶尔界约》称乌仔别里山豁，柯尔克孜语乌孜别里意为"马鞍"，因山口像马鞍而得名。乌孜别里山口是中国和塔吉克斯坦之间萨雷阔勒岭上的重要山口，地处萨雷阔勒岭山脊线上。中塔国界线沿萨雷阔勒岭山脊向南偏东南行，经4736米高地、4893米高地、4934米高地，至第十四界点，是中国最西部疆界。

　　乌孜别里山口所在地属高原气候，严寒缺氧，每年6—10月人畜可通过小路通行，谷中有时令河，并有野生动植物。这里也是由帕米尔高原腹地进入中国喀什的重要通道之一。

　　帕米尔高原古称葱岭，是古丝绸之路中国与地中海各国陆上交通的必经之地。帕米尔高原是我国塔吉克族、柯尔克孜等族游牧、居住之地，直到19世纪70年代一直隶属于中国。在1864年签订的《中俄勘分西北界约记》规定，中俄两国边界"行至葱岭，靠浩罕界为界"，帕米尔在中国境内。1881年签订的《中俄伊犁条约》规定，中俄两国在帕米尔的边界线"照两国现管之界勘定"。在1884年勘界和签订《中俄续勘喀什噶尔界约》时，沙俄把两国在帕米尔地区分界线的起点，从帕米尔北部的阿赖岭移到了东北部的乌孜别里山口，并规定，从乌孜别里山口往南，"俄国界线转向西南，中国界线一直往南"，中间形成一块三角形的"待议区"。1891年沙俄出兵帕米尔，侵入"待议区"。

1999年8月13日，中华人民共和国和塔吉克斯坦共和国签订了《中华人民共和国和塔吉克斯坦共和国关于中塔国界的协定》，乌孜别里山口成为中塔边界的第十四个界点。

38. 克里雅山口

克里雅山口，一名克勒底雅山口，清乾隆《西域同文志》卷3记载：克勒底雅，"回语，意其来而未定之辞（言人新住此山）。旧对音为克里雅"，位于新疆维吾尔自治区南缘，于田县木哈拉南与西藏自治区界上、克里雅河河源处。

克里雅山口以北属于新疆维吾尔自治区和田地区于田县，山口以南属西藏阿里地区日土县。西昆仑自帕米尔高原从西北向东南延伸，在克里雅山口转折为自西向东走势的中昆仑山。山口西侧是西昆仑山的昆仑女神峰，海拔7167米，和田地区玉龙喀什河的源头发源于此；山口东侧的琼木孜塔格山，海拔6920米。克里雅山口不同于通常意义上的关隘，山口没有明显的上下坡，平坦而宽阔，湖沼密布，这里也是新疆流入塔克拉玛干大沙漠的克里雅河与西藏阿里高原内流湖泊郭扎错湖的分水岭。

从唐代起，从克里雅山口穿越昆仑山的道路就是新疆（时为西域）和西藏（时为吐蕃）往来交通的要道，被称为"克里雅山口道""唐蕃古道"，当地维吾尔人也称其为"藏道"。据相关史料记载，于田县山区普鲁村一带原为古代山地部族聚落，溯克里雅河而上，有一条山间小道，通往毗连后藏的克里雅山口，此地有一处唐代的罕坦木帕夏古堡，普鲁村村北还有阿拉叫依古驿站。清末官修《于阗县乡土志》记载："克里雅河发源于克里雅山，有路通后藏"，并详细记录了从于阗县南行1430里即是新疆与后藏的交界处。这条路在古代不仅是军事要道，也是新疆与西藏重要的贸易交流通道，出产于和田一带的羊脂白玉也是通过这条古道输送到了西藏。克里雅山口连接起新藏的通商、贸易，搭起了新藏两地人民交往的桥梁。

39. 突厥斯坦山脉

突厥斯坦山脉，位于吉尔吉斯斯坦、塔吉克斯坦和乌兹别克斯坦境内，是阿莱山脉的分支，也是锡尔河与阿姆河的分水岭。突厥斯坦的意思为突厥人的国家、突厥之地，这条山脉既然能以"突厥斯坦"命名，可见其在中亚地区的重要地位。突厥斯坦山脉所庇护的泽拉夫尚河绿洲，被认为是整个中亚地区极为重要的地缘枢纽。

突厥斯坦山脉主要由片岩、砂岩和石灰岩构成。北坡雪线下有小树丛，南坡几无植被，十分荒凉。山脉全长 320 千米，最高点是海拔 5510 米的皮拉米达峰。

突厥斯坦山脉和锡尔河之间的地带，是一片荒漠草原，面积约 1 万平方千米，它的大部分处在乌兹别克斯坦锡尔达里亚州境内锡尔河左岸流出的费尔干纳盆地出口一带。这片地区虽然被称为"草原"，但因为其主要由砂壤土和黄土类壤土组成，又属大陆性气候，降水量少，稍有人居住，所以也称作"南饥饿草原"。

南饥饿草原海拔 230—385 米，它的西北部与克孜勒库姆沙漠相连，南部以土耳其斯坦山脉为界。克孜勒库姆沙漠突厥语意为"红沙漠"，位于乌兹别克斯坦、哈萨克斯坦和土库曼斯坦境内。虽有锡尔河与阿姆河环绕，但也属于大陆性气候，年降水量仅为 100—200 毫米。沙漠内除了有封闭的盆地和孤山之外还有部分小绿洲，像绿宝石一般点缀在沙漠之中。这些绿洲是克孜勒库姆沙漠重要的居民区，也是当地畜牧业的中心。在沙漠的西北部多龟裂地，中部的东南部穆伦陶埋藏着金矿，东南部有天然气田，这些都是重要的矿产资源。

突厥斯坦山脉西部是中亚地区重要的文化汇集地，是丝绸之路沿线的经济文化交流中心，如今这一地区也是丝绸之路经济带中线重要地区。

40. 巴达克山

巴达克山，又作拔达克山、巴达哈伤、巴达黑商，位于今阿富汗东北境巴达赫尚一带，是新疆至印度所经路线上的一座重要的山峰。"巴达克"是古山名，在我国的古籍中有相关记载，在《续高僧传·达摩笈多传》中称作"多叉、絮"，《魏书》和《北史》中称作"弗敌沙"，《西域记》作"钵铎创那"，《慈恩寺传》作"钵创那"，《新唐书·地理志》称作"拔特山"，《册府元龟》中称作"勃特山",《往五天竺传》称作"蒲特山",《元史》中称作"巴达哈伤""巴达山",《明史》中又称作"八答黑商"。

巴达克山附近自古以来就有人居住,形成部落。部落所在之地据山而居,地势险要,面积有 30 万平方千米。巴达克在历史上就是一块纷争之地,根据《清史稿·兆惠传》记载,在清乾隆二十四年(1759 年),清军讨伐大小和卓,大小合卓败逃至巴达克山,巴达克部落酋长素尔坦沙将其缚而杀之,献于清军,以表其忠诚,并遣使朝贡,向清朝上供骏马。自此之后巴达克成为清政府藩属,朝贡不绝。同治四年(1865 年),巴达克并入阿富汗。

41. 科佩特山脉

科佩特山脉,俄语作 Khrebet Kopet-Dag,波斯语作 Koppeh Dagh,英语作 Kopet-Dag Range,一译"科彼特达格山脉"。科佩特山脉为土库曼斯坦呼罗珊山地的北支,大部分在伊朗境内,一部分在土库曼斯坦的南部,是两国之间的一座难以逾越的天然屏障。最高峰库赫古昌峰位于伊朗境内,海拔 3191 米。

科佩特山脉是西北—东南走向,在属于土库曼斯坦的一侧山麓上,坐落着土库曼斯坦的首都城市——阿什哈巴德。"阿什哈巴德"在土库曼语中意为"可爱的城市",它位于山麓的一片绿洲之上,海拔约 230 米,其他三面都是沙漠。这里夏季炎热,冬季寒冷,年降水量 210 毫米,年平均温度 16.2 摄氏度。这座城市兴建于 1881 年,虽然只有一面有绿树环绕,但整个阿什地区遍布着果园和棉田,是为数不多的适宜人居住的地方,被称为"沙漠边缘之花",是科佩特山脉地区重要的宜居地,非常受土库曼斯坦人的喜爱,也吸引了全世界前来中亚旅行的人。

阿什哈巴德最早是作为一个军事要塞而兴建的。1885 年,外里海铁路修到了这里,阿什哈巴德陡然成为从里海进入中亚的必经之地,地理位置变得越来越重要。因为地理位置的优势,阿什哈巴德很快就成为该地区重要的交通枢纽和贸易中心。

著名的卡拉库姆运河沿科佩特山脉的北面山麓伸向阿姆河,为山脉沿线的人民带来了水利之便。卡拉库姆运河是世界最大的灌溉及通航运河之一,总长 1400 千米,起自阿姆河中游左岸的博萨加镇,向西经穆尔加布和捷詹绿洲，沿科佩特山脉北麓平原经格奥克捷佩抵卡赞吉克。卡拉库姆运河的建成，为科佩特山脉周边的人民带来了丰富的水资源，大大促进了山脉北麓平原的经济发展。

42. 兴都库什山脉

兴都库什山脉，是亚洲中部的高大山脉，全长约1600千米，平均海拔约5000米，是发源于青藏高原西南部的印度河和发源于帕米尔高原的阿姆河的分水岭，该山脉绝大部分位于阿富汗境内。

兴都库什山脉是亚洲中部的褶皱山系。由于该山脉所处的地形地势极其复杂，因而至今东西段界限仍未明确划定。一般来说，兴都库什山脉可以划分为三个主要部分：东兴都库什山脉、中兴都库什山脉和西兴都库什山脉。东兴都库什山脉主要指的是从东部的卡兰巴山口向离蒂里杰米尔山不远的多拉山口延伸部分；中兴都库什山脉，指的是继而延伸到喀布尔西北的希巴尔山口部分；西兴都库什山脉又称为"巴巴山"，高度逐渐下降至克尔穆山口这部分。

兴都库什山脉在东面与中国、巴基斯坦交界点附近直抵帕米尔山脉后走向西南，穿越巴基斯坦进入阿富汗境内，而在阿富汗西部逐渐化为低矮的山岭。最高峰是蒂里杰米尔山，崛起于巴基斯坦和阿富汗边界，海拔达7690米。

兴都库什山脉的降水量主要受山地的高度尤其是坡向的影响非常之大。垂直分布是兴都库什山脉最显著的气候特征，即气温随高度的不断增加而逐渐降低。

作为印度河与阿姆河的分水岭，兴都库什山脉还是一条重要的气候和景观分界线。因受山脉的阻挡，印度洋暖湿气流不能北上，两侧形成了不同的气候和植被类型。兴都库什山脉的自然景观呈现出垂直地带性结构，并亦因坡向不同而存在很大差异。在比较湿润的东南坡，生长着西部喜马拉雅山植物。在山麓，通常分布着灌丛的干旱落叶林；上至海拔2500米为常绿橡树林；海拔3000米左右，为针叶林（柏、云杉、雪松等）；海拔3700米左右是亚高山草甸；海拔4000—4500米为高山草甸；再上即为永久积雪冰川带。

兴都库什山脉像是一条蜿蜒盘旋的巨龙，雄伟壮观。而分布在兴都库什山脉中的诸多山口（如陶拉山口、哈瓦克山口和西巴尔山口）自古以来都是重要的交通隘道，同时还是经济贸易往来的重要口岸。

居民则主要分布在该山脉的少数河谷内，夏季在接近雪线的高山牧场放牧羊群，春、秋季节畜群移到山脚放牧。但因积雪冰川融化，有时暴发山洪，形成泥石流灾害。冬季气候严寒，常有暴风雪，山路和山口常被雪封住。

在公元前2000年至公元前1500年左右，来自中亚的雅利安人正是通过该山脉之重要山口将自己的印欧语系带入南亚次大陆西北部的。历史上，这些山口具有巨大军事意义，为诸如波斯帝国的居鲁士、马其顿国王亚历山大大帝、蒙古人成吉思汗和帖木儿，以及莫卧儿王朝开国皇帝巴伯尔提供了前往印度次大陆地区的通道。在英国人统治印度期间，英属印度政府非常关注这些山口和通往南方的有关天险开伯尔山口的安全。该山脉很少构成主要强国之间的疆界，但却常常成为中间缓冲地带。

兴都库什山脉生存着各种生命力顽强的珍稀野生动物物种。在高岩地带，常见的有西伯利亚高地山羊和捻角山羊两种野山羊，而马可·波罗绵羊和东方盘羊，则是偶见于高地草原。黑熊和棕熊依然存在偏僻的山谷，而吉德拉尔野生动物保护区则是珍稀雪豹的一个领地。山脉有秃鹫和雕等鸟类生存。北坡的河流中有着丰富的褐鳟。

兴都库什山脉是中亚地区重要的山系，其周边亦是各民族交流、沟通的重要依托。在兴都库什山脉的西北坡，瓦罕地区低地与桑利奇及安佐曼谷地的高处，稀疏地居住着所谓帕米尔塔吉克人，他们大多为伊斯玛仪派穆斯林。其他塔吉克人（逊尼派穆斯林）、乌兹别克人和一些哈札拉人（源于中亚的讲波斯语的民族）生活在该山脉中部和西部的谷地。吉尔吉斯游牧民原先占据高山草原，但在20世纪80年代阿富汗战争期间迁往东土耳其。除了努里斯坦，普什图人可见于主要城镇、喀布尔和兴都库什山脉以南的许多县里。从阿富汗西部小山直到北方高山牧场，皆有普什图游牧民分布。在兴都库什山脉的东南侧，大多数人是科希斯坦人，从克什米尔到喀布尔，这一种族集团都表现了一种明显的文化上的统一。

兴都库什山脉扼守了中亚地区与南亚地区的交通要道，兴都库什山脉与帕米尔高原中间狭窄的"瓦罕走廊"是通往南亚地区的门户，也是通往更加遥远的北非与欧洲的走廊。

43. 开伯尔山口

开伯尔山口，兴都库什山脉最大也是最重要的山口，位于阿富汗首都喀布尔以东，巴基斯坦白沙瓦以西的两国边界上。"开伯尔"一词源自希伯来语Khai-bar，意为堡垒；一说开伯尔是黑岭，即险要之义。

历史上，开伯尔山口为连接南亚与西亚、中亚的最重要通道。山口由发源于开伯尔山的两条小河的河谷组成。山口呈西北—东南走向，全长53千米，最窄处不超过600米，两侧山高60—90米。隧道最高点兰迪科塔尔堡垒，海拔1067米，终年可通行。从白沙瓦到阿富汗首都喀布尔的公路由此经过。

开伯尔山口位于巴基斯坦西北与阿富汗交界的边境线上，是中亚、南亚、西亚以至地中海地区国际交往的要道。公元6世纪，中国的著名旅行家玄奘就曾途经此地。而当今，这个山口不仅是巴基斯坦与阿富汗之间，也是南亚与中亚之间的交通孔道与捷径，被誉为巴基斯坦北部的门户。

开伯尔山口海拔1100米，在喀布尔河的一条支流谷地上，全长30千米。山口通道两侧被高山夹峙，蜿蜒曲折，地势起伏，宽狭不一，最窄处仅16米，但最宽处可达一里。

由于开伯尔山口地理位置重要，地形险峻，所以自古以来就是军家必争之地，同时也是古丝绸之路的重要通道。在历史上，入侵印度次大陆的波斯、希腊、鞑靼、莫卧儿和阿富汗的军队都曾经过这个山口。

最初的开伯尔山口通道仅是一条山径土路。16世纪中叶，一位蒙古族皇帝曾在这儿修筑道路。今天的山口通道是英国人在1920年在原有路基上开辟的。第一次世界大战后，英国人预感到俄国人要用武力吞并世界，担心俄国人必将通过阿富汗，取道开伯尔山口，把势力伸向印度与印度洋沿海地区。因此出于战略上的考虑，为应付军事的需要，英国人不仅铺筑山口道路，而且还修筑了从拉瓦尔品第到白沙瓦的铁路。直到今天，在铁路两旁仍可看到许多当年英国人准备用以在危急时切断铁路的大块钢筋水泥，在山口通道上也还留有英国人修筑的碉堡。

44. 喀喇昆仑山脉

喀喇昆仑山脉，位于塔吉克斯坦、中国、巴基斯坦、阿富汗和印度边境。"喀喇昆仑"源自夏语即上古蒙古语"黑河"或"黑水"一词的音译，按突厥语解释，"喀喇昆仑"意为"黑色的磐石"。因而，喀喇昆仑山脉，在突厥语中意为"黑色的岩山"。

喀喇昆仑山脉西起帕米尔高原，东延至西藏高原的羌臣摩山和番顿山，全长500余千米，呈西北—东南走向，通过印度和巴基斯坦北部，平均海拔在6000米以上，并有8000米以上高峰四座，是世界上第二高山脉。主峰乔戈里峰海拔8611米，为世界第二高峰。与世界第一高峰珠穆朗玛峰相比，其攀登难度与死亡比率要远远高于珠穆朗玛峰，因而登山界的人给它起了很多名字，诸如"野蛮暴峰""没有回报的山峰"等。

喀喇昆仑山脉主山脊称"大喀喇昆仑山"，各段分别以大冰川命名，分为七个"慕士塔格山"（突厥语族意为"冰山"）：巴托拉慕士塔格山、喜斯帕尔慕士塔格山、帕马赫慕士塔格山、巴尔托洛慕士塔格山、厦呈慕士塔格山、吕莫慕士塔格山、萨色慕士塔格山。主山脊两侧的山地称"小喀喇昆仑山"，北侧为卢普卡尔山、盖杰拉甫山，南侧为拉卡波希山、哈拉莫什山、马雪布鲁姆山、萨尔托罗山。

喀喇昆仑山具有明显的垂直气候分布，主要是半干旱和大陆性的气候。南坡因受到来自印度洋季风的影响而湿润，但北坡却极为干燥。在山坡的底部和中部，雨雪量少；年平均降水量不超过100毫米。在正常年份，喀喇昆仑山受印度洋西南季风影响范围较小，但西南季风强大年份常带来暴雨性降水，易造成洪水与泥石流等自然灾害。总体而言，稀薄的空气、强烈的太阳辐射、强风和日温差，是喀喇昆仑山独有的气候特征。

由于喀喇昆仑山独特的气候，再加上因极为高峻而产生巨大的冰川作用，高山多常年积雪，景观壮丽。冰川往往结合起来，形成复杂的冰川系统，不仅占领山谷，而且盘踞分水岭。冰川季节性消融经常在南坡引起严重洪水。世界中、低纬度山地冰川长度超过50千米的共有8条，其中喀喇昆仑山占6条，该山脉的冰川总面积达1.86万平方千米。除了极地，这条山脉的冰川比世界上任何地方都要多和长。喀喇昆仑山脉是印度河与塔里木河水系的分水岭。季节性和永久性积雪及冰川的融水，为河流的主要水源。

喀喇昆仑山脉地区的农作物限于小麦、大麦、甜荞麦和苦荞麦、玉蜀黍、马铃薯及豆类。果木，特别是杏和胡桃，曾是当地重要食品来源。谷地中以中亚植物区系占优势，而较多的欧洲植被类型则见于海拔较高处。

喀喇昆仑山区自然条件严酷，交通闭塞，人口稀少，面积约 20 万平方千米，人口仅数万。在海拔 4400 米以下，主要居住民族为藏族，藏族人多务农为生，种植大麦、燕麦、玉米、杏树等，并饲养家畜。少数从事畜牧业，游牧或半游牧，有牦牛、犏牛、绵羊和山羊等牲畜，间或也从事狩猎。其他民族有巴尔蒂斯族、拉达克斯族和普尔希基族，除普尔希基族信奉伊斯兰教外，其他民族均信奉西藏佛教。在北部，干燥得多的喀喇昆仑山坡下降成为中国塔里木盆地周围的绿洲，人口密度很低。

山脉区域内居住着众多的民族，也孕育了不同的宗教信仰、民族文化。

喀喇昆仑山脉的地理位置十分重要，一些著名的山口，例如克拉达山口、喀喇昆仑山口等，都是通往中亚的门户，该地区自古以来就是古丝绸之路的必经之地。位于中国境内的喀什是丝绸之路上的历史重镇，其兴起与发展都与丝绸之路的兴衰有着密切的联系。

45. 厄尔布尔士山脉

厄尔布尔士山脉，伊朗中北部山脉，位于伊朗高原和里海沿岸低地之间。英文名为 Elburz Mountains，亦作 Alborz、Albourz、Alburz 或 Elburs；波斯语作 Reshteh-Ye Kuhha-Ye Alborz，即拉什特——厄尔布尔士山脉。

厄尔布尔士山脉地处伊朗高原与里海沿岸低地之间，呈弧形走向，与里海南部海岸平行，东西绵延约 900 千米，南北宽约 100 千米，平均高度超过 3000 米。最高峰德马万德峰高达 5604 米，位于山脉弧形的顶端，是一个典型的火山锥，为伊朗最高峰。次高峰为阿拉姆达尔峰，海拔 4824 米，为伊朗第二高峰。

厄尔布尔士整个山脉可分三段：西北段从伊朗西北边境至萨菲德河谷，称博格罗夫山脉，长 200 千米，宽 24—32 千米，呈西北—东南走向，萨菲德河谷连接里海沿岸低地与南面高原；中段为本山脉的主体，位于里海岸边，称苏莱曼山，大致呈东西走向，长 400 余千米，最宽达 120 千米，被一些纵谷和洼地分割成几个平行山脊，坎代万山隘和加杜克山隘为南北间重要通道；东段称沙阿山脉，长 298 千米，宽仅 48 千米，北坡多雨，森林密布；南坡气候干旱，为旱生草原。

从沙阿山再向东延伸，山势降低，山脉分散，称为霍腊散山地，著名的丝绸之路就是通过这片山地中的马什哈德谷地通向远方的。北面的里海沿岸和南坡的绿洲地区，为厄尔布尔士山脉的农牧业区。

厄尔布尔士山脉过去曾以希尔卡尼亚虎而闻名，但现在这种虎已经很稀少了，但仍能发现雪豹和猞猁。居民大多分布在北坡里海沿岸和南坡绿洲地区，主要从事农牧业。有六条公路穿过山地，铁路以德黑兰至里海河港一线最为重要。在厄尔布尔士山脉打通的德黑兰至里海的隧道，是中东地区最长的隧道。靠近厄尔布尔士山脉的城市主要有德黑兰和马什哈德这两座文明古城。

德黑兰，伊朗首都，是伊朗和西亚最大城市，位于厄尔布尔士山南麓，面向绿洲，市区海拔 1220 米。公元 9 世纪时为列伊城郊。1788 年，卡贾尔王朝在此建都称德黑兰，意"暖地"。这里主要居住着波斯人，是波斯文化重要分布城市。德黑兰自古以来就是丝绸之路上重要的城镇，为古丝路上的中间站。这里的地毯、丝织品和刺绣手工艺品久负盛名，还有许多历史上著名的清真寺、基督教堂、犹太会堂及琐罗亚斯德教的火庙。

马什哈德，又名麦什德，伊朗伊斯兰教什叶派朝觐圣地之一，也是历史上著名的古城，位于厄尔布尔士山脉东端马什哈德谷地中，哈里河支流卡沙夫河畔，海拔 975 米。马什哈德向来是南亚和波斯地区的贸易中心，也是古代丝绸之路上的重要驿站。城内多宗教寺院，有什叶派第八伊玛姆阿里·礼萨的陵墓和清真寺，它和库姆的礼萨的姐姐法蒂玛的陵墓和清真寺，都是伊朗什叶派的主要圣地。如今，马什哈德是伊朗东部的商业中心，有大规模的农牧产品交易市场，也是伊朗通向中亚、阿富汗的门户。

拉米扬，伊朗北部丝绸之乡，在厄尔布尔士山脉北麓、里海之滨的绿洲地带上。这里气候温和，雨量充沛，土地肥沃，适宜种植桑园，丝织品远销外地。为提高丝织技术，伊朗在此成立了丝织培训班，中国丝绸之乡苏州的丝绸技师曾参加培训班的工作。

厄尔布尔士山脉是古代丝绸之路沿线重要山脉，商队需要通过这条山脉进入中东地区，因而山脉地区发展起来不少贸易城市。

46. 库赫鲁德山脉

库赫鲁德山脉伊朗重要山脉，西亚的高大山脉之一，长约 900 千米，高 2000—3000 米，最高峰哈扎尔山海拔 4420 米。山区年降水量 100—300 毫米。

居民多集中在山麓绿洲中，部分高山区有牧场，古老的丝绸之路从山岭之间的河谷穿过。

库赫鲁德山脉与伊朗扎格罗斯山平行，与伊朗西部其他西北—东南走向的平行山岭共同组成伊朗西部山地。这些山岭把伊朗高原同波斯湾隔开，并向波斯湾逐渐下降。源自山区的河流一部分独自流入波斯湾，一部分流入底格里斯河，一部分流入伊朗高原的低地。

库赫鲁德山脉地区主要为沙漠气候，降水量少，水源不足。自古以来，由于沙漠性气候的关系，水源十分珍贵，当地居民开发出一种地下水渠系统，称为 Ghanat，也就是我们所说的"坎儿井"。库赫鲁德山区的主要农作物为小麦、大麦、棉花，当地的手工业以地毯和丝织品为主。

很早之前，库赫鲁德山一带就有居民居住了，被誉为"世界上最古老的城市"的亚兹德就坐落于山脉的中东部。亚兹德的居民主要为波斯人，由于当地民众世代都在沙漠附近居住，他们都已适应了当地环境，并造就了当地独特的城市建筑。亚兹德有许多清真寺，最为著名的是乔麦清真寺和阿米尔·恰赫马克清真寺。城市中最有特色的建筑是"风塔"，也就是建筑物顶部用来通风降温的设计，故亚兹德又被称为"风塔之城"。

亚兹德是拜火教文化的中心，金庸在武侠小说《倚天屠龙记》中所描述的明教就是伊朗的拜火教。拜火教，起源于波斯，又称琐罗亚斯德教，中国史称祆教、火祆教，为 2500 年前波斯帝国至萨珊帝国时期的国教。在阿拉伯人征服伊朗半岛时，波斯人才皈依伊斯兰教。如今，伊斯兰教为伊朗的国教，信奉拜火教的人已经很少了。在这很少的信徒中，大多数居住在亚兹德，同时，拜火教的圣火被供奉在圣地恰克恰克古村，延续千年不灭。如今，亚兹德已经成为著名的旅游城市，越来越多的人不远万里前来瞻仰千年圣火，寻找远古的记忆。

47. 扎格罗斯山脉

扎格罗斯山脉，西亚高大山脉之一，自土耳其东部边境，经伊拉克北部，蜿蜒伸展到伊朗西南部的波斯湾沿岸，长达 2000 千米，宽 250—600 千米，其主体在伊朗境内。

扎格罗斯山脉平均海拔约 3000 米，不少高峰超过 4000 米，最高峰扎尔德山，海拔 4547 米。整个山脉又由许多条西北—东南向的平行山岭组成，包括其北侧的库赫鲁德山，共同组成伊朗西部山地。这些山岭把伊朗高原同波斯湾隔开，并向波斯湾逐渐下降。源自山区的河流有的独自流入波斯湾，有的流入底格里斯河，有的流入伊朗高原的低地。河谷发育很有规律，即同山脊平行的纵谷和切过山脊的横谷构成格子状水系，谷坡陡峭，峡谷幽深，难以通行。其中一些较大的谷地或盆地土地肥沃，灌溉水源充足，是农业或牧业的集中地，如设拉子盆地、雷扎耶湖盆地、加夫胡尼盆地和伊斯法罕绿洲等。

山脉向东南延续至阿巴斯港和克尔曼以东，变成东西走向，山势降到2000 米以下，是一片地形破碎、无连续山脊的山地，山地中的贾兹木里安盆地，海拔仅 300 米，其中心为一盐湖。山脉西北段东侧与厄尔布尔士山脉西北段西侧相连接，汇集成一个山结。这里矿产资源丰富，靠近波斯湾沿岸的山麓地带，是世界有名的大油田之一，占伊朗全国石油产量的 90%，对伊朗经济发展具有特殊意义。

扎格罗斯山脉地区很早就有人类活动，是世界上出现畜牧业、农业最早的地区之一。公元前 11000 年，扎格罗斯山脉地区中石器时代的萨斯遗址中大量的动物骨骼说明当时主要以狩猎为生，猎取的动物有野牛、野山羊、野绵羊、野驴等动物。公元前 9000 年，在扎格罗斯山脉地区，出现了最早的家畜——绵羊。1960 年动物学家兼考古学家索列斯基在扎格罗斯山脉北麓发现了萨威·克米遗址，动物学家帕金斯在遗址的最上层发现了家养绵羊的证据。公元前 8000 年后半期，扎格罗斯地区普遍建立了农业村落，开始了真正的农业经济。进入公元前 7000 年，扎格罗斯山区的农业村落有很大的发展和进步，最典型的是扎格罗斯山区的贾莫遗址。它是由著名考古学家布雷伍德等人于1948 年、1950—1951 年、1954—1955 年发掘的。这个遗址当时被视为"世界上第一个农村公社"。这个时期当地居民种植一粒小麦、二粒小麦和两棱大麦，同时还采集扁豆、豌豆、香豌豆、杏和阿月浑子。在这个时期，农业开始从发源地向四周传播。公元前 6000 年以后，当地出现灌溉农业，同时，农业继续向四邻传播。扎格罗斯地区有代表性的是萨拉布遗址，这里的原始居民饲养绵羊、山羊，种植二粒小麦、两棱大麦和野大麦。

扎格罗斯山脉是一条壮观的天然分界线，历来一直是不同文化和政治实体之间的边界，包括早期的美索不达米亚文化与米底亚文化、安息帝国与罗马帝国，以及较为晚近的波斯帝国与鄂图曼帝国。山脉边缘的山区和山麓丘陵是很大一部分伊朗人的家乡；除波斯人外，也有人数相当多的亚述基督徒、库尔德人、土耳其人，以及卢尔人、巴赫蒂亚里人和卡什加人的族群。这里很早就出现了城市文明，著名的历史古城有伊斯法罕、设拉子、哈马丹等。

伊斯法罕，伊朗历史名城，在伊朗西部山地扎格罗斯山与库赫鲁德山之间的伊斯法罕盆地（绿洲）边缘，城区跨扎延德赫河两岸。"伊斯法罕"一名源自波斯语"斯帕罕"，意思是"军队"，古时这里曾是军队的集结地，由此而得名。古为东西方贸易集散地，丝绸之路南路要站，东西方许多国家的商客云集于此，有"伊斯法罕半天下"的美称。

设拉子在扎格罗斯山脉南部的设拉子盆地中，为波斯文化和伊斯兰教中心的中心。中国史籍称失罗子国、石罗子、泄剌失、失剌思。其名源于波斯语，意为居所。市内存有赞德陵墓、城堡、清真寺和拜火教庙宇等古迹，东北 60 千米处为波斯帝国都城波斯波利斯遗址。波斯中世纪伟大诗人萨迪和哈菲兹诞生在这里，城郊有他们的墓地（公园）。萨迪晚年在此写成著名训诲体诗集《蔷薇园》。

哈马丹，伊朗古都，在扎格罗斯山脉中段东侧的阿尔旺山麓，位于加雷河上游肥沃平原上。古称埃克巴坦，意即"会合处"。哈马丹自古为两河流域和伊朗高原间商队贸易必经要站。

48. 黎巴嫩山脉

黎巴嫩山脉，位于地中海东岸，纵贯黎巴嫩全境。"黎巴嫩"一词在希伯来语中意为"白色"，一说是指其山顶常年白雪覆盖，形成壮美的雪峰景色；另一说此山因由石灰岩构成，呈淡白色，故有"白山"之称。黎巴嫩的国名是因黎巴嫩山而得名，旧译"利巴嫩"。

该山脉北端突入叙利亚西部，南段与巴勒斯坦的加利利高地相连，向南延伸至西奈半岛西北部。黎巴嫩山脉为古老结晶岩构成的褶皱一断块山，为南北走向的山脉，与地中海海岸平行延伸约 350 千米。不少东西向的断层把山脉分割成许多山段，源于山地的小河就沿着这些断层谷地西流汇入地中海。平均海拔 900—3000 米，其中黎巴嫩境内的古尔奈特绍德峰海拔达 3083 米，为全山最高峰。代赫尔拜德尔山口以北是整个山脉最宽、最高的山段，平均海拔约 2000 米；山口以南的山段相对狭窄，海拔约 1500—1800 米，再往南则降至 1000 米以下。山西侧是地中海东岸沿海平原，有著名的黎巴嫩雪松残存林；山东侧地势陡然下降，为一深陷断层谷地，即举世闻名的约旦河低谷。

黎巴嫩山区是中东水资源比较充足的地方，河流众多，没有戈壁和沙漠，每年有 4—5 个月的丰水期，高海拔山区每年有 4—6 个月积雪覆盖，积雪融水是重要的水源之一。该地区总体上属于地中海气候，夏季炎热干燥，冬季温和多雨。黎巴嫩山区是中东少数有雪山覆盖的地方，也是世界著名的风景区，多秀丽的山河、瀑布和山泉，景色十分迷人。卡迪布峰山麓古代残留下来的黎巴嫩杉树也是著名的风景名胜区。山脉的中、下坡有灌溉农业，其海岸一侧多种植油橄榄、杏树及苹果树等。

黎巴嫩山脉位于亚、非、欧三大洲之间，该地区深受古代两河流域文明、埃及文明、希腊罗马文明的影响，创造了灿烂多彩的历史文化，留下了许多著名的历史古迹和传说典故。在这个地区，古代诸民族频繁迁徙、往来，随之产生了文化的冲突和融合，使得该地区的文化独树一帜。黎巴嫩山区也是丝绸之路终止之地，在丝路上占据着重要的位置，历史名城大马士革、巴尔米拉等是丝路上著名的贸易中心，威巴斯人和日内瓦人都到该地区与旅行商队会合。同时，该地区也是重要的宗教中心，尤其是耶路撒冷、加利利、迦南等地区，在世界宗教史上占据了极其重要的位置。

由于重要的地理位置和宜人的气候，黎巴嫩山区很早就有人类活动的足迹了。公元前 3000 年左右，腓尼基人迁徙至黎巴嫩山区，逐渐同化了当地土著居民。到公元前 2000 年左右，该地区成为腓尼基文明的中心。腓尼基人为印巴人种中的闪米特人，创造了腓尼基文明以及腓尼基文字，对西方文明产生过极其重要的影响。公元前 13 世纪末，犹太人的祖先希伯来人各部落从埃及迁入黎巴嫩山区。公元前 11 世纪，犹太人建立希伯来王国，后因该地区频繁的战乱而迁徙到埃及地区。

公元前 10 世纪至公元前 8 世纪是腓尼基城邦的繁荣时期。腓尼基人是古代世界最著名的航海家和商人。当时的腓尼基人在地中海沿岸进行航海贸易，牢牢控制着地中海航运与贸易的霸权。公元前 8 世纪以后，腓尼基开始衰落，相继附属于亚述、新巴比伦、波斯、马其顿诸国。在波斯帝国消灭巴比伦后，犹太人重新迁回黎巴嫩山区南边的迦南地区，重建圣城耶路撒冷，与腓尼基人持续了长时间的战争状态。亚历山大帝远征黎巴嫩山区之后，该地区开始希腊化，犹太教和希腊文化长期共存。亚历山大大帝国分裂之后，其部下塞琉古一世以叙利亚为中心创建了塞琉西帝国。公元前 1 世纪罗马帝国侵入，绝大部分犹太人流亡到世界各地，罗马帝国控制了黎巴嫩山区。在希腊化和罗马化时期，基督教兴起并逐渐传播。而腓尼基人先后处于希腊人、罗马人的长期统治下，逐渐与其他民族融合，最终消失于历史记载。

在罗马帝国分裂之后，黎巴嫩山区由东罗马（拜占庭）控制，直到公元 7 世纪之后成为信仰伊斯兰教的阿拉伯帝国的一部分，伊斯兰教也由此进入山区。唐代以来中国史书称阿拉伯人所建立的伊斯兰帝国为大食，而西欧则习惯将其称作萨拉森帝国。中国与大食很早就建立了外交关系，中国史书也对其有许多记载。随着阿拉伯人的不断移入，当地的腓尼基、迦南等民族逐渐融入阿拉伯民族，成为黎巴嫩山区的主要民族。16 世纪之后，黎巴嫩山区被奥斯曼帝国占领，控制时间长达两百多年，而后，沦为法国的殖民地。第一次世界大战之后，黎巴嫩山区及其周围的国家逐步走上独立的道路。但由于宗教、历史、民族、领土、资源等问题，黎巴嫩山区及其周边地区至今仍然战争不断，成为世界人民关注的重要地区。

如今，黎巴嫩山区的主要居民为阿拉伯人，也有一些亚美尼亚人、库尔德人、土耳其人、希腊人、犹太人等。大多数居民信仰伊斯兰教或基督教，教派林立，伊斯兰教有什叶派、逊尼派和德鲁兹派，基督教主要有马龙派、希腊东正教、罗马天主教和亚美尼亚东正教等。犹太区主要信仰犹太教。黎巴嫩山区的著名历史名城和宗教圣地有阿勒颇、哈马、大马士革、巴尔米拉、苏伟达、太巴列、耶路撒冷、加利利、伯利恒、纳布卢斯、哈利勒、杰拉什、安曼、佩特拉等。山地内有众多神庙和宗教圣地，集自然风光和历史文化于一体，是闻名世界的重要旅游区，每年都有大量的宗教教徒前来朝圣，同时也吸引着世界各地的游客。

49. 橄榄山

橄榄山，希伯来语作 Har Ha-Zetim，阿拉伯语作 Jabal at-Tur，属于黎巴嫩山系，是巴勒斯坦一条多山峰的石灰岩山脊，因此地多橄榄树而得名。橄榄山位于耶路撒冷城东约 1 千米处，山上可观赏耶路撒冷全景。

橄榄山山长约 3 千米，有一系列的山峰，重要的有三个。一为北面的名圣墓山，海拔约 907 米，是橄榄山中的最高峰；二为升天峰，海拔约 880 米，相传耶稣复活之后在此升天，峰上还有升天教堂；三为橄榄山的主峰，也是狭义上的橄榄山，海拔约 883 米。

橄榄山是耶稣布道的地方，为基督教的圣山，是圣经时代从耶路撒冷到伯大尼的必经之地。《圣经》中首次提到橄榄山是押沙龙叛乱时，大卫王从耶路撒冷逃出，蒙头赤脚上了橄榄山。《旧约全书》曾四次记载此山，《新约全书》频繁提及此山，其中记载："耶稣每日在殿里教训人，每夜出城在一座山，名叫橄榄山住宿。"耶稣在橄榄山上度过了很多时间，教导他的门徒并且预言，每天晚上回到橄榄山住宿，在他被出卖的那一夜也是如此。耶稣曾站在橄榄山上为耶路撒冷悲叹。此外，后世的许多文学、艺术作品描写了橄榄山以及橄榄山上发生的宗教传说故事。其中经典的音乐剧《基督在橄榄山上》是举世闻名的有关橄榄山的艺术作品，主要表现基督在橄榄山时的痛苦和被捕的情景。

橄榄山也是犹太教的圣地，古代犹太人相传，弥赛亚受上帝派遣前来复兴犹太国时，特从橄榄山降临，犹太人以此山坡为最神圣的葬地。1925 年，斯科普山上建成希伯来大学。1929 年建犹太国立和大学图画馆。1934 年建罗特希尔德—哈达萨（Rothschild-Hadassah）大学医院。

橄榄山因宗教而闻名，山麓和山巅分布着众多教堂和历史古迹，吸引着来自世界各地的朝圣者和游客。其中最著名的是万国教堂，相传该地原是耶稣度过最后一天的地方。教堂在原先的古教堂遗址的基础上重建，由于是多国出资合建，因而命名为万国教堂。教堂旁边的客西马尼园内有八棵橄榄树，相传这些树是耶稣时代种植的。公园附近的圣·玛丽神女教堂是一座俄罗斯风格的教堂。此外还有升天教堂、彼德·涅斯特教堂、多米内斯·弗列维特礼拜堂等教堂以及圣母玛利亚墓、西罗亚池等古迹。著名的维多利亚奥古斯塔医院是橄榄山中著名的建筑物，原先是一座教堂。1898 年，德皇威廉二世访问圣地，建立以皇后维多利亚奥古斯塔命名的教堂，里面还陈列着维多利亚奥古斯塔签名的《圣经》。第一次世界大战中，土耳其军队占领了教堂，战后英国把它改建成医院，成为一座专门为巴勒斯坦难民提供服务的慈善性医院。

50.吉利亚德山

吉利亚德山，黎巴嫩山脉南部支脉，为约旦重要的旅游地。公元前1600年，就有人类居住于吉利亚德山群峰间的谷地中。公元前64年，罗马军队征服这一山区，之后逐渐出现罗马建筑风格的神殿、庙宇。如今，这些古老而极具特色的古建筑物安静地伫立在山区的谷地中，成为吸引世界各地游客的重要景点。

坐落于吉利亚德山谷间的古城杰拉什是约旦境内保存得最完好的古罗马城市之一，是约旦重要的旅游城市之一。杰拉什始建于公元前4世纪亚历山大时代，历经近百年时间建成，是古罗马城市的遗址，有"中东庞贝"之称，是罗马时代古迹。其中凯旋门高12米，全部用巨石砌成，形制雄伟，结构精巧，是为纪念罗马皇帝哈德良在公元129—130年视察该地而建。过凯旋门即为杰拉什广场（罗马广场），由一个跑马场废墟改建，长244米，四周建筑高大，气势宏伟。围绕广场长达1000米的石柱长廊，最引人注目。石柱分两组排开，每根石柱由3节互相榫接而成，高五六米，直径1米，全用粉红色花岗石雕就。两柱间架有刻着花纹的巨石条，构成长廊（圆柱大街）。广场南面的露天剧场，全部用巨石铺砌成，右边是舞台，左边是台阶式扇形看台，共32层，石头坐席，可容纳5000名观众。广场北面亦有一座古剧场遗址。还发掘出市场、宙斯庙、艾尔特尔斯庙以及东罗马教堂、水塘、浴池等遗迹，以及新石器时代人类祖先使用的燧石工具等。

随着拜占庭帝国的兴起、波斯人入侵和王朝的更迭，杰拉什又经几度兴衰。公元8世纪中叶，阿巴斯王朝兴起定都巴格达，杰拉什几次强烈地震，许多建筑毁于一旦。公元9世纪，具有悠久历史的杰拉什销声匿迹。直到1806年才被德国旅行家欧里赫发现。自1920年起，考古队在该城不断发掘出沉睡了几千年的文明古迹。

吉利亚德山区谷地一直是中西方贸易的重要通道，古城杰拉什曾经也是中西方贸易的枢纽，如今来到这里，依然能从古老的建筑物中窥见往日的繁华。

51.穆萨山

穆萨山，黎巴嫩山脉南段支脉，两千多年前，奈伯特人居住于此并且建立了古城佩特拉。该山区降水量极少，多沙漠戈壁，为岩石山。此山因古城佩特拉以及建造于悬崖绝壁上的古典建筑物而闻名世界，也被誉为"世界的尽头"（The end of the world）。

公元前 6 世纪到公元前 2 世纪期间，盛极一时的奈伯特人在穆萨山山谷间建立了佩特拉，以此为都城，其王国疆土曾扩大到大马士革。公元 106 年，被罗马帝国占领后，该诚不断扩建，成为盛极一时的商队要道，东西方商队往来于穆萨山山谷之间。之后逐渐衰落，尘封于历史之中，不为世人所知。直到 1812 年，瑞士探险家伯克哈特重新发现这座古城。古城原名"塞拉"，即"岩石"的意思。城中宫殿、庙宇、陵墓及住房、剧场、浴室等全都是依山岩开凿而成的，是世界上名副其实的"石头城"，其规模超过印度著名古城阿旃陀石窟。山上赤红色或赭色的岩石在阳光照射下呈现出玫瑰的色彩，因而此地又被称为"玫瑰城"。

出入古城需要经过一条长约 1.5 千米的峡谷，此峡谷最宽处 7 米左右，最窄处仅能通过一辆马车。峡谷进口处右边石壁上有一石象守门，尽头处比较宽阔，耸立着一座依山岩雕琢的殿堂。这座殿堂高约 40 米、宽 30 米，名为哈兹纳赫，意为"金库"，其造型宏伟，直至岩顶。该殿堂分上下两层，上层就山岩雕琢出圣母、天使和带有雄健翅膀的武士，形象栩栩如生，还有三个巨大石龛，其顶部有动物石雕装饰。石壁上有原始壁画，从中可以窥见神秘的奈伯特人的一些信息。殿内（洞窟内）分正厅和侧厅。传说此殿堂里曾收藏着历代佩特拉国王的财富，也有说它是一座陵墓。穿过殿堂前面山谷，有一座依山岩雕琢成的扇形阶梯式古罗马露天剧场，有 33 排座位，可同时容纳 3000 人。剧场对面的山岩中有一法庭遗迹，大厅长 20 米、宽 18 米，大门庄严肃穆，是当年奈伯特王朝执法机关所在地。古城东北山岩上有许多精美宏伟石窟，其中一座三层巨窟，模拟罗马宫殿建筑风格，气势雄伟。奈伯特人在穆萨山山谷岩壁上雕琢了数不清的殿堂、洞穴、墓碑，重楼叠屋，堪称石雕艺术长廊，令人叹为观止。山麓有一座古庙，称为本特宫，又称女儿宫，是一座具有拜占庭风格的古庙建筑。本特宫附近的佩特拉石窟博物馆藏有丰富多彩的人兽石雕、陶器、古币和其他文物。

佩特拉古城遗址是世界历史中存留下来的最宝贵的文化遗产之一，2007年被评为新世界七大奇迹，美国《国家地理旅行家杂志》曾将这里誉为人的一生最值得去观摩的地方。险峻、幽深的峡谷中，悬崖绝壁上的古典建筑全靠人工雕琢而成，它的繁华与宏伟至今仍然令人惊叹。然而，奈伯特人的去向已成为历史谜题，他们突然消失，没有尸骨留下，也没有典籍记载，而仅有的一些刻在石崖上的图案文字至今没人破译。如今，穆萨山山谷间的佩特拉古城遗址的宏伟与神秘，不仅吸引着世界各地的人前来一探究竟，也吸引着许多文人学者到此考察探寻，希望能捕捉到一些遥远的足迹以及曾经往来于此的商贸繁荣。

52. 哈杰尔山脉

哈杰尔山脉位于阿拉伯半岛东北部，阿曼湾西南岸，海拔 2500 米。哈杰尔山脉是一片褶皱山脉，大致走向为西北—东南，最高峰是海拔 3352 米的沙姆山。沙姆山山势陡峭，紧逼阿曼海湾。

登上沙姆山山顶即可俯视整个阿曼海湾雄伟壮丽的风光，碧绿的海水、蔚蓝的天空和海面上的点点帆船构成了一幅引人入胜的风景画。除了可以俯视阿曼湾的风光之外，沙姆山还有丰富的水资源，在山体西南麓有一个泉水带，灌溉着这附近的绿洲，著名的尼兹瓦古城就坐落于此地。

尼兹瓦古城距阿曼首都马斯喀特 170 多千米，海拔 580 米，是阿曼地区人口较多的一座城市。从公元 8 世纪开始到 17 世纪多次成为戈兰迪王朝和亚里巴王朝的首都，现在是内阿曼地区的首府。在古城中现在还保留着许多名胜古迹，其中最吸引人的是尼兹瓦古城堡。尼兹瓦古城堡直径 36.6 米，高 24.5 米，有七道大门，是阿拉伯半岛上最大的圆形城堡。尼兹瓦地区水源众多，有多处泉眼，土地丰厚肥沃，有大片的耕地、果园和椰枣林。阿曼最大的地下水渠"法拉吉"从绿山流经尼兹瓦，其后分为多条分支，是当地居民日常生活和农副业灌溉的重要水源。尼兹瓦除了农业发达之外，还有传统的金银器制造业，当地出产的咖啡壶、腰刀和各种金银饰品，都享有盛誉。

53. 高加索山脉

高加索山脉，位于黑海、亚速海和里海之间，是一个由大、小高加索山脉及由库马—马内奇低地等组成的庞大山系。大高加索山脉是亚洲和欧洲的地理分界线，从黑海北岸，即在俄罗斯塔曼半岛至索契附近开始往东南偏东延伸，直达里海附近的巴库为止。而小高加索山脉则几乎与大高加索平行排列，两者由隔开了科尔基斯和库拉—阿拉斯低地的苏拉姆山脉所连接。北高加索（山脉以北）属俄罗斯联邦；山脉以南的外高加索分属格鲁吉亚、亚美尼亚和阿塞拜疆三国。

高加索是古文化的发源地，关于其地名的由来，有数不清的故事和传说，至今尤为人们口耳相传、津津乐道。斯特拉波（Strabon，约公元前58年—公元21年）《地理书》："印度的地势呈菱形，其北端是高加索山脉，从亚洲一直延伸到它最东方的边缘，这一山脉把北部的塞种人、斯基泰人和赛里斯人同南部的印度人分割开了。"希腊人将兴都库什山称作高加索山脉。根据《汉书·地理志》记载，《元史·速不台传》所说太和岭，为今高加索山。

高加索山系素有"民族之山""语言之山"的称谓，比喻生息其间的民族和分布其中的语言极多。这众多的民族，众多的语言，也曾不约而同地为高加索山脉取过很多名字，如阿布哈兹人称它为极乐山，切尔克斯人称它是把幸福带到人间的幸福山，卡尔巴达人管它叫白昼之山，巴尔卡尔人和卡拉哈伊人名之为千山等。

高加索山脉山势陡峻，海拔大都在3000—4000米，其最高峰为厄尔布鲁士峰，其海拔为5642米，同时也是欧洲第一高峰。高加索山脉地形以高山、高原为主。大高加索山脉为年轻褶皱山地，全长1200多千米。

高加索山脉地区气候区域差异明显。山脉北侧称前高加索，或北高加索，属温带大陆性气候，冬季气温可降至–30℃，夏季又高达20—25℃，年降水量200—600毫米；山脉南侧称外高加索，或南高加索，属亚热带气候，西部降水量多于东部，约1200—1800毫米。山脉北麓多矿泉，多辟为疗养胜地。主要有库拉河、库班河等河流。高加索山脉的冰河多达1500多条，流域面积达2000平方千米。大高加索山不仅是气候的天然屏障，也是交通的天然屏障，唯一横贯山脉的汽车公路——乔治亚军事公路，长达207千米，1799年全线开放通行。

高加索是一个矿产资源非常丰富的地区。20世纪50年代，该地区的巴库、格罗兹斯尼、科普油田和斯塔罗波附近的煤气田曾经是苏联石油和天然气的主要来源。有管道直接通往莫斯科和圣彼得堡。大高加索南部支杜利锰矿的蕴藏量为世界第一，亚美尼亚的铜矿矿藏也很丰富。

高加索山脉包括山麓地带在内占地44万平方千米，是个自然生态垂直变化十分明显的地区。大高加索山脉 1200 米以下为阔叶林；1200—2200 米为针叶林；2200—3000 米为亚高山和高山草甸；2600—3500 米为高山苔原；3000—3500 米以上为高山冰雪带。西高加索山的植被也呈典型的垂直分布，从山麓到山顶依次生长着落叶林、冷杉、白桦树、高加索杜鹃和灌木丛等。这里也是动物的天堂，棕熊、高加索鹿、狍、欧洲野牛、岩羚羊、水獭、黑鹳、金鹰、短趾鹰在这里广泛分布。西高加索最使人惊叹之处要数庞大的昆虫种类，据记载该地有 2500 种昆虫，但实际上的数目比记载的两倍还要多。

俄罗斯境内的大高加索山脉地区属于丝路经济带北线的必经地；格鲁吉亚内的大高加索和小高加索山脉地区属于丝路经济带中线上的必经地。

历史上，亚述帝国、波斯帝国、马其顿王国、罗马帝国、阿拉伯帝国、蒙古帝国、奥斯曼帝国都曾染指过高加索，并把它纳入版图。16 世纪中叶，沙俄开始向外扩张，在吞并伏尔加河中游的喀山鞑靼汗国后，接着就入侵高加索，先后与奥斯曼和波斯帝国进行了争斗，历经 300 多年，于 19 世纪 30 年代完全控制了整个高加索地区。

高加索地区地势复杂，有山脉、高原、平原、河流、湖泊、草地、沼泽等。由于复杂的地域，高加索山脉北麓自古以来就居住着数百个有着自己语言和传统的部落，按语言社区来分，小的民族只有几百人，大的约上百万人，后来形成了 50 多个不同的民族。历史上的高加索，每座山都是一个王国，每走几步就要讲另一种语言。高加索的语言分属四个语系：高加索语系（或古高加索语系）、印欧语系、突厥语系、闪米特语系。高加索居民集团分北方两支、南方一支。两个较小的北支包括很多民族，最大的有住在库班和上德列克盆地的卡巴尔达人；住在大高加索中部的维纳喀人（由车臣人、印古什人、巴茨人组成）。南支包括格鲁吉亚人、明格列尔人、拉兹人、斯万人，他们共同组成格鲁吉亚民族，住在外高加索西部，拉兹人住在土耳其境内。

在印欧诸民族中，亚美尼亚人的祖先早在公元前 1000 年即由安纳托利亚进入外高加索。第二支古代印欧人是奥塞梯人，住在大高加索中部，是东伊朗游牧民族的一部，自公元前 7 世纪至公元 4 世纪游牧于南俄罗斯大草原，曾先后称为西徐亚人、苏美尔人、阿兰人。斯拉夫人占高加索人口的三分之一，主要为俄罗斯人和乌克兰人，住在高加索北部。此外，还有库尔德人、塔里什人、塔特人、希腊人、吉卜赛人。突厥诸民族有住在高加索地区西南部的阿塞拜疆人，住在北方的有基普查克突厥人（由库梅克人、诺盖人、卡拉恰伊人、巴尔卡尔人组成）。传统上，高加索人主要信仰伊斯兰教（突厥族）、东正教（格鲁吉亚人），还有的信仰亚美尼亚格列高利教会和犹太教。

如今，高加索山区已经成为著名的旅游和疗养胜地。这里风光旖旎，吸引着众多来自世界各地的游人。每年 10 月 5 日巴库都要举行"高加索的旋律艺术节"，活动极具地方色彩，展现了当地的民风民俗。高加索还是滑雪爱好者的理想去处，爱好高山滑雪的游客可在每年的 1 月到 3 月份到埃里布鲁斯基、多巴巴伊等地滑雪，那里有设备齐全的滑雪场，能为游客提供多样的滑雪服务。高加索山区最著名的游览胜地当然要数索契和大高加索山脉。索契风景秀丽，环境优雅。站在市郊的大阿洪山上，可以环视白雪皑皑的大高加索群山。著名的疗养点马采斯塔矿泉早在古罗马帝国时期就非常有名，它的矿泉水具有神奇的医疗效果。苏呼米依山临海，林木茂盛，名胜古迹众多。

54. 托罗斯山脉

托罗斯山脉，英语名为 Taurus Mountains，土耳其语作 Toros Daglari，是土耳其南部重要山脉。Tauras 意为公牛，公牛是古代近东风暴神的象征，托罗斯山脉又是众多古老的风暴神的庙宇所在地，山脉便因此得名。

托罗斯山脉是土耳其南部、小亚细亚半岛南缘的山脉，为欧亚大陆阿尔卑斯造山带的一部分。西起埃里迪尔湖，东至幼发拉底河上游，呈弧状，与地中海岸平行。全长约 1200 千米。由东南、中、西三段组成，成雁行式排列。西段托罗斯山耸峙于安塔利亚湾北侧，宽 75—150 千米，高峰海拔 2000 余米。中段托罗斯为山脉主体，起自梅尔辛湾西岸，到塞伊汉河上游止，宽约 50 千米，有 3000 米以上高峰。北侧的埃尔吉亚斯山海拔 3916 米，为中段最高峰。东南段托罗斯最长，约为全长的三分之二，向东北直达大阿勒山为止。大阿勒山海拔 5165 米，为全国最高峰。

托罗斯山脉海拔 2500 米以下分布着松、杉、栎、杜松等林木。白色石灰岩山脊随处可见。西部多环形盆地，平均海拔 1000 米，其间点缀着大小湖泊，有贝谢希尔湖、埃里迪尔湖等，称为土耳其湖区。山脉矿产丰富，部分开采的有锡、铬、银、铜、铅、褐煤、锌、铁、砷等矿藏。

托罗斯山脉为交通上的障碍，一战期间，盟军致力于让德国和土耳其铁路系统通过托罗斯山脉，使标志着结束奥斯曼帝国与盟军的敌对状态。使通过托罗斯山脉的唯一铁路将开塞利与阿达纳相接。如今，托罗斯山脉上依然存留着 20 世纪初由德国人建造的位于孔亚到阿达那的铁路线上的铁路桥——瓦尔达高架桥。

55. 克尔奥卢山

克尔奥卢山，土耳其语作 Kòroglu，英语作 Koroglu，地处土耳其安纳托利亚高原北侧、黑海南岸，与东侧北阿纳多卢山脉组成本廷山脉。其最高处位于克尔奥卢山，海拔 2499 米。

克尔奥卢山脉覆盖着以针叶树为主的茂密森林，是高加索松鸡、金额丝雀、红翅旋壁雀等野生雀岛的栖息地。山丘上长着茂密的冷杉和松林。滨海地带耕地主要种植烟草、榛子、茶树和柑橘。

克尔奥卢山脉与伊斯坦布尔隔博斯普鲁斯海峡相望，而博斯普鲁斯海峡既是欧亚大陆的天然分界线，又是东西方文化的分水岭。从古希腊时代起，这条狭长的海峡就一直是世界上最有战略价值的水道之一。而伊斯坦布尔不仅是洲际交通枢纽，更是历史上的兵家必争之地。其扼黑海出海口，是联系欧亚交通的桥梁，也是当时国际贸易的中心。北欧的毛皮、蜂蜜、琥珀以及奴隶，印度和中国的香料、丝绸、象牙、珠宝等，都源源不断运输至此，再从这里经地中海转运至巴尔干及西欧各地。

据史料记载，早在汉代，土耳其的突厥人就与中原有着密切的往来，当然这种往来"有战有和"。到唐代，东起中国长安、西至土耳其君士坦丁堡（今伊斯坦布尔）的丝绸之路开始沟通东西方的欧亚文化。丝绸和瓷器也作为最早的国际贸易商品，通过丝绸之路源源不断运抵土耳其，又从土耳其远销欧洲、非洲等地。而克尔奥卢山脉又是丝绸之路通向欧洲的必经之路。经过此山脉，再过博斯普鲁斯海峡到达君士坦丁堡，这是亚洲通往欧洲的重要交通路线。如今，丝绸之路亦是中土两国交流的纽带。2012 年，在伊斯坦布尔曾举行过"现代丝绸之路"文化周。

第二节　重要河流

1. 南洛河

南洛河，又称伊洛河，古称雒水，是黄河右岸的支流，位于陕西省东南部及河南省西北部，是陕西省东南部唯一入流黄河的支流。"洛"在古汉语中原是河流的通名，字从水从各，各亦声，"各"意为"十字交叉"，"水"与"各"联合起来表示"十字交叉形状的河流"。

南洛河源出陕西蓝田县东北与渭南、华县交界处海拔 2028.4 米的龙凤山东南侧箭峪岭侧木岔沟，东南流入洛南县，横穿中南部，经洛源、眉底、尖角、柏峪寺、灵口及庙湾等乡镇，在沙河口附近流入河南省卢氏县境，经洛宁县、洛阳、偃师等县，由巩义市河洛镇注入黄河。其中，从河南偃师县支流伊河河口杨村至巩义市南洛河口一段，又被称为"伊洛河"。中国历史上重要古都洛阳之名来自这条河流，因其位居洛水之北，"水北为阳"，故名洛阳。

洛河流域是中华文明的诞生地。黄河、洛河交汇处的广大地区被通称为河洛地区，而河洛地区的地域文化被称为河洛文化。河图洛书的传说，就发生在这里。相传伏羲氏时，有一匹龙马从黄河浮出，背负"河图"；有一只神龟从洛河浮出，背负"洛书"。伏羲依此"图"和"书"，推演画出八卦，就是《周易》一书的来源。

洛河水开发历史由来已久，特别是在河南省境内段。《水经注·谷水注》称，西周时洛阳附近，已修有汤渠。唐代曾引伊、洛水灌溉地势较高的农田，是形成古代经济文化中心的重要地理条件。在以后的不同朝代，对于洛河水利工程都有增建。新中国成立后，形成了以伊河陆浑灌区、伊东灌区、洛宁县引洛灌区、宜阳引洛灌区等分布广泛的完善的灌溉体系，促进了当地社会经济的发展。

河洛地区长期是中国奴隶制国家、封建制国家的都城所在地。古代的国家制度和都城制度，在这里开始形成和完善。河洛地区的洛阳古城，更是奴隶制的确立和封建制取代奴隶制的历史见证。在这片政治稳定、经济发展的沃土上，道家学说、儒学、佛学等学说流派在此形成，并以此为策源地，不断进行推演发展，形成中国博大精深的传统学说。

在河洛地区这片文化氛围浓郁的土壤上，产生过汉代词赋、建安文学、唐诗宋词等不同的文学体裁，成就了河洛文化的荣耀与辉煌。

2. 北洛河

北洛河，也称洛河，古称洛水或北洛水。"洛"在古汉语中原是河流的通名。北洛河，发源于白于山南麓的草梁山，由西北向东南注入渭河，途经黄土高原区和关中平原两大地形单元。北洛河河源分为西支石涝川、中支水泉沟、东支乱石头川三支，在吴旗汇流后始称北洛河，全长680.3千米，流域面积26905平方千米，为陕西境内长度最大的河流。

北洛河，古籍记载较为混乱，常与南洛河混淆。《广韵·铎韵》说："《尚书·禹贡》在'导洛自熊耳'，《汉书》洛，本作雒。"《太平寰宇记》载："沮水自坊州升平县（今宜君县西）北子午岭出，俗号子午水，下会榆谷、慈马等川，遂为沮水，至耀州华原县（今耀县）合漆水，至同州朝邑县（今大荔东）东南入渭。"《魏略》说："魏以行次为土，水之壮也，水得土而乃流，土得水而柔，故除'佳'加'水'，变'雒'为'洛'。"从古籍的记载中，我们可以看出已将渭洛的洛河改称北洛河，以别于伊洛的南洛河。

北洛河的河道在历史上变化繁复，自明成化中期到清道光二十三年（1843年）改道达9次。1933年黄河东移后，北洛河在黄河、渭河之间的三角地带徘徊达10余年，时而入黄，时而入渭，直到1947年才固定入渭河。

在古代以农本思想主导的中国，北洛河的水利工程建设自然为政府所重视。早在汉武帝时，就在洛河修建了龙首渠，引洛水灌溉蒲城县以东的地区，但因黄土遇水坍塌，工程失败。唐代再次兴建灌溉工程，此后引洛水灌溉相沿不断。1933年大荔设引洛工程处，后改为泾、洛工程局，主办洛惠渠工程，在洛惠灌区灌溉大荔、蒲城、澄城县等地77.62万亩农田。以洛河为界，洛西灌区约27万亩，洛东灌区约50万亩。此外，在北洛河最大支流葫芦河上，也兴建了大量灌溉工程。

北洛河两岸不仅流传着洛神宓妃的故事，同时因生长着地椒草、荞麦花，而使得北洛河源头的吴起剁荞面和炖羊肉成为闻名一方的美食。当然，北洛河地区更有洛源、金佛坪、金汤的地名，还有铁边城、五谷城、宁塞城等古城寨堡。到北洛河地区浏览名胜古迹，定会让人大饱眼福，流连忘返。

3. 泾河

泾河，发源于宁夏六盘山东麓，南源出于泾源县老龙潭，北源出于固原大湾镇，至平凉八里桥汇合，东流经平凉、泾川于杨家坪进入陕西长武县，再经政平、亭口、彬县、泾阳等，于高陵区陈家滩注入渭河。泾，繁体字为涇，从水，从巠，"巠"义为"南北向的""纵向的（由高向低处的）"，"水"与"巠"联合起来表示"南北流向的水流""由高处向低处流的水"。泾河命名与其水文情况相关。

根据《太平寰宇记》《陕西通志》记载，长武县境有泾水，出甘肃平凉笄头山，东流自泾州入长武界。黑水出甘肃华亭县，至长武亭口注入泾水，黑水一名汭水，又名宜禄川。南河（达溪河），自马成寺入境，合于黑水。泾河，是渭河的一级支流，全长 455.1 千米，流域面积 45421 平方千米。泾河中下游流淌在八百里秦川之上，也就是关中平原。这里是中华农耕文明的发源地，孕育了中华悠久而辉煌灿烂的文明。与南侧浑浊的渭水形成鲜明的对比，泾河河水异常清澈，因此我国自古就有"泾渭分明"之说。

泾河水系的水利事业发展悠久，特别是在中下游的关中平原地区，地面平坦开阔，水利灌溉条件得天独厚。早在战国时期，秦国就修建了影响深远的水利工程——郑国渠。郑国渠引泾河水向东注入洛河，干渠长达300 千米，灌溉了泾阳、三原、高陵、富平、蒲城等 4 万余顷的沃土。西汉武帝元鼎六年，在郑国渠上游南岸，今泾阳、三原县境内开六条辅渠，用来灌溉郑国渠旁地势较高的田地。汉武帝太始二年，因渠堰毁坏，水不入渠，赵中大夫白公上移渠口，称为白公渠，从谷口引泾水到栎阳入渭水，全长 200 千米，灌溉泾阳、三原、高陵、临潼等地 4500 余顷土地。郑国渠与白公渠同引泾水，灌区连成一片，统称郑白渠。汉代以后到明清，对于渠堤历代都有改修，基本都是以堰口毁坏而上移之，凿石成渠，屡易其名。最终直到清乾隆二年，因泾水毁渠堤，淤渠身，遂在大龙洞之下，筑坝拒泾，专引泉水改称为龙洞渠，灌田减至 700 顷，又减至 200 顷。水利工程的不断建设，为农本社会的经济发展奠定了基础，并为人民的生活提供了丰饶的物产。

泾河流域在频繁的人类活动足迹下，积淀了丰富的文物古迹。1973年，在甘肃合水县西北8千米处连河西岸，发现个体最大、保存最完整的剑齿象化石，距今约有250万年的历史。华池县城西南45千米赵家岔旧石器遗址，再现了旧石器时期远古人类的生活场景。平凉市西崆峒山道院建筑，是道教发源的圣地，更是古丝绸之路西出关中的要塞。陕西长武县的唐代昭仁寺，大殿建筑别具一格，寺内有唐初大书法家虞世南的书刻石碑。彬县城西的大佛寺，是唐朝贞观二年李世民为其母庆寿所造，大佛高达24米，体现了李世民对母亲的感情。此外，礼泉县唐太宗的昭陵更是中外驰名，"昭陵六骏"石刻是举世皆知的瑰宝。

泾河流域还流行着一种具有鲜明民族特色的民间艺术，即泾河竹马，其中又以枣坪竹马最为著名。泾河竹马，以12人为一阵营，以自制竹马为主要道具，表演者在扮演不同角色时，着不同人物服装、头饰以及道具，以指挥者的令旗旗语为动作指南，以鼓点的快慢为节奏，以头马的纵驰为基准，形成一有节奏而完美的表演形式。在现当代的民俗生活中，泾河竹马具有观赏艺术价值。

4. 渭河

渭河，古称渭水，发源于甘肃省定西市渭源县鸟鼠山，主要流经今甘肃省天水市，陕西省关中平原的宝鸡、咸阳、西安、渭南等地，至渭南市潼关县汇入黄河，是黄河最大的支流。渭河，全长为818千米，流域面积达134766平方千米，南有东西走向的秦岭山脉、北有六盘山屏障、东为土质肥沃的关中平原。在五千年浩瀚的历史长河中，渭河作为中华文明发源地，人类活动的足迹始终没有休止，不断地创造着辉煌灿烂的文化。

渭河拥有中华文明深厚的文化积淀。渭河流域是人文始祖伏羲、女祖先女娲、中华文明的共同祖先炎帝和黄帝的诞生地，也是我国农耕文明的发源地。《水经注·渭水》记载：故渎东经成纪县，故帝太皞庖牺所生之处也。《国语·晋语》载：昔少典娶于有蟜氏，生黄帝、炎帝。黄帝以姬水成，炎帝以姜水成。成而异德，故黄帝为姬，炎帝为姜。姜水，位于宝鸡，姬水位于关中中部，均是渭水的支流。

渭河流域的关中平原，孕育着华夏民族的农业文明。历史上，由于渭河的频繁决堤，会影响农事生产的顺利进行，由此历朝历代都重视渭河流域堤防工程的修建。唐代咸阳建筑的柳堤，为农事生产提供了便利，同时也成为著名的文化景观。据《重修咸阳县志·古迹》载：唐时咸阳筑堤防渭水溃决，植柳逾万，故名柳堤。白居易在《湖亭晚归》一诗中留下"柳堤行不厌，沙软絮霏霏"的名句。清政府更在华县、宝鸡等地筑堤防水。《续修陕西通志稿》载：乾隆二十一年八月，渭水溢岸，危及田舍，华州牧席绍葆劝民于沿河低洼处筑堤捍水，居然无恙。

渭河在历史上是重要的航道，有"一泓清波，鸟欢鱼跃，百舸争流"的怡人景象。秦穆公十三年，就曾"以船漕车转，自雍相望至绛"，输粟济晋救灾，史称"泛舟之役"。唐代，江南的粮食和其他物资，都是溯黄河而上，转渭河运入长安。因此，相当长的一段历史时期，渭河被称为贡道。长安作为古都，历代都是人文荟萃之地，出现了许多咏颂渭河的诗歌。贾岛有"秋风吹渭水，落叶满长安"的佳句，温庭筠的《渭上题三首》曰："目极云霄思浩然，风帆一片水连天"，近人徐世昌也有"渭水桥边独倚阑，望中原是古长安"的吟唱。当时的渭河真可谓烟波浩荡、白帆点点、荷苇无边、渔舟唱晚，更有"不是江南，胜似江南"的壮丽美景。

渭河流域有众多的文化地理和名胜古迹，禀赋着古代文化与文明的积淀。张载祠让人们记住了曾经立志"为天地立心，为生民立命，为往圣继绝学，为万世开太平"的宋代名儒。法门寺是供奉佛祖释迦牟尼舍利的佛教名刹。五丈原诸葛亮庙，是鞠躬尽瘁、死而后已，毕生以复兴汉室为业的诸葛亮殉职之地。春秋时期石鼓山出土的秦石鼓，具有文学、文物、书法、历史等多种价值。再溯时而上，渭河流域还是遍尝百草、种五谷的中华始祖神农炎帝的故里。

5. 葫芦河

葫芦河，是渭河重要的支流，古称"瓦亭水""陇水"，亦称长源河、武延川等，发源于宁夏回族自治区西吉县与海原县交界处的月亮山南麓，向南流经西吉、静宁、庄浪、秦安，在甘肃省天水市三阳川与渭河交汇，是渭河上游第一大支流，也是三阳川境内最主要的两大河流之一，全长 30 千米流域面积 1.07 万平方千米。其中，宁夏境内长 100 余千米，甘肃境内长 200 余千米。葫芦河名字的源起，跟河床狭窄多曲折有关，因形似"葫芦"而有"葫芦河"之名。

葫芦河同中国上古神话故事女娲有着千丝万缕的联系。北魏著名学者、地理学家郦道元在《水经注》中讲到渭河支流葫芦河时，就特别提到在葫芦河畔建有我国最为古老的女娲祠，即是在与大地湾相距不远的秦安陇城镇，有女娲洞、女娲廊，用以祭祀女娲，因而陇城有"娲皇故里"的美称。由此可以看出，葫芦河有着悠久的历史，并为我们积累了丰富的文化财富。

在葫芦河流域居住的是卢水胡，最初被称为"卢水士民"。根据西汉著名的经学家孔安国对《尚书》的考证，在西安国都的西北，也就是在泾渭流域的西北部，即茹水河与葫芦河畔，卢人与彭人居住于此。早在周朝时期，彭人与卢人融合为一族，被称为"彭卢戎"。彭卢戎，即是由义渠戎、郁郅戎、乌氏戎、朐衍戎、彭卢戎合称的五戎之一，他们生活在今甘肃庆阳和宁夏回族自治区南部。由此可见，该地可能就是卢人和彭人的发源地。

6. 祖厉河

祖厉河，位于中国甘肃省中部，兰州市东侧，发源于会宁县南华家岭。《靖远县志》记载：祖厉河，源出祖厉南山，绕城入黄河。祖厉河由祖河和厉河交汇而成，南源厉河是甜水，东源祖河是苦水，祖河和厉河在会宁县城南汇合后，始称祖厉河。祖厉河最终流经靖远县城西的红咀子后注入黄河，同时，由于河水流经地域地层含盐碱较高，水味苦咸，所以又称苦水河。

汉武帝时期，以河流名进行县域命名，所以靖远县在古时被称为祖厉县。同时，中国古代的地理学著作《水经注》中也有记载，祖厉河在汉时称为祖厉川水，是黄河上游较大的支流之一。

祖厉河是中原地区通西域的重要通道，也是古丝绸之路的重要连接点。汉武帝在巡视祖厉县之前，就曾联合被匈奴战败而远遁大夏（今阿富汗北部）的大月氏，从东西两个方向夹攻匈奴。后来，汉武帝派遣张骞出使西域，张骞率百余人从陕西出发，经过祖厉县境西行，于途中被匈奴俘获，羁绊匈奴国十多年。伺机脱身后，取道新疆，翻越葱岭，途经俄罗斯、哈萨克斯坦等国，最终到达出使西域的目的地。张骞出使西域，虽没有完成联合夹击匈奴的使命，但却打开了中原通往西域的道路，为中外贸易和中西文化交流的丝绸之路奠定了基础。因而，祖厉河流域，成为丝绸之路的重要节点，不仅促进了中西方贸易的往来，同时也为地区的开发带来了活力。

祖厉河拥有神奇俊秀的自然景观，为世人所称赞。每年秋收时节，祖厉河两岸金风送爽，河畔被稻花清新淡雅的芳香所萦绕，呈现出一派特有的美丽田园风光。这就是祖厉秋风的自然景观。

祖厉河不仅是丝绸之路的重要通道，也见证了红军三大主力的胜利会师，昂然挺立的红军长征胜利纪念馆，更是不朽的长征精神的庄严告白。祖厉河水静静地向前流淌，历史虽然已经走远，但坚毅的革命精神却在我们的脉搏里深深地扎根。

7. 大通河

大通河，又名浩门河，古名浩亹水，亦称阁门河，属于湟水支流，地处中国青海省东北部，是青海省刚察与祁连两县的界河。大通河名称源自宋代在此河畔建筑的大通城，因此便有了"大通河"的称谓。

大通河发源于天峻县东北部疏勒南山莫日山的东麓和措尕尔当贡卡，横亘于天峻县北部，全长554千米，最终在青海省民和县的享堂入流湟水。

大通河主要流经青海省，下游一段流经甘肃省连城、红古区。大通河干流，先后流经天峻、刚察、祁连、门源、互助和民和六个县域，虽然有百余条支流汇集，但支流均较短，其中河道长度大于50千米的只有永安河。大通河的干流和支流，呈现出羽状水系分布，因而有汇流时间长、暴雨过后洪水过程缓慢的特征。

自春秋战国以后，大通河流域内，渐次有羌人和匈奴人的活动足迹，而且他们处在"少五谷，多禽畜，以射猎为事"的状态。在羌人和匈奴人之后，则有汉族、鲜卑族、藏族、蒙古族、回族和土族先后也涉足祁连山之南的大通河流域，不仅加强了对大通河流域的政治经营，还促进了地区的经济发展，实现了地域的民族融合。

历史记载，明朝洪武十九年，明朝开国功臣、被封为长兴侯的耿炳文率领军队，修筑西宁城。同时，从河州、凉州、南京等地移民徙户至大通河一带，垦荒辟地，开沟修渠，引水灌田，种植粮食、蔬菜等作物，大通河地区由此发展起来。

大通河流域地区最有艺术性的文化艺术是大通皮影戏。大通皮影戏是融合民间美术、音乐、戏曲为一体的一种民间曲艺表现形式，通过光、影、色三者的完美组合形式，形成了独具观赏性的皮影雕刻艺术。2006 年，大通皮影被列入青海省非物质文化遗产名录。2008 年，作为河湟皮影重要组成部分的大通皮影，被列为国家级非物质文化遗产名录。

大通河不仅是丝绸之路的重要节点，同时更是北宋时期开辟新商路的通道。北宋政府为绕开西夏的领土，开辟了从天水经青海而至西域的"青海道"，就要经过大通河。正是新商路的开辟，商贾往来云集，驼铃声声不断，茶马互市，商品荟萃，各族同胞和睦相处，呈现出一片前所未有的繁华景象。

8. 湟水

湟水，黄河上游左岸大的一条支流，位于青海省东部，又称西宁河、乐都河等。湟水名称最早见于汉代，宋代曾称为宗河和邈川水。《水经注》称之为湟水，并有千余字的记述。

湟水发源于大阪山南麓、青海省海晏县以北的噶尔藏岭。流经湟源、西宁、乐都、民和等地区，汇入黄河八盘峡水库。湟水流域位于黄土高原与青藏高原的过渡区域，西起日月山，北面与祁连山、河西走廊相邻，南以拉脊山与黄河干流为界。湟水流经地多有峡谷和盆地，如巴燕峡、湟源峡、小峡、大峡、老鸦峡、享堂峡、海晏盆地、湟源盆地、西宁盆地、平安盆地、乐都盆地、民和盆地等。

在半干旱地区，湟水对流域内乃至黄河中下游地区经济社会发展和人民群众的生产生活有着重大的影响，哺育了汉、藏、土、回等多个民族。湟水干流沿岸交通较为便利，工业门类较为齐全，相对较为发达，商业也有一定程度的发展。

湟水流域的历史文化底蕴厚重，西海郡古城——三角城遗址、湟源县城、藏传佛教圣地——塔尔寺等久负盛名。西汉时所建的西海郡古城三角城遗址是国家级文物保护单位。古丝绸辅道的重要节点——湟源县城有"海藏咽喉"的美誉，在古代是茶马互市的商品集散地，商贸往来频繁，在近现代也曾被冠以"小北京"之名。公元641年，唐朝文成公主和亲进藏，途经此地作短暂停留，而后建有日亭、月亭以纪念公主。此外，该县的排灯艺术还被列入国家级非物质文化遗产保护名录，在悠悠历史长河中不断地传承。藏传佛教圣地塔尔寺所在的湟中县城鲁沙尔镇，是格鲁派（黄教）创始人宗喀巴的诞生地，因其独特的历史文化背景，也深受广大游客的喜爱。

9. 石羊河

石羊河，甘肃省河西走廊第三大河，曾名谷水、马城河、白亭河、大河等；在甘肃河西走廊东段，相传流域内常有石羊出现，故名。

石羊河长约162千米，主要的补给来源是地下水，兼有一定比例的夏季山洪补给。石羊河上游汇集了祁连山东段的冰雪融水和降水，形成古浪、黄羊、杂木、金塔、西营、东大、西大河等多条支流。部分支流的峡谷地带建有水库。河流进入河西走廊后呈现放射状，水流渗漏地底的情况较为严重，地表容易发生断流。而渗漏于地下的潜流露出地表后，形成洪水、白塔、羊下坝、海藏寺等泉水河。这些泉水河由武威市向北方流淌，汇合成石羊河，进入民勤县境后，继续北流，汇入民勤绿洲，最后没入古休屠泽。石羊河流域以春小麦、马铃薯、棉花、甜菜等农作物为主，还盛产白兰瓜和籽瓜，瓜果产量较丰富且味道可口，为流域内外人民所喜爱。

石羊河中下游是丝绸之路东段的主要通道。最著名的当属沙井文化最初发现地——民勤地区了。该区域的沙井柳湖墩文化遗址是我国最晚的、含有彩陶的古文化遗存，现为省级文物保护单位，以柳湖墩为中心，保护范围涵盖四周两千米范围。自1923年瑞典人安特生开展考古发掘工作后，此地陆续发现了六处沙井文化烧陶窑址，并出土了大量生产和生活用具，如石斧、带空石刀、夹砂粗红陶器等。陶窑器形以单耳、双耳圈底罐和圆形鼓腹筒状杯为主，其纹饰以绳纹居多，布纹、蓖纹等次之，并有彩绘的宽窄条纹、垂直三角纹、菱形纹、折线纹及鸟形纹等。铜器主要有铜刀、铜簇等，还有金耳环、绿松石、贝壳、蚌珠等装饰品。这些发现为彩陶文化研究提供了第一手的资料。此外，石羊河流域周边还有火石滩遗址、小井子滩遗址、三角城遗址等古迹，反映了该区域较早时期的人类生产生活状态。20世纪50年代末，中国科学院在专业考察、多番论证的基础上，建立了民勤综合试验站，创造了我国第一个沙生植物园，营造了防风固沙林带，成为三北防护林工程的一部分。

10. 弱水—黑河—额济纳河

弱水—黑河—额济纳河是一条河流在三个流域的不同名称。此河发源于青海省祁连山东麓，流经青海、甘肃、内蒙古自治区，干流全长 821 千米，流域面积 14.29 万平方千米，是中国第二大内陆河。

河流的上源指今甘肃山丹河，以莺落峡为界点，称弱水。河道长 303 千米，流域面积 1 万平方千米。弱水流域降水量丰富，植被生长茂盛，是整个流域的主要产粮区。"弱水"一词始见于《尚书·禹贡》："黑水西河惟雍州，弱水既西……导弱水至于合黎，余波入于流沙。"《山海经》《史记·大宛列传》《汉书·地理志》《后汉书·东夷传》等古籍中对"弱水"一词也均有记载。

自古以来，对"弱水"一词的解释颇多。其中流传最广的是因为水弱不能载舟，甚至连羽毛都浮不起来，故称之为"弱水"。关于这种说法，《海内十洲记·凤麟洲》有相关记载可为佐证："凤麟洲在西海之中央，地方一千五百里，洲四面有弱水绕之，鸿毛不浮，不可越也。"《山海经》中所记载的昆仑之北有水其力不能胜芥，故名"弱水"，也有此意。故后世也常用"弱水"一词形容遥远而凶险，不通舟楫的河流，并不单指一条特定的河流。"弱水"还被赋予与"爱情"相关的深层次含义，所谓"弱水三千只取一瓢饮"指的就是一个人对爱情的专一程度。

弱水与甘州河合流后称作黑河，河道长 185 千米，流域面积 2.56 万平方千米。进入内蒙古境后，称额济纳河，河道长 333 千米，流域面积 8.04 万平方千米。"额济纳"一名则是党项语"亦集乃"的谐音，其意为黑色的水或黑色的河流。但也有说"额济纳"来自蒙古语，是"幽隐"之意。

黑河进入额济纳旗后，在狼心山湖西新村北部分为东西两支，其中东河长 179 千米，西河长 177 千米，最后于居延海汇合，在这里有额济纳三角洲。

额济纳三角洲是巴丹吉林沙漠边缘的一片绿洲，是古时由河西走廊通向漠北的必经之路，在丝绸之路上的位置十分重要。从汉代开始，就在此设立了居延塞，并有居延都尉来守卫整个额济纳河流域。到了隋唐时期，该地域一度为突厥人所控制，宋朝时，西夏人又在此修建了黑水城，是当时西夏的政治、经济、文化中心。元代在此设立了亦集乃路。

额济纳流域水量丰沛，水草丰美，牛羊成群，还有大片的天然林地，是宜农宜牧的好地方，历史上就有"居延大粮仓"的美称。汉代就在此地驻兵屯垦，开辟了大片的农田。直到20世纪50年代还保有较好的生态环境，额济纳河清澈见底。四季长流，居延海碧波荡漾。

到了20世纪60年代，由于上游植被破坏，中游地区过度垦荒，种粮，修建水坝，水资源的过度消耗使得额济纳河的水量急剧下降，水质变差，流域内的草场也开始大面积沙化。胡杨林和红柳林也开始大量枯死。更为严重的是，继1961年西居延海干涸之后，1992年东居延海也随之干涸，整个额济纳的生态环境面临着覆灭的危机。随之而来的沙尘暴则是在席卷了河西走廊之后，进入宁夏平原，对我国整个北方地区都造成了影响。

为了拯救额济纳的生态环境，2000年，国务院作出黑河跨省分水的重大决策并形成定期调水机制，2002年7月和9月对黑河进行了两次分水，将3亿多立方米水注入额济纳绿洲。至此，干涸了10年之久的居延海才获得了新生。

11. 庄浪河

庄浪河，黄河中游支流，古名逆水、丽水，因该河流经的甘肃永登县在明朝时称作"庄浪卫地"，故名庄浪河。藏语称为"野牛河"。《读史方舆纪要》卷63庄浪卫"大通河"条下："又庄浪河亦在卫南，下流合于大通河。"

庄浪河发源于甘肃天祝藏族自治县西部的冷龙岭，汇集雪山间的支流，流经岔口驿、华藏寺，进入永登县境内，最后向南方流淌，注入黄河。山区降水是河流的主要补给来源。河谷宽阔、平直，在古代曾一度是丝绸之路的主要通道，现今交通位置也颇为重要，有兰新铁路、312国道经过。

流域内民风民俗颇有特色，如国家级非物质文化遗产项目——庄浪高抬，以神话传说或历史典故中的相关情节为蓝本，用彩条、绸布装饰山水、花木、禽兽或器物，再装扮承担相应角色的演员，用夸张的手法重构艺术形象，达到衬托人物和情节的目的，具有很高的艺术性和观赏性。清乾隆《庄浪志略·风俗》就曾记载："立春之先日，迎土牛、扮戏彩，以导芒神，士女竞观。"其后发展所形成的高抬社火，为庄浪河流域所独有，展示了该区域民风民俗的独特魅力。

邻近庄浪河的云崖寺以山崖悬空如云而得名，以北魏石窟群而闻名。云崖寺始建于北魏，后经北周、金、元、明、清历代扩建，已形成八寺（云崖寺、大寺、红崖寺、竹林寺、西寺、乔阳寺、金瓦寺、佛沟寺）、三洞（教洞、罗汉洞、千佛洞）、一湾（殿湾）、一潭（滴水潭）的奇特景象，曾为古代丝绸之路的驿站之一。云崖寺石窟闻名遐迩，石雕三佛、四胁侍菩萨等造型逼真。其中，北周大像窟雕一佛二菩萨，佛像面部丰圆，风格浑厚拙朴。其余小龛泥塑秀骨清像，具有北魏晚期至西魏时的明显特征。此外，崖面上还保存着明成化年间（1465—1487 年）的重修题记，观之，使人不禁感慨历史的风云变幻。云崖寺国家森林公园在历史上曾与崆峒山、麦积山、仙人崖等胜地齐名，是坐落在奇峰峻岭中的石窟群，自北魏以来就引得僧道隐士无限向往，如今更为游人所追捧。

12. 讨赖河

讨赖河，黑河支流，又名白河，来自蒙古语"托来"一词。讨赖河发源于青海省北境祁连山，沿文殊山北麓向东北流淌，在酒泉城北，注入鸳鸯池水库，再经大庄子汇入黑河。

讨赖河全长 360 多千米，主要支流有清水河、临水河。流域内的嘉峪关因地缘条件突出，在历史上赫赫有名，自古皆为兵家必争之地，以城防闻名于世。汉代的"玉石障"，唐代的"天门关"，五代至宋代的"玉门关"，无不彰显着该地理位置的重要性。明代洪武五年（1372 年）开始选址建嘉峪关关城，一直到清朝、民国，嘉峪关作为边关重镇的地位不断加强，有"边陲锁钥""天下第一雄关"的美誉。嘉峪关是明代万里长城的西起点，也是古代丝绸之路的交通要道。清代林则徐因禁烟获罪，被贬新疆，途中经过嘉峪关，以诗抒情写下了《出嘉峪关感赋四首》，其一为："严关百尺界天西，万里征人驻马蹄。飞阁遥连秦树直，缭垣斜压陇云低。天山巉削摩肩立，瀚海苍茫入望迷。谁道崤函千古险，回看只见一丸泥"，在抒发个人抱负的同时，展现了嘉峪关的威严气势。

讨赖河北岸伫立着长城第一墩——讨赖河墩，位于高达 80 米的悬崖峭壁上。该墩台是明代万里长城最西端的一座墩台，凝结了古代民众的智慧与汗水，具有独特的象征意义，故因此得名。

此外，流域附近还有甘肃嘉峪关讨赖河大峡谷省级地质公园、亚洲距城市最近的"七一"冰川、国家重点文物保护单位魏晋墓群、国家4A级关城文化旅游景区、长城博物馆、黑山岩画等丰富的自然、人文景观。邻近的嘉峪关新城湿地、野麻湾翻砂泉，则是荒漠地带独有景致，是我国大好山河画卷中浓墨重彩的一笔。

13. 党河

党河，疏勒河支流，位于甘肃省西部，古名氐置水。《汉书·地理志》中记载："龙勒县有氐置水。出南羌中，北流入泽，溉农田。"亦称龙勒水、甘泉水、都乡河等，清代始称党河，是党金郭勒的简称。党金是人名，"郭勒"在蒙古语里是"河流"的意思。有说法认为，党河因羌人居此而得名。"羌"的上古音为 tkang，"党"即"羌"字的化音。《说文》中记载："羌，西戎牧羊人也。从人从羊，羊亦声。"《风俗通》也有论述："羌……主牧羊，故羌字从羊。"

党河上游有两个主要的源头，分别是大水河与奎腾河。河流流经敦煌绿洲，到敦煌市北边注入疏勒河。《清一统志·安西州》中明确描述："今有党河……发源敦煌县东南山中，北流二百余里，折西流百余里，会南来之一水，又折北流达沙州旧城之东，新城之西，流百余里，入苏赖诃，溉田甚广，当即古氐置水。"新中国成立后，由于流域内兴修渠道以灌溉农田，兼之工业、生活用水增加，下游改道后不再流入疏勒河。党河全长390千米，流域面积1.7万平方千米，为甘肃省北部和敦煌两县市工农业生产及人畜用水做出了重大的贡献，为流域内人民所珍视。

党河是敦煌唯一的地面径流，灌溉了40万亩农田，养育了敦煌18万儿女，是敦煌的母亲河，敦煌古城及莫高窟即在党河流域内。从西汉时期到隋唐时期，敦煌因是丝绸之路东段（长安到敦煌）的终点和中段（敦煌至葱岭）的起点，交通区位优势明显，成为丝绸之路上的总枢纽，同时也是当时欧亚大陆政治、经济、文化交流的中心之一，推动了社会进程的发展。国之瑰宝敦煌莫高窟以其丰富的收藏和文化底蕴举世闻名，现保存有从十六国后期至元代各时期的洞窟492个、彩塑2200余尊、壁画4.5万平方米、唐宋木构建筑5座、莲花柱石和铺地花砖数千块，是我国现存最大、内容最丰富的石窟艺术宝库，为我国乃至世界的奇观，吸引着无数中外游客慕名而来。

14. 疏勒河

疏勒河，又名卜吉儿川、布隆古尔河，河西走廊三大内陆河流之一，甘肃省河西走廊内流水系第二大河。古名南籍端水，《汉书·地理志》中记载，"南籍端水出南羌中，西北入其泽，溉民田"。"疏勒"在蒙古语里是"多水"的含义。"疏勒"由"粟特"（古代中亚民族）方言转音而来，概因途经丝绸之路的粟特人而得，在古代伊朗语中，则是"圣地"的意思。康熙年间，清军在安西布隆吉一带擒获噶尔丹三千余部属，为纪念战争的胜利，引用了"疏勒河"这一地名，"疏勒"方在河西走廊名声渐显。

疏勒河发源于祁连山区疏勒南山与陶赖南山之间的疏勒垴。向西北方向流淌，与高山积雪、冰川融水、山区降水汇集后，向北流入昌马盆地，再流过昌马峡进入河西走廊冲积平原，水流呈放射状大量渗漏，成为潜流，形成泉水河，再向北方流至布隆吉，汇合为疏勒河。

疏勒河在史前曾流入新疆罗布泊，由于气候变化和人类活动的影响，现河流下游已退缩到安西西湖一带。在疏勒河的故道边，形成了大小不一的古代绿洲，如昌马绿洲、渊泉绿洲、石包城绿洲、瓜州绿洲、敦煌绿洲、阳关绿洲等，曾是古代商旅临时停歇之处，其中敦煌是最大的一块绿洲。如今，疏勒河是安西农业生产、城镇工业和人民生活用水的水源。全流域已建成百万立方米以上水库五座，改善了流域内水源的供给，其中以双塔堡、党河及亦金峡水库较大。

疏勒河通过整合沿途的零散绿洲，串联了既多元又富有魅力的文化因子，形成了高度繁荣的敦煌文化。疏勒河所流经的阳关道、玉门关道、吐谷浑道、莫贺延碛道等丝绸之路上的重要通道，与屹立在两岸的百余座古代城市遗迹相互辉映，气势恢宏。悠悠历史长河中，疏勒河处在中国对外开放的前沿，推动了河西地区社会经济发展的进程。

15. 开都河

开都河，新疆境内的内陆河，流经和静、和硕、焉耆、博湖等县。开都河蒙古语称"开都郭勒"，源出天山山系的阿尔明山，上源有大、小珠勒都斯河，流淌在水草肥美的尤尔多斯盆地中，在焉耆回族自治县西汇合，称开都河，东南流注博斯腾湖，全长 530 千米，年径流量 33.8 亿立方米。

开都河，俗称通天河、海都河、流沙河，其上源为大、小珠勒都斯河，古时称作敦薨之水。明代，准噶尔部在此游牧，因河流弯曲悠缓的姿态，称它为开都河，沿袭至今。"开都"是蒙古语音译，意思是曲折。《西域同文志》："准语（蒙古语），海都，曲折也。"清代徐松《西域水道记》称之为通天河。清朝平定准噶尔部叛乱之后，于乾隆二十三年（1758 年）改焉耆地名为喀喇沙尔，突厥语意思为黑城，当地人便称开都河为喀喇沙尔河。

开都河发源于天山中部海拔 5000 余米的萨尔明山的哈尔尕特和扎克斯台沟，自西向东流经焉耆盆地，最后注入博斯腾湖，全长 516 千米，总集水面积 1.9 万多平方千米。流域大部在和静县境，最下游在焉耆和博湖县境。河源及上游段在北天山南坡与艾尔温根山北坡间，由东向西流，河源段两岸均有众多山沟汇入，在小珠勒都斯盆地形成沼泽。西流至巴音布鲁克，折向南流 25 千米，又转向东南流，在大珠勒都斯盆地形成大片沼泽。上游河谷开阔，坡度较小，天然良好的草场植被使上游含沙较下游小，是优良的灌溉和工业用水资源，同时连着我国唯一的天鹅自然保护区——巴音布鲁克天鹅湖。沼泽以下进入中游，由西向东穿行于霍拉山与艾尔温根山间，形成峡谷段，为水力资源集中河段，是建水力发电站的最理想地区，现已建成八个水电站。流出山口后为下游，在焉耆盆地继续东流，至博湖县境纳入博斯腾湖。

开都河就是神话小说《西游记》中传说的"通天河"，传说唐僧取经的"晒经岛"就在和静县境内。该河是汉代"丝绸之路"北道必经的一道天险。据记载，汉时，出焉耆城南，河上架有一座苇桥，乃是通向库车、喀什等地的唯一咽喉。

开都河流域自古以来就是人类生息繁衍的重要区域。早在新石器时代就有人类活动，春秋战国时，敦薨人在此游牧。从西汉到清朝，姑师、月氏、匈奴、突厥、鲜卑、铁勒、柔然、回纥、瓦剌、准噶尔等古老民族在开都河畔留下了自己的足迹，他们在此开疆扩土，辗转迁徙，繁衍生息，在中国民族历史上留下了浓墨重彩的一笔。明代，蒙古准噶尔部在此游牧，并称它为开都河。公元 1771 年，蒙古族土尔扈特部落从伏尔加河流域回归祖国，清政府将东归的土尔扈特部落安置在开都河流域的巴音布鲁克草原游牧。如今，开都河畔生活着蒙古、哈萨克等民族，他们依赖河流的滋养，同时也在此地创造了新的繁荣。

事实上，开都河的流经路线并不是固定不变的，现在的开都河与古河道是不重合的。如今，霍拉山边戈壁上有干涸的古河道，还有开都河留下的河道遗迹。据《水经注》记载：汉朝时，开都河西源东流，分为二水，一支向南流经员渠城（汉时焉耆国都城）西面，又折向东南流入博斯腾湖；一支向南分为两支，从员渠城的左右两面绕过，合二为一，注入博斯腾湖。当时焉耆国的都城员渠城，在开都河上游，沿霍拉山向东顺布九城。几经战乱，城区遭到破坏，又兼洪汛河水改道，古河道废弃，后固定为今天的河流，人们随着新河道的形成，迁到现在的城区。

16. 孔雀河

孔雀河，又名皮匠河、库尔勒河、昆其（共琦）河、饮马河，在今新疆维吾尔自治区库尔勒市和尉犁县境内。孔雀河是罕见的无支流水系，源于博斯腾湖，实为开都河下游河段。开都河注入博斯腾湖后，又从湖的西部溢出，是为孔雀河。

"孔雀"，维吾尔语"昆其"（亦写作"共琦"）的谐音，意为"皮匠"，因河边住有制革人，故名。清代随左宗棠平叛的湘军中的秀才将"昆其河"译为孔雀河。光绪至清末，尉犁县段河流一直称为孔雀河；民国时期，库尔勒市的河流段称为库尔勒河；1960年，正式将博斯腾湖西部溢出的河流称为孔雀河。

孔雀河也称饮马河，传说东汉班超曾饮马于此，故称。中国旧地图又称浣溪河或宽柴河，所谓浣溪河，是指游人至孔雀河看到流水清清，洗把脸，掬一口水喝；所谓宽柴河，是指原孔雀河栽了几根木桩，架了三根桥梁外，桥面铺的是红柳枝柴，由此得名宽柴河。

古时将开都河与孔雀河合称为敦薨水，《山海经·北山经》记载："敦薨之水出焉，而西（东）流注于泑泽（罗布泊）。"《水经·河水注》记载："（敦薨之水）出焉耆之北敦薨之山……东南流注于敦薨之薮。"《水经注》也说："其水出焉耆之北，敦薨之山，在匈奴之西，乌孙之东。"唐代称其为淡水。清代徐松《西域水道记》称为海都河："河水又西行三十余里，出山。水又南流二十余里，经库尔勒与军台之间。又西南，凡七十里，经哈拉布拉克军台南。二十余里，又西，经库尔楚军台南而西。凡三百里，仍曰海都河。"

孔雀河流经塔什店，穿越铁门关峡谷，进入库尔勒市，再经尉犁，沿库鲁克山东流，最后注入罗布泊，全程 785 千米。河水一年四季不断流，年径流量 12 亿立方米，常年流量稳定。多年平均流量 45.6 立方米/秒，自然落差 251 米，水能理论蕴藏量 9.64 万千瓦，能开发装机容量 5.66 万千瓦。

上游流经绿洲，河源段水系紊乱，原与塔里木河相沟通，1952 年筑坝后，由人工控制相串通。进入霍拉山和库鲁克山夹峙的铁门关峡谷区为中游段，水流湍急，比降骤然增加到 6%—8%。长 14 千米水流资源集中于此，出峡谷后，为广阔的冲积平原，比降减至 1%，河流由西转向南流，形成大约弯弓形状，为孔雀河三角洲农业区。下游 651 千米，沿塔里木北缘流向罗布泊，两岸多为胡杨林。20 世纪 60 年代以来，由于中上游截流灌溉等原因，下游水量越流越小，最后消失在远离罗布泊的荒漠地区，所以孔雀河的下游又称库鲁克河，维吾尔语意为"干涸的河"。

远在新石器时代，孔雀河流域就已有人类活动。孔雀河古墓沟的发现，把罗布人的历史确凿地引向 3800 年前的古代。位于孔雀河下游地区的小河墓地的考古发现说明，早在楼兰建国的一千多年前就已经有高度发达的文明在此出现，同时也说明当时欧罗巴人已进入亚洲腹地。位于孔雀河古河道北岸的楼兰古城遗址，证实了当时楼兰在此建立了灿烂的文明。

丝绸之路开辟之后，孔雀河一直占据丝路咽喉要道的地位。西域三十六国时，孔雀河流域的国家主要有渠犁、楼兰等，是西域文化发源地之一。公元 630 年，佛教高僧玄奘西天取经也曾途经库尔勒。

西汉神爵年间，西域都护府在今孔雀河三角洲筑有埒娄城，并派军队驻守。以后，埒娄城又演变为东汉的爵离城、北魏的柳驴城和元代的坤间城。清时设三品伯克管理，属喀喇沙尔办事大臣。民国六年设库尔勒县佐，辖于焉耆道。民国十九年改为设治局——焉耆行政区。民国二十六年设县，属焉耆行政督察专员公署。1939 年库尔勒由设治局升为县。新中国成立后，库尔勒县先后成为库尔勒专署和巴音郭楞蒙古自治州党政领导机关的所在地。1979 年 6 月，国务院批准由库尔勒县设置库尔勒市。1984 年，县、市合并。

孔雀河所在的库尔勒地区气候十分干燥，夏季，白天酷热难耐，晚上温度却很低。人们以孔雀河为体系，挖掘了发达的灌溉水渠，开垦出大片农田。此地农产品品种繁多，有香甜可口的瓜果，其中库尔勒香梨享誉四方。孔雀河流域不仅有成群的牛羊，也有许多骆驼；而著名的野生动物主要有天鹅、野鸭等。流域内矿产资源丰富，有煤、天然气、红柱石、云母、蛭石、石墨、铁、锰等矿藏 50 多种，其中红柱石储量为中国之首。

20 世纪 90 年代，库尔勒市开始着手建设孔雀河风景旅游带。孔雀河风景旅游带上起 314 国道孔雀河大桥，下止英下乡太阳岛，全长约 10 千米。风景带河段河面扩展到了原来的 2—3 倍，两岸全由花岗石砌成，道旁是绿化带。孔雀河上建有狮子桥、梨香桥、建设桥、葵花桥、建国桥五座桥梁；河岸两旁建有植物园、孔雀公园、青少年公园、民族风情园四个公园；附近有钓鱼园、梨香园、观景台、风航广场、百花园、孔雀广场、团结花园七处景点。其中孔雀河大桥是目前 314 国道跨越孔雀河上最大的桥梁，桥跨 150 米，宽 24.5 米，是我国西北地区最大的一处拱形钢桥。

17. 乌鲁木齐河

乌鲁木齐河，又名阿勒塔齐河，属内流河，在今新疆维吾尔自治区乌鲁木齐市和米泉市境内。"乌鲁木齐"是蒙古语，意为"优美的牧场"，其源于北天山中段天格尔山北坡，正源出自天格尔二峰附近海拔 3800 米的一号冰川，全长 214 千米。

乌鲁木齐河亦作阿勒塔齐河，清宣统《新疆图志》卷 71 记载：乌鲁木齐河"源出乌可克达坂，东曰库尔齐勒河，西曰阿勒塔齐河，会以北流是为乌鲁木齐河，河北流径迪化城西红山之麓，东引为鉴湖，博克达山水自东南来入之，又北折西流百五十余里，昌吉河自西南会，合流会于固尔班托罗之泊"。

乌鲁木齐河分上中下三游：上游称大西沟，自南流向东北流出山口后，至青年渠 29 千米退水闸；中游称乌鲁木齐河（亦称"和平渠"），从退水闸向北经乌拉泊，向正北横穿过乌鲁木齐市区，至米东区四十里城，共 44 千米；下游称老龙河，自四十里城流向西北至水源地。最后，乌鲁木齐河流入准噶尔盆地南缘米东区北沙窝的东道海子，散流消失于其中。

乌鲁木齐河由两大水系组成——东山水系和乌鲁木齐河水系，东山水系包括源于东山的芦草沟、水磨沟等 15 条小河和山泉，乌鲁木齐河水系则包括发源于南山的水西沟、乌鲁木齐河等大小 10 条支流。因流域内较大河流均为内陆河，且皆发源于山区，降水量多为径流形成区，故径流量在出山口达到最大值；而中下游为径流散失区，径流量随着集水面积的增加而减少，最终消失于茫茫戈壁之中。

由于地处亚欧大陆腹地，乌鲁木齐河流域属中温带大陆性干旱气候，降水量少、冬季漫长，气温年较差大，日均变化剧烈。流域地形分明，有山区、丘陵、盆地和平原，南北高差达 4000 余米，土壤和植被的垂直地带变化十分显著。流域内的天山冰川和永久性积雪，素有"天然固体水库"之称，延绵面积可达 164 平方千米。乌鲁木齐河的补给形式，主要以冰雪融水、降水和地下水为主，因冰川覆盖率和降水的不同，造成了其年径流量变化的差异性特征。同时，因干流多出自山区，并伴有大量冰川积雪，故当春季气温骤升之时，前山积雪逐渐消融形成春汛，加之较强的暴雨，常发生造成严重灾害的大洪水。按其成因划分，乌鲁木齐河洪水可分为冰雪融水、暴雨、混合三大类型。

乌鲁木齐河流域历史悠久，早在新石器时期，便有人类在此地繁衍生息。战国时，该流域属于古代车师人的活动范围。西汉时期，西域都护府派兵屯田于此，其周边区域分布的游牧部落达十数个，史称"十三国之地"。而后，晋、隋两朝逐渐开辟丝绸之路新北道，乌鲁木齐河流域遂于处要冲之地，成为亚欧商贸文化互动与交流的门户所在。

公元 640 年，唐朝中央政府在天山北麓设置庭州（今轮台县），后又派军屯垦于乌鲁木齐河畔；唐中晚期，中原王朝统治渐衰，地方政权不断更迭，战火弥漫，给当地各族人民带来了深重的灾难。清乾隆二十年（1755 年），清政府在乌鲁木齐河流域开始大规模的开发建设，筑土驻军、鼓励屯垦、减轻赋役，其农工商业一度有较快发展，成为"繁华富庶，甲于关外"之所。

乌鲁木齐河流域历来为多民族聚居区，各民族皆视乌鲁木齐为"母亲河"。

乌鲁木齐河作为乌鲁木齐市主要水源，经过百余年的开发利用，基本建成了以农田灌溉、生活供水为主的混合型灌溉区。在乌鲁木齐河之上，人们兴建了"引—输—蓄—配—供"等大批系列骨干水利工程，形成了相为联通、互为调节、高效运行的水利格局。

　　乌鲁木齐河沿河岸建有四大水库——乌拉泊、红雁池、八一和猛进，总库容量达 1.8 亿立方米。因远离海洋，早在 20 世纪 80 年代中期，当地人民便在兴修水利之时，利用红雁池发电厂的温流水进行罗非鱼的养殖活动，并将其建设成为目前东南亚地区最大的罗非鱼和特种水产的养殖基地，年产活鱼高达 1300 余吨。此外，他们还利用乌拉泊水库坝渗水养殖虹鳟鱼，年产值达 50 余吨。

　　如今，乌鲁木齐河创建了三大主题展区，沿渠由南向北依次为原始生态水景区、湿地展示区和水景展示区，为人们提供与水相亲的空间，使其能了解水域的生态与自然，从而更好地开展水域资源的保护与开发。

18. 塔里木河

　　塔里木河，位于新疆维吾尔自治区塔里木盆地北部，史籍中又称塔里木河为葱岭河、计戍河、赤河，据冯承钧所著《西域南海地名》载，梵文称其为 sita。"塔里木"一词，一说系古突厥语，原义为农田，农业；另一种意思是"随意流动、奔跑"，引申义为："脱缰的野马"；还有"（注入湖泊、沙漠的）河流的支流"的意思。《汉书西域传》所称"南北有山，中央有河"，指的就是塔里木河。

　　塔里木河北靠天山，西近帕米尔高原，南倚昆仑山、阿尔金山，由阿克苏河（发源于天山山脉）、叶尔羌河以及和田河（两者发源于喀喇昆仑山）汇流而成，最终注入台特马湖，流域面积达 19.8 万平方千米。塔里木河全长 2137 千米，是中国最长的内流河，仅次于伏尔加河、锡尔—纳伦河、阿姆—喷赤—瓦赫什河和乌拉尔河，世界排名第五。

　　塔里木河最早记载于《山海经》："河山昆仑，潜行地下，至葱岭山于阗国，复分歧流出，合而东注渤泽，至而复行积石，为中国河。"《汉书·西域传》中亦有载，西域"南北有大山，中央有河（塔里木河）……其河有二源，一出葱岭山（今帕米尔高原），一出于阗（今和田），于阗在南山下，其河北流，与葱岭河（今喀什噶尔河和叶尔羌河）合，东注蒲昌海（今罗布泊）……"，其中所记与现今情况基本吻合。按郦道元所著《水经注》记载，北魏时塔里木盆地存在南、北河之分，南河沿昆仑山北麓向东而行，北河则沿天山南麓缘东而进，最后于罗布洼地西部汇合注入罗布泊中。《新唐书·地理志》称之为思浑河，而清《西域图志》和《西域水道记》则称之为额尔勾果勒。

塔里木河流域地处欧亚大陆腹地，属于大陆性暖温带、极端干旱沙漠性气候。塔里木河年径流量变化十分明显，枯水期几乎断流，汛期因河水含沙量大，泥沙淤积快，故河道南北摆动，迁徙不定。1921年，主流下游向北移动，沿孔雀河东流注入罗布泊；1952年，为阻断河水流入孔雀河，当地人民在尉犁县附近筑坝，迫使其干流沿铁干里克故道流入台特马湖；21世纪初，塔里木河至铁干里克处即流入大西海子水库，从而致使台特马湖基本处于干涸状态。

塔里木河补给主要来自上游高山冰雪融水，径流量越往下游越小，具有典型的内陆河水文特征。塔里木河流域有九大水系，均汇流其中，但因人类活动与气候变化等因素，许多支流相继与其失去地表水联系；至2008年，仅与阿克苏河、叶尔羌河、和田河三条源流有联系，其中阿克苏河水约占总流量的五分之四以上，叶尔羌河与和田河则仅占五分之一；而孔雀河可通过扬水站，经库塔干渠从博斯腾湖抽水向塔里木河下游灌溉区，形成"四源一干"的输水、灌溉水利格局。

塔里木河是我国最长的内陆河，堪称塔里木盆地的生命之水，在这广阔无垠的沙漠之中灌溉出片片绿洲，使该流域成为新疆农业开发最早的地区。从公元前1世纪始，汉朝政府就派兵在此屯田。塔里木河流域作为古代"丝绸之路"的南、北道，烽燧、驿站、寺庙、墓葬、古城遗址等至今仍历历在目。地处上游的阿克苏地区更是历史悠久，被誉为"水稻之乡"，其地所产香米曾被列为清朝贡品。

流域内土地资源丰富，流域总面积达102万平方千米，其中灌区面积1883.1万亩。境内矿产种类十分丰富，其中具有巨大开发前景的主要有石油、天然气、蛭石、云母等。流域山区内，亦分布着众多珍稀野生动物，如雪豹、盘羊、岩羊、北山羊、马鹿、棕熊等；平原荒漠区，则分布有塔里木马鹿、塔里木兔、野骆驼、鹅喉羚、沙狐、草原斑猫等，其中塔里木马鹿、塔里木兔是盆地内的特有物种。

塔里木河流域旅游资源丰富，境内不仅有各种自然的奇观异景，如我国最大内陆河塔里木河、最大内陆淡水湖博斯腾湖、"冰山之父"慕士塔格峰、神秘"盐泽"罗布泊、世界第二大流动性沙漠塔克拉玛干沙漠等；而且，还保留有大量的古文明遗址，如克孜尔千佛洞、龟兹古城、阿帕克霍加墓（俗称"香妃墓"）、古楼兰遗址等等。此外，南疆人民在改造严酷自然的同时，创造了许多现代文明，如库尔勒绿洲的香梨园、和田的"千里葡萄长廊"、横穿塔克拉玛干沙漠的"沙漠公路"等等，这些皆为南疆的旅游热点，中外游客常年络绎不绝。

19. 车尔臣河

车尔臣河，位于新疆维吾尔自治区塔里木盆地南部。历史上又称卡墙河、且末河、切锵河、阿耨达水。《水经·河水注》中载："释氏《西域记》曰：'阿耨达山西北有大水，北流注牢兰海者也。'其水北流，径且末南山，又北径且末城西……又曰且末河，东北流径且末北，又流而左会南河，会流东逝，通为注滨河。注滨河又东径鄯善国北治伊循城，故楼兰之地也。"东晋十六国时期，称其为阿耨达大水；南北朝、隋、唐时，则称其为且末河或且末水，似因古且末国地处此流域而得名。清宣统《新疆图志》卷67称其为卡墙河，认为其"有三源，一源出乌鲁克苏，一源出阿格塔克，一源出阿里雅拉克，汇为卡墙河……北流入婼羌县境，汇于罗布淖尔"。今称车尔臣河，有言"车尔臣"为"鄯善"对音，似因汉代鄯善国处此河之畔。西汉于楼兰屯田，横断该河灌溉，三年积粟百万，威服外国。其下游是古代丝绸之路的必经地区，历史上，车尔臣河终端曾注入罗布泊南部，今流注台特马湖。

车尔臣河发源于昆仑山北坡的木孜塔格峰，向北流经且末绿洲后，转而向东北注入台特马湖，是昆仑山—阿尔金山系中最大的河流。

车尔臣河发源于昆仑山木孜塔格峰（海拔6973米）北坡，是昆仑—阿尔金山北麓水量最大且以冰雪融水为主要补给的一条河流。由于冰雪融水的调节作用，其年径流量较为稳定，但因气温变化所致，径流量的季节性变化仍较大。河流全长813千米，且末水文站以上集水面积达26822平方千米，年均径流量5.91亿立方米，年均含沙量7.58千克/立方米。流域地势西南高，东北部低，自然落差达3450米，蕴藏着丰富的水力资源。

以成因和发生时间而言，车尔臣河洪水可分为季节性积雪融水型洪水（3月底至4月初）、夏季暴雨型洪水（多出现在5—8月）和降雨融雪混合型洪水（偶发，4月底）三种类型。

根据历史记录，每年约有2亿立方米的河水通过若羌县境内的台特马湖流入罗布泊，而在近30年内，车尔臣河仅在冬季和洪水季才有水注入至台特马湖，且末和若羌两县每年从车尔臣河的引水量仅3亿立方米。由于流沙阻塞，史载车尔臣河曾三次被迫改道，致使闻名千古的且末古城两度被风沙所吞噬。

车尔臣河流经昆仑山北麓，是塔里木河下游流域的生命线之一，与塔里木河一起维系着塔克拉玛干沙漠东部的绿洲。现今，对车尔臣河的治理已被纳入塔里木河流域的综合治理规划中，这标志着对车尔臣河的统一管理、合理开发及有效保护进入了新的历史阶段。

车尔臣河流域芦苇湿地保护工作已见明显成效，已经产生了环保、经济和社会的三重效益。芦苇湿地为野生生物群体提供了赖以生存的栖息地，新疆珍稀鱼种"大头鱼""裂腹鱼"，对生态环境变化敏锐的塔里木兔、颚喉羚、马鹿等野生动物现已重现踪迹。

车尔臣河沿岸拥有丰富的水、土、矿产资源，农林牧渔业发展良好。其中，"玉石之路"的发祥地且末县即位于此，同时，它也是和田玉山料的主产地。该地所产之玉，不仅玉块大，而且质地温润，早已享誉国内外。而若羌县则以盛产红枣而闻名，先后被国家授予"中国红枣产业龙头县""全国果菜无公害十强县""中国红枣之乡"等荣誉称号。

流域地处南疆，拥有丰富的自然旅游资源，主要有阿尔金山自然保护区、野骆驼保护区、鲸鱼湖、库木库里沙漠等；又因地处丝绸之路要冲，遍布着众多特色古迹，主要有莫勒且河古代岩画、扎滚鲁克墓葬陈列室、楼兰古城遗址、米兰古城遗址、小河墓地、罗布泊等，常年吸引着众多中外游人和探险家。

20. 克里雅河

克里雅河，位于新疆于田县西部，又名于田河。我国多部文献中均有记载，《新唐书》称达德力河，《大唐西域记》称媲摩川，清代《西域图志》称克里底雅河。清宣统《新疆图志》卷67记载：克里雅河"发源于阗南山伊西里库尔，出源北流，经于阗城东，又北流，没于沙碛"。

克里雅河发源于克里雅山冰川，总长 689 千米。从上流河源到下游的灌溉区域，整体落差较大。河流因地势的高低呈现出各具特点的植被景观，上游有高山草甸，中下游谷地有胡杨和柽柳，河流下游在沙漠地带消逝，形成了塔里木盆地南部为数不多的沙漠绿色河谷。中上游河谷自古以来都是进入西藏的重要通道，汉唐时期，克里雅河下游林牧区是丝绸之路南道的一部分，盛行一时。如今，下游的古河道上，仍留存有卡拉当格、玛江勒克古城等遗址。

克里雅河附近有"死亡之海"之称的世界第二大沙漠——塔克拉玛干沙漠，占全国沙漠面积的 43%，是中国最大的沙漠。沙漠内有较多新月形的沙丘，周围有绿洲，古代丝绸之路就在大沙漠的南、北边缘。塔克拉玛干沙漠气候干燥，降雨稀少。晋代高僧法显在《佛国记》中描述了一番景象："沙河中多有恶鬼热风，遇者皆死，无一余者。上无飞鸟，下无走兽，遍望极目，欲求度处，则莫所拟，惟以死人枯骨为标识耳。"与此同时，塔克拉玛干沙漠又是祖国的一块宝地，也是大沙漠特异景观旅游观赏区。沙漠中的海市蜃楼、大漠日出日落、罗布泊的雅丹群等，引人入胜，俨然一派大漠好风光。尤其是沙漠中大量珍贵的古城遗址、古墓遗址，为众多考古学家所神往。

在克里雅河流域，由于河水的冲刷，大小湖泊依次错落。在东北风和西北风的影响下，沙丘不断侵蚀河岸。如今，大片胡杨林是牲畜的天然牧场，为流域群众提供了基本的生存条件，沙进人不退，人口一代代繁衍生息，充分显示出当地农牧民与风沙作斗争的顽强精神。

21. 和田河

和田河，位于新疆维吾尔自治区塔里木盆地南部，旧称于阗河，清代以来称和阗河，20 世纪 50 年代末简写为和田河。"和田"一说是古代尉迟部落的名称，一说是古藏语，是"玉邑"的含义。

和田河发源于昆仑山，由玉龙喀什河和喀喇喀什河汇集而成。上游为崇山峻岭，终年积雪，下游是面积广阔的戈壁沙漠。和田河流域东面邻近克里雅河流域，南面邻近喀拉昆仑山及昆仑山与克什米尔和我国西藏，西面邻近叶尔羌河流域，北面邻近塔里木盆地南部边缘。

和田河是昆仑山北坡最大的河流，由南向北流入塔里木盆地，穿过塔克拉玛干大沙漠汇入塔里木河。和田河流域降水量少，是典型的冰雪融水补给的河流，夏季洪水期内，河水能穿过塔克拉玛干大沙漠，流入塔里木河，而其他月份流到和田以北便消失了。目前，和田河源头的灌区引水不断增加，和田河流量逐年减少。

和田河位于丝绸之路南道，自古以来便是塔里木盆地西部南北间的捷径，是南疆地区重要的粮食、棉花、蚕丝生产基地，尤其盛产美玉。中国玉文化源远流长，常以玉比喻温润君子。关于和田玉的描述见诸《山海经》等先秦文献，其后又有"月氏之玉""隅氏之玉""昆山之玉""于阗玉"的叫法，清称"和田玉"并一直得以沿用至今。和田玉有"玉石之精英"的美誉，在我国乃至世界范围内都久负盛名，品质极为优越，特别是羊脂白玉，因其色泽、功效、低产出率，名扬四海、蜚声国际。

和田河流经之处，融合了多样的民族风情。红白山是和田乃至全国最典型的三教合一（道教、佛教、伊斯兰教）的宗教圣地，历史文化遗迹保存较为完整，邻近约特干遗址、米里克阿瓦提古城等名胜古迹。

22. 阿克苏河

阿克苏河，中国与吉尔吉斯斯坦之间的国际河流，"阿克苏"维吾尔语意为"白水"。

阿克苏流域面积5.2万平方千米，在中国境内的流域面积3.3万平方千米。它发源于吉尔吉斯斯坦境内的汗腾格里峰和阿特巴什山脉，是天山南坡径流量最大的河流，托什干河和昆马力克河是其主要支流。阿克苏河是塔里木河的主要源流之一，两大支流在新疆阿克苏西大桥以上12千米处汇合而成，在肖峡克处汇入塔里木河。阿克苏河地处欧亚大陆腹地，水汽主要来源于西风环流，降水主要集中在山区，且东部多、西部少，垂直地带分布显著，具有干旱地区河川径流补给的垂直地带性和多样性的典型特征，河川径流的补给随流域高程、自然条件和降水形式的不同而不同。总体而言，阿克苏河以冰川融水和降雨为主要补给来源，而高温和降雨主要集中在夏季，夏季水量所占比例最大；冬季主要为地下水补给，水量占年径流量比例最小且变化稳定。径流连续最大四个月发生在5—8月或6—9月，最小月在2月。

阿克苏河流域在中国境内主要肩负着阿克苏地区四县一市、农一师灌区15个农牧团场灌区下辖克孜勒苏柯尔克孜自治州阿合奇县的引水灌溉，是新疆南部的生命之源。自新中国成立以来，流域内汉族、维吾尔族等各族人民共同努力，修建了大量的水利工程设施。流域生态体系伴河而生、依河而存，流域经济以灌溉农业为主、畜牧经济为辅。

近年来，随着全球气候变暖和生态环境恶化，阿克苏河水土流失非常严重，生态防护十分薄弱，已成为南疆洪水暴发频次最高的河流，给沿岸各族群众造成财产损失达 8000 余万元，因此沿河各市县先后启动了阿克苏河生态建设工程。这是一项综合性、系统性、长期性的建设工程，工程点多、面广、线长、任务艰巨。工程建成后不仅能有效减少洪水暴发，保障沿岸各族群众的生命财产安全，还能有效调节气温、涵养水源、保持水土、改善农牧业生产条件和农牧民生活环境。

23. 喀什格尔河

喀什格尔河，也称为"喀什噶尔河"，"喀什噶尔"系古波斯语，意为玉石、玉山，河因喀什噶尔城而得名，此地多产玉石，位于塔里木盆地西部边缘，发源于帕米尔高原与北天山支脉阿里山，流域包括克孜河、盖孜河、库山河、依格孜牙河、博谷孜河和恰克马克河 6 条河流，全长约 1200 千米，流域面积 6.3 万平方千米，最终向东流入塔里木河。

喀什格尔河流域地处沙漠边缘，属于典型干旱性大陆气候，降水量少，蒸发强烈，日照充足，昼夜温差大。河川径流的补给主要以冰川融雪为主，冬春枯水期长，夏季洪水期来水较为丰沛。喀什格尔河流域排水不畅但蒸发强，流域内土壤盐渍化较为严重，生态环境极为脆弱。

喀什格尔河流域是一个古老的灌溉绿洲，灌区基本是靠引用大河水灌溉，具有丰富的光热资源，是棉花、水果等的生产基地。流域内是一个以维吾尔民族人口为主的多民族聚居地区，风景绮丽、区位独特、历史悠久、文化多元。喀什格尔河犹如母亲河一般滋养着这片流域内的古老土地上勤劳、智慧的人们，使得这片有些贫瘠的土地产生了古丝绸之路上重要的绿洲农业区，积淀下了丰厚的人文资源。如今，喀什格尔河仍然泽被沿河两岸的喀什市、疏附县、疏勒县、伽师县、岳普湖县、英吉沙县以及兵团农三师的伽师总场、第 41 团、42 团。

中华人民共和国成立后，在维吾尔族、汉族等各民族群众的共同努力下，喀什格尔河流域内水利工程设施建设获得了长足的发展，初步形成了一定规模的灌溉体系，灌区内有较为完整的引、蓄、调、泄水利工程，有效地改善了灌区农牧业，尤其是农业生产的条件。但由于历史、区域条件和投入不足等多方面的原因，喀什格尔河流域灌区水利基础设施仍比较落后，"春旱、夏洪、风沙、盐碱"等自然灾害制约着灌区农牧业的进一步发展，而逐年增加的人口、不断盲目扩大的耕地面积、对水资源的不尽合理的规划利用等进一步加剧了流域内的水土流失、土地沙化和天然草地、土地退化等生态问题。

如今，为了进一步促进喀什格尔河流域各县市经济的发展和各族人民生活水平的稳步提高，政府对喀什格尔河流域的建设管理也加大了力度，投入了大量人力、物力、财力进一步完善水利工程设施、排水治碱、推广节水灌溉工程、改造中低产田，保护生态环境。随着"一带一路"战略的实施，喀什格尔河流域各县市政治、经济、文化都将迎来新的发展机遇，古老的喀什格尔河也将焕发新的活力。

24. 叶尔羌河

叶尔羌河，古名葱岭南河，又称北河、徙多河、赤河、黑水河、叶河等，位于新疆维吾尔自治区塔里木盆地西南部，源于帕米尔高原喀喇昆仑山口北麓，流经塔什库尔干、叶城、泽普、莎车、麦盖提、巴楚等县，东北流至阿瓦提县肖夹克附近与阿克苏河及和田河汇合为塔里木河。叶尔羌河全长 1037千米，上游处昆仑山系的山区，呈深切的峡谷貌，是新疆与克什米尔间的边界；而后，急流出昆仑峡谷向北，形成众多分支，散布在冲积扇上，灌溉着新疆最大的绿洲之一——叶尔羌绿洲。

清乾隆《西域图志》卷 28 载：叶尔羌谔斯腾"在叶尔羌城北五十里。源出西南葱岭中，屈曲出山，东北流分为二道，过叶尔羌城南，名哈喇乌苏。又东行复合为一，南会听杂阿布谔斯腾，东北行六百余里，入塔里木额尔勾郭勒，东注罗布淖尔"。

叶尔羌，一说取自莎车县的维吾尔语地名，《西域同文志》释为："地为叶尔，宽广为羌"，意为"土地宽广的地方"；一说为突厥语，意为"崖上的城堡"，河因城而得名。

叶尔羌河源头由喀喇昆仑山北坡的拉斯开木河、阿克塔盖两河在山口汇合而成，全长 1037 千米，自西南流向东北，流经喀什地区、克孜勒苏柯尔克孜自治州、和田地区和阿克苏地区，流域面积 10.8 万平方千米，平均径流量 74 亿立方米，是喀什地区的第一大河流。

叶尔羌河水源主要来自冰雪融水、河床西岸岩层涌水及雨水，5—9 月为该河洪水期，12 月至次年 2 月为枯水期。上游地处山谷之中，蜿蜒奔腾，宣泄而下，两岸山峦陡峭，长有红柳、绿草，适宜放牧牲畜，但交通较为不便；下游自喀群山以下，地势渐平，两岸与无垠的平原相连，成为叶尔羌河的主要灌溉区域。

叶尔羌河支流众多，其中最大的支流为库勒钦河，位于乔戈里峰与阿克勒达坂之下，全长 225 千米；此外，还有塔什库尔干河，从阿喀克博依始，全长共 252 千米。流域内，共建有 37 座大中小型水库，6 个水文站。优质的水源、宽广的流域，使叶尔羌河成为喀什地区居民、工农业用水的主要来源。

叶尔羌河位于丝绸之路沿线地区，其中较为著名的丝路重镇有莎车和塔什库尔干。

莎车为两汉时西域强国，故址在今新疆莎车县治叶尔羌一带，水土肥美，农业发达，东南通皮山、于阗，西南通蒲犁、无雷、月氏，西北通疏勒，为丝绸之路南道要冲。秦汉时，莎车即已立国，西汉时已有人口 1.6 万余，武帝时内附，属西域都护府管辖；东汉末年，为疏勒国所兼并；南北朝时，改国名为斫句迦、朱居半，国都为渠莎国占据；唐朝，又属疏勒国；唐朝后期，归回纥汗国统治，莎车王族和土著民族逐渐融合于回纥族。2013 年，莎车县总人口约 80.42 万人。

塔什库尔干，在维吾尔语中意为"石头城"，因城北有一古代石砌城堡，故而得名，位于今新疆维吾尔自治区塔什库尔干塔吉克自治县，汉为蒲犁、西夜诸国地，魏晋时隶属于疏勒国，宋元属于阗，明属叶尔羌辖境的色勒库尔，清光绪二十八年（1902 年）设蒲犁厅。塔什库尔干县是以塔吉克族为主体的多民族聚居地区，共有维吾尔、柯尔克孜、汉等 14 个民族。该区域不仅为古丝绸之路南道、中道交会之处，也是今中巴公路的所在地。

叶尔羌河日夜奔流不息，滋养着两岸的万顷良田，从喀喇昆仑山一路飞奔而下，最终注入滚滚塔里木河之中。生活在叶尔羌河两岸的人民，不仅享受着河流带来的恩泽，也在口耳相传着因百年不遇的大旱，少年叶尔羌为救村民外出寻水源，最终化身为河的感人故事。

作为塔里木河的源头之一，叶尔羌河平均每年向塔里木河输送水量约 1.7 亿立方米，灌溉着塔什库尔干、叶城、泽普、莎车、麦盖提、巴楚等 6 个县和农三师 10 个团场共 433.34 万亩良田，该流域现已成为新疆重要的粮、棉、油和水果产区，开发潜力巨大。

塔什库尔干和莎车地区，矿藏资源、水资源丰富，主产煤、铅锌、铜、铁、金、云母、石英、耐火土、石膏、石灰石、大理石、磷等等；同时，拥有迷人的自然风光——喀尔苏塔克拉玛干沙漠、丝绸古道金草滩，以及神秘的人文景点——莎车王陵墓、莎车阿热勒乡巴依都瓦村祈富台、莎车亚克艾日克乡哈尔加什炮台、塔什库尔干县石头城、公主堡等。

喀喇昆仑公路（中巴国际公路）连接着中国西部与巴基斯坦，北起中国新疆喀什，南至巴基斯坦北部塔科特，穿越喀喇昆仑山脉、兴都库什山脉、帕米尔高原、喜马拉雅山脉、中巴边境口岸红其拉甫山口，全长 1224 千米，是中国通往巴基斯坦及南亚次大陆的交通要道。

25. 克孜勒河

克孜勒河，一名赤河，地处喀什北部，属喀什噶尔河水系。克孜勒河，旧译黑孜河，一名赤河，其名最早见于唐代贾耽所著的地理书籍《四道记》。克孜勒，维吾尔语意为"红色的"，因河水浑浊呈褐色而得名。《新唐书·地理志》载："又六十里至据史德城，龟兹境也。一曰郁头州，在赤河北岸孤石山……赤河来自疏勒西葛罗岭，至城西分流，合于城东北，入据史德界。"辽、宋两朝，皆称克孜勒河。

该河河源位于塔吉克斯坦境内的特拉普齐亚峰（即列宁峰，海拔 6048 米），全长 778 千米，其中约 600 多千米处中国境内，自西向东流经乌恰县、疏附县、疏勒县、喀什市、伽师市和巴楚县，最后与叶尔羌河交汇，共同注入塔里木河。克孜勒河流域面积达 15100 平方千米，灌溉着 215 万亩耕地，170 万亩荒地，是喀什地区第二大河流。

克孜勒河是典型的帕米尔高原混合型河流，由特拉普齐亚峰冰川积雪融水、天山与帕米尔高原各地的雨水和山泉汇集而成。因补给来源丰富，水势亦较为稳定，年均流量为 67.1 立方米 / 秒。其中，每年的 11 月下旬至次年 2

月为克孜勒河的枯水期，最小流量仅为 9.60 立方米 / 秒。

克孜勒河上游地区，因流经山区，水质较为良好，适宜居民生活、牲畜饮用和农业灌溉。中下游地区，遍布第三纪红色泥岩，因其极易被侵蚀，故河流中年均含沙量高达 5.93 千克 / 立方米，然而泥沙颗粒极其细腻，故使整条河流呈红褐色浑浊状，"克孜勒河"也因此得名；加之喀什地区气候干燥，不仅雨量稀少，蒸发还极其强烈，导致河水矿化度高，不适合人类饮用。然而，河水中富含的钙离子与硫酸根离子，对中和、改良碱性土壤有极好的功效，是当地浇灌小麦等农作物的最佳水源。

因此，尽管克孜勒河大部分河段呈红褐色浑浊状，但河中依然生活栖息着野生鲫鱼、尖嘴臂鳞等水生动物和红嘴鸭、野鸭、翠鸟等水禽。克孜勒河上建有大小水库 19 座、水文站 5 个、水电站 2 座，它们对调节克孜勒河水流量起着至为关键的作用。

克孜勒河流域位于喀什地区北部，为西域古国疏勒之所在。疏勒东邻龟兹、姑墨，南达于阗、莎车，西通康居、大宛，为丝绸之路南北两道交接点，又是西越葱岭的必经之地，地理位置十分重要。

今天的疏勒县耕地连片，土层深厚，易保肥、保水，适合栽培多种作物和林木，因地势平坦，可采用农业机械作业。疏勒拥有丰富的动植物资源：动物种类有喜鹊、燕子、布谷、水鸭、野兔、松鼠等，桑蚕养殖业被列为自治区重点之一；植物资源则以小麦、玉米、棉花、油料为主，其次有桃、梨、葡萄、巴旦木、甜瓜、西瓜、小茴香和甘草等。近年来，疏勒县规划建设了张骞主题公园、张骞纪念馆、疏勒历史博物馆、科技文化中心、努尔岚风情园、百果生态园景区、牙甫泉沙漠胡杨林等七个重点旅游项目。

疏勒境内路网纵横，交通便捷，交汇有国道 315 线与省道 214、310、311 线等公路资源，为喀什市的西南门户，也是通往喀什地区南部八县，连通和田、西藏阿里地区的必经之路。

26. 瓦赫什河

瓦赫什河，位于塔吉克斯坦共和国中部以及西北地区，发源于塔吉克斯坦中部阿来谷地的达乌穆鲁克山，向西南方向流经整个哈特隆州，与南面塔阿边境的喷赤河汇合后一道经阿姆达里亚河最终流入咸海。

瓦赫什河是组成阿姆河的第二条河流，由克泽尔河与牟克河汇合而成。牟克河源自费德钦珂冰川，与牟克河汇流后，称苏尔霍布河，在其唯一的左岸大支流鄂毕兴高河注入后，才叫作瓦赫什河。

瓦赫什河上游大多穿流在深山峡谷中，最后150千米才流经棉田与宽阔河谷中，最后汇入喷赤河。瓦赫什河的河槽分成许多岔流。瓦赫什河流域面积3.91万平方千米，河长524千米，总落差835米，多年平均流量645立方米/秒，年径流量202亿立方米，径流主要由融雪和冰川补给，5—9月的径流量占全年径流量的77%。

流域内有227平方千米灌溉农业区，175平方千米可耕地，再加上部分河段河流水质不佳，流域内农业水分供应不足，极为缺水的农业区多达151平方千米。流域年降水量为400—600毫米，7月平均气温30—32℃，极端最高气温48℃；1月平均气温小于0℃；无霜期为250—260天。

瓦赫什河是现代丝绸之路中线上流经塔吉克斯坦的重要河流，塔吉克斯坦拥有丰富的水力资源。瓦赫什河虽然全长不过525千米，但其蕴藏的水利能资源却十分丰富，总量约为5270亿千瓦/年，居世界第八位，占中亚地区一半以上，人均拥有量居世界第一位。塔吉克斯坦境内河流大多经它流入里海，较著名的河流有阿姆达里亚河、喷赤河、瓦赫什河、泽拉夫尚河、斯尔达里亚河、卡菲尔尼干河等。目前，瓦赫什河已有五座电站在并网发电，三座电站（罗贡水电站、桑格图德1号水电站和桑格图德2号水电站）处于建设当中。

27. 纳伦河

纳伦河，亚洲著名大河锡尔河的最大支流，中国古籍称其为真珠河。真珠河特指锡尔河的上游一段即纳伦河，波斯语意为珍珠。汉文史料为"真珠川""药杀水"、叶河、叶叶河。唐代称真珠河，亦称质河，清代称纳林河，今称纳伦河。锡尔河上源由两条河汇成，即北支纳伦河和南支卡拉河，两河汇合后名锡尔河，最后注入咸海。

纳伦河发源于阿克什拉克山冰川，全长800多千米，在吉尔吉斯斯坦境内长535千米。纳伦河集水区面积达5.37万平方千米，占吉尔吉斯斯坦国土面积的27%。

纳伦河源自天山冰川，河水来自天山山脉中部冰川和积雪的融水，流经吉尔吉斯斯坦和乌兹别克斯坦，在费尔干纳盆地东部与卡拉河汇合后称锡尔河，向西流经 700 千米，支流繁多，流域面积 58370 平方千米。

纳伦河是现代丝绸之路经济带中线上的著名河流。纳伦河下游富灌溉之利，费尔干纳大运河即由此河引水。纳伦河从发源地到河口的水位落差高达3000 米，具有巨大发电潜能，仅纳伦河水力发电提供的电力即占吉尔吉斯斯坦全国发电量的 95%。在纳伦河上，建有托克托古尔等三个大、中型梯级水电站。托尔托古水电站位于吉尔吉斯斯坦共和国纳伦河上，坝高 215 米，水库最大蓄水量 200 亿立方米，可以灌溉 40 万公顷的土地，水电站装机 4 台，单机容量 30 万千瓦，总装机容量 120 万千瓦，多年平均发电量 44 亿千瓦时。

28. 泽拉夫尚河

泽拉夫尚河，中亚重要河流，位于阿姆河与锡尔河之间，流经塔吉克斯坦和乌兹别克斯坦境内。"泽拉夫尚"的意思为"含金的"。中国古称那密水、粟特水，今也翻译为泽拉夫善河、柴拉夫香河，始见《隋书·西域传》，后多次记载于中国古籍中。《北史·西域传》《隋书·西域传》和《新唐书·西域传》记述安、米、曹、康、何等国或其都城地理位置时，都以该河定位。

泽拉夫尚河发源于帕米尔—阿赖山脉中的泽拉夫善冰川，南边为泽拉夫善山，全长约 877 千米。泽拉夫尚河原系阿姆河右翼支流，后因水量减小，逐渐渗入阿姆河右岸沙漠中。

泽拉夫尚河是南亚重要的河流，供给南部卡尔希干草原等地广袤灌溉区用水，并滋养了撒马尔罕绿洲和布哈拉绿洲。泽拉夫善河东西长约 650 千米，沿河有许多绿洲和灌溉渠道，土地肥沃，物产丰富，尤以出产瓜果和葡萄酒著称。

泽拉夫尚河谷人烟稠密，尤其在乌兹别克境内，是古代中亚文明的摇篮之一。中古时期，沿河有米、康、曹、何、安等昭武姓诸国，并形成片治肯特、撒马尔罕、卡塔—库尔干、布哈拉等历史古城。泽拉夫尚河谷是中亚文化中心，又是古代中国、印度、伊朗等地的文化交汇处和中西交往的必经之地，也是古代丝绸之路的重要通道之一，沿岸古城撒马尔罕、布拉哈等是古代丝绸之路上的重要城市，东西方商旅往来不绝。

泽拉夫尚河流域重要的建设者是粟特人。最初，粟特人居住于阿姆河与锡尔河之间的泽拉夫尚河流域，他们是丝绸之路上十分活跃的商人。泽拉夫尚河流域自公元前 5 世纪以来，相继出现了玛拉干达、阿弗拉西阿卜、瓦拉赫沙、阿滥谧等城镇，前两者形成康国（即萨末鞬、飒抹建，今乌兹别克斯坦撒马尔罕），后两者形成安国（忸蜜、副货、布豁、捕喝，今乌兹别克斯坦布哈拉）。6—8 世纪初，是粟特地区经济与文化最发达的时期，除为首的康国、安国之外，还存在着另一些城邦国家，如石国、米国、史国、何国、曹国等。这些城邦居民始居祁连山北昭武城，西汉初被匈奴击破后西逾葱岭，到达粟特地区，枝庶皆以昭武为姓，示不忘本，史称"昭武九姓"。

在 3 至 8 世纪，也就是汉末至唐，由于商业利益的驱使以及粟特地区战乱等原因，粟特人沿陆上丝绸之路大批东行，经商贸易，其中许多人移居西域、河西甚至中原内地。粟特人实际上是中古时期丝绸之路贸易最重要的担当者，从北朝到隋唐，陆上丝绸之路的贸易几乎被粟特人垄断。

虽然后来粟特人逐渐融于汉文化之中，但他们曾建设的古城撒马尔罕与布哈拉一直是丝绸之路上重要的城市，如今也是中亚地区重要的历史文化名城和旅游城市。

撒马尔罕，位于泽拉夫尚河谷地，于公元前 6—前 5 世纪由善于经商的粟特人建造，距今已有 2500 多年的历史，号称"东方罗马"，拥有独一无二的建筑艺术。历史上的撒马尔罕是丝绸之路上最大的商贸中心。当年中亚地区最好的建筑师、珠宝匠和学者都涌至撒马尔罕。2000 年，撒马尔罕古城整体被联合国教科文组织评定为世界文化遗产。

布哈拉是一座历史文化名城，是萨曼王朝的政治、经济、文化中心。长久以来，中国、希腊、罗马、印度、波斯、阿拉伯多种文化、宗教在这里互相碰撞，互相吸收，将布哈拉打造成了充满文化气息的城市。哲学、数学、天文学、医学、地理学、文学、史学都处在当时世界领先水平。

泽拉夫尚河历史悠久，文化底蕴深厚，沿岸多历史古迹和文化名城是"一带一路"沿线极具文化特性的重要河流，也是现代中亚地区著名的旅游地。

29. 阿姆河

阿姆河，中亚水量最大的内陆河，古雅利安语称 Wakhsh，《史记》《汉书》

作妫水，"妫"即其略译，始见于《汉书·大宛列传》。古代中亚的希腊入侵者称之为乌许斯河（Oxus），来源于粟特语对河神的称呼。唐代音译为乌浒河，《北史》作乌许水，《隋书》《旧唐书》《新唐书》作乌浒水。阿拉伯语和波斯语称其为质浑河（Jayhūn），《大唐西域记》则记为"缚刍水"。突厥入侵后，称其为 Amu Darya，Darya 在突厥语里就是海或者大河的意思，Amu 意为疯狂的，因阿姆河流量大，自古多洪水泛滥，河道多变。《元史》作阿母河、暗木河，《元朝秘史》称阿梅河，《西游录》称阿谋河，《明史》称阿木河，《西域行程记》称阿木河，均为突厥名的汉译，今译为阿姆河。阿姆河与锡尔河是中亚最富饶的地区，故历史上又常将此两河流域称为"河中地区"，西辽时曾在此设河中府。阿拉伯人常称这一地区为玛瓦尔痕那尔。

阿姆河出自帕米尔高原东南部和兴都库什山脉海拔 4900 米的山岳冰川，西流汇合源出帕米尔高原的帕米尔河，称喷赤河，再曲折西流，汇合瓦赫什河后称阿姆河，向西北流入咸海。流经塔吉克斯坦、阿富汗、乌兹别克斯坦、土库曼斯坦四个国家。

阿姆河是中亚水量最大的内陆河，咸海的两大水源之一，上源瓦赫基尔河位于阿富汗境内，自东向西流，汇合帕米尔河后，成为阿富汗与塔吉克斯坦界河，并改称瓦汉河。此后，先北折再南回，继续西流，自转弯处起称作喷赤河。从右岸接纳了来自塔吉克斯坦的瓦赫什河后，才始称阿姆河。沿阿、塔两国边境继续西流，又依次经过阿富汗与乌兹别克斯坦、阿富汗与土库曼斯坦两国边境，转向西北入土库曼斯坦境内图兰低地，沿克孜勒库姆沙漠和卡拉库姆沙漠之间的乌、土两国交界地带蜿蜒穿行，于乌兹别克斯坦的木伊纳克附近入咸海。习惯上把瓦赫什（Vakhsh）河和喷赤（Pyandzh）河汇合处作为它的起点，到咸海南岸出海长 1415 千米，若从东帕米尔的河源起算，全长 2540 千米。阿姆河支流较多，主要有苏尔哈勃河、卡菲尔尼干河、苏尔汉河和舍拉巴德河等。

阿姆河流域山区冬春多雨，主要补给来自雪山融水。从河口至铁尔梅兹（Termez）可通航，但由于多沙洲浅滩，货运量不大。下游已修筑堤坝，可防洪和引水灌溉。阿姆河流域的主要植物有桧、白杨、柳、鼠李等；鱼类最多的是鲟、鲤和鲑。兽类有野猪、野猫、豺和野兔等；鸟类多达 200 种。居住在阿姆河流域的人民有塔吉克人、土库曼人、乌兹别克人、卡拉—卡尔帕克人、鞑靼人、哈萨克人和俄罗斯人。

阿姆河流域很早就有人类的活动足迹了，其上游流域及入海口三角洲地区是中亚文化的发源地。阿姆河下游、咸海南岸是历史上著名的花剌子模地区，是中亚文明发育最早的地区之一，历史上曾经有过十分辉煌的时期，其文化成就堪称中亚文明宝库中的奇葩。距今3000多年前，这个地区新石器文化已经具有很高的水准。由于位于阿姆河畔，适合以渔猎为生的原始人类居住。到公元前2000年，花剌子模地区的居民开始用原始的方式灌溉耕地，学会了饲养家畜。这里还是中亚最早使用铁器的地区，考古发现了公元前7世纪至公元5世纪的铁制镰刀。当时这里出现了早期的城邦国家和中亚古老的拜火教。

雅利安人也是生活在阿姆河流域的早期民族。虽然学术界对于雅利安人的起源问题有许多争议，但不容否定的是，雅利安人在中亚河中地区曾建立过灿烂的文明，而后又跨越阿姆河，南下到达印度。在希腊人入侵阿姆河上游之前，阿姆河沿岸已经有一个公元前2000多年前的那摩扎文化，土著是东伊朗族，是斯基泰人和塞族人的近亲。

阿姆河流域曾先后经历波斯帝国、亚历山大帝国以及塞琉古王国的统治。公元前3世纪中叶，塞琉古王国衰落，狄奥多托斯宣布独立，建都巴克特拉，即为大夏国。大夏国曾是阿姆河地区重要的古国，中国史籍《汉书》《史记》《山海经》等均有记载，张骞两次出使西域，都曾达到此地。

30. 喷赤河

喷赤河，是中亚大内陆河阿姆河的上游（左源），是塔吉克斯坦和阿富汗的界河。"喷赤"可能源自俄语名 Пяндж 的音译。

喷赤河为内陆河，由阿富汗的瓦罕河和阿、塔边界的帕米尔河汇流而成，河长是1125千米，位于兴都库什山脉和帕米尔山脉之间，西北邻卡尔·马克思峰。喷赤河水源来自帕米尔高原冰川融水，流向西南后转向北，最后又向西南流，与克瓦赫什河汇合后成为阿姆河。《新疆图志·国界志》记载："帕米尔者葱岭之脊，其地纵横各二度，南至兴都库什山，北抵阿赖岭，东起赫色勒牙克，西及喷赤河。"喷赤河处于帕米尔高原的西界，几乎全程穿流于深山峡谷之中，形成很多石滩与瀑布。

喷赤河的上游两岸居住的塔吉克族人与色雷库尔塔吉克人略有语言上的

差别，更接近上古的塞语。

《大唐西域记》中记载的尸弃尼国即定都于苦汗城，亦即今喷赤河东岸的舒格楠，其中心城市是霍罗格。《新唐书·西域传》称为识匿、瑟匿，并记载"开元十二年（724年），授其王布遮波资金吾卫大将军。天宝六载（747年），王跌失伽延从唐军讨勃律而战死。擢其子都督、左武卫将军，给禄居藩"。

乾隆时期，清朝版图曾延伸至巴尔喀什湖和喷赤河。

今天，喷赤河东岸的塔吉克斯坦戈尔诺—巴达赫尚自治州首府霍罗格是新丝绸之路经济带上的一个重要的交通节点，向东有公路可到穆尔加布，向南越喷赤河可进入瓦罕走廊。

31. 瓦罕河

瓦罕河，今塔吉克斯坦喷赤河上源瓦罕河，旧称娑勒川。根据《旧唐书·高仙芝传》记载：天宝年间，攻吐蕃连云堡，"堡中有兵千人，又城南十五里因山为栅，有兵八九千人。城下有娑勒川，水涨不可渡……天宝六载八月，仙芝虏勃律王及公主趣赤佛堂路班师。九月，复至娑勒川连云堡"。

瓦罕河流域是古丝绸之路的一部分，也是华夏文明与印度文明交流的重要通道。历史上著名的瓦罕走廊就是依着瓦罕河而形成的。瓦罕走廊又称阿富汗走廊、瓦罕帕米尔，是阿富汗巴达赫尚省至中国新疆维吾尔自治区境内呈东西向的狭长地带，位于帕米尔高原南端和兴都库什山脉北段之间的一个山谷。

瓦罕走廊北依帕米尔高原南缘，与塔吉克斯坦相邻；南傍兴都库什山脉东段，与巴基斯坦及巴控克什米尔相接；西起阿姆河上游的瓦罕河和帕米尔河；东接中国新疆维吾尔自治区塔什库尔干塔吉克自治县。瓦罕走廊呈东西走向，长约400千米，其中在中国境内的长约100千米，南北宽约3至5千米，最窄处不足1千米；其余300千米在阿富汗境内，最宽处约75千米。中国与阿富汗在瓦罕走廊东端相毗邻，边界线只有92.45千米。

瓦罕走廊平均海拔在4000米以上，属于高寒山区，每年除了6—8月份，均为大雪封山期。中阿接壤的边境地区基本上是人迹罕至的荒漠高原，地形复杂，气候恶劣，不适宜人类生存。但是，该地区是濒危动物阿富汗雪豹和马可·波罗羊的主要栖息地之一。

历史上，瓦罕走廊曾是欧亚大陆地区的古丝绸之路的一部分，是黄河文明与印度文明、中亚文明、波斯文明和欧洲文明交流的重要通道。公元前 6 世纪中后期，这里曾是古波斯帝国的极东部地区；公元前 4 世纪，来自巴尔干半岛的亚历山大东征中亚、南亚的时候也是绕过此地达印度西北部的。公元 399 年，东晋僧人法显从长安沿古丝绸之路西行求佛，从瓦罕走廊过葱岭，他在书中描述经过葱岭的路程是 "上无飞鸟，下无走兽，四顾茫茫，莫测所之，唯视日以准东西，人骨以标行路"。

公元 627 年，唐朝高僧玄奘启程赴天竺（古印度）那烂陀寺，途中也经过瓦罕走廊。公元 747 年，唐朝大将高仙芝率轻骑通过瓦罕走廊灭小勃律国，重新打通丝绸之路。

19 世纪末，由于俄罗斯帝国的侵略扩张，中俄两国曾在包括瓦罕走廊在内的整个帕米尔高原发生争端。同时，俄、英两大帝国由于在中亚内陆地区争夺势力范围，也不断在阿富汗地区发生冲突。为避免进一步的冲突，1895 年 3 月 11 日，英俄签订了《关于帕米尔地区势力范围的协议》，划定两国在帕米尔的势力分界线，将兴都库什山北麓与帕米尔南缘之间的狭长地带划作两国间的 "隔离带"，这条 "缓冲地带" 就是瓦罕走廊。

1963 年 11 月 22 日，中阿两国签订《中华人民共和国和阿富汗王国边界条约》，对包括瓦罕走廊在内的边界进行了划分。此边界线是全世界时差最悬殊的陆地边境，也是全世界海拔最高的陆地边境之一。

如今，瓦罕走廊的主要居民为塔吉克人，他们信奉伊斯兰教，属于游牧部落。居民多用瓦罕语。瓦罕走廊大部分地区都是干旱缺水的沙漠，仅有极少量的耕地，整个瓦罕走廊是阿富汗最为贫瘠的地区。

32. 赫尔曼德河

赫尔曼德河，阿富汗西南部与伊朗东部河流，发源于阿富汗的塞尔塞勒库巴巴山，连接阿尔甘德河与塔尔纳克河等支流。赫尔曼德河，英文名称为 Helmand River，或 Helmund、Hilmand；波斯语作 Darya-Ye Helmand；拉丁语作 Erymandrus。赫尔曼德河为内陆河流，全长 1150 千米，流域面积 38.6 万平方千米，其中 30 万平方千米位于阿富汗境内，是阿富汗最重要的河流。河流由东向西南方向流动，在查哈布贾克附近转向北流，到米拉巴德以北约 50

千米处流入伊朗境内。赫尔曼德河主要支流有瓦尔汉河、穆萨堡河、卡达奈河、哈什河、法拉河以及哈鲁特河等。

赫尔曼德河流域年降水量125—500毫米，年平均250毫米，上游多，下游少，由东向西递减，降水主要集中在12月到次年5月间。赫尔曼德河流域为阿富汗主要绿洲农业区之一，属于人口稠密的富饶地带，赫尔曼德河谷曾经是中亚的旺盛农业中心。但由于土壤侵蚀和盐碱化，现大部分已成为荒漠。阿富汗古城加兹尼和第二大城市坎大哈就位于该河支流阿尔冈达布河和塔尔纳克河两河之间。

加兹尼，又译伽色尼，在喀布尔以南、赫尔曼德河二级支流加兹尼河畔。在今阿富汗东部，临加兹尼河。初建于公元7世纪，当时为重要的佛教中心。10—12世纪时曾是阿富汗第一个伊斯兰王朝——伽色尼王朝的都城。如今，市内存有宫殿、庙宇、环城城墙、城堡等古迹，城郊有伽色尼王朝鼎盛时期的苏丹马茂德的陵墓、11世纪的伽色尼凯旋塔、古佛塔和16世纪阿卜杜勒·拉扎克苏丹的皇陵等古迹。加兹尼城内主要民族有塔吉克人、普什图人、哈扎拉人以及少部分印度人。

坎大哈，中国清朝（近代）史籍译称堪达哈耳、刊得哈尔。坎大哈在公元前330年时由亚历山大大帝建城，是波斯与印度之间的屏障。坎大哈一直是阿富汗南部的商业中心和军事重镇，大部分居民是普什图人和塔吉克人，也有少量俾路支人。坎大哈周围为灌溉农田，农产品主要有小麦、羊毛和水果等。

赫尔曼德河是丝绸之路必经之路，也是阿富汗地区重要的贸易集散地，坎大哈等城市自古即为丝绸之路上的交通中心，是丝绸之路沿线重要的城市，具有重要的战略意义。河流两畔以及流域内留有丰富的历史古迹，如阿赫马德沙（杜兰尼王朝）的陵墓、赫尔盖·沙里夫清真寺等，吸引了大批游客和学者。

33. 哈里河

哈里河，亚洲西部河流，一译"赫里河"，全名鲁德哈内哈里河，英文作Rudkhanen-ye Harirud，土库曼语作Tedzhen，拉丁语作Arius。古代中国称其为搠搠阑河，亦作搠搠兰河、黑扯连。《元史·太祖纪》：十七年（1222年），皇子拖雷"渡捌捌阑河，克也里等城"。

哈里河发源于阿富汗兴都库什山中部的巴巴山，长约 1100 千米，向西流经以赫拉特为中心的肥沃谷地；到伊斯兰堡转向北流成为阿富汗与伊朗的界河，过祖勒菲卡尔又成为伊朗与土库曼斯坦的界河，开始称为捷詹河，并改变为涸河；萨拉赫斯以北进入土库曼斯坦境内，经过棉产区捷詹绿洲后消失在卡拉库姆沙漠的荒地之中。

哈里河地处通往东亚、南亚、中亚、西亚的交通要道，具有十分重要的政治、军事、经济地位。公元前大夏——塞琉西战争期间一次重大战役就发生在哈里河畔，史称"哈里河之战"。公元前 209 年，安条克三世入侵安息。安息国王阿萨息斯三世遂要求大夏国王欧西德莫斯共同抗击安条克。公元前 208 年，大夏—安息联军与叙利亚军队在哈里河畔展开激战。蒙古军队西征的时候，曾经渡过哈里河，毁灭城池、屠杀人民，历史名城马什哈德曾毁于蒙古军队的铁骑之下，而丝绸之路沿线重要城市赫拉特也惨遭洗劫。

哈里河灌溉着阿富汗的一些丰产土地，沿岸城市赫拉特为丝路沿线重要城市，丝路重要城市马什哈德在其支流卡杰夫河谷中。

赫拉特，中国汉朝史籍称乌弋山离国、乌弋，三国魏时史籍作乌弋国，明朝史籍作也里、亦鲁、哈烈、哈喇，清朝史籍译称赫尔拉得。赫拉特坐落在萨菲德库山和菲鲁兹库山之间的一片广袤绿洲之中，因受哈里河及其诸多支流的灌溉，这一带水草丰饶，风景宜人。它是中古时代从中国、印度到西方世界的重要通道和贸易中转站。赫拉特现存许多古迹，包括建于公元 900 年的横跨哈里河的马兰大桥，廓尔王朝统治者于 1200 年修建的大清真寺，14 世纪卡尔特王朝兴建的古城堡，15 世纪帖木儿王朝著名的王后高哈尔·莎德陵墓以及 1634 年建成的规模巨大的地下蓄水池等。因历史上与中国的往来频繁，今城内一些古建筑上还留有中国式样的图案。

马什哈德，位于哈里河支流卡沙夫河河谷盆地。历史上是伊朗北部、中亚与阿富汗间的贸易中心，是黄麻、茶叶和面粉等商品的集散地，后成为伊朗北部通往中亚的商队过境要道和地区贸易中心。

34. 幼发拉底河

幼发拉底河，中东地区重要河流，苏美尔语作 Buranunu，阿卡德语作 Purattu，古波斯语作 Ufrat，希腊语和拉丁语作 Euphrates，《圣经》中作 Perath，阿拉伯语作 الفرات，土耳其语作 Firat。中国史籍中称其为弗利剌河、欧付拉脱江、哀甫拉特河、姚弗里士河等。该河为西亚最长的河流。"幼发拉底河"为希腊文，意为"甜水"；希伯来文为"伯拉河"，意为"大川"。"希伯来人"之名的起源也与幼发拉底河有关，意指"从大河那边过来的人"。《圣经》中称之为"大河"。

幼发拉底河古老、悠久，是许多古文明的发祥地，古希腊、古埃及、古巴比伦、古以色列、古伊朗、土耳其、阿拉伯都曾受惠该河，两河文明、巴比伦文明、美索不达美亚文明、尼罗河文明、古希腊文明和古埃及文明，都曾发源或者滋养于此。

在《圣经》中幼发拉底河作为伊甸园中的四条河流之一被首次提到，第二次被提到是在上帝与亚伯拉罕立约的时候，上帝把"从埃及河直到幼发拉底河之地"应许给亚伯拉罕，这一应允而后通过大卫王的广泛征服得以兑现，那时幼发拉底河是以色列统一王国的东北边界。《新约·启示录》最后一次提到此河，预示将有灾难降临此地。巴比伦王尼布甲尼撒与埃及法老尼哥曾在此河滨血战，应验了先知耶利米的预言。在亚述、巴比伦和埃及的许多古代历史事件的记载中都提到了"大河"。

幼发拉底河发源于土耳其安纳托利亚高原和亚美尼亚高原山区，流经叙利亚和伊拉克。该河源出卡拉苏河和木拉特河，两源在克班以北汇合后称为幼发拉底河，大体上流向东南，最后与位于其东面的底格里斯河汇合成为阿拉伯河，注入波斯湾。该河为西南亚最大河流，全长约 2800 千米，流域面积 67.3 万平方千米。其与底格里斯河共同界定美索不达米亚。

幼发拉底河是从苏美尔到阿拔斯时代美索不达米亚南部古老文化的发祥地。公元前 1000 年初期，该河流域的主要居民分别为南部的巴比伦人，中部的阿拉米人和北部的赫梯人。阿拉米地区后来成为亚述帝国的一部分。幼发拉底河流经叙利亚的一段，后为罗马与安息之间的边境。幼发拉底河是人类最早的发源地，也是两河文明（底格里斯河）的发源地。

幼发拉底河主要靠高山融雪和山区降雨补给，水量较为丰富，但因沿途蒸发、渗漏及大量灌溉，至中下游流量骤减。幼发拉底河在伊拉克的希特附近进入平原地带后，河流沿岸形成伊拉克重要灌溉农业区。因为幼发拉底河的年径流和季节径流均无规律，使得控制洪水和建立适用的灌溉设施成为难题。长久以来，此地先后修建了许多堤防、河堤、水库、河坝、堰、渠及其他排水设施。

伊拉克这个如今饱受战乱纷扰的国家，在很久以前曾经是拥有极其灿烂辉煌文明的地方。被幼发拉底河和底格里斯河所滋润的美索不达米亚平原曾是古巴比伦的所在地，在这片土地上诞生了世界最早的文明——美索不达米亚文明。公元前 4000 年，这里出现了楔形文字。在两河文明的促进下，尼罗河文明逐渐形成发展。在公元前 2000 年至公元前 1000 年，这里曾是西亚最发达的地方，是古巴比伦和新巴比伦的首都。

35. 底格里斯河

底格里斯河，西亚流量最大的河，与位于其西面的幼发拉底河共同界定美索不达米亚。底格里斯河，英语作 Tigris River，古波斯语作 Tigra，希腊语作 Trigres，阿卡德语作 Idiklat，《圣经》中称 Hiddekel，阿拉伯语作 Dijla，土耳其语作 Dicle。中国隋、唐两朝史籍称达曷水、达遏水，清代史籍译称底格尔江、体格力斯河、台格里士河、泰格里河。《圣经》中记述：耶和华神在东方的伊甸立了一个园子，有河从伊甸流出来滋润那园子，河分四道，其中第三道河叫"希底结"，有《圣经》研究学者指出，希底结河极有可能就是今天我们所称的底格里斯河。

底格里斯河源自土耳其安纳托利亚的山区，流经伊拉克，最后与幼发拉底河合流成为阿拉伯河注入波斯湾。两岸自古以灌溉农业著称，伊拉克首都巴格达正位于底格里斯河西岸。自河源至古尔奈，河长 1950 千米，流域面积 37.5 万平方千米，年径流量近 400 亿立方米。

底格里斯河在 5000 年前与幼发拉底河是两条分开的河。直到约三四千年前，由于从两河流域带来的泥沙不断在河口的波斯湾沉积，填出土地来，最后使两河下游在伊拉克南部汇合在一起。两河均发源于亚美尼亚高原。

河水主要靠高山融雪和上游春雨补给，每年 3 月涨水，5 月水位最高。因沿山麓流动，沿途支流流程短、汇水快，常使河水暴涨，洪水泛滥，形成沿岸广阔肥沃的冲积平原，是伊拉克重要的灌溉农业区。沿河建有各种水利工程，其中以巴格达西北部的巴迪塔塔水库最有名。底格里斯河流域与幼发拉底河流域统称两河流域，是古代文明发祥地之一，对世界产生过很大影响。

《圣经》是最早提到底格里斯河的文献。在《创世纪》第二章提到此河是流经伊甸园的四条河之一，在《圣经》中底格里斯河被称为希底结河，其余三条分别是比逊河（Pishon）、基训河（Gihon）及幼发拉底河。底格里斯河中游古代是城市文明所在地，公元前 2000 年前修建了最早的灌溉渠系。阿契美尼德帝国（Achaemenid Empire）覆灭（公元前 330 年）后，这个富饶的地区成为美索不达米亚的政治与商业中心。塞琉西亚（Seleucia）与泰西封（Ctesiphon）分别是塞琉古王国的安息（Parthian）和萨珊王朝的城市，而巴格达与萨迈拉都是阿拔斯（Abbasid）王朝都城，它们皆位于底格里斯河畔。

6000 年来，底格里斯河流淌在巴格达的心脏地带，滋养着两岸的居民。

36. 阿拉伯河

阿拉伯河，在西南亚美索不达米亚平原东南部，由底格里斯和幼发拉底两河在古尔奈镇汇流而成。阿拉伯河流向东南，经伊拉克的巴斯拉港和伊朗的阿巴丹港，注入波斯湾，全程 193 千米。其水道后半部的东岸为伊拉克和伊朗之间的边界。

阿拉伯河沿河多沼泽，并有大油田，是伊拉克和伊朗对外贸易的重要水上通道，也是伊拉克南部沿海油田和伊朗阿巴丹炼油厂的出海口。河宽从数百米到 1500 米，河床深度约 10 米。由于卡仑河泻入大量泥沙，航道须经常疏浚，顺河流入大海的泥沙，使海岸线不断向波斯湾伸展。上游在伊拉克境内；下游约 100 千米是伊朗和伊拉克的界河。

伊拉克最大的河港城市巴士拉坐落于阿拉伯河的右岸。巴士拉南距波斯湾 120 千米，始建于公元前 636 年。它在阿拔斯王朝时代，就已是著名的文化和贸易中心。阿拉伯河在巴士拉以下，在注入波斯湾之前，接纳了最后一个重要支流——卡仑河。卡仑河是伊朗境内最大的河流。卡仑河流域共有油田 21 处，据统计，石油储量和产量均居伊朗首位。其中，马龙、阿加贾里、阿瓦土和加奇萨兰共为伊朗四大油田。同时，它们也是世界著名的大油田。在卡仑河口附近，还有伊朗最大的港口阿巴丹。阿巴丹是世界规模最大的炼油中心之一。

古代幼发拉底河与底格里斯河，也像尼罗河一样定期泛滥，使两河流域的土地得到灌溉和天然肥料。洪水退后两岸淤积下来的大量淤泥，就是生活在这里的居民得以走向定居农业的得天独厚的自然前提。大约在公元前 3000 年前，苏美尔人就开始引水灌溉，使美索不达米亚平原变成了谷仓和花园。

阿拉伯河宽度从巴斯拉的 37 米左右扩展至河口的 800 米。沿有人定居的河岸是枣椰树小树林，靠潮水天然灌溉。卡伦河给阿拉伯河带来大量泥沙，要经常疏浚才可通行吃水浅的远洋轮船。目前的河型大概是相对近期的状况，但其构成形状不稳定。底格里斯河和幼发拉底河可能曾一度经过一条偏西的水道注入波斯湾，而阿拉伯河较低的水道则有可能曾是卡伦河的一部分。

阿拉伯河的归属问题一直存在很大的争议。按照 1847 年奥斯曼帝国和波斯帝国的《埃尔祖姆条约》，阿拉伯河的主权归属奥斯曼帝国。1913 年，两国又签订《君士坦丁堡边界议定书》，规定霍拉姆沙赫尔港一段以主航道中心线为界。伊拉克独立之后，同伊朗于 1937 年再次签署协议，将阿巴丹一段亦改为以主航道中心线为界，其余部分仍归属伊拉克，伊朗使用阿拉伯河航道需要向伊拉克缴纳租用费。

伊朗巴列维国王在位期间国力强盛，多次向伊拉克交涉该河主权问题，1975 年，在阿尔及利亚总统布迈丁的调停下，巴列维同伊拉克总统萨达姆·侯赛因在阿尔及尔签署协议，正式规定两国以主航道中心线为界划分阿拉伯河。

1979 年，伊朗爆发伊斯兰革命，局势动荡，在阿拉伯诸国和美国等国的支持下，萨达姆于 1980 年 9 月 17 日宣布废止阿尔及尔协定，收回全部阿拉伯河主权，致使两伊战争爆发。两伊战争之后，阿拉伯河的航道被大量沉船淤塞，至今未能恢复。

37. 约旦河

约旦河，是西亚地区一条重要的内流河；发源于黎巴嫩与叙利亚之间安蒂黎巴嫩山脉的谢赫峰（又称赫尔蒙峰）。约旦河向南流经以色列和约旦，并在约旦境内注入死海，全长约 360 千米，河流落差达 1200 米，因此水流湍急。希伯来语中"约旦"即为"水流急下"之意。据传希伯来人在渡河时给其命名为"约旦"，而"希伯来人"就是"渡过河而来的人"。今天的约旦国则因约旦河而得名。

约旦河有 3 条河源，分别是哈斯巴尼河、巴尼亚斯河和达恩河，它们交汇于呼勒盆地。河水流经胡呼勒盆地后，注入太巴列湖（加利利海）。从太巴列湖向南，约旦河又接纳了耶尔穆克河、扎尔卡河等三条主要支流，经古尔谷地注入死海。约旦河上游与支流耶尔穆克河为巴勒斯坦和约旦的主要水源；耶尔穆克河下游段到死海的一段为巴勒斯坦与约旦的界河。约旦河多激流险滩，水力资源丰富，目前建有多座水电站。

约旦河谷地实际上是西亚和东非大裂谷的一个组成部分。东非大裂谷平均宽约 10 公里，最窄处在加利利海两端，最宽处在杰里科一带，宽约 24 公里。

由于地处干燥地区，黎巴嫩、叙利亚、约旦、以色列和巴勒斯坦对约旦河珍贵的水资源的依赖程度极高，其水量的 70% 到 90% 被人类利用，致使河流流量骤减，加之死海的高蒸发，共同造成了死海逐渐萎缩。目前，死海南端较浅的水域已经干涸，变为盐滩。

约旦河流域的呼勒盆地年降雨量 550 毫米，植被繁茂；1950 年开始排水造田，现已有耕地 6100 公顷。古尔地区过去荒凉而贫瘠；自 1967 年在约旦河东岸挖成了长约 69 千米的古尔沟渠后，这一带的土地上已经种上了橘子、香蕉、甜菜和蔬菜等经济作物。

约旦河上游，巴勒斯坦从太巴列湖引水输往巴勒斯坦西岸地区。以色列除了修建有呼勒盆地的排水系统及加利利海至贝特谢安的运河之外，还筑成了供水系统，每年从约旦河抽取 3.2 亿立方米水供应中、南部地区。约旦则主要从耶尔穆克河引水灌溉。由于水资源的稀缺，约旦河流域水资源也成为各国重要的战略资源。

在水资源异常珍贵的中东地区，约旦河的地位十分突出，频繁出现在神话传说或文学作品中。相传耶稣就是在约旦河中接受了洗礼，约旦河也因此成为世界各地信徒心目中的朝觐圣地。《圣经》中描述，约旦河滋润了一个肥沃的大平原，由于植被繁茂，被称为"耶和华的花园"；约旦河是数次神迹发生的地点，第一次奇迹发生在耶利哥附近，以色列人在约书亚带领下渡过约旦河；以利亚用自己的外衣击打河水，水就自然分开，他和以利沙两人走干地过了约旦河。

2007 年，国际地球之友（Friends of the Earth International，FOEI）将约旦河地区列为世界上 100 个濒危的生态地点之一。为拯救"奄奄一息"的约旦河，各界人士发起了拯救约旦河的项目。

38. 库拉河

库拉河，英文名为 Kura River，土耳其语作 Kura，阿塞拜疆语作 Kür，库尔德语作 rûbara kur，格鲁吉亚语作 Mt'k'vari，亚美尼亚语作 Կուր，Kur，古希腊语作 Cyrus。Kula 一名有说与波斯皇帝 Cyrus 大帝有关。而其格鲁吉亚名 Mt'k'vari 则意为"好水"。

库拉河是外高加索最大河流，发源于土耳其东北部卡尔斯省（Kars）境内安拉许埃克贝尔山西北坡，河流先由西朝东北流，后转向东南流，经土耳其、格鲁吉亚、阿塞拜疆，最后注入里海。河流全长 1364 千米，流域面积 18.8 万平方千米。河口附近年平均流量 575 立方米 / 秒，年径流量 18 亿立方米。河水主要用于灌溉和水力发电。下游泥沙含量大（2100 万吨 / 年），河口三角洲面积约 100 平方千米，每年向里海延伸约 100 米，河口往上 480 千米可通航。

库拉河支流众多，主要有：左岸的阿拉扎尼河、阿拉格瓦河等；右岸的阿拉斯河、杰别德河、沙姆浩尔河等。库拉河流域在大高加索以南，气候属温带和亚热带的交界处。1 月平均气温在 4℃左右，7 月的平均气温在 25℃左右。流域年降水量约 300 毫米。河水分别由融雪水、地下水、雨水、冰川补给。春季（4—6 月）的径流量占年径流量的 44%—62%，夏季（7—9 月）占 12%—23%，秋季（10—11 月）占 4%—16%，冬季（12—3 月）占 9%—24%。20 世纪以来，因广泛用于灌溉、市政水供应、水力发电，库拉河水量已大大减少。

库拉河流域的居民至少在这里生活了 7000 年，这些古老的低地居民将库拉河称为他们的母亲河，可见此河对于这片区域居民重要性。库拉河流经的主要城市有哥里、第比利斯、鲁斯塔维、明盖恰乌尔等。其中，格鲁吉亚首都第比利斯是库拉河流经的最大的城市。沿岸还有密杰赫城堡、格加尔德修道院等古迹。

39. 马里查河

马里查河，保加利亚语作 Марица，古希腊文为 Εβρος，土耳其语作 Meriç，位于巴尔干半岛东南部。该河源出保加利亚索菲亚以南的里拉山，里拉山为保加利亚著名的远足与滑雪道途经之地。

马里查河河岸边的里拉修道院更被联合国教科文组织列入了世界文化遗产名录。修道院位于索非亚以南 120 千米，公元 927 年修建，1469 年被大规模修复；土耳其统治期间，它发挥着保持保加利亚文化和语言的作用。修道院坐落在草木丛生、极其适合徒步旅行的山谷间，其内的圣诞教堂挂满壁画、闻名遐迩。马里查河至此曲折东流，抵土耳其埃迪尔内汇合登萨河后转向南，注入爱琴海。

马里查河中游是平坦低地，下游为保加利亚、希腊和土耳其界河。长 476 千米，流域面积约 5.4 万平方千米。多石滩，富水力，利于灌溉，埃迪尔内以下可通航。河口形成沼泽化的三角洲，该地区是土耳其西部门户，为国防重镇，生产乳制品、棉纺织、丝织与肥皂等。

马里查河流域为古代色雷斯人文化摇篮。色雷斯人一名用希腊文标示为 Θρακιος，亦译色腊基人，据说源自赫布鲁斯河（今马里查河）一带与希腊人有过交往的一个特定部落之名，到前 7 世纪中叶时已被一般用作诸多部落的统称了。色雷斯人的历史大致可分为两个主要阶段：第一阶段为公元前 6 世纪以前，该时期后期色雷斯人形成大体统一的古代型部落联盟，并开始与希腊人交往；第二阶段为公元前 6 世纪末至前 3 世纪初，为色雷斯人国家和文化发展的黄金时代。色雷斯人曾创造了高度发达的克里特—迈锡尼文明，后被罗马帝国吞并。

马里查河流域内主要产褐煤、泥煤等矿藏，也是著名的农业区，盛产棉花、烟草、葡萄和玫瑰花。马里查河还被认为是偷渡者进入欧洲的主要通道之一。2011 年，超过 5.5 万人越过该河非法进入希腊境内。

40. 穆拉特河

穆拉特河，土耳其语作 Murat Nehri，意为"目的、意图、愿望"。也有学者认为，河名是从古亚美尼亚语 mōrat 派生而来，意为"泥、泥沼"。穆拉特河在新亚述帝国时期名为 Arsania，在古希腊、罗马时期名为 Arsanias，两个名可能都来自亚美尼亚语 Արածանի（Aratsani），一个印欧语系的词根，意为"白色、明亮"。穆拉特河是幼发拉底河的最上源及主要河源，也叫东幼发拉底河，位于土耳其东部。

穆拉特河发源于亚拉拉特山西南约 64 千米、凡湖以北，向西流经山区 722 千米，在凯班以北 8 千米、马拉提亚附近，与卡拉苏河汇合成幼发拉底河上游。

穆拉特河谷为土耳其东部山区的重要通道。从马拉提亚到凡湖以及伊朗的铁路即沿此河谷修筑。河谷中农业以种植谷类、水果、蔬菜和棉花为主。

穆拉特河是土耳其水能蕴藏量最大的河流。1974 年在穆拉特河口的下游、埃拉泽西北约 45 千米处，建成土耳其最大的凯班水坝，设计发电量 1240 兆瓦。凯班水坝为心墙土石坝／混凝土重力坝，最大坝高为 207 米，水库总库容 310 亿立方米，有效库容 250 亿立方米，可进行多年调节。水库最高蓄水位为 845 米高程，回水长度 125 千米，水库面积 750 平方千米，蓄水后可灌溉下游农田 600 万亩，并使其免受洪水灾害。该电站是幼发拉底河上的第一座大型水电站。

41. 克泽尔河

克泽尔河，又译为克孜勒河，土耳其第一大河，土耳其语作 Kizil Irmak，古希腊称哈里斯河。在古代曾被赫梯帝国奉为"母河"，因为其沿岸红褐色土壤被称为红河。

该河源自安纳托利亚中北部的克孜勒山，在锡诺普与萨姆松间注入黑海，全长约 1182 千米，是全程均在土耳其境内的土耳其最长河流。河流地势北低南高，上游地区以高山高原为主，下游及入海口为平原地带。河流先向西南方向流经土耳其中部高原，再流出希尔凡勒水库后折向东北流，穿过庞廷山地，在巴夫腊以北注入黑海，为海岸与内陆间的天然交通要道。

克泽尔河水流量季节变化很大，春季因融雪和降雨水补给，水量最大，夏季水量最少。河流流域面积 7.8 万平方千米，年平均径流量 63 亿立方米。流域内上游气候夏季干热，冬季多雨；下游夏季凉爽，冬季寒冷多雨。平均气温 1 月份在 10℃以下，6 月份在 20℃左右。流域上游年降雨约为 200 毫米，下游至黑海沿岸年降雨量为 1500 毫米。实测最大流量 1045 立方米／秒，最小流量 15 立方米／秒。该河主要支流有代夫雷兹河、代利杰河等。流域所处的安纳托利亚高原土壤贫瘠，大部分为酸性，不利于农作物生长。

古代丝绸之路西段（自葱岭以西直到欧洲是丝绸之路西段，分为北中南三线）南线起自帕米尔山，可由克什米尔进入巴基斯坦和印度，也可从白沙瓦、喀布尔、马什哈德、巴格达、大马士革等前往欧洲，克泽尔河是古代丝绸之路西段南线上毗邻土耳其海峡的河流，克泽尔河也是现代丝绸之路经济带中线上的重要河流。

农业是克泽尔河流域的主要经济类型，种植小麦、大麦、燕麦、玉米、棉花等。同时也发展畜牧业，土耳其是世界少数棉及羊毛制品的产地。此外，克泽尔河大三角洲以产烟草闻名，烟草以及棉花是重要出口商品。工业发展迅速，主要以农业制品、冶金、纤维、汽车和农场机器的生产为主。

克泽尔河虽然不宜航行，但利于灌溉和发电。流域内水资源较为丰富，特别是中下游水量较多，且水位落差大，水能资源丰富。鉴于该河中下游有丰富的水能，土耳其政府已对该河进行了开发。希尔凡勒和凯锡克普吕两大水电工程已动工，可连同克勒克卡莱小水电站向黑海、马尔马拉海和爱琴海地区供电。

第三节 重要湖泊

1. 青海湖

青海湖位于我国青藏高原东北部，青海省境内，西宁市的西北部。青海湖藏语名为"措温布"，蒙古语为 Köke naүur，两者皆为"青色的海洋"之意；古称西海、鲜水、鲜海、卑禾羌海，是我国最大的湖泊，也是我国最大的咸水湖和内流湖。

青海湖整体形状为椭圆形，湖面东西长，南北窄，整个周长约为 300 余千米。其中最长处约为 105 千米，最宽处约为 63 千米，湖面海拔 3260 米，蓄水量达 1050 亿立方米，最大水深 32.8 米，湖水平均矿化度 12.32 克 / 升，含盐量 1.25%。

北魏时期，青海湖的周长号称千里，到了唐代缩减为 400 千米，到清代又缩减为 350 千米。从湖域面积来看，也是逐年递减，由 1908 年的 4800 平方千米到 20 世纪 50 年代的 4568 平方千米，再到 2000 年的 4256.04 平方千米。但到了 2013 年，湖区面积增长为 4337.48 平方千米，其后数年都有小范围的递增。

青海湖为断陷湖，由祁连山脉的大通山、日月山与青海南山之间的断层陷落形成。距今二十万至二百万年前，青海湖是淡水湖泊。形成初期，青海湖所处的地区气候温和湿润，降雨量大，湖水通过东南部的倒淌河流入黄河，与黄河水系相通。后来（约十三万年前），湖东部的日月山和野牛山由于地质的剧烈运动，向上隆起，倒淌河被堵截，青海湖由外流湖变为闭塞湖。原本流入黄河的水流回流入青海湖后形成了尕海（面积 48 平方千米，咸水湖）、耳海（面积 8 平方千米，淡水湖），后又分离出海晏湖、沙岛湖等子湖。再加上周围气候的变化，原来的淡水湖也渐渐演变成了咸水湖。

青海湖的补给来源主要是湖周近 70 余条大小不一的支流，主要有布哈河、沙柳河、乌哈阿兰河和哈尔盖河，其次是湖底的泉水和区域内的降水。青海湖所处地区的气候是典型的高原大陆型气候，日照强烈，全年的日照时长高达 3000 个小时，年日照率达到了 68%—69%。这里春夏短，秋冬长，降雨量少，干湿分明。其中东部和南部的降雨量略高于西部和北部。但其蒸发量远高于降水量，因此气候干燥，多风沙。

青海湖地区生态资源丰富，尤其是鸟类资源和鱼类资源。截至 2014 年 8 月，青海湖地区鸟的种类达到 222 种，有斑头雁、棕头鸥、大天鹅、鸬鹚、秋沙鸭、鹊鸭、凤头潜鸭和斑嘴鸭等。这些鸟类分属于 14 目 35 科，总数高达 16 万只。鱼类则有青海裸鲤和硬刺条鳅、隆头条鳅等。其中青海裸鲤，俗称湟鱼，还是中国的五大名鱼之一。湖区之内，鱼鸟共生，构成了青海湖独特的生态景观。

历史上，青海湖具有极其重要的地理位置，它曾是丝绸之路青海道和唐蕃古道的必经之地。

青海湖的动人之处不仅在于它的自然风光，还在于它丰富的文化内涵。关于它的传说不胜枚举，其中最为人所知的就是西王母蟠桃盛会和唐文成公主抛镜成湖的传说。

西王母是中国古代神话中的重要人物。相传每年农历六月初六西王母都会在青海湖举办蟠桃盛会，各路神仙都会前来赴宴。如今在青海湖畔还有一座西王母的塑像，已成为当地旅游的一个景点。

相传唐朝时期，唐蕃联姻，文成公主远嫁吐蕃。此一去山高路远，可能此生再也不能回到自己的故乡。因此唐皇在公主临行前赐给她一面宝镜，镜中可照出家乡的景象，以解思乡之情。队伍行进到青海湖附近，公主果然思乡难耐，便拿出宝镜一照。看着镜中浮现出她的故乡长安，她不禁泪如雨下。但公主始终记得她嫁到吐蕃的使命，为了今后不被思乡之情所扰，于是毅然决然地将手中的宝镜抛出车外。宝镜承载着公主的思念和泪水，落地之后竟然变成了一片清澈的湖泊，这就是后来的青海湖。

正因为丰富的自然和人文景观，青海湖已成为游客去青海旅游必去之处，周围的主要景点有日月山、橡皮山、海心山，河湖有茶卡湖、倒淌河，古城和寺庙有伏埃古城、北向阳古城、尕海古城、茶卡寺等。

在青海湖地区有一种重要的风俗就是"祭海"。"祭海"顾名思义就是祭祀青海湖。这是当地蒙古族祭祀萨满的传统风俗，萨满教信仰"万物有灵"，山河湖海皆可为神。早在元代，青海地区就有祭祀萨满的风俗，只不过随着时间的推移这些风俗越来越丰富多彩了。因此祭海逐渐由一种单纯的宗教活动丰富为一种当地特有的文化现象。

2. 罗布泊

罗布泊，古称蒲昌海、蓝泽、洛普池、泑泽，位于新疆维吾尔自治区塔里木盆地东部洼地。原有塔里木河、孔雀河、车尔臣河、疏勒河等注入，曾为我国第二大咸水湖。公元 330 年以前，罗布泊水量较多，西北侧的楼兰古城曾扼住古丝绸之路之的咽喉；而后，由于气候变迁、人类水利工程建设等因素的影响，上游来水逐渐减少，导致湖面干涸，现仅存大片盐壳。

罗布泊，历史名称众多，罗布一名系梵语，意为新，一说为九。先秦时的地理名著《山海经》称之为"泑泽"，《汉书·地理志》作"蒲昌海、盐泽"，《水经注》作"牢兰海"，《括地志》称"辅日海、临海"。清乾隆年间的《河源纪略》称其"罗布淖尔"，属蒙古语称呼，意为"多水汇集之湖"。近百年来，由于注入的河水量变化、河道位置变迁等自然原因以及人为的社会因素影响，导致湖泊范围多次变动，因此有"神秘的游移湖"之称。通过卫星照片，罗布泊所在处可见一圈圈环形图像，形状宛若人耳，故被誉为"地球之耳"，其实是罗布泊在逐渐退缩过程中留下的痕迹。

罗布泊曾是中国第二大咸水湖，海拔 780 米，面积约 2400—3000 平方千米，因地处塔里木盆地东部的古丝绸之路的要冲而闻名于世。古罗布泊诞生之初，湖面面积约达 2 万平方千米；后因新构造运动，湖盆地自南向北倾斜抬升，被自然分割成几片洼地。目前，罗布泊位于盆地北面最低、也是最大的洼地之中，这里曾是盆地的积水中心，因古代发源于天山、昆仑山和阿尔金山的水域，皆源源注入其中而形成。历史最盛时期，罗布泊因注入水量多，面积达 5350 平方千米，水深 7—8 米。

由于罗布泊水源主要依靠塔里木河、孔雀河和地下水补给，故湖泊面积的大小会随气候的变化而变化。秦汉时，罗布泊曾是个"广袤三百里"的大湖；东汉以后，气候趋于干旱，至魏晋时期湖面急速缩小；隋唐时，又因山区雨雪增多，水量有所增加。元代，西北气候变干，塔里木河水量减少，罗布泊面积亦有退缩之迹。清代，是近代史上罗布泊的丰水期，据《河源纪略》记载，罗布泊是一个东西二百余里，南北百余里的大湖。

新中国成立后，多次兴起开荒浪潮，内地大批人员迁至西部组成建设兵团，进行土地平整运动，致使塔河两岸人口激增，需水量亦随之大增，塔里木河迅速萎缩，320千米的河道几近干涸。1958年，我国分省地图中，标定罗布泊的面积为2570平方千米；1962年，航测的1∶20万地形图上，其面积已仅为660平方千米；至1972年，罗布泊余450平方千米。干涸后，罗布泊周遭的生态系统受到了重创，草木全部枯死，沙漠以每年3—5米的速度向前推进。从此，罗布泊从繁华中跌落，成为寸草不生之地，被世人称作"死亡之海"。

汉代，罗布泊地区是楼兰王国属地，其国都楼兰城遗址即位于今罗布泊西北岸。楼兰西南通于阗、且末，北邻车师，西北近焉耆，东当敦煌，扼古丝绸之路的要冲。其人属印欧人种，语言为印欧语系的吐火罗语，其地产驴、马、骆驼等，居民以游牧为生，能冶炼兵器。

公元前126年，张骞从西域出使归来，奏呈汉武帝道："楼兰，师邑有城郭，临盐泽"。此后，"盐泽"（即罗布泊）成了闻名中外的古丝路南支的咽喉。而罗布泊"广袤三百里，其水亭居，冬夏不增减"，它的广袤，不断使人猜测它是黄河的上源，故史书有载其"潜行地下，南也积石为中国河也"。而这种误解，伴随罗布泊从先秦至清末，流传了两千年之久。

汉初，武帝派使者往来于西域各国之间。楼兰地当交通要冲，屡次充当匈奴人的耳目，劫掠汉朝使者。元封三年（前108年），汉遣赵破奴等率兵讨伐楼兰，俘获其王。楼兰降汉后，又遭受匈奴攻击，于是只得两面称臣。汉昭帝元凤四年（前77年），汉遣傅介子到楼兰，立亲汉的尉屠耆为王；而后，楼兰更名鄯善，迁都扜泥城（今新疆若羌），向汉朝称臣，原都城楼兰城则由汉朝派兵屯田。

据郦道元《水经注》记载，东汉以后，因塔里木河中游的注滨河改道，致使楼兰严重缺水。为解楼兰之困，敦煌索勒率兵千人赶赴楼兰，又招募鄯善、焉耆、龟兹三千兵士，不分昼夜引水入楼兰。然而，人类无法抵御自然的转变，公元4世纪后，楼兰民众迫于干旱，弃城南移。曾几何时，繁华兴盛的楼兰国，就这样悄无声息地退出了历史舞台。

楼兰古国消失于历史的尘埃中，却吸引了大批国内外的探险者。1900年3月28日，消失千年的楼兰古城被瑞典探险家斯文·赫定和向导奥尔德克重新发现，一时轰动世界，楼兰也被称为"东方庞贝城"。斯文·赫定还系统地提出了一套游移理论，认为罗布泊从南至北的游移周期为 1500 年，是因湖底周期性沉积、抬升而造成。这一理论曾长期为中外学者所接受，但据中国科学家近年的实地考察，已证实罗布泊本就处在塔里木盆地的最低点，也是此地的积水区，湖水只在湖盆内部移动，从未超出湖盆范围以外，湖盆内部湖水的位移，主要受新断块构造运动的影响；而水面的扩大与缩小，则与水文条件的变化有关，绝非斯文·赫定所说的游移湖。

罗布泊地区旅游资源丰富，不仅有汉代的烽火台、汉代营盘遗址、楼兰古城、太阳墓等人文古迹，还有白龙堆雅丹、库木克塔格沙漠、孔雀河、红柳沟等自然风光。罗布泊虽神奇而迷人，但目前仍处于荒漠之中，交通十分不便，很多慕名而来的探险者多选择自驾或是徒步。作为户外探险的热门，已有东、西两个方向可供选择进入罗布泊，东向以敦煌为起点，西向则可以库尔勒或若羌为起点。

此外，罗布泊拥有丰富的钾盐矿藏资源，北部地区钾盐储存量高达 2.5 亿吨以上。预计不久的将来，罗布泊将取代格尔木，成为中国最大的钾盐生产基地。

3. 喀纳斯湖

喀纳斯湖，位于新疆维吾尔自治区阿勒泰专区布尔津县北部，是我国最深的高山淡水湖，有"东方瑞士"之称。"喀纳斯"在蒙古语里，是"美丽富饶、神秘莫测"的含义。

喀纳斯湖与哈萨克斯坦、俄罗斯接壤，东邻蒙古国，是中国唯一与三国交界的地区，也是中国唯一注入北冰洋的额尔齐斯河最大支流布尔津河的发源地；湖面海拔 1374 米，湖水由雪水融汇而成，呈月牙形。湖面会随着季节和天气，水色雾气变化较多，以变色闻名，被誉为"上帝的调色板"。喀纳斯湖生态系统完善，湖中常有动物生息繁衍，湖边植物生长茂盛，湖畔是相得益彰的牧场，素有高寒地区"野生动物大观园"的美誉。湖的南面，至今还保留着一片冰川终碛垄，为科学研究提供了第一手资料。湖东岸的陡崖上，则留存有世上罕见体积的羊背石，让人不禁感叹大自然的鬼斧神工。

喀纳斯湖区生活着约 2000 名图瓦人。图瓦人是中国北方古老的游牧民族之一。隋唐时期被称为"都播人",元代被称为"图巴人",晚清《新疆图志》里称为"乌梁海人"。语言为近似哈萨克语的突厥语,以放牧、狩猎为生,沿袭传统生活方式。现在喀纳斯湖区还存有三个图瓦人村落。

喀纳斯湖以奇美得名,湖中已知有哲罗鲑(大红鱼)、细鳞鲑(小红鱼)、北极茴鱼、江鳕等八种鱼类生活,一直流传着"湖怪"的故事。我国新疆大学一位学者曾意外地发现"湖怪"有可能是大红鱼,这一消息在国内外引起了广泛关注,喀纳斯湖也因为有大红鱼而声名鹊起,成为科学家、游人、猎奇者注目之地。日本等国曾多次提出要和中国联合开展科学考察研究,探索大红鱼的未解之谜。

喀纳斯湖被评为中国最美的第二大湖。湖周边是我国唯一的南西伯利亚区系的动植物分布区,生长有西伯利亚区系的落叶松、红松、云杉、冷杉等珍贵树种。20世纪80年代,以喀纳斯湖为中心,成立了喀纳斯自然保护区。如今,喀纳斯湖正以天工造物、浑然天成的姿态,吸引着中外游客前来观赏,向世人展示着它的秀美风光。

4. 赛里木湖

赛里木湖,位于新疆西部的天山山间盆地,是新疆海拔最高的湖泊。古代曾有"西方净海"之称,因湖泊南面有鄂勒著依图博木军台(即三台),又名"三台海子",在蒙古语里称其为"赛里木淖尔",意为"山脊梁上的湖"。"赛里木"在哈萨克语里是"祝愿"的意思,而据《西域同文志》的解释则是"回语,安适也,居者安之故名"。

赛里木湖基本形似卵圆。湖盆周围有数量较多的石灰岩,因而水中溶入了大量的碳酸钙。同时,因是天山积雪融化成湖,而湖水极其清澈。赛里木湖有着高原湖泊特有的纯自然原始风貌。此外,有典籍记载湖水"水藻鱼类皆所不生",因此赛里木湖又被称为"处女湖"。

春夏秋三季,赛里木湖湖岸地势平坦,植被茂盛,是天山以北规模最大的优良牧场。从古至今,许多中外文人墨客来此游览观赏。元代《长春真人西游记》称其为天池,有"方圆几百里,雪峰环立,倒影池中……左右峰峦峻拔,松桦阴森,高逾百尺"的描述,清代洪亮吉称其为"西来之异境,世外之灵壤",清人宋伯鲁更有"四山吞浩森,一碧拭空明"的诗文,令人赞叹不已。清政府曾于乾隆二十八年（1763 年）将赛里木湖列入每年需要祭祀的名山大川之一。赛里木湖现已划为自然保护区，兼有科学研究基地和旅游价值，已辟为旅游区。20 世纪 70 年代，赛里木湖开始进行冷水鱼类养殖试验，并建起了高山湖泊水产养鱼试验站，还开展了水利等方面的资源勘测和开发利用工作。

赛里木湖在历史上曾是三个必经之地，它既是远征将士、骆驼商队由天山北麓的丝道出入伊犁河谷的要冲，同时也是东去长安、洛阳的要道，还是西去波斯、罗马的要塞，留存有马孙古墓、成吉思汗点将台等历史遗迹。20 世纪 80 年代末，赛里木湖被列为风景名胜区，现正以其独特的自然风光和民族民俗风情吸引着世界的目光。

5. 天山天池

天山天池，是中国新疆维吾尔自治区境内的著名天然高山湖泊，"天池"一名来自清乾隆四十八年乌鲁木齐都统明亮所题《灵山天池统凿水渠碑记》。天池位于新疆维吾尔自治区阜康市南 33 千米处，东距乌鲁木齐市 110 千米，天山博格达峰北坡山腰。湖面海拔 1980 米，湖面呈半月形，面积约 4.9 平方千米，南北长约 3.5 千米，东西宽约 0.8—1.5 千米，平均湖深 40 米，最深处约 105 米，总蓄水量 1.6 亿立方米，是一座在两百余万年前的第四纪冰川活动中形成的高山冰碛湖。湖水晶莹如玉，清澈怡人，系高山融雪汇聚而成。

天山天池以天池为中心，融森林、草原、雪山、人文景观为一体，形成别具一格的风光特色。1982 年，天池风景区被列为第一批国际重点保护的风景名胜区。它北起石门，南到雪线，西达马牙山，东至大东沟，总面积达 160 平方千米。四周群山环抱，绿草如茵，野花似锦；一泓碧波高悬半山，如同镶嵌在天山之上的一颗明珠；挺拔、苍翠的云杉、塔松，漫山遍岭，遮天蔽日；羊群游移、毡房星点，生意盎然。天池东南面就是雄伟的海拔 5445 米的博格达主峰，主峰左右又有两峰相连。抬头远眺，三峰并起，银装素裹，突兀入云，状如笔架。峰顶的冰川积雪，闪烁着皑皑银光，与天池澄碧的湖水相映成趣，构成了高山平湖绰约多姿的自然景观。

天池古称"瑶池"，是传说中西王母宴请周穆王之地，《穆天子传》卷三中："乙丑，天子觞西王母于瑶池之上"记载的便是此事。这一美好的传说，激发了古往今来不少文人骚客的遐想，唐代诗人李商隐曾作诗云："瑶池阿母绮窗开，黄竹 歌声动地哀。八骏日行三万里，穆王何事不重来。"天池共有三处水面，除主湖大天池外，在东西两侧还有两处水面，东侧为东小天池，古名"黑龙潭"，位于大天池以东 500 米处，传说是西王母沐浴梳洗的地方，故又有"梳洗涧""浴仙盆"之称。潭下为百丈悬崖，有如练的瀑布飞流而下，似一道长虹从天而降，形成"悬泉瑶虹"的壮丽景色。西侧为西小天池——玉女潭，相传为西王母的脚盆，位于大天池西北两千米处。西小天池状如圆月，池水清澈幽深，塔松环抱四周，野花点缀其中，风景秀美怡人。

据史料记载，公元 1219 年，道教全真派首领长春真人丘处机曾率弟子西行，一路讲经布道，到达阜康，登临天山瑶池和博格达峰，并写下千古流传的诗篇《宿轮台东南望阴山》："三峰并起插云寒，四壁横陈绕涧盘。雪岭界天人不到，冰池耀日俗难观。岩深可避刀兵害，水众能滋稼穑干。名镇北方为第一，无人写向画图看。"丘处机等人在天池西岸台地上，建起道观铁瓦寺，该寺因铁瓦铺顶而得名。到清乾隆年间，天池道教达到鼎盛，铁瓦寺成为新疆道教的中心。后因清政府将博格达峰作为"永镇西陲"的象征而列入祀典，铁瓦寺随博格达山被称为福寿山而更名为福寿寺。另一种说法是铁瓦寺建于清代乾隆四十一年。据阜康地方志记载，铁瓦寺在历史上曾三建三毁，最后一次毁于"文革""破四旧"的风潮中。

天池以西三千米处是灯杆山，海拔 2718 米，山体长 3000 多米。老君庙、东岳庙就建于此。山顶立有一松杆，上挂清油天灯，昼夜不灭，百姓以天灯为神谕，灯长明不灭预示世道太平，故得名太平灯。天池西南两千米处，有马牙山，海拔 3056 米，山体长五千米，山顶断崖崔嵬，巨石林立，巨石常年在风的剥蚀下形似一排巨大的马牙，因而得名。

此外，天池石门、五十盘天、悬泉飞瀑、鳄鱼吐珠、醴泉隐乳、镇海古榆、东岸靓女、西岸鳄鱼、南湖黄龙、大湾倒影、瑶池风帆、顶天三石、西王母庙、居仙故洞、达摩禅洞、会仙平台、老子故洞、观佛光亭、天池岩画等都是天山天池风景区的著名景点。

1980 年，新疆维吾尔自治区人民政府以博格达峰为中心，建立了天池自然保护区；1982 年，天池风景区被列为第一批国际重点保护的风景名胜区；1990 年 3 月，联合国教科文组织批准中国温带荒漠区博格达峰北麓生物圈保护区加入联合国人和生物圈计划，它以保护博格达峰北麓的生物多样性与天池自然景观为主，为国内以及世界保护与合理利用荒漠提供样板；1990 年 8 月，由联合国教科文组织批准，以天山天池为中心，建立了博格达峰"国际人与自然生物圈保护区"保护网络，保护区面积约 1600 平方千米；2000 年，天山天池被国家旅游局评定为 4A 级风景区；2007 年，天山天池被国家旅游局评定为国家 5A 级旅游景区；2013 年 6 月，第 37 届世界遗产大会将新疆天山列为世界自然遗产，天池景区是天山世界自然遗产的核心组成部分，天山申遗成功后，天池景区以其独特的资源优势、区位优势在新疆旅游业的发展中占有重要地位。

6. 巴里坤湖

巴里坤湖，位于新疆维吾尔自治区东部巴里坤哈萨克自治县西北。古称蒲类泽、蒲类海、婆悉海。元代称"巴尔库勒淖尔"，清代时蒙古语"巴尔库尔"转音称"巴里坤湖"。巴里坤，一说为突厥语"虎湖"之意，一说可能是蒙古语"虎爪"之意，一说可能是古代月氏的语言。

巴里坤湖为断陷盆地汇水而成。夏季，湖面水波荡漾，波光粼粼。冬季，湖面晶莹剔透，美不胜收。湖边的芦苇荡里，各类动物栖息繁衍。在湖畔四周，则有风吹草低见牛羊之景。清代诗人史善长曾以诗文曾赞叹："艳艳溶溶波一片，寸苇纤鳞都不见。围三百里磨青铜，历万千年澄匹练。"

巴里坤湖是咸水湖，它作为盐湖的记载，始见于清代。清人史善长的《蒲类海》描述："围三百里磨青铜，冻合天河总不冰。"湖水盐度极高，极少结冰。巴里坤湖盛产高品质的芒硝和食盐。湖畔已建起生产元明粉、硫化碱等产品的化工厂，产品销往国内外。

流域内有巴里坤马、巴里坤山羊、蒙古黄牛、草兔等野生动物，并出产鹿茸、金银线盘绣花帽等特色产品。其中，巴里坤马以体矮、健壮、善走、适合于妇女儿童乘骑而闻名。巴里坤湖附近自然人文景观丰富，镇海碑、任尚碑、石人子古墓葬遗址、唐伊吾军屯田古城遗址、巴里坤鸣沙山等吸引着众多游客。以凿制著称的巴里坤塔勒巴斯陶岩画，以数个点连成画面而闻名。其内容主要是动物图，多彰显雄性性别。陶岩画中人物形象比较少，大多是站立射猎的姿态，并刻有光芒四射的太阳图像。据有关资料分析，岩画中的刻画符号可能是游牧民族的印记或口号。

7. 艾比湖

艾比湖,位于新疆维吾尔自治区阿拉山口的东南部,有"盐海"之称。《西域图志》《西域同文志》中均称其为"布勒哈齐淖尔"。"艾比"是蒙古语,是一种地方风名。据说这种狂风从南面吹来,能融化湖盆北部的积雪,故当地蒙古人以"艾比"风名作为湖泊的命名。

艾比湖是地堑性质的构造陷落湖,汇集博尔塔拉河、精河、古尔图河、四棵树河、奎屯河的水源;海拔高为189米,水深平均不到2米,是准噶尔盆地最低点。"旱不竭,潦不增。"湖盆基本形似椭圆,近几十年受工农业、生活用水等方面的影响,湖面日益缩小。湖中有盐水虾,常成片、成带地出现,将湖水染为赤色,颇具观赏性。艾比湖含盐量高,周边建设有盐场,食盐多销往伊犁地区。

以艾比湖为中心,成立了艾比湖湿地国家级自然保护区。它是"世界重要湿地"的成员单位、国家级林业科普基地、我国生物多样性保护的重要地区。保护区得天独厚的自然条件和较完整的生态系统,具有典型性、多样性,野生动植物具有蒙古与中亚区系的过渡特征,荒漠植物种类丰富。有国家一级保护动物8种、二级保护动物30种,国家二级保护植物12种,还有1种就是极其珍稀的孑遗类桦树。保护区内丘陵、湖泊、沼泽、盐沼、荒漠、盐漠、石漠、沙漠等自然景观连为一体,彰显纯天然、原生态的景致。

该区域毗邻的阿拉山口口岸是新疆最著名的"风口",大风体现了自然生态系统演变过程和方向,是生态科研的理想基地。自艾比湖湿地国家级自然保护区建立以来,众多中外专家学者来此进行生态考察、科学研究,为保护艾比湖、促进湖泊及自然保护区的发展献计献策。

8. 博斯腾湖

博斯腾湖,我国最大的内陆淡水湖,又称巴格拉什湖,蒙语称博斯腾尔,意为"站立",因湖中屹立着三道湖心山而得名;维吾尔语称巴格拉什,意为"绿洲"。博斯腾湖古称"西海";西汉年间由汉西域都护府管辖,称"秦海";唐代受唐安西都护府管辖,称"鱼海",因湖内生产淡水鱼而得名;清代中期更名为博斯腾湖，一直沿用至今。此外，《汉书·西域传》中的"焉耆近海"、《水经注》中的"敦薨浦"，均指此湖。

博斯腾湖为开都河尾闾，孔雀河河源，位于新疆天山支脉库鲁克山南麓，塔克拉玛干沙漠北部边缘的焉耆盆地内，地处新疆维吾尔自治区巴音郭楞蒙古自治州和硕、博湖两县之间。

博斯腾湖属于山间陷落湖，湖水面积 980 多平方千米，海拔 1048 米。博斯腾湖湖面东西长，南北窄，略呈椭圆形。湖体分为大湖区和小湖区两部分，大湖的面积近千平方千米，小湖的面积仅有百余平方千米。汇入湖泊的河流主要有来自西北的开都河、乌拉斯台河、黄水沟、清水河等，多年平均入湖径流量为 26.8 亿立方米，经西南部的孔雀河排出，平均每年出流量为 12.5 亿立方米，穿铁门关峡谷，进入库尔勒地区，最后汇入罗布泊。

博斯腾湖水量充足、资源丰富，湖畔及流域内是非常适合人类居住的绿洲。这里早在新石器时代就已有人类活动，当时人们以狩猎、畜牧为主要生计方式；距今 4000 至 2000 年的人们生活在这里主要以农业为主，兼营畜牧业。这一时期的历史因缺乏资料，尚未有明确和翔实的记载。

最早记载博斯腾湖的湖畔国家是古焉耆国、危须国地，两国大致位于今新疆焉耆县和和硕县，是古时西域地区重要古国。张骞出使西域之后，西域与中原地区的联系更加紧密，博斯腾湖区域成为丝绸之路上的重要站点。在东汉永元二年（90 年）以后，焉耆国兼并了邻近的乌垒、危须、捷技、尉犁诸国，成为丝绸之路上称雄一时的强国，管辖博斯腾湖以及大部分流域地区。焉耆是一个以灌溉农业为主的城邦国家，因其独特的地理位置，成为西域的经济、文化强国，但同时也成为汉、匈常年征战之地。

魏晋南北朝时期，博斯腾湖地区依旧战乱不断，焉耆先后被柔然、高车所控制。后来，焉耆龙姓王族重新执政，焉耆国再度振兴。隋唐时期，古焉耆国逐渐安定下来，成为安西都护府四镇之一，并建置了焉耆都督府。安史之乱（755—762 年）后，焉耆被吐蕃占领，后又归属漠北回鹘汗国。9 世纪60 年代，焉耆归东部的高昌王统治，直到 13 世纪末，焉耆国不复存在，随后纳入到察合台汗国的统治。

自元太祖十三年起，部分蒙古人从辽阔的北疆大草原迁徙到博斯腾湖两岸居住，过着逐水草而居的游牧生活。明朝时期，因国力较弱，势力没有扩张到西域地区，博斯腾湖及其流域地区被西域各政权所争夺和管辖。明万历年间，居于其中的蒙古族鄂岳奇所属部分部落迁往俄国额济勒河流域（今伏尔加河）一带居住。1680年，准噶尔部进入天山以南诸地区，灭亡叶尔羌汗国，管辖焉耆故地。清朝统一新疆后，在焉耆设立办事大臣，改地名为喀喇沙尔。而后远迁俄国的蒙古族人因不甘忍受沙皇俄国统治者的压迫和奴役，于清乾隆三十六年，在土尔扈特部首领渥巴锡率领下，土尔扈特、和硕特部历经千难万险回归中国居住。乾隆受其爱国情怀感动，特封和硕特部放牧于开都河下游至查罕通格山一带，也就是今天的博斯腾湖沿岸。如今，博斯腾湖附近居住着蒙古族、维吾尔族、回族、汉族等民族，各民族携手共进，共同开发、利用和保护着博斯腾湖。

博斯腾湖拥有丰富的渔业、芦苇等自然资源，是我国最大的有机鱼生产水面、新疆最大的渔业生产基地和全国四大芦苇区之一。据《隋书》记载、此湖有"鱼、盐、蒲、苇之利"。博斯腾湖共有鱼类30余种，主要有草鱼、鲤鱼、鲢鱼等，较出名的为赤鲈，也就是俗称的五道黑。长久以来，博斯腾湖是流域内居民赖以生存的母亲湖，各民族在此创建了灿烂的民族文化。

20世纪60年代后，由于库尔勒地区工农业用水量不断增加，每年要求加大出湖水量，造成湖区水位下降，湖面缩小，湖水矿化度逐年升高，今已演变成一个微咸水湖泊。80年代之后，博斯腾湖开始发展旅游业。2014年5月27日，全国旅游景区质量等级评定委员会评定博斯腾湖景区为国家5A级旅游景区。博斯腾湖沿岸景区可分为四片景点，即金沙滩和银沙滩、大河口与落霞湾、阿洪口及莲花湖、扬水站和白鹭洲。民族节日与民俗活动也是该景区极具特色的旅游项目。自然风光与民族文化一同构成了博斯腾湖旅游景区的独特风景，使得自古以来被誉为"瀚海明珠"的博斯腾湖在新时代里继续熠熠生辉。

9. 艾丁湖

艾丁湖，位于新疆维吾尔自治区吐鲁番盆地最低洼处，湖面比海平面低155米，是中国大陆的最低点。艾丁湖维吾尔语意称为"艾丁库勒"，是"月光湖"的意思，该湖以湖的形状随湖水补给来源增减而变化，犹如月光形状的盈缺，故名。艾丁湖又名觉洛浣，在维吾尔语里的意思是荒漠湖，以湖的南侧有觉洛塔格而得名，觉洛塔格意为草木不长的荒山。

吐鲁番盆地为中国天山东段南侧封闭性山间盆地，艾丁湖是吐鲁番盆地地表径流的归宿点。艾丁湖的水源来自博格达山的河川径流、火焰山的泉水以及山前平原地带的坎儿井水，均以地下水的形式补给艾丁湖。唯有白杨河以地表径流的形式，经托克逊灌区的余水流入艾丁湖。艾丁湖是"火洲"中的水盆，蒸发旺盛。随着吐鲁番盆地地表、地下水源的开发利用，艾丁湖除西南部尚存很浅的湖水外，其余大部是皱褶如波浪的干涸湖底，远远望去，白茫茫一片，晶莹的盐结晶体、盐壳和硝岩，在阳光下闪闪发光，如同珍珠，更似寒夜晴空的月亮。目前，湖水面积大幅度缩小，面临着干枯的危险。

艾丁湖周边留存有西汉姑师（车师）族墓地。出土文物中以陶器为主，有彩陶和素陶两种。彩陶均外饰红色陶衣，绘黑彩；素陶以红陶为主，多数外饰红色陶衣；还有少量灰陶。彩陶器六十余件，有壶、罐、钵、杯、碗、鼎等器皿。纹饰有弯月形纹、竖条纹、三角形纹、宽带纹、变体三角形纹、柳叶状纹、人字纹、云头纹、锯齿纹、半月形纹、宽带纹内加网纹等。素面陶器八十余件，有壶、罐、钵、杯、碟、碗、盂、盆、缸、勺等。此外，还发现有石纺轮、磨刀石、带扣动物纹铜饰牌、铜带钩、铜镜、铜镞、铁镞、金箔花等文物。其中，素面铜镜的形制与内蒙古西沟畔匈奴墓相似，陶器的形制、彩陶的图案同鄯善苏巴什古墓类同。年代约当中原春秋战国时期，具有鲜明的民族特色。

10. 伊塞克湖

伊塞克湖，位于吉尔吉斯斯坦国境内，是天山上的构造陷落湖。玄奘在《大唐西域记》中谓为"大清池"。《大慈恩寺三藏法师传》写道，"清池亦云热海。见其对凌山不冻，故得此名，其水未必温也……周千四五百里，东西长，南北狭，望之森然，无待激风而洪波数丈"。突厥语作"伊塞克廓尔"。清代称为特穆尔图淖尔、图斯池。

伊塞克湖地区为西突厥活动中心，丝路北道必经之地，往来商贾集结之所。玄奘西天取经西行时曾经路过这里。

伊塞克湖湖底发现有古城堡遗迹，越来越多的考古学家们也表现出了浓厚的兴趣。他们已经从湖底打捞出一些古代的生活用品和古钱币，经鉴定是成吉思汗时代的物品。人们对伊塞克湖湖底秘密的猜想和推测越来越多，其中最受瞩目的是：成吉思汗墓在湖底。吉尔吉斯斯坦国不少历史学家和考古专家支持这一推断。据说，成吉思汗去世后，其后人秘密地将他的遗体和众多财宝运到湖区，并制作了巨大的石棺，将遗体和财宝装入其中，沉入湖底。

伊塞克湖曾为中国领土，清俄于 1864 年的《勘分西北界约记》签订后被割让给了俄罗斯帝国。苏联成立后将该湖地区划归吉尔吉斯斯坦至今。

伊塞克湖东西长 178 千米，南北宽 60 千米，面积约 6236 平方千米，湖容 1738 立方千米。湖面海拔 1608 米，平均水深 278 米，最深处达 668 米，水中盐度 5.8‰，是高山不冻湖。在世界高山湖中，伊塞克湖的面积仅次于南美洲的喀喀湖。伊塞克湖的湖深居第一位，湖水透明度超过 12 米，湖水含盐量较高，故又称"盐湖"。

伊塞克湖湖区气候干燥，湖水碧蓝，矿泉比比皆是。周围为天山山脉所围，南岸紧邻从属天山山脉的泰尔斯山，形成伊塞克湖盆地，伊塞克湖盆地由第四纪的湖泊淤积构成。汇入河流共有 50 余条。湖区位于大陆性气候带中部，气候温和干燥。1 月平均气温 −6℃，7 月平均气温 15℃—25℃。年降水量约 200—300 毫米，山地地区可达 800—1000 毫米。蒸发量大，达 820 毫米。近 40 年来，湖面下降约 2 米。

伊塞克湖地区居民多为吉尔吉斯人和俄罗斯人，也有许多乌克兰人、鞑靼人、乌兹别克人和东干人。有普尔热瓦尔斯克和伊塞克两个城市，以及数百座村庄。大多数人口集中在普里斯库里东部。居民以务农为主，种植小麦、马铃薯、蔬菜和药用罂粟，也饲养牲畜。湖中有船只定期往返，以载运货物和乘客。与其他地区联系则有公路、铁路和空运。

湖中有 20 种以上的鱼类。基本的商业鱼为无鳞奥斯曼鱼和一般鲤鱼等。湖东、西岸是水鸟过冬之地，过冬鸟主要有潜鸭、绿头鸭、秃头蹼鸡和水鸭等。1948 年建立了伊塞克湖野生动物保护区。湖滨四周和 1.6 千米的湖岸区内禁止狩猎，兔子、狐狸和麝鼠均生活在灌木丛里。那里总共约有 40 种的哺乳动物和 200 种的鸟。

伊塞克湖距吉尔吉斯斯坦首都比什凯克 200 多千米，不仅是吉尔吉斯斯坦境内最大的湖泊，也是世界上最大的高山内陆湖之一。这里有秀美的湖滨自然风光，夏季气候凉爽宜人，是中亚著名的疗养、旅游避暑胜地。旅游业的发展，成了伊塞克湖州乃至吉尔吉斯斯坦国的重要经济发展来源之一。

11. 喀拉湖

喀拉湖，又称喀拉库利河，位于塔吉克斯坦东北部帕米尔高原与我国西极边境接壤。清代徐松《西域水道记》记载："和什库珠克岭东有大池曰哈喇库勒（蒙古语谓黑曰哈喇，回语曰喀喇。蒙古语谓池曰淖尔，回语曰库勒）。周数百里。"《西北边界图地名译汉考证》称为喀喇库里。

清乾隆二十三年（1758 年）至二十四年（1759 年），大小和卓发动武装叛乱，清军一路向西平定叛乱。清乾隆二十四年六月，参赞大臣明瑞率领军队在喀拉湖北的霍斯库鲁克岭（今又称和什库珠克岭）追上大小和卓军，双方展开激战。光绪四年（1878 年）于喀拉湖和霍斯库鲁克岭一带设置卡伦，隶喀什噶尔（今喀什）地方当局。光绪十年（1884 年）《中俄续勘喀什噶尔界约》签订后，为沙俄所占。

喀拉湖是塔吉克斯坦共和国境内最大的湖泊，海拔 3985 米，为盐湖。喀拉湖年降水量 150—250 毫米，水力资源总蕴藏量在 6400 万千瓦以上。喀拉湖地区属大陆性气候，湖区 1 月平均气温 −2℃—2℃；7 月平均气温为23℃—30℃，冬季降雪量大。喀拉湖冰雪融水主体注入喷赤河及其支流，部分注入我国的塔里木盆地河流。

7、8、9 三个月是喀拉湖旅游的黄金季节。喀拉湖湖畔建有帕米尔山庄，供游人住宿休憩。湖东面矗立着"冰山之父"慕士塔格峰，西面雄踞逶迤不绝的萨尔阔勒山脉；湖的南面是一片草原，一到夏季来临，这里水清草丰，湖光山色，碧绿的草地上，一顶顶白毡房星罗棋布与澄澈的湖水中皎洁的冰山倒影相辉映，正如古诗中的"风吹草低见牛羊"。

12. 乌鲁米耶湖

乌鲁米耶湖，亦称"乌尔米耶湖"，位于伊朗西北，里海西南部。在 20世纪 30 年代初，巴列维王朝时期，因礼萨汗之名，曾经名为"礼萨耶湖"。20 世纪 70 年代后期，被更名为乌鲁米耶湖，即以湖畔的乌鲁米耶市为其命名。其旧波斯语名为 Chichast，意为闪闪发光。在中世纪时称为卡布达湖。

乌鲁米耶湖是中东地区最大的湖泊，也是世界第六大咸水湖。其形状像一只海马，最长两端长约 140 千米，最宽约 55 千米，最深约 16 米，面积曾达 4500 平方千米。乌鲁米耶湖的湖盆位于伊朗西北部阿塞拜疆地区巨大的中央低地的底部，海拔 1275 米，湖水较浅，春季水深为 4—6 米，夏季仅 1—2 米。西面和北面群山围绕，南面有高原，东面有高原和火山锥。湖的南部有小岛屿约 50 座。

乌鲁米耶湖没有排水口，以致湖水的含盐量很高，达到死海盐度的 1/4，主要盐分有氯、钠和硫，湖盐是当地主要资源。

乌鲁米耶湖目前发现存有 62 种古细菌和细菌、42 种微真菌、20 种浮游植物、311 种植物、5 种软体动物、226 种鸟类、27 种两栖动物和 24 种哺乳动物。除此之外，还发现了 47 种化石。因此乌鲁米耶湖被联合国教科文组织列为生物圈保留区。乌鲁米耶湖中有 100 多个小岛屿，是红鹤、鹈鹕、琵鹭、朱鹭等候鸟过境的栖息地。

由于蒸发加剧和河流输水量骤减，乌鲁米耶湖水位下降严重，湖泊面积迅速缩小，濒临消亡。到 2011 年 8 月，湖区面积已经不到鼎盛时期的 40%。此外，该湖还面临盐碱化、沼泽化加剧等问题。为拯救乌鲁米耶湖，伊朗政府逐步采取一些措施，把邻近省份库尔德斯坦省的河流引入乌鲁米耶湖，另外积极研究从流经伊朗的国际河流——阿拉斯河引水入湖方案等。2015 年，伊朗政府开始投资改善乌鲁米耶湖地区的灌溉系统和防止荒漠化。

乌鲁米耶湖附近是伊朗重要的城区，也是历史上丝绸之路经过之处。位于乌鲁米耶湖东北的河谷平原上的著名古城大不里士（中国古称桃里寺）在古代为四方往来通衢，具有重要军事与交通意义，同时还是重要的石油产区、农牧产品的贸易中心和工业中心等。

13. 塞凡湖

塞凡湖，位于亚美尼亚境内，是高加索最大的高山湖泊，塞凡湖的湖名系由亚美尼亚语"黑色寺院"转化而来，因湖西北角小岛上有座 4 世纪用黑色材料修建的古寺院；又称戈克恰伊湖，系突厥语名称，意为蓝水。

塞凡湖面积约 1360 平方千米，占亚美尼亚国土总面积约 3%。湖面海拔 1900 米，由构造陷落而成，离埃里温 60 千米，湖域由小塞凡湖和大塞凡湖两部分组成，是亚美尼亚重要的旅游胜地。塞凡湖有"高加索的明镜"的美誉，塞凡湖四面环山，雪峰和白云倒影在碧蓝的湖面，形成令人流连忘返的美景。

早在公元前 6 世纪，塞凡湖边就生活着来自安纳托利高原的部落，他们自称哈依克，也就是今天的亚美尼亚人。亚美尼亚是位于亚洲与欧洲交界处的外高加索南部的内陆国。两千多年来，在塞凡湖畔建起众多的教堂、古堡和十字架，也是古丝绸之路上无数商队必经的要道。建于公元 9 世纪的塞凡纳旺克修道院（意为"黑色寺院"），巍峨耸立于塞凡半岛之巅，塞凡湖名也因它而来。今天，塞凡纳旺克修道院里早已空无一物，只有院子里的各色十字架石记录着往日的辉煌。

作为亚美尼亚重要的风景区，塞凡湖周边的主要景区存有许多知名的旅游景点。成诺拉杜兹墓地坐落在成诺拉杜兹村子和塞凡湖之间山坡上，是以上千的十字架石著称的村子。上千块古老的十字架石墓碑、满是锈痕的十字架石，透露出死亡也许就是永恒的气息。兹瓦尔特诺茨教堂系中世纪早期亚美尼亚古教堂，又称永久灵验教堂。它坐落在埃奇米亚津附近，建于公元641—661 年，现仅存遗址。格加尔德修道院位于亚美尼亚共和国首都埃里温东南 40 千米的峡谷中。倚山临河，气势宏伟。据说始建于 4 世纪。现在建筑物是 13 世纪所建，也叫艾里凡克，在亚美尼亚语中意为"岩洞教堂"，因其大部分建筑物在岩石中凿成而得名。亚美尼亚首任大主教恩利格坦纳建于 303年的埃奇米亚津大教堂是亚美尼亚早期建筑艺术的优秀典范。

14. 死海

死海，位于巴勒斯坦和约旦之间的内陆盐湖，是世界上最低的湖泊，湖面海拔 −422 米；也是世界上最深的咸水湖，最深处为 380.29 米，最深处湖床海拔 −800.112 米；也是地球上盐分居第三位的水体。由于死海湖中及湖岸均富含盐分，大部分生物都难以生存，岸边及周围地区也没有花草生长，固定居民点很少，因而被称为"死海"。

死海的形成，是由于流入死海的河水不断蒸发、矿物质大量下沉的自然条件造成的。死海一带气温很高，干燥少雨，晴天多，日照强，雨水少，补充的水量少，沉淀在湖底的矿物质越来越多，咸度越来越大。死海是内流湖，因此水的唯一外流就是蒸发作用，而约旦河是唯一注入死海的河流，但因约旦和以色列从约旦河取水供应灌溉及生活用途，死海水位不断下降。

死海的湖岸是地球上已露出陆地的最低点，有"世界的肚脐"之称。西岸为犹太山地，东岸为外约旦高原。约旦河从北注入，约旦河每年向死海注入 5.4 亿立方米的水，另外还有四条不大但常年有水的河流从东面注入，由于夏季蒸发量大，冬季又有水注入，所以死海水位具有季节性变化。湖东的利桑半岛将该湖划分为两个大小深浅不同的湖盆，北面的面积占四分之三，深415 米，南面平均深度不到 3 米。

任何人掉入死海，都会被海水的浮力托住，这是因为死海中水的比重超过了人体的比重，所以人就不会沉下去。死海的海水不但含盐量高，而且富含矿物质，常在海水中浸泡，可以治疗关节炎等慢性疾病。因此，每年都吸引了数十万游客来此休假疗养。死海海底的黑泥含有丰富的矿物质，成为市场上抢手的护肤美容品。死海是世界上最早的疗胜地，从希律王时期开始便有人来此疗养。湖中大量的矿物质含量具有一定安抚、镇痛的效果。成千上万的人从世界各地来到死海，以求恢复他们的精力和健康。

死海之名至少可追溯到古希腊时代。自从亚伯拉罕（希伯来人的祖先）时代和所多玛与蛾摩拉的毁灭（据《旧约》记载，这两城因罪大恶极而被天火焚烧；两城旧址现可能已沉入死海南部）以来，死海一直同圣经历史联系在一起。该湖的干涸河流先为以色列国王戴维，后为希律一世大帝（犹太国王）提供了避难场所。在公元前 40 年，安息人围攻耶路撒冷时，希律一世把他自己关在梅察达（Masada）古堡中。留下今称《死海古卷》的圣经文稿的犹太教派曾在该湖西北的山洞中藏身。据传，《创世纪》中所记载上帝毁灭的罪恶之城所多玛城与蛾摩拉城都沉没于死海南部水底。

如今，因为中东地区常年处在战争之中，因而在 1967 年以阿战争后，以色列军队一直占领整个死海西岸。由于死海位于有争议的约旦—巴勒斯坦边界，因而一直未能大规模用来通航。湖岸荒芜，长期居民点很少，但由于死海的独树一帜，常年吸引着来自世界各地的大批游客。

15. 太巴列湖

太巴列湖，以色列最大的淡水湖，为约旦河谷的一段。《圣经》中称为加利利湖，又名金奈勒特湖，现英语通称为加利利湖。阿拉伯人称其为太巴列湖，阿拉伯语为 Buhayrat Tabariya，以湖西侧古城太巴列命名。传说该城原址即《圣经》所记载的载拉甲，建于公元 18 年，由希律·安提帕创建，以当时的罗马皇帝泰巴略的名字命名，今城名即由此转译而来。犹太人称它为"肯纳瑞特湖"，希伯来语作 YamKinneret，意为竖瑟，因湖形似竖瑟而得名。

太巴列湖的湖面呈梨形，总面积 166 平方千米，最大深度 48 米，低于海平面约 210 米，是地球上最低的淡水湖，世界第二低的湖泊，仅次于死海。湖水主要来源于约旦河，湖泊对约旦河起调节和澄清作用。湖区是一片洼地，北面为格内瑟雷特平原、贝特札耶达平原，东岸中段为戈兰高地，南岸与古尔平原隔一狭窄山岭。湖区冬季温暖，夏季干热，多暴风。

太巴列湖水源丰沛，具有丰富的水产资源。湖内鱼种包括雀鲷、无鳞鳎、鲇、口育鱼和白鱼等，沿岸居民多以捕鱼为生。北面和东面的环湖平原因引水灌溉、改进耕作技术，农业得到发展。湖四周多温泉，是著名的冬季疗养地。

古城太巴列为犹太教四大圣城之一，罗马人摧毁耶路撒冷圣殿和洗劫犹太人后，这里成为巴勒斯坦人的主要城镇，迁入犹太教公会和犹太教拉比院。罗马统治瓦解后，太巴列及太巴列湖相继由拜占庭帝国和波斯帝国统治。637年，阿拉伯人侵占该地区；11 世纪又被十字军侵占。1187 年，萨拉丁于赫淀战役中打败十字军，收复该地。1247 年，由埃及管辖；16 世纪归奥斯曼帝国统治；1922 年归英国委任统治。太巴列湖周边的居民主要以犹太人为主，许多在外的犹太拉比到了晚年往往会回到太巴列度过余生，并在死后葬于此地。

太巴列湖沿岸多基督教古迹，有建于十字军东侵时的修道院、莫斯科修道院、塔拉辛特修道院以及圣彼得塑像等。湖附近的马季德勒村是圣母玛利亚的诞生之地。耶稣曾在太巴列湖四周的村子生活和传教，其门徒圣彼得·圣保罗的故乡也在此地。

如今，太巴列湖和太巴列城以其旖旎的自然风光和丰富的文化古迹，正吸引着世界各地的游人来此观光，是闻名于世的旅游胜地。

16. 马尔马拉海

马尔马拉海，又译马摩拉海，"马尔马拉"一词在希腊语中的意思为大理石，而马尔马拉海的附近有马尔马拉群岛，盛产大理石，因而得名。

　　马尔马拉海是亚洲小亚细亚半岛同欧洲巴尔干半岛之间的内海，具有重要的政治及军事战略地位，面积 11350 平方千米，平均深度约 494 米，是世界上最小的海。马尔马拉海是土耳其亚洲和欧洲部分分界线之一段，东北经博斯普鲁斯海峡与黑海沟通，西南经达达尼尔海峡与爱琴海相连，是黑海与地中海之间的唯一通道。马尔马拉海与博斯普鲁斯海峡、达达尼尔海峡合称土耳其海峡。马尔马拉海东北的克孜勒群岛是著名的旅游胜地；西南面是卡珀达厄半岛，自古就开采大理石、花岗岩和石板，沿岸城镇均为兴旺的工农业中心。

　　马尔马拉海海岸陡峭，平均深度 183 米，最深处达 1355 米。马尔马拉海位于亚洲小亚细亚半岛和欧洲的巴尔干半岛之间，是欧亚大陆之间断层下陷而形成的内海，原先的一些山峰露出水面变成了岛屿。

　　马尔马拉海冬季受西风带控制，锋面气旋活动频繁，气候温和，最冷月均温在 4℃—10℃，降水量丰沛。夏季在副热带高压控制下，气流下沉，气候炎热干燥，云量稀少，阳光充足。全年降水量 300—1000 毫米，冬半年约占 60%—70%，夏半年只有 30%—40%。冬雨夏干的气候特征，在世界各种气候类型中，可谓独树一帜。

　　马尔马拉海是欧、亚、非三大洲的交通枢纽，是大西洋、印度洋和太平洋之间往来的捷径，因而在经济、政治和军事上都具有极为重要的地位。长期以来，地中海就成为列强争夺的场所。18 世纪初，英国曾把马尔马拉海当作自己的"内湖"。19 世纪初拿破仑横行欧洲时，就曾想夺取英国对地中海的控制权。第一次世界大战期间，地中海成为交战双方海军积极活动的地区。第二次世界大战中，德、意海军同英国海军在马尔马拉海进行过激烈的争夺。

　　马尔马拉海是世界上强地震带之一。这里水下地壳破碎，地震、火山频繁，世界著名的维苏威火山、埃特纳火山即分布于此。马尔马拉海海底起伏不平，海岭和海盆交错分布，以亚平宁半岛、西西里岛到非洲突尼斯一线为界，把地中海分为东、西两部分。马尔马拉海海底地形崎岖不平，深浅悬殊。

　　由于马尔马拉海是一个较大的陆间海，冬暖多雨，夏热干燥，海水温度较高，蒸发作用非常强，使海水含盐度高达 39‰左右，盐业生产成了沿岸各国的一项重要经济活动。这里的蒸发量大大超过降水量和河水的补给量，但是，地中海依然存在，这是因为它有特殊的水体交换的缘故。由于海水温差的作用和与大西洋海水所含盐度的不同，使地中海和大西洋的海水可发生有规律的交换。含盐分较低的大西洋海水，从直布罗陀海峡表层流入地中海，增补被蒸发去的水源，含盐分高的地中海海水下沉，从直布罗陀海峡下层流入大西洋，形成了海水的环流。但由于地中海四周几乎都是陆地的地理环境，造成了这种环流的严重障碍，海洋生物赖以生存的氧气和养料的混合被严重阻隔，成为马尔马拉海的生物比之其他靠大陆海区的生物要稀少的主要原因。

马尔马拉海周边国家众多，民风各异，但是独特的气候特征还是让各国的地中海风格呈现出一些一致的特点。通常，"地中海风格"的家居，会采用白灰泥墙、连续的拱廊与拱门，陶砖、海蓝色的屋瓦和门窗几种设计元素。当然，设计元素不能简单拼凑，要有贯穿其中的风格灵魂。地中海风格的灵魂，目前比较一致的看法就是"蔚蓝色的浪漫情怀，海天一色、艳阳高照的纯美自然"。

马尔马拉海与博斯普鲁斯海峡、达达尼尔海峡组成的土耳其海峡，风光旖旎，为典型的地中海风情胜地，也借此成为世界闻名的旅游胜地，每年吸引着成千上万的游客前去参观游览。此外，马尔马拉海还是地跨亚、非、欧三洲的重要海峡，自古以来就是战略要地，从罗马帝国时期、拜占庭帝国时期、奥斯曼土耳其帝国时期，直至当今，都是极为重要的地理区域。同时，依傍马尔马拉海，还形成了伊斯坦布尔、布尔萨等历史名城，至今依然保留着许多历史遗迹。

伊斯坦布尔，曾经的拜占庭（古希腊名字，最早就是一个位置很好的港口）、君士坦丁堡（君士坦丁开始建设这座城市时候用的名字）、新罗马（意思很明确就是打造一个新的罗马，但是这个名字好像一直没有被认可），是世界东西方历史的桥梁和重叠所在。

17. 凡湖

凡湖，是土耳其东部山区的内陆咸水湖，也是土耳其最大湖泊。土耳其语作 Van Golu，以湖东侧 5000 米处的古城凡城命名。凡城是土耳其共和国凡省的首府，古时名为图什巴，意为"太阳国度"，是公元前 10—前 8 世纪乌拉尔图王国的首都。

凡湖位于安纳托利亚高原东部，靠近伊朗边境。面积 3713 平方千米，湖面最宽处达 119 千米。西面是火山分布地区，从内姆鲁特火山流出的熔岩向西南绵延近 60 千米，阻塞了向西排入穆拉特河的泄水道，使凡湖变为内陆湖。湖域略呈三角形，可划分为两部分：北部面积小，湖水浅，湖岸陡峻；南部面积大，湖水深。湖岸因侵蚀作用变得错综复杂，最深达 100 米以上。湖中多小岛，较大的有北部的加迪尔岛、东部的加帕纳克岛、南部的阿克塔马岛和阿特列克岛。

凡湖湖域集水面积超过 15000 平方千米，入湖河川以北部的本迪马希和齐兰河，以及东部的卡拉苏河和米金盖尔河较为重要。依靠雨水和冰雪融化水补给。冬季水位最低，春季入湖水量增多，7 月水位最高。水位季节变化约 0.5 米。夏季该湖有三个明显不同的水温区，上层为温水，下层为冷水，还有一个中间过渡层。冬季表层水温急速下降，北部浅水区全部封冻。由于湖水含盐度高，全湖结冰受到阻碍。湖滨低平地区，冬夏气温受湖泊调剂，由于水源充裕，土壤肥沃，适宜于耕植，农业比较发达，历来是人口较密集的地区。

高原山地崎岖荒凉，人口稀少，只有一些牧民随季节逐水草来回迁徙。湖岸主要城镇有凡城、埃尔季什、盖瓦什、阿赫拉特和阿迪尔杰瓦兹。这些城镇至今仍然保持传统的市集。城镇之间有定期班轮往来。湖中的碳酸钠为主要天然资源。湖区风景秀丽，富有魅力，具有发展旅游业的潜力。土耳其国宝级动物——凡湖猫即出于此地，该猫以爱嬉水、会游泳区别于众猫，闻名于世。

18. 图兹湖

图兹湖，英语作 Tuz Lake，土耳其语作 Tuz Gölü，意为盐湖。图兹湖位于土耳其干旱的安纳托利亚高原中部洼地，安卡拉、孔亚和阿克萨拉伊交界处，海拔 925 米。就面积而言，是土耳其第二大内陆湖，同时是土耳其最浅的湖。图兹湖是天然盐湖，夏季枯水期间，露出大片盐滩，可供采盐，土耳其近百分之四十的盐来自此湖。

图兹湖湖水由少数溪流补给，无出口。附近地区年降水量在 250 毫米以下。湖面积与水深随季节变换而变化，是一个季节性盐湖。通常南北长约 80

千米，东西宽约 50 千米，面积近 1500 平方千米。春季湖面可扩大到 2500 平方千米。夏季湖面缩小，水深不到 1 米。其沉积物中含有碳酸钙镁矿、白云石、菱镁矿和杂卤石。杂卤石位于盐壳表面以下 60 厘米，该层下面为一层富含碳酸盐和石膏的淤泥，杂卤石层不含石膏，是在高钾镁溶液中由石膏转变而成的。

2015 年 7 月 18 日，据英国《镜报》报道，图兹湖受到杜氏盐藻的影响变成红色，犹如一片红色的海洋。杜氏盐藻是一种嗜盐的绿色微藻，属绿藻纲团藻目，常见于海盐田。由于其独特的颜色，会把湖水染成红色或粉红色，冬季会消失。

图兹湖因其优美的盐滩景色被称为土耳其的"天空之境"。近年，越来越多中国游客来此一睹盐湖风采。但由于入湖河流沿岸农业过度引水灌溉，地下水资源告急，图兹湖曾在 2008 年干涸为一片盐滩。湖区的火烈鸟繁殖基地也因此逐渐缩小。

图兹湖所在地——安纳托利亚高原盛产瓷器，其工艺融合了 15 世纪由"海上丝绸之路"流传过去的中国瓷器特色，是东西方文化交流的印记。

第三章 丝绸之路经济带南线山河湖泊

第一节 重要山岭

1.岷山

岷山，亦称蜀山、文山、汶山、沃焦山等；北起甘肃省岷县南部，南止四川省峨眉山，大致呈现西北—东南走向，山脉主峰位于四川盆地西北部阿坝州境内；岷山在我国神话传说中被称为昆仑山、成山、成侯山、成都山等，古人将茂县九顶山作为岷山山脉的主峰。

巴蜀地区的语音系统将人称为"m"（mi），岷与曼、绵、汶、蒙等都是此山脉羌夷土著居民的族名，而他们惯以部族名来命名当地的山名，岷山即为"岷人之山"的含义。

《禹贡》记载："梁州，岷、嶓既艺，沱、潜既道"，"岷山导江，东别为沱"。《荀子·子道》曰："子路盛服见孔子，孔子曰：'昔者，江处于岷山，其始出也，其源可以滥觞。'"《汉书》注释道："岷山一名鸿蒙，一名沃焦，在陇山南首，故称陇蜀。"《方舆胜览》称"梁州西山皆岷"；《资治通鉴》称"岷山数百峰"，拥有九顶山、青城山、峨眉山、四姑娘山、鹧鸪山等著名山峰；龙门山和邛崃山为岷山中南段山脉，峨眉山为岷山南端凸起山峰，故我国历史上有"千里岷山"的说法；岷山蜿蜒逶迤，南北长约370千米，东西宽约

300 千米，平均海拔高度 2500 米；主峰雪宝顶，海拔高度 5588 米。

岷山是长江、黄河两大水系的分水岭，岷江由此发源；岷山属于褶皱山系，沟谷纵横深切，与川西北高原的岷山断裂带和龙门山断裂带相连，是我国西北部地震带的重要组成部分；近 300 年来，岷山地震带发生 6 级以上地震就达 40 余次。比较著名的有 1933 年极具摧毁性的茂县叠溪大地震；而最近一次较强地震是 2008 年以汶川为震中的汶川大地震，其地震烈度达到 11 度，波及大半个中国和亚洲多个国家和地区。

岷山处于多种地理成因的交汇处，呈现出岷山特有的高寒岩溶地貌；因高山地形和高寒气候，岷山山脉诸多高峰终年积雪不化；岷山山脉濒危动植物种类繁多，是许多濒危动物、珍稀植物的栖息地和生长地；其中国家一级重点保护动物就达 16 种，包括大熊猫、金丝猴、云豹和稀有鸟类等；山间古树参天，历史悠久，这与当地居民的神树和神树林信仰不无关系；岷山地区还是我国最大的中药材生长地和保护地，羌活、当归、冬虫夏草等野生名贵药材和云杉、冷杉、漆树、栎树等珍稀动植物，都在这里广泛分布；岷山还富含煤、铁、铜、金、铅、锌、铀、水晶等矿产，是我国特有稀有矿藏的天然宝库。

岷山在我国西南部，是我国西南文明的摇篮。古蜀文明就源自西蜀岷山；岷山地区巴蜀神话传说众多，古时就有夏桀伐岷山的神话；考古发掘的茂县营盘山遗址将古蜀文明推到 5000 多年前。据《史记》记载："黄帝居轩辕之丘，而娶于西陵之女，是为嫘祖"，古岷山因为山中多蚕，故古代蜀山、岷山地区的居民被称为蜀山氏或蚕丛氏；远古时期，古蜀国第一个王朝就被称为蚕丛王朝；至今，茂县叠溪有嫘祖故里。《史记》另有记载"禹生于西羌"，古蜀人从岷山地区不断扩展至成都平原。传说，古蜀国灭亡后蜀王与民众就曾隐居岷山。岷山山脉是西南藏羌彝走廊的多民族聚居区，羌族、藏族、彝族、回族等多个民族在这里沟通、交融，进行货物置换，他们集中产生的氐羌文明中的民族巫术促进了我国道教的产生。中国工农红军曾途经此地，毛泽东同志在此写下了气壮山河的豪迈诗句："更喜岷山千里雪，三军过后尽开颜"，更是增添了岷山文化的红色精神元素。

四川省经济文化优势即历史文化和旅游开发资源的优势都富集于岷山地区。其境内拥有九寨沟、峨眉山、青城山、都江堰、四姑娘山、西岭雪山、天台山、九顶山、黄龙、乐山大佛等名山大川、原生态风景名胜地、民族特色村寨和古蜀遗址等。这些都是岷山人的宝贵资源；岷山地区还是我国国宝大熊猫的栖息地；岷山山脉由岸坡和谷坡的崩塌、泥石流的阻塞，共同形成的"海子"（即堰塞湖）构成，也是其特色旅游资源之一；最值得称道的是：藏于悬崖峭壁的崖墓，体现了岷山人"居于石室、葬于石穴"的巴蜀古俗，这些共同钩织了世界级自然与文化双重遗产。

岷山为南丝绸之路的重要节点。南北朝时期开通的岷山古道，入贡或通商者皆走此道。青海近年来出土的蜀锦，显示出此地往日的繁华和绵延不绝的古道的繁盛。古人说，蜀道之难难于上青天，但南丝绸之路的西南夷道一直繁盛不绝，而且必须经由岷山，过成都、一直通往青海的丝绸之路，是唐代古丝绸之路的主干道，至今仍能寻找到茶马古道的旧址。

2. 邛崃山

邛崃山位于我国岷山山脉南段，在四川盆地周山区西缘、二郎山东麓、青衣江之滨，由灌县延伸至天全县，绵延 250 余千米。邛崃一词与邛人、邛水有直接关系，《华阳国志》记载："邛崃山，本名邛筰山，故邛人、筰人界也；邛人自蜀入，度此山，甚险难，南人毒之，故名邛崃"；《汉书·地理志》又有记载："邛崃山，邛水所出，东入青衣，有木官。"

邛崃山地处横断山脉东部边缘，平均海拔 4000 米，由南向北呈挤压状延伸，多种岩石褶皱感强烈；龙门山—邛崃山地区属于川西北地质活跃带，历史上曾发生过 6 级以上地震 10 余次。邛崃山把青藏高原和四川盆地隔离开来，是四川盆地与青藏高原的地理界线和农业界线，也是岷江和大渡河的重要分水岭；邛崃山由北向南一字排开有四姑娘山、霸王山、巴郎山、夹金山、二郎山等；主峰四姑娘山海拔高度约 6250 米，对由东西进的气流产生阻滞作用；西坡气候干旱，东坡雨水充沛，素有"华西雨屏"的美称；山顶终年积雪不化，是古冰川遗迹的显著表现。

邛崃山纬度低而海拔高，自然带呈垂直分布，差异显著；山区植被繁茂，名贵中药材丰富，是文君茶的主要产区；大熊猫、金丝猴、扭角羚羊以及红杉、红豆杉、天马、贝母、冬虫夏草等多种珍稀动植物在此都有分布。

邛崃山的中线商道被称为古南丝绸之路；南丝绸之路以成都平原为起点，分布于东西两线，西线为灵关道，途经邛崃、雅安直至云南大理；邛崃是古南丝绸之路西出成都的第一站,《史记·西南夷列传》中记载了张骞出使西域,回归途中见到蜀布、邛竹杖等事;邛崃唐代被吐蕃占领,宋代以后才重新恢复茶马古道;另外,邛崃地区的火井煮盐和盐业交易颇为兴盛,古有"蜀盐不足、邛盐来补"的说法。

人类很早以前就在此处活动,择水而居、族而部落,并不断地繁衍生息。据考古发现,旧石器时代晚期,邛崃山地区就已有古人类活动的足迹。邛崃山脉是古代汉民族与少数民族的主要分界线,羌族、藏族等多民族在此往来频繁,货殖发达,交通热切。后来,多种族杂居形成的多元文化逐渐西进,一股脑涌入邛崃山地区;邛崃山也敞开博大的胸怀,一一接纳,这样,在这里,就一直镂刻着我们汉民族的民族大融合历史;最著名的有卓氏和程氏两大家族,曾移民来此,在这里冶铁经商,生意红火,数代不绝;邛崃山地区至今还流传有卓文君和司马相如传奇的爱情故事。

自古以来,邛崃山就是巴蜀大地的军事前哨、工业基地和古代南丝绸之路的咽喉要地。南丝绸之路的货物通过邛崃地区运转,直通云南、东南亚。红军长征经过岷山,如今建有天台山红军长征纪念馆;汶川地震之后,邛崃直台村等地爽快地接纳了部分异地搬迁而来的羌族、藏族等少数民族居民,当地人口急剧上升。

邛崃山拥有著名的国家级卧龙山自然保护区、天台山省级风景区等。其中天台山风景区为我国的宗教圣地,游客既可以参观亚热带森林景观,还可以探寻古代民用陶瓷的瓷系代表邛窑古迹。

3. 青城山

青城山,又名赤城山、丈人山、清城山,是邛崃山脉的分支,属古代蜀中西山山系,位于成都平原西北部边缘,在都江堰市西南 16 千米处,是成都平原和阿坝州的重要分界线。东晋常璩《华阳国志·蜀志》记载:江原县"有青城山";唐代此地属剑南道四大名山之一;《元和郡县图志》卷 31 青城县记载:青城山"在县西北三十二公里,《仙经》云:此是第五洞天,上有流泉悬澍,一日三时洒落,谓之潮泉";《太平寰宇记》73 卷青城县引《玉匮经》记载:"此第五大洞宝仙九室之天,黄帝所奉,拜为五岳丈人,黄帝刻石拜谒篆书犹存,又有石日月象,天师立青城,志于其中",可见青城山是道教发祥地之一,青城山道教源远流长。

传说仙人宁封子在青城山修道，传授黄帝真经，黄帝筑坛拜为五岳丈人；唐代杜甫有诗云："自为青城客，不唾青城地。为爱丈人山，丹梯近幽意。"最初青城山写作清城山，因境内树木四季青翠，诸峰环峙状若城郭，故名清城山；一说因古代神话传说"清都、紫微，天帝所居"，因而得名；后来，道教创始人、东汉张道陵创立天师道，以清城山为基地，道教主张"清虚自持""返璞归真"的教义，与清城山的意境契合，故以清城山为道教之源；唐初年，兴佛、礼佛、崇佛蔚然成风，清城山上发生了佛、道地盘之争，唐玄宗信道，就亲自下诏书判定："观还道家，寺依山外"，诏书把"清城山"的"清"字写成了没有水旁的"青"字。于是，慢慢传扬开来，一而十，十而百，后世便把"青城山"的名字保存了下来。

岷山绵延 1000 多千米，青城山为其第一高峰。今人余秋雨曾说："拜水都江堰、问道青城山"；青城之幽，与峨眉之秀、九寨之奇、剑门之险，并称蜀中"四绝"，可见其美；青城山还素有洞天福地、人间仙境、神仙之府的妙称，美不胜收。

青城山隶属华西雨屏的中北段，属于亚热带川西盆地的常绿阔叶林区，天然动植物丰富，是一座氧气充盈的绿色氧吧；山区内气候湿润，四季调和，以"丹岩沟谷、赤壁陡崖"为地貌特征；土壤是有名的山地黄壤；青城山以乔木树种为主，有银杏、润楠、杉木、油樟、油桐、油茶、竹类等 400 余种珍稀植物，栖息着金鸡、戴胜、伯劳、小熊猫、云豹、果子狸等国家级保护动物；这里盛产川芎、鹿含草、石岩参、牡丹等名贵中药材；青城茶和猕猴桃酒也是当地的特产，名扬海外。

青城山是我国著名的道教祖庭和信众心中的道教圣地，自东汉以来历经 2000 多年，至今仍然香火旺盛，信众踊跃。传说公元 143 年，天师张道陵到青城山结庐传道，创建天师道正一派。因此，青城山又被尊称为道教"第五洞天"；隋唐时期，借由统治者对道教的扶持，青城山道观兴盛一时；元朝时期流行清微派，至唐末道士陶弘景、杜光庭传授上清道，青城山一直是道教信徒的修炼场所。明朝末年，我国道教的一支"全真道"龙门派在青城山诞生，信徒更众。近人徐悲鸿和张大千两位画家都曾寓居或莅临过青城山，赏景、观风、临摹、写生、创作，留下了许多墨宝；青城山还留下了许多古代武术、音乐、绘画、医术等历史文化符号和绘画作品，如今的青城山，早已成为我国道教的四大名山之首。

青城山景区面积达 200 平方千米，分为前山和后山两部分，主峰老霄顶海拔 1260 米；青城山是国家 5A 级风景名胜区、世界自然文化双重遗产；青城山与都江堰是地理同位、一脉相承的著名景点。据古籍记载，青城山拥有三十六名胜、八大洞、七十二小洞、一百零八景等自然景观。从旅游资源的角度看，这里山清、水幽、林密；从人文景观的角度看，这里也是路幽、桥翠、亭碧，极大地体现了现今人们观林赏景的隐、藏、幽、奇等特点。

青城山前山是景区的主体区域，建有建福宫、天师洞、朝阳洞、祖师殿、上清宫等；后山在汶川地震后损毁严重，维修工程限制了部分旅行路线；区域内公路、铁路和空中交通发达；近年开通了高铁，运行快、时间短，而且在都江堰市设有成都机场候机室；近些年来青城山不断扩展道教圣地的文化、休闲旅游景区，逐步提升景区文化、休闲等旅游品牌的品质。

4. 峨眉山

峨眉山，位于我国四川省西南边缘向青藏高原的过渡地带，与邛崃山山脉同属一个山系，是岷山南端凸起的山峰，介于大渡河与青衣江之间，隶属四川省乐山市峨眉山市境内，距离成都 155 千米，距离乐山 30 千米；历史上的峨眉山，分为大峨眉、二峨眉、三峨眉，清代又增添了四峨眉。大峨眉即今日所指的峨眉山。

峨眉山之名最早见于西周时期。据晋代常璩《华阳国志·蜀志》记载："杜宇以褒斜为前门，熊耳、灵关为后户，玉垒、峨眉为城郭。"《水经注》记载："去成都千里，然秋日澄清，望见两山相对如蛾眉，故称峨眉（峨嵋）焉"；《峨眉（峨嵋）山普贤金殿碑》记载："普贤者，佛之长子，峨眉（峨嵋）者，山之领袖。山脉起自昆仑，度葱岭而来也。结为峨眉（峨嵋），而后分为五岳。"峨眉山后被印度宝掌和尚盛赞为"高出五岳、秀甲九州，震旦第一山"，《华严经》记载："西南方有处，名光明山，现有菩萨，名曰贤胜。"峨眉山又被称作西南大光明山、西南昆仑山，唐末被定型为"银色世界"。

峨眉山自古以圣山的形象为世所崇拜；藏文书中提到普贤菩萨乘坐一头大象，藏传佛教中称峨眉山为"象山"，彝族人自称罗罗，将峨眉山称为罗目山，即为母虎山之意，峨眉山也是彝族人心中的昆仑圣山。

峨眉山发脉于昆仑山北岭。北岭分支为秦岭和岷山，从岷山出发经由邛崃山脉，再延伸至峨眉山，蜿蜒23千米，面积约为154平方千米，主峰金顶海拔为3077米，最高峰万佛顶，海拔为3099米，远高五岳。峨眉山随着青藏高原的抬升而隆起，土壤垂直分层，蕴藏着花岗岩、石灰岩、玄武岩等矿物质；峨眉山境内年平均降水量1922毫米，为华西雨屏的重要组成部分，动植物品种繁多，5000多种植物物种占全国植物物种总数的十分之一，而2300多种动物也极大地丰富了我国动物的基因库。

峨眉山自然景观丰富，人文历史悠久，宗教文化浓厚，素有仙山佛国、峨眉天下秀的美称。中国特有的属种藏猕猴在峨眉山地区生长了几千年，形成了峨眉山地区独有的以猴趣和猴害为特色的人猴亲密关系。

峨眉山也是我国佛教的四大名山之一，很早此地就有人居住。早在新石器时代，就有氐、羌族等民族在青衣江流域一带活动，生儿育女，繁衍生息；商周及春秋时期，就有濮族在此聚居；秦汉时期，汉族人来此，与其他民族交融互殖，生存发展，这里便成了多民族互惠互利、生存交殖、迁徙繁衍的重要走廊，即今日考证的藏羌彝汉走廊文化带。

峨眉山被归为道教第七洞天，直至宋太祖、太宗时期，因统治者崇尚佛教，积极推动峨眉山"造神运动"，道教式微；僧俗两界的朝觐者在此孜孜以求地祭拜、供奉，佛教中心普贤道场也随之成型，有唐诗《赠伏虎僧》赞曰："不知名利苦，念佛老岷峨。"同时峨眉山是南方丝绸之路和茶马古道上的重要商业枢纽，峨眉山茶在唐宋时期被列为贡茶，印度佛教也经由南丝绸之路传入我国峨眉山地区，是典型的经贸、旅游和文化的重要枢纽地带。

现今，峨眉山是我国国家5A级风景区，现有寺院近30所；日出、云海、佛光、圣灯构成了峨眉四大奇观，其中"金顶祥光"为峨眉十景之首。1996年，峨眉山与乐山大佛一起被联合国教科文组织列入世界自然与文化双重遗产。

5. 贡嘎山

贡嘎山，位于我国四川和西藏交界处的甘孜藏族自治州东部，属于横断山脉大雪山山系，是四川省第一高峰、青藏高原东部横断山脉的最高峰，也是喜马拉雅山以东东亚地区的最高峰，是成都进入西藏的必经之地。

贡嘎山源于藏语，"贡"是至高无上的意思，"嘎"是雪白的意思，"贡嘎山"意即最高的雪山。贡嘎山旧称木雅贡嘎，被视为世界第一高峰——珠穆朗玛峰的妹妹峰；贡嘎山周围有海拔 6000 米以上的山峰 45 座，主峰更耸立于群峰之巅，海拔 7556 米，高出其东侧大渡河 6000 米，是四川省境内的最高峰，被称为"蜀山之王"。

贡嘎山主峰由花岗闪长岩组成，受海洋季风影响，形成了多样的植被和自然生态环境；山间蜿蜒着两条姐妹峡谷：燕子沟和海螺沟，其中燕子沟又被称为东方阿尔卑斯；贡嘎山雪线海拔 4600—4700 米，冰川发育规模较大；东坡最大的海螺沟冰川长 14.2 千米，最末端下达海拔 2850 米，至此已落入森林带内；在长期的冰川作用下，山峰发育为锥状大角峰，周围绕着 60°—70° 的峭壁，攀登困难。以贡嘎山为中心，贡嘎主峰周围林立着 145 座海拔 5000—6000 米的冰峰，形成了群峰簇拥、雪山相接的雄伟景象。

贡嘎山区域内有 10 多个高原湖泊，著名的有燕子沟、木格错、五须海、仁宗海（也叫人中海）、巴旺海（也称巴王海）等；有的在冰川脚下，有的在森林环抱之中，湖水清澈透明，保持着原始、秀丽的自然风貌；区域内垂直带谱十分明显，植被完整，生态环境原始，植物区系复杂，已查明的植物有 4880 种，属国家一、二、三类保护的动物有 20 多种。

贡嘎山周边有跑马山、贡嘎寺、塔公寺等藏传佛教寺庙。周围有著名的山峰多座：中山峰，海拔 6886 米；爱德嘉峰，海拔 6618 米；热德卖峰，海拔 6549 米；笔架山，海拔 5880 米；蛇海子山，海拔 5878 米；白海子山，海拔 5924 米；田海子山，海拔 6070 米。

区域内地质构造复杂，地质活动频繁，自古以来产生了许多褶皱和断裂山脉；随着山体的抬升，河流东西两坡形成了落差近 5000 米的峡谷。

贡嘎山主峰有四条主山脊：西北山脊、东北山脊、西南山脊、东南山脊。由于该地区岩层多以花岗岩为主，加上长期冰蚀作用，狭窄的山脊犹如倾斜的刀刃，坡壁陡峭，岩石裸露，坡度多大于 70 度；贡嘎山地区又是横断山系众多很高的山峰集中区，在其附近聚集了约 20 余座海拔在 6000 米以上的高峰。山区内约有冰川 45 条，面积达 290 平方千米，主要以山谷冰川为主，悬冰川和冰斗冰川也有分布；长度达 10 千米以上的冰川有 5 条；最长的海螺沟冰川，是中国著名的冰川公园，拥有一切冰川系特点的冰川奇观。

贡嘎山冰川活动剧烈，冰川从上到下，向下延伸到海拔 2800 米处。在雪线以下，山谷和山坡多被茂密的原始森林覆盖，森林中植物种类繁多，有珍稀植物 40 余种；同时，这里也是野生动物的乐园，在这里生活着 400 余种高山动物和森林动物。山中活动性断裂带上还分布有多处温泉。贡嘎山峰的高峻，远非内地一般高山可比，登临其上后，放眼望去，万里银白的雪域匍匐在山脚下，辽阔的视野和由山体的高度而产生的登山成就感绝对堪称一流。

由于横断山脉及贡嘎山系山体的南北走向，南来的潮湿气流可沿山谷长驱北上，主峰一带气候湿润而多变，这是造成贡嘎山攀登难度大的原因之一。同时，贡嘎山一带是世界上海洋性冰川发育最早的地区之一，在长期冰川作用下，贡嘎山发育为金字塔状大角峰，冰川雪崩极其频繁；这里冰山湖泊星罗棋布，10 多个高原湖泊分布在景区内，著名的有木格错、五须海、人中海、巴旺海等，或在冰川脚下，或为森林环抱，水色清澈，保持着原始的自然风貌，仿若"瑶池仙境"。

贡嘎山冰川有两个"三怪"，第一个"三怪"：一怪：不冷，冰川之上气候暖和，夏秋季节，可身着薄衫，脚踏冰川，徜徉在这光怪陆离的神奇冰川世界，完全不用担心"冰上不胜寒"；二怪：冰崩，大冰瀑布常年"活动不息"，随时发生规模不等的冰崩，一次崩塌的冰块量可达数百万立方米，此时冰雪飞舞，隆隆响声震彻峡谷，一两千米之外也可听到，场面蔚为壮观；最后一怪就是：冰川构造千奇百怪。冰川表面有不胜枚举、绚丽多姿的美妙奇景，冰桌、冰椅、冰面湖、冰窟窿、冰蘑菇、冰川城门洞等，太多的奇景让人目不暇接，并不断会有新的发现、新的惊奇，让人流连忘返。

贡嘎山地区深受海拔高度的影响，气温随着海拔升高而降低，而降水量也随着海拔升高而增大，据多年观测资料分析，东坡年平均气温直减率为 0.67℃/100 米，年降水梯度值为 67.5 毫米/100 米，即海拔每升高 100 米，气温降低 0.67℃，降水量增加 67.5 毫米；海拔 3000 米以上的降水梯度可能有所波动，但雪线带的年降水量可能达到 3000 毫米，仍呈现增大的趋势；山地气候的这一特点，使海螺沟从沟口起，便出现亚热带、暖温带、寒温带、亚寒带、寒带和极地带气候，所谓"一山有四季、十里不同天"的气候特征，就是指这里。如：在位于东侧山麓的磨西镇，年平均气温是 13℃，位于海螺沟内海拔 3400 米的四号营地的年平均气温仅 1℃；而在海拔 4900 米的雪线附近，年平均气温则可能低至—9℃；每年 6—10 月份为雨季，11 月份至翌年 5 月份为旱季；山下年降水量 800—900 毫米，山上年降水量最大可达 3000 毫米以上，而且多集中在 7、8、9 三个月份。夏季云量大，日温差也大，在海拔 4900 米的雪线附近，夏季白天在阳光的照射下，气温最高可达 10℃，而一到晚上气温则常可下降至—10℃；旱季里天气晴朗，比同纬度其他地区还要温和，一年里气温最高的是 7 月份，登山活动最好的时间段在旱季和雨季交替期。

6. 横断山脉

横断山脉，位于我国青藏高原向四川盆地和滇中高原的过渡地带。横断山脉这个名称最早见于 1900 年邹代钧所撰《中国地理讲义》中，他写道："有大沙积石山，迤南为岷山，为雪岭，为云岭，皆成自北而南之山脉，是谓横断山脉"；也有人认为"横断山"这一名称源于清末江西贡生黄懋材，当时他受四川总督锡良的派遣，从四川经云南到印度考察"黑水"源流，因看到澜沧江、怒江间的山脉并行迤南，横阻断路，因而给这一带山脉取名为"横断山"。

横断山脉占据着川、藏、滇、青、甘五省区，南北走向，地势北高南低、西高东低，构成青藏高原也即我国国家地势的第一阶梯和第二阶梯的分界线。横断山脉总面积约为 40 万平方千米，其中 92% 以上属青藏高原，包括高黎贡山、怒山、云岭等山脉，怒江、澜沧江、金沙江等江河并流其间，平行而过。

横断山脉北连秦岭、阿尼玛卿山、巴颜喀拉山，西接唐古拉山，南襟云贵高原，东迎大巴山、四川盆地和川西南山地。山脉整体呈南宽北窄之势，最宽处近 700 千米，最窄处约为 100 千米，南北方向可达 900 千米。其实，横断山脉的范围众说纷纭，从三脉说到七脉说不等，六脉说就认为其纵列为六段，分别是伯舒拉岭脉、他念他翁脉、云岭脉、沙鲁里山脉、噶擦克拉岭、色隆拉岭；七脉说包括邛崃山—大凉山、大雪山脉、沙鲁里山脉、宁静山—云岭山脉、他念他翁山—怒山山脉、伯舒拉岭—高黎贡山脉、色隆拉岭等。

横断山脉的海拔平均在 3000—5000 米，其中南部海拔 2000 米左右，最高峰是海拔 7556 米的贡嘎山；横断山脉地质构造复杂，属于三江弧形构造地带，源自 5000 万年前印度板块与亚欧板块的碰撞，最终形成独特的褶皱与断裂地带。古冰川和现代冰川在这里分布广泛，流水侵蚀作用下形成许多 V 字形峡谷。横断山脉是我国经向构造发育最典型的地区，地质内力作用强烈，属于我国强地震带之一。

横断山脉属于亚热带气候区，区域内年平均气温由西南向北逐渐降低，在14℃—16℃；部分谷地年平均气温可达到20℃；受印度洋西南季风和太平洋东南季风双重控制，同时受山脉走向和地形起伏的影响，成雨条件好，降水量大，年平均降水量达1300—2500毫米，在这里形成了多处丰雨区，诸如著名的青衣江暴雨区等。综而观之，南部降雨量多于北部，山地降雨量多于河谷。其间河网密布，除并流的三江之外，还有雅砻江、大渡河、元江等，径流总量为2752亿立方米，占全国总径流量的十分之一，可以利用的多重水力资源占全国总蕴藏量的四分之一。横断山脉大峡谷将印度洋和太平洋的水汽输送到长江和黄河上游，是中国水资源循环流动的大命脉。因为河谷水流落差大，这里还是我国水能最丰富的地区；横断山脉河谷之间存在有天然平原和草场，具有农、林、牧业综合发展的优良条件。

横断山脉是我国自然资源丰富的原生态宝库，山脉经向切割，深刻影响着这里纬向的地理分布规律；自然景观垂直带分为亚热带常绿阔叶林、暖温带落叶阔叶林、寒温带针阔叶混交林和寒带针叶林等气候谱带，因而横断山区是我国南北方动植物物种的交汇点，保有远古遗子珍稀物种沙罗、银杏、珙桐等，同时，横断山脉又是植物王国的核心地带，河谷分布有热带植物、中山区分布着亚热带植物、高山区分布有温带和寒带植物，周边密布着白珠树、云杉、冷杉等，杜鹃花、龙胆花、报春花、兰花等名贵花卉种类丰富，木兰科、桦木科、山茶科、榆科等古老物种隐藏其间，独叶草属、罂粟莲花属、毛茛莲花属等特有物种穿杂其间，豹子花属、百合花属等过渡或变异物种也在这里接受着自然的选择。

横断山脉原始森林茂密，是我国第二大用材林区，藏鼠兔、马来熊、滇金丝猴、蜂猴、猕猴等珍稀动物很早以前就在此有活动足迹。

横断山脉地区药材、果品和经济作物非常丰富，这里盛产猕猴桃、苹果、橄榄、油桐、漆树等；山脉北部是牧民放牧区，主要放牧牦牛、犏牛、马匹、藏绵羊和山羊等；山脉南部是当地居民的种植区，主要种植有水稻、小麦、玉米、蚕豆、油菜、甘蔗、茶叶、烟草等经济作物；这里还有土特产，如野生松茸、黑木耳、金木耳、猴头菇、羊肚菌、鸡油菌等；冬虫夏草、贝母、大黄、羌活、独活、当归、黄芪、天麻、雪莲花、枸杞、藏红花以及麝香、牛黄、鹿茸、熊胆等名贵中药材，遍布整个山脉。因为岩浆活动频繁，这里是多金属成矿富集带，钾盐、云母、石棉等非金属也很丰富。

横断山脉是我国古猿化石的重要发现、发掘区域之一，如禄丰古猿化石和元谋猿人化石的考古发现，证明横断山脉是我国古人类的重要发源地之一。横断山脉覆盖西藏昌都、青海、甘肃，云南怒江、迪庆、大理、丽江和宝山和四川阿坝、甘孜、凉山等地区。汉族、藏族、回族、纳西族、怒族、傈僳族、独龙族、普米族、白族、布依族等20多个少数民族，多年来在此交融汇聚，和睦共生。以往，横断山脉多数地区人烟稀少，人口密度较低，经济发展速度较慢。

如今，区域内经济发达，基础设施不断完善，川藏、滇藏、滇缅、青川、成阿等干、支线公路网相继修建完成，期盼已久的高铁已经贯穿横断山脉地区，当地群众出行变得更为方便。横断山脉范围内国家级自然保护区众多，有云南腾冲高黎贡山自然保护区、四川九寨沟自然保护区、若尔盖铁布梅花鹿自然保护区、亚丁自然保护区等。山脉区域内集自然风光和民风民俗观光于一体；在香格里拉和世界遗产"三江并流"旅游品牌的强力推动下，横断山脉正逐渐融入到大香格里拉旅游圈中，这里正在形成我国特有的横断山区文化旅游经济圈。

7. 冈底斯山脉

冈底斯山脉，位于西藏自治区西南部阿里地区。"冈底斯"是藏族象雄语的合成词，"冈"为藏语"雪"的意思；"底斯"为梵语，意思也是"雪"，连在一起就是"洁白的雪山"的意思。冈底斯山脉属于冈底斯—念青唐古拉山系，与喜马拉雅山脉平行；它的东部与念青唐古拉山脉和横断山脉相连；冈底斯山脉地势呈现西北—东南走向，是西藏北部和南部的天然界限，也是西藏内河流内流和外流的分水岭。

冈底斯山又有苯日山、象雄苯日山、灵魂山等称谓，同时被尊为神山之王，在藏族文献中被喻为水晶塔；在印度，冈底斯山有雪山之子、恒河之父、珍宝之都等三种异名。冈底斯山在远古时期被视为神牛下凡的地方，和佛教的须弥山相对应，被本教徒称作雍仲九层山；青藏高原被视为地球的第三极，冈底斯山是地球第三极中的极中之极。

冈底斯山属于褶皱山，东西蜿蜒长约1400千米，南北平均宽约80千米，平均海拔约为 6000 米，地形错综复杂。海拔 6656 米的主峰冈仁波齐在藏语中意为"雪山宝贝"，峰顶终年积雪不化。

冈底斯山是雅鲁藏布江、恒河和印度河的发源地，也是阿里地区四大河水——狮泉河、象泉河、马泉河和孔雀河的源头；玛旁雍错圣湖是世界最高的淡水湖，是藏族人朝拜之地；还被赋予阳性和阴性二重结构，共同构成了"神山—圣湖"自然与文化一体的藏族神秘景观。

在冈底斯山脉考古发现有寒带的锦缎残片、丝绸残片、青铜钵、取火棒、木梳等遗留物，显示出该地区与南疆、印度北部以及中原地区存在着广泛的联系，是青藏高原最早的文明中心之一。冈底斯山既是现实之山，又是信仰之山、灵魂之山、精神之山，是藏族、本教文化中的神山和圣山。古藏人关于冈底斯山崇拜的传说史可以追溯到公元前 18 世纪的幸饶弥沃时代。

冈底斯山区从公元 7 世纪开始引进佛教，在吐蕃王室的扶持下，佛教与本教平分秋色的局面变为佛教占据上风。冈底斯山在本教中处于三界宇宙中心的位置，也是西藏和印度信徒朝拜的神圣之山，耆那教、印度教、本教和佛教等都将此山视为世界的中心，冈底斯山成为名副其实的万神殿；西藏、印度、尼泊尔、不丹、锡金、克什米尔、巴基斯坦、孟加拉国等不同族群的信徒在此汇聚，信众在山中灵修留下了无数的洞迹，主要有三十七处相聚之地、二十七个圣地、八大天葬场等，先民围绕冈底斯神山的崇拜，形成了强烈的冈底斯山地域文化。在印度文化中，佛教产生前的三大派别之一大自在身就栖身于冈底斯山；在藏传佛教中，冈底斯山被认作胜乐佛的圣地，藏族先民普遍信仰万物有灵，每逢藏历马年，转山朝圣者队伍最为庞大，神性积淀演化为宗教文化的力量，藏、印文化在此交流互鉴、沉淀升华。

冈底斯山还是地处中亚和欧洲的第二条丝绸之路的边缘，是东西文化交流融合的重要区域，是象雄文化与吐蕃文化的溯源地区。"古象雄文明"是人类历史上最为古老的文明之一，是西藏文明乃至其他人类文明的起源地。位于古丝绸之路南路，有着天珠之路、黄金之路、麝香之路等美称的交通要塞的冈底斯山脉，堪称"古丝绸之路驿站"和"古代文明交往的十字驿站"。

8. 布达拉山

布达拉山是我国西藏自治区拉萨市西北的山峦。公元 633 年，吐蕃迁都拉萨；公元 641 年，唐朝文成公主到西藏和亲，当时的松赞干布为公主筑一城以夸耀后世，相传在红山上修建宫室 999 间，连同山顶红楼共 1000 间，十分雄伟；后世佛教信徒称此山为"普陀第二"，因而命名为布达拉山，在佛教信徒心目中地位非常重要。"布达拉"即"普陀罗"的音译；是拉萨河谷平原中心的三座峰峦（布达拉山、药王山、磨盘山）中的最高峰，位于大昭寺西侧，地理位置显要，因松赞干布的神话化，自古以来就备受崇拜，其中以布达拉宫最为有名。

布达拉山是"观音胜地普陀洛迦"的梵语音译词，布达拉的梵语意思是佛教圣地，普陀山与洛迦山隔海相望，佛教典籍中称观音菩萨先在洛迦山修行得道，后在普陀山开辟道场，因此普陀、洛迦成为连词，喇嘛教徒称布达拉山为普陀山，即第二普陀山之意。布达拉山在五世达赖修建白宫之前被称为红山（藏语玛波日），后来同布达拉宫一同改为布达拉山，意为布达拉宫所在的山。传说西藏佛祖为建造雪域宫殿，特派金刚们外出寻找，两位金刚发现布达拉山，其中一位勾勒出布达拉宫，另一位化作守护山峰的金刚山。文成公主曾把吐蕃境域比作仰卧的岩女魔，布达拉山位于岩女魔的主心骨中心位置。

布达拉山金顶位于有 1300 多年历史的拉萨城中央，山区日照时间长达 3000 多小时；吉曲河（拉萨河）从布达拉山后流出，拉萨市位于雅鲁藏布江中游，四面环山、一水中流。

素有"高原圣殿"之称的布达拉宫建筑群占据了整个布达拉山；建筑群占地 41 万平方米，建筑面积达 13 万平方米；建筑物高 178 米，由宫堡、城堡、林卡三个部分组成，包含红宫、白宫、朗杰扎仓、僧官学校、藏军司令部、印经院、监狱等建筑，与山体有机地融合在一起。

布达拉宫始建于公元 7 世纪的吐蕃松赞干布时期，是为迎娶文成公主而建，选址缘自松赞干布先祖曾长居于此的神话；整个宫殿依山而起，历经沧桑，数千年如故，现今留存的宫殿为五世达赖洛桑加措于 17 世纪重新修建的，是我国乃至东亚地区最宏伟的宗教建筑典范，被誉为世界十大土建筑之一。布达拉宫内有大量壁画、木刻版画和卷轴唐卡，是巨大的藏族绘画艺术博物馆，又有令人叹为观止的灵塔、佛像和经书等。

考古发现的昌都卡若遗址和曲贡村遗址证实了古人类在此生活、居住的历史。因为布达拉宫是达赖喇嘛的冬宫和政权机关所在地，松赞干布和达赖五世都被认为是观音菩萨的化身，布达拉山成为西藏政教合一的统治中心，也是藏传佛教的精神领地，贯通西藏的历史和社会秩序，构成了藏民的集体记忆，是古代乃至当今社会西藏地区精神与秩序的象征。

1961年，布达拉宫被评为第一批全国重点文物保护单位，1994年，布达拉宫被联合国教科文组织列为世界遗产。作为藏传佛教的圣地，每年到布达拉宫的朝圣者和观光客络绎不绝。

9. 博南山

博南山，位于我国云南省大理州西部的门户永平县西南部，横贯永平县博南古道100多千米。博南山是滇西横断山脉中的一座中等高度的山峰，博南就有博达南方之意，意为翻越此山即可到达更加广袤的南亚、东南亚诸地，是"博南古道"的必经之路；"博南"二字源于大博南山，《辞海》载：博南山，一名金浪颠山，俗讹为丁当丁山。1930年，美国作家埃德加·斯诺在《马帮旅行》一书中称"博南古道"为云南的"皇家古道"，通往印度的"黄金之路"，是南方丝绸之路上最为重要的一段。

博南山最高海拔2704米，南流的澜沧江在博南山附近向西北折行出一个大环湾，形成"一江环一山"的地理奇观；博南山是祖国大西南横断山脉云岭山系的重要分支，整座山的走向与永平境内的国际河流——澜沧江的流向高度重合，澜沧江西折东拐环抱了永平县几近一半的县界，也环抱了整座博南山。

山环水绕的地理地势，使得永平县境内地形地貌复杂多样，立体气候明显，也使得博南山降雨量极为丰富，为动植物提供了诸多与之相符的气候特征以及生存地域。因此，如今绵延不过百里的博南山，在其南北两端分别有着一个省级和州级自然保护区，保护区内自然程度极高，动植物在原始生态内活动、生存，怡然自得，为人类提供了极其丰富的野生资源。

山茶科植物及其所属古茶树群落是博南山上两个自然保护区内最常见的植物，是博南山特有的古山茶类树种，是两个自然保护区一大珍贵特色。这些稀有的古茶树，几千年以来在博南山的永国寺、金光寺、狮子窝三个片区，各自以不同的原生态状态生长着、存活着、茂盛着。

博南山永国寺，是翻越"博南古道"的必经之地，这里存在着一个鲜为人知的古茶片区。《水经注》记载："汉德广，开不宾；度博南，越澜津；渡澜沧，为他人。"这首开启了永平县乃至云南历史的古歌里，所说的"度博南"即指翻越博南山。这个地方被明朝状元杨升庵称为"叮当关"，被诗人谢式南描述为"汉关"，当地人称之为"永国寺"梁子。自汉明帝刘庄开始，便把这里作为一个南方重要关隘来经营，设置博南县，驻兵把持，后历数代王朝，有许多场战争都在这里发生；当地称为"永国寺"梁子的，则源于古道旁边的"永国寺"。

"永国寺"最早叫"宁西禅寺"，南明永历皇帝和他的部将李定国西逃过程中，在叮当关寄居于"宁西禅寺"，并依山布阵，与追兵激战取胜；君臣二人似乎从叮当关的险要地形中看到了重拾江山的一丝希望，也似乎在高山之巅俯瞰大地众生间，懂得了指点江山之外的另一层禅意，还似乎在深山浓醇的茶味熏染中顿悟了君臣之外的友谊，绵长珍贵，于是取了"永历帝"之"永"字、"李定国"之"国"字，改"宁西禅寺"为"永国寺"，以此见证这段高山深林中鲜为人知的明朝末世的君臣之谊。

这里古茶树生长茂密，生机勃发，数千年如一日，在自然状态下恣意野生地蔓长着。大概由于永国寺周围方圆数十千米无人居住，"博南古道"在明末之后一直沉寂，永国寺也再无香客来往，古茶树从此无人打理和采摘，也无人关注，即便是山下的当地群众，也很少知道这里有一个古茶群落的存在，古茶树就这么野生疯长着；这片古茶树似乎是被放生到了原始状态，相随着春秋四季，恣意地冬蕴、春萌、夏荫、秋发，一直保存着原生状态。

博南山从叮当关顺着澜沧江的流势向南延伸约25千米，凸起了一座灵秀神秘的山峰——宝台山，宝台山的山顶，海拔2913米，是博南山的最高处；整座宝台山地处博南山偏南端，也是博南山上第二个古茶树片区。宝台山和鸡足山、水目山、石宝山在历史上被誉为大理的"四大名山"。而且宝台山由于过于密闭的地理环境、相对遥远的路程，其声名在历史典籍中虽有陈述和赞载，但是即便现代多元的感知方式以及发达的敏知触角，也很少有人深入其腹地，探险其间，去探究这方圆十五万亩的原始森林。

宝台山中，有一处几乎是唯一的人为建筑——金光寺。金光寺始建于1628年，被古书称为"大清莲花古弥勒道场"。金光寺在近400年历史中，几经兴衰，沉积下来，形成了耐人寻味的宝台山佛家文化。其中"禅茶一味"

的佛理思想则直达历史和现实之间，至今犹然。

据古地质学家考证，在距今 1.8 亿年至 1.3 亿年前，裸子植物发展迅速，真蕨、苏铁、银杏、松柏在这里生长茂盛；第三纪出现了山茶等被子植物，但在第四纪的几次大冰川活动中，地球上的许多植物种类被毁灭。据研究，云南南部很多地方未受到冰川的袭击，因而保存下许多古老的植物种类，如木莲、望天树、黄缅桂、龙脑香、苏铁、树蕨等；山茶种类植物在此分布广、种类多，它们都是第四纪冰川活动的劫后幸存者。宝台山目前已知的第四纪古植物中，有完整的木莲古植物群落，也有黄缅桂、树蕨山茶等古树种。山茶种植物则遍布于深箐山岭之间，被到访专家称为我国山茶资源最丰富的自然保护区。

金光寺的开山祖师朱铸成曾经因闻宝台山"莲花上树猿啼佛"，就不远万里来此开山建寺。这是佛教和山茶科植物的缘分，最是珍贵。因为从远古的洪荒年代至今，宝台山一直就是山茶科植物的天堂，这种"禅"和"茶"之间的缘分是不会被时代割裂的，它的延续在潜移默化间，也在古茶树的冬蕴春萌之间。

宝台山往南延伸 30 里到 40 里，海拔从 2913 米降到了 1130 米，在这个从原始森林到人类居区的过渡区域，有着博南山最南端最大的古茶树群落，外围紧依澜沧江，永平县水泄乡的狮子窝村和瓦厂两个行政村便处于这个区域内，古茶树对于这两个村的许多寨子来说，不仅意味着悠远的过去，还成就着繁杂精彩的现实，也还酿造着美好的未来。

一棵棵古老茶树没有因为被冷落而枯糜，相反春夏秋冬四季都抽青长枝，每一个新芽、每一片新叶，都与老态龙钟的枝干形成巨大的反差，仿佛昭示着老者不朽、青者茁壮、生生不息的生命寓意。

据不完全统计，博南山最南端的古茶树片区，还存活有古茶树 4000 多棵。这些古茶树的年代无人能够说得清楚，它们生长在自然程度极高的环境中，朝露晚霭，日出日落，属于无污染的有机生态茶；澜沧江源源不断地输送来的水分和温度，滋养了博南山的所有生灵，也滋养着山上山下的人们，博南山古茶树无我的包容秉性，在世事更迭中蕴藏着一个远古的禅机，也孕育着一个新的希望和机会。

博南山西麓是亚热带河谷，光热资源丰富；东麓温暖湿润，"博南古道"

沿线拥有 18 万亩原始森林，水青树、云南山茶、白菊树、木莲花、杜鹃等珍稀物种生长其间，同时小型野生动物也活跃其间。

两千多年前，张骞出使西域，发现了云南境内的"蜀身毒道"，这段古道中最著名和最显要的一段，就是云南大理至保山之间的"博南古道"。"蜀身毒道"以四川宜宾为起点，途经云南多地，进入缅甸、泰国，最终到达印度，和我国北方丝绸之路在阿富汗地区会合，是我国最古老的国际通道之一。"博南古道"是我国南丝绸之路进入云南楚雄之后的延展，处于南丝绸之路的枢纽地段，为南方丝绸之路的发展和繁盛打下了坚实的基础。

"博南古道"的开发源自汉武帝时期。《华阳国志·南中志》记载："汉武时，通博南山"，《明一统志》记载："汉武通博南山即此，为蒲蛮出入之所"，说明从汉武帝时期开始，中央政权就开始修建、经营博南山的道路，从此这条民间商道变身为云南地区唯一的官道；公元 69 年，随着哀牢人的归属和永昌郡的设立，"博南古道"一举全线贯通。抗日战争以后，"博南古道"演变成著名的滇缅公路。"博南古道"促成了东南亚文化圈和云南边屯文化的形成，古驿村落、寺观庙庵和津关桥梁分布其间，马可·波罗、徐霞客、永历帝、林则徐、斯诺、徐悲鸿等都在古道上留下了足迹。这里较有特色的景点有永平曲硐回族古村落、永平白族三月街等。

"博南古道"依附于博南山，作为云南地区最重要的陆路通道，它又兼具民族迁徙、商品贸易和文化交流的功能，重要的是"博南古道"始终是官方经管的军事要道，历朝历代都在这条古道上布防军事设施。

10. 玉龙雪山

玉龙雪山位于我国云南省丽江市玉龙纳西族自治县境内，是我国最南端的雪山；是长江以南的第一高峰，也是北半球距离赤道最近的现代海洋性冰川。元代宣尉使李京称"玉龙雪山天下绝"。

玉龙山是我国宝贵的动植物王国，生态类型齐备，是横断山脉中高山动植物生长最集中的地段，被誉为"天然高山动植物园"和"现代冰川博物馆"，其特殊的地质构造、丰富的古生物化石和种类繁多的动植物群落，是科学考察研究取之不尽的珍贵宝藏。

玉龙雪山山下层峦叠翠，有时霞光辉映，雪峰如披红纱，娇艳无比；山上、山脚温差较大，森林植被迥异，判若两个世界。玉龙雪山也是横断山脉沙鲁里山南段的名山，北半球最南的大雪山。玉龙雪山南北长35千米，东西宽13千米，面积455平方千米；高山雪域位于海拔4000米以上，玉龙雪山是纳西族的神山和族民聚居地之一；纳西族人称雪山为"波石欧鲁"，意为"白沙的银色山岩"；雪山共有十三峰，主峰扇子陡海拔5596米，但能攀爬的高度仅为4680米，在碧蓝天幕的映衬下，像一条银色的玉龙在作永恒的飞舞，故名玉龙雪山；又因玉龙雪山的岩性主要为石灰岩与玄武岩，黑白分明，故有的人又称其为"黑白雪山"。

玉龙雪山是纳西族和丽江各民族心目中的一座神山，纳西族的保护神"三朵"就是玉龙雪山传说中的化身，至今丽江一带还每年一次举行盛大的"三朵节"。

唐朝时期，南诏国主异牟寻封岳拜山，曾封赠玉龙雪山为北岳；唐贞元年间，名臣韦皋约南诏共袭吐蕃，驱赶吐蕃到玉龙雪山以西；元代初年，元世祖忽必烈到丽江时，曾封玉龙雪山为"大圣雪石北岳安邦景帝"；元至顺年间，云南诸王秃坚等作乱，四川行省出兵讨伐至玉龙雪山，击败罗罗斯军。

纳西族民间一直流传着这样一个神奇的传说：玉龙雪山和哈巴雪山是一对孪生兄弟，他们相依为命，在金沙江淘金度日。一天，突然从北方来了一个凶恶的魔王，霸占了金沙江，不准人们浣纱、淘金，玉龙、哈巴兄弟俩闻此大怒，挥动宝剑与魔王拼杀，哈巴弟弟力气不支，不幸被恶魔砍断了头颅，玉龙哥哥则与魔王大战三天三夜，一连砍断了十三把宝剑，终于把魔王赶走了。从此，哈巴弟弟变成了无头的哈巴雪山，玉龙哥哥为了防止恶魔再次侵扰，日夜高举着十三把宝剑，后来也变成了十三座雪峰，而他那战斗的汗水则化作了黑水、白水。玉龙雪山常被当地人当作是纳西族的外在象征，而这个传说中的玉龙英雄，则成为纳西族人民内在的精神象征。

另一传说是：金沙江、怒江、澜沧江和玉龙山、哈巴山，原是五兄妹，三姐妹长大了，相约外出择婿，父母又急又气，命玉龙、哈巴去追赶。玉龙带十三柄宝剑，哈巴挎十二张长弓，抄小路来到丽江，面对面坐着轮流守候，并约下法章，谁放过三姐妹，要被砍头；轮到哈巴看守时，玉龙刚睡着，金沙江姑娘就来了，她见两个哥哥挡住去路，便低头细想，把脚步放得很轻很轻，忽然心头一亮，金沙江姑娘唱起了婉转动人的歌，唱得守关的哈巴神魂迷醉，渐渐地睡着了，她边唱边走，一连唱了十八支歌，终于从两个哥哥的胁窝边穿过去，一出关口，便高兴得大声欢笑着，并快速奔跑而去。玉龙醒来见这情景，又气又悲，气的是金沙姑娘已经走远，悲的是哈巴兄弟要被砍头；他不能违反约法，慢慢抽出长剑砍下熟睡中的哈巴的头，随即转过背痛哭，两股泪水化成了白水和黑水；哈巴的十二张弓变成了虎跳峡两岸的二十四道弯，哈巴的头颅也落到江中变成了虎跳石。

还有一则传说是关于爱情的：传说纳西族的男女相恋相爱之后，若是家人反对，则会双双去玉龙雪山殉情，殉情之时全族人都会去送行。传说殉情之后，他们所到的地方犹如天堂，出行都是骑着老虎猛兽，吃穿都是锦衣玉食；历史上玉龙雪山殉情规模最大的一次是 12 对情侣，他们在山上找了一片遍地盛开杜鹃花的地方，一起玩乐了三天三夜，然后两人一棵树，以上吊的形式，双双殉情。不过，这个传说的故事过于凄美。

玉龙雪山是国家级重点风景名胜区，以险、奇、美、秀著称于世，气势磅礴，造型玲珑秀丽；清代纳西族学者木正源曾形象地归纳出玉龙十二景，即：三春烟笼、六月云带、晓前曙色、暝后夕阳、晴霞五色、夜月双辉、绿雪奇峰、银灯炫焰、玉湖倒影、龙早生云、金水璧流、白泉玉液等。玉龙雪山景观大致可分为高山雪域风景、泉潭水域风景、森林风景和草甸风景等，主要景点有玉柱擎天、云杉坪、雪山索道、黑水河、白水河、蓝月谷及宝山石头城等。

玉龙雪山不仅巍峨壮丽，而且随四时的更换、阴晴的变化，时而云雾缠绕，乍隐乍现，成犹抱琵琶半遮面的美女之态；时而山顶云封，深奥莫测；时而上下俱开，白云横腰一围；时而碧空万里，群峰如洗，闪烁出晶莹的银光；即使在一天之中，玉龙雪山也是变化无穷，气象万千。凌晨，山村尚在酣睡中，雪山就已曙光初现，峰顶染上晨曦、朝霞映着雪峰，霞光、雪光相互交映；傍晚，夕阳西下，余晖照耀山顶，雪山像一位披着红纱的少女，亭亭玉立；夜晚月出，星光闪烁，月光溶溶，雪山似躲进白纱帐中，渐入甜蜜的梦境。

每当春末夏初，云南八大名花争奇斗艳，各色花姿无不具备，仅杜鹃花一项就有 40 个品种之多；山上林木苍郁，以松树为例，从下到上，分布着云南松、华山松、云杉、红杉、冷杉等。这里又是药材的故乡，分布着虫草、雪茶、雪莲、麻黄、三分三、贝母、茯苓、木香等珍贵药材。

　　玉龙雪山是动植物的宝库，主要经济动物有 60 多种，属国家重点保护的珍稀动物有滇金丝猴、云豹、金猫、雪豹、藏马鸡、绿尾梢虹雉、穿山甲、小熊猫、大小灵猫、白腹锦鸡、血雉白鹇等；有藻类植物 31 科 196 种、地衣植物 17 科 20 多种、苔藓植物 45 种、藓类植物 130 种、蕨类植物 220 种、种子植物 145 科 3200 余种。玉龙雪山还是云南省著名的园艺类观赏植物的主要产地，观赏植物种类繁多，颜色各异，有报春花 60 多种、杜鹃花 50 多种、兰花 70 多种，是中国植物标本的集中地，有天然高山动植物园和现代冰川博物馆之称。

11. 高黎贡山

　　高黎贡山，位于我国云南西北，保山市腾冲县境内，山势南北走向；北部山势高峻，南部多低矮的帚状山系，属于横断山脉的重要组成部分，是横断山区最西的山脉。

　　高黎贡山是少数民族语地名，最早见于我国唐代《蛮书》："高黎贡山在永昌西，下临怒江，冬中山上积雪寒苦，夏秋毒暑酷热。"一说高黎是地名，贡在景颇语中是山的意思；又称作高丽共或是高日共，意即景颇族高日家支居住的地方。另一说高黎贡是佤族语，高黎是起源的意思，佤族人认为其是人类起源的圣山；《滇略》中写道："高黎贡山，在腾越东北百余里，古名昆仑岗，夷语讹传为高良公。"《徐霞客游记》中记载："高黎贡俗名昆仑岗，故又称昆仑山。"

　　高黎贡山的主脉紧靠怒江西岸，由西藏伯舒拉岭发轫并向南延伸，南部抵达中印半岛的缅甸境内，绵延 600 多千米，跨越 5 个纬度带，山体狭窄，主峰嘎阿嘎布海拔 4200 余米。该山区属印度洋西南季风区，低纬度、高海拔、日照充足、夏季多雨、冬季干燥，年平均气温为 15℃，是典型的亚热带气候，也形成了红壤、黄壤、棕壤、草甸土、裸岩等亚热带山地土壤垂直带。鉴于高黎贡山地处喜马拉雅山与马来半岛之间的过渡地带，其"大自然博物馆""世界物种基因库"等美誉不请自来，是世界生物多样性保护的关键区域；山峰中富有火山、地热、东方大峡谷等独具一格的自然景观，形成生物多样性、气候多样性、景观多样性的自然格局。

　　山内森林覆盖率达 93%，仅种子植物就有 4000 多种，其中 1116 种是中国特有树种，379 种是云南特有树种，434 种是高黎贡山特有树种；山脚是一派热带风光，山顶是常绿阔叶林和箭竹林；河谷和山坡台地种植胡椒、杧果、荔枝、咖啡、甘蔗等经济作物；拥有国家一级和二级保护动物 81 种，北方动物种类主要有狼、狗獾、刺猬、鼠兔等，南方动物种类主要有蜂猴、小熊猫、蜂猴、白眉长臂猿、绿孔雀等，南北方的物种都能在这交汇处见到踪影。

高黎贡山位于印度板块和亚欧板块嵌接碰撞的边缘，地质构造复杂活跃，地壳不稳定。西坡的腾冲县是中国地热富集区域，拥有热泉和火山锥，腾冲地区比较有名的是温泉群，集中于黄瓜箐、保姆河一带。

最早生活在高黎贡山的族群叫昆仑，民族学家马曜归结为孟高棉语诸族是该地的土著民族。有学者认为，高黎贡山是一座没有主体民族的山脉，氐、羌、百濮、百越、三苗族群、中亚民族和中原汉族不断迁入并定居其间，佤族、景颇族和布朗族等族群聚居生活在云南西部的这片土地上，现有汉族以及苗族、白族、回族、怒族、傣族、傈僳族等近二十多个少数民族定居于此，多民族文化在此交汇通融，是多民族迁徙的重要走廊。

高黎贡山北段、中段、南段分别归属怒江傈僳族自治州、保山市和德宏傣族景颇族自治州管辖，西麓的腾冲地区是各民族族群的交通要道，马帮和古老商道在高黎贡山穿过，南方丝绸之路上的"博南古道"增加了高黎贡山的贸易频率。在高黎贡山上至今还保存着公元前 4 世纪开发的西南丝绸之路——蜀身毒道，从成都出发翻越高黎贡山，最后到达缅甸、印度和阿富汗。这条丝绸之路比北方丝绸之路要早 200 多年。

为了保护原生态环境，20 世纪 80 年代高黎贡山国家级自然保护区成立。保护区内的自然景观吸引眼球，文化景观和少数民族风情同样具有旅游穿透力，温泉、瀑布、丝绸古道、滇西抗战遗址都是高黎贡山的旅游关键词，傈僳族的三弦舞、傣族的孔雀舞、德昂族的水鼓舞、彝族的大鼓舞等则为高黎贡山地区旅游业的发展增添了文化积淀。

12. 鸡足山

鸡足山，位于云南省大理白族自治州宾县境内，西与大理、洱源毗邻，是中国西南佛教文化第一宝库。鸡足山山形有前分三支、后分一岭之说，与鸡爪的状貌相似，故称鸡足山。鸡足山是东南亚著名佛教圣地、中国汉传佛教和藏传佛教的交汇地，素有"鸡足奇秀甲天下""灵山佛都""天开佛国""华夏第一佛山"等美誉。藏语中称鸡足山谐音为"崖吾西宫"，"崖吾"是山的意思，"西宫"是寺庙的意思。鸡足山起源于藏族神山崇拜和十二生肖的归属上，藏族人认为鸡足山是属鸡的山，因此在鸡年前来朝圣的人最多。

鸡足山南北约为 7.5 千米，东西约 15 千米，最高峰天柱峰海拔 3220 米。山体由玄武岩构成，松树和柏树生长其间，曾有大小寺庙百余座，现仅存清代建筑的祝圣寺、金顶寺正门和重建的楞严塔。地理学家徐霞客尤其钟情于鸡足山，他将鸡足山视作滇西旅行考察的基地，在此逗留的时间最久，而且这里也是他一生考察事业的终点，由此可见鸡足山的重要地位；徐霞客把鸡足山的自然地理要素分为17类，即峰、岩、洞、台、石、岭、梯、谷、峡、箐、坪、林、泉、瀑、潭、涧、温泉等；徐霞客两次登上鸡足山，编撰《鸡足山志》；其他学者如钱邦芑、范承勋、高奣映等，也和徐霞客一样做鸡足山研究工作多年，撰写了各种版本的《鸡足山志》。

鸡足山建寺于唐代，佛教界从明代开始认定鸡足山为迦叶道场，极盛时期寺庵数量全国第一，有"大寺八、小寺三十有四，庵院六十有五，静室一百七十余所"。静室密布是鸡足山佛教繁盛的标志，边疆地区各民族同胞来此朝山求法；每年藏族同胞去鸡足山朝圣成为传统；其间分为两种朝圣之人，一种是乞食朝圣之人，一种是"赶茶山"的马帮商人，回程再到鸡足山朝圣。鸡足山朝圣线路可以划分为三条：西线以马帮为主；中线与传统滇藏"茶马古道"线路基本重合；东线需要经过壶北山麓和金沙江，朝圣者多顺时针行进，回程同样采取顺时针路线，为了更好地体验人世轮回。

作为我国五大佛教名山之一，鸡足山是典型的风景名山与文化名山的统一体，站在鸡足山山顶，可以东观日出、南瞰浮云、西望苍山洱海、北眺玉龙雪山，此被称为"绝顶四观"。另有天柱佛光、华首晴雷、洱海回岚、苍山积雪、万壑松涛、飞瀑穿云、悬岩夕照、塔院秋月等八景。鸡足山是国家级4A级风景名胜区，景区的旅游路线可以划分为以下几种：原始生态旅游线，包括玉龙飞瀑、万壑松涛、杜鹃长廊等；佛教文化旅游路线，包括祝圣寺、金顶寺、铜瓦殿等；历史文化旅游路线，包括徐霞客纪念馆、高僧大德馆、木公祠等；农家乐旅游路线，主要以鸡足山下的白族村寨为基点，拓展农事种植和采摘；另外，鸡足山正不断扩容到中国西南旅游圈和东南亚国际旅游圈中。

13. 哀牢山

哀牢山，位于我国云贵高原、横断山地和青藏高原三大自然地理区的交汇处，是云岭山脉的余脉分支，北起大理州，南至红河州，与无量山一起被称为云南景东县的"两山"。山势呈西北—东南走向，北高南低，纵贯云南省中部，是云南省东部和西部景观差异的分界线，如一道屏风耸立在元江和澜沧江之间。

《志书》记载："哀牢山本名安乐，蛮语讹化哀牢，孤峰秀耸，高三百余丈，雄峙西陲，延袤三十里许。"一说哀牢山得名于哀牢古国，两千多年前有濮人在怒江—澜沧江一带建立哀牢国；一说哀牢是"爱醪"的谐音，意即本地人爱喝酒。

哀牢山山脉全长500千米，平均海拔2000米以上，主峰大雪锅山海拔3137米，山脉东部为红土高原，西北为高山和峡谷相间的山地。哀牢山位于扬子准地台与滇西褶皱带交界处，地质构造形态复杂，地理位置特殊而显著；属于第四纪以来持续上升的断块山。哀牢山地区受西南季风的影响，雨季和旱季分明，冬季在干暖季风环流控制下晴朗干燥，夏季受湿热季风环流控制而云雨较多。

哀牢山是云南亚热带南部与北部的过渡地带，分布有中国面积最大的亚热带常绿阔叶林区，保存着原始的亚热带山地森林生态系统，森林总覆盖率达85%。西南部近南北走向的山系河谷地区，由于山脉走向与西南季风趋于直交，在山地的背风坡气候干热，具有十分显著的"焚风效应"，形成了特有的与非洲热带草原相似的干热河谷植被。

哀牢山是彝族、傣族、苗族、瑶族、壮族、布朗族、哈尼族、拉祜族等少数民族聚居区，其中彝族是山区居住人口最多的少数民族。哀牢山的心腹之地是茶马古道，新中国成立前曾是土司、商人、匪棍和兵家的活跃地，每日都有八百骡马、近千商人翻越哀牢山原始森林，以布匹、丝绸、烟丝和手工艺品换回洋烟、盐巴、茶叶、动物皮毛等货物。

山间岩矿资源丰富，诸如金、银、铜、水晶、大理石、花岗岩等，具有观赏、游览、考察等多重价值。珍稀动植物种类丰富，有银杏、木莲、七叶树、杜鹃花、山茶花、马缨花树等，香菇、木耳等天然食用菌14种。哀牢山的西坡盛产普洱茶，主要分布在景东彝族自治县境内；特有动物包括长臂猿、金丝猴、绿孔雀等国家级保护物种，同时哀牢山还是我国候鸟迁徙的通道，有占全国三分之一的鸟类要从这里飞过。

哀牢山位于昆明、西双版纳和大理旅游圈的交叉处，景点聚集地段位于哀牢山中北段，湖泊、溪流、瀑布等水文景观独具特色；主要景点有茶马古道、石门峡、千家寨、杜鹃湖、南恩瀑布、哈尼梯田等；哀牢山南部元阳县境内梯田规模宏大，最高梯田级数达3000级，主要包括坝达景区、老虎嘴景区、多依树景区，近三万亩梯田，是哈尼梯田的核心区域。

哀牢山适合开展自然景观、休闲度假、民族风情、科学考察等多种活动。云南的主干道昆洛公路和昆畹公路分别从哀牢山区南部和北部穿过。

14. 巴达山

巴达山地，位于我国西双版纳勐海县西部，与缅甸隔江相望，南与打洛镇毗邻，东北是勐遮坝子，东南是勐冈山地，南接多民族聚居的渡口——打洛镇，中缅第一寨——勐景来便位于西南边陲勐海县境内，清澈的打洛江形成了一条天然国境线，面积为316.21平方千米。

巴达是傣语地名，是仙人脚印的意思，传说巴达寨西的巨石上有仙人留下的足迹。巴达山同勐海县的南糯山、西定山，勐腊县的勐满山、易武山，景洪县的勐宋山一道，因为是哈尼族的居住区因而被人称为"哈尼山"。

巴达山地区珍稀植物众多，土壤为黄棕壤和黄壤，降水量丰富，年平均气温18℃左右，年日照时间有126天，气候温暖湿润，有茶树生长最适宜的优越自然环境；巴达山地区的小黑山，有连片的野生茶树，约有6000多亩，是西双版纳州古茶树最丰富的地方；其中有被誉为"茶树之王"的一株野生茶树，高34米，主干围粗3.8米，直径约1米左右，是迄今为止我国发现的最大一株野生茶树；据专家测定，这株野生茶树有1700多年的树龄，主干分为并列5枝呈手掌形；巴达野生茶树和千年"茶树之王"的发现，使得这一地方成为一个诱人的去处。

巴达山最出名的物产是普洱茶，其特点是：叶片椭圆形、叶面隆起、叶身背弓或内折、叶质柔软、叶色黄绿、叶尖渐尖或尾尖、叶基楔形；其口感类似于布朗山茶区，舌面后段与上颚后段微苦涩，然而平均茶质较为淡薄，上颚中后段在饮过之后有股特殊的气味；茶汤香满于喉舌，苦稍长、微涩、轻度收敛后，第三泡过后渐显柔顺细滑之感，再把舌面收敛后出现奇妙的冰凉感。另有主产普洱茶的栽培型古茶园，主要分布在章朗、曼迈兑、曼帕纳等布朗族村寨。

巴达山是云南少数民族集中的边疆地区，傣族、布朗族和哈尼族在此聚居，巴达山上海拔 1400 多米的章朗古寨是西双版纳最大的布朗族村寨；巴达乡位于勐海县南端，领属的打洛口岸边贸活动历史悠久，明清时期即是滇南的"茶叶商道"和东南亚国家"边贸之路"的驿站，云南特产普洱茶通过勐海打洛口岸远销东南亚国家。2013 年，随着海上丝绸之路战略正式实施，曾经一度关闭的西双版纳打洛口岸得到恢复，中缅双边经贸日益密切，打洛口岸出入境流量快速攀升。每年从打洛出入境的人员已经达到 102 万多人次，打洛口岸成为云南省内继瑞丽、河口、磨憨口岸之后，第四大出入境人员突破 100 万人次的国家级陆路口岸。未来打洛口岸全年出入境统计数据有望攀升至 110 万人次。

茶马古道曾经让云南一路延伸，茶、盐、丝绸等货物在马背上走出大山、走出云南、走向世界，但交通一直是影响云南茶马贸易的关键因素，随着云南全面实施"一带一路"战略，西双版纳地区也将迎来新的发展机遇。

15. 枯门岭

枯门岭，又名"克钦山区""野人山"等，是缅甸北部山脉，南北纵贯整个克钦邦中部，为迈立开江和亲敦江上源各支流的分水岭。最高点本帕本山，海拔 3411 米，为缅甸少数海拔超过 3000 米的高峰之一；至今枯门岭山区大多还是未被开发的原始森林，由于此地居住的门巴族文明程度较低，故被称为野人山。

克钦山区大约在北纬 26°、东经 97° 附近，为大片丛林区及沼泽地，夏日雨后，蚊虫、毒蛇、瘴气让人防不胜防，而每一击都是致命的创伤；从每年 5 月下旬到 10 月间，是野人山的雨季，雨季不仅使森林里的蚊蚋和蚂蟥异常活跃，而且使得各种森林疾病，如回归热、疟疾、破伤风、败血病等病症迅猛传播开来。根据资料记载，抗日战争时期，中国远征军第五军 5 万人越过野人山而抵达印度的，只剩下三四千人；相传三国时期，诸葛亮曾靠鬼灯檠躲避野人山瘴疠的攻击，在野人山七擒七纵孟获。

野人山有着全世界最著名的玉石场——帕敢玉石场；帕敢场区出产的翡翠种老、种好、底净、色正，多为高档翡翠，因此这座宝山也是当地各族军队势力的必争之地。

据古书记载，缅甸北部的野人山一带原是中国疆土，最早在东汉时期，这里就是汉朝统治下的一个边塞夷地，每年都要将其出产的翡翠作为贡品献给中央朝廷；在清乾隆时期，翡翠就已作为中国国宝由朝廷亲自监管开采。只是后来缅甸洞吾王朝的兴起，加之英国殖民者的插手，将这大片土地划入缅甸版图，硬玉翡翠随之成为缅甸的国宝，约定俗成，成为历史。英国是于1927年实现对野人山实际有效管制的，当时的民国政府很长时间内都没有反应，直到1929年，才由云南交涉署向英国驻滇总领事提出过抗议照会。

另一次是1944—1945年，国民军在胡康谷地和三江以外拥兵近30万，全是精锐之师。腊戍以北尽在中国军队实际控制之下，但在英国要求下，全数退入中国境内，事实上承认了英国在未定界上的权益，而且将片马地区也重新让给了英国；

1947年，缅甸独立时，英方向缅甸移交包括江心坡和孟养、野人山在内的实际控制地区的行政权，对此当时作为中国中央政府的中华民国政府未提出异议，中国作为二战战胜国最后一次丧失了将上述领土确定为争议土地的机会。

最高峰本帕本山，海拔高3411米，伊洛瓦底江的上游若干支流就此发源；枯门岭地区层峦叠嶂，树林里隐藏着沼泽、河谷森林茂密、地形非常复杂和险恶；这里野兽横行，素来被称为危险的瘴疠之地，疟疾严重，直接威胁人类的生存；每年5月份到10月份都是雨季，雨量充沛，蚊虫、蚂蟥、毒蛇等动物活跃，容易感染回归热、疟疾、破伤风、败血症等，士兵在战争时期很难通过这片丛林。

枯门岭的归属问题经历了多次争夺，主要为掸人、缅人、门巴族和克钦族的居住地，还有少量难以归类的族群，受英国殖民传教影响，克钦族主要信仰基督教，中国少数民族景颇族和傈僳族也是克钦族的分支。

区域内的主要城镇有密支那、八莫、孟拱、莫冈等；东部与中国云南省怒江傈僳族自治州和德宏傣族景颇族自治州接壤，北部与西藏自治区昌都地区相邻。农业上生产主要依靠种植水稻、蔬菜、棉花、烟草和甘蔗等，富植柚木和竹林，有碾米、制糖、木材加工等工业；二战后修建的中印公路穿越胡康河谷，铁路可从密支那通向缅甸腹地。

16. 勃固山脉

勃固山脉，英文名 Pegu Mountains；缅甸语作 Bago Yoma；勃固曾译名"庇古""卧佛"，勃固在我国《明史》中称为"古刺"；勃固山是缅甸境内最年轻的山系之一，在缅甸中南部，一般海拔 200 米至 500 米，南北纵贯于伊洛瓦底江中下游和锡当河之间，北起敏建附近，余脉向南可抵仰光近郊，绵延约500 千米左右；北端的博帕山，海拔 1518 米，是勃固山脉的最高峰；东西两麓发源出勃固河和密马加河；年降水量约为 2200—2500 毫米，雨水丰沛；东坡生长着柚木以及其他热带硬木，山区有少数民族从事游耕，种植山稻、玉米和黍等，是缅甸最为秀丽的一座山脉。

勃固山是一座静息的死火山，岩层为花岗岩、片麻岩、片岩等，在漫长的造山运动过程中，与第三纪阿尔卑斯—喜马拉雅运动同时，是地震非常活跃的地带，1930 年 5 月 5 日发生一次级别强烈的大地震，整个勃固城几乎被毁灭。

公元 1369 年白古国王朝耶宇迁都至此；14—16 世纪，这里是缅甸的佛教和文化中心，前首都仰光位于勃固山脉的末端，因倚势勃固山，并因山而名，形成勃固省，位于仰光东北 80 千米处、勃固河东岸，景点包括瑞达良卧佛、瑞摩都佛塔、勃固孟族古王宫等。

勃固西南处的瑞达良卧佛建于公元 994 年，身长 54 米、高 15 米，精心雕琢的一整块石镀满金箔；另有一尊户外卧佛，瑞摩都佛塔位于勃固镇北2000 米的小山之上，塔高 113 米，是缅甸四大佛寺之一。

勃固山脉为缅甸民间所崇拜的 37 个神灵的居住地，山区少数民族众多，多产柚木，颇具经济价值。

缅甸是中国与东南亚地区连通的枢纽，勃固是连接中国瑞丽到缅甸毛淡棉的重要节点，由于斜坡陡峭，道路建设难度大，但从仰光通往勃固的亚洲 2号公路比较顺畅。如今借助我国"一带一路"经济建设的东风，南宁市与缅甸仰光市建立了友好城市关系，两市从政府到民间层面展开频繁的多层次交流，使得投资、旅游、文化、教育等方面合作取得了丰硕成果，新型合作之路将有力助推勃固山地区的经济发展。

17. 坤丹山

坤丹山，位于泰国清迈东部，是泰国东北部山区的重要组成部分，界于他念他翁山和那空是贪玛叻山脉之间，山势呈南北走向，发育的汪河构成泰国第一大河——湄南河的上游。

坤丹山是南邦府国家级森林公园，有"生态之山"的美称。坤丹山国家公园位于南奔府湄他县，横跨南奔府和南邦府之间的群山、竹林和米松林生长其间；名贵花卉包括兰花、姜花、茉莉花等各种花卉品种；公园内 1352 米长的坤丹隧道是泰国最长的隧道。

坤丹山所在的南邦府是泰北第二大城市，公元 8 世纪建立的女王国即以南奔、南邦一带为政治中心；后来，兰纳泰王国于 1292 年将女王国并吞，并在距离南邦不远的地方建立新都清迈。南邦府也是泰国唯一以马车为交通工具的首府。

坤丹山是泰国清迈境内最低的山峰，海拔为 1189 米。山脉所环绕的清迈是泰国北部的经济和文化中心，发展程度仅次于首都曼谷。考古学家考证，清迈在 2000 多年前即有人类居住；15 世纪以前，孟莱王定都于此，清迈的手工艺因此享誉世界，在这里可以找到手工制作的雨伞、珠宝、银器和木雕等。

从古至今，中国南部的居民逐渐前往东南亚地区，推动了丝绸之路沿线泰国各地的发展。

清迈市是一座历史悠久的文化古城。1296 年 4 月，清迈市在曼格莱国王的领导下落成，这里良田千里、滨河护卫，成为泰国黄金时期的根据地，并逐渐成长为现今泰国最大的一府、第二大城，以后长期成为兰纳泰王国的都城，除其在地理位置上具有重要的战略意义外，还是邻近位于南部的古丝绸之路的一个分支。清迈也是世界知名的旅游胜地，提洛卡拉王朝时期建造的柴尤寺和柴迪隆寺皆为著名的历史遗迹。

18. 抱木山

抱木山，位于泰国抱木县的泰旺那拍山区，是北标府（沙拉武里府）的著名旅游胜地，构成自然景观与名胜古迹结合的传统风景园林名胜区；抱木山所在的北标府建于 1548 年的大城时代，坐落在距离曼谷 108 千米的地方，是一座商家、兵家集聚的古城，也是以人文景观、自然美景和怡人美食著称的省份。

抱木山是著名的佛教圣地，山间以佛迹寺闻名于世。它是大城时代发现的佛陀足印圣地，每到春节，信众多来观铜钟祈福，瞻仰膜拜佛足塔；山上另分布有华侨庙宇和斋堂，有大圣佛堂、普陀佛堂、西天佛堂、观音堂、仙水窟等，庙宇终年香火不绝。

在泰国北部清迈地区，生活着祖籍云南的回汉侨胞，他们是云南马帮商人前往泰北的可证之人。马帮商人商贸活动频繁，因此多数定居于此，目前清迈府共有 9 个回族穆斯林区，这些人被称为"秦和人"。

抱木山以历史遗迹、神圣脚印、自然美景著称，当地的主要特产有生姜、葵花子、葡萄膏、香蕉糖、草药包等；北标府既有平原，也有森林，大部分是出产木材的原始森林，且出产制造混凝土原料的铅矿、石灰石和白泥，区域交通便利，商业贸易蓬勃发达；每年 11 月份到次年 1 月份是泰国葵花节，北标府的葵花烂漫地绽放在山野公路的两侧，信奉佛教的善男信女在守夏节都齐聚抱木山佛足印寺，举行一年一度的"鲜花布施礼佛盛会"；泰国"守夏节"亦称坐守居节、入夏节、入雨节等，是泰国最重要的佛教传统节日，其源自古印度僧众在雨季禁足安居的习俗，三个月内避免外出，以免伤及稻作和草木昆虫，并专心在寺内坐禅修学。鉴于游客增多，从 2001 年开始改为三天，活动包括祭祀先皇圣灵和神灵仪式、传统民间艺术和民俗表演等，这些传统的泰国优良节日，促进了当地旅游业的发展。

目前，我国"一带一路"国家战略推动了新丝绸之路的"陆联国"建设；2014 年签署的合作备忘录，使中国与泰国"大米换高铁"项目重启，两国在泰国境内修建两条铁路，一条为长 734 千米的廊开府—北标府—罗勇府一线；另一条为长 133 千米的北标府—曼谷一线，将和计划中的中老铁路（昆明至万象）连接，抱木山地区也将随之融入"一带一路"发展战略之中。

19. 素贴山

素贴山，位于泰国北部清迈市以南约 6000 米处，在清迈盆地的西侧，是泰国第二高山，环绕清迈的汇高、汇昌肯两条河流都从素贴山发源；素贴在泰语中是"仙友"的意思，当地华语称之为"遇仙山"或"会仙山"。

素贴山海拔 1676 米，从山麓到山中央分布有柚木，海拔 900 米以下为落叶混交林，以上为丘陵常绿林，植被葱茏，紫薇、紫檀、漆树、假栗木、月桂、桦树等名贵花树分布其间，五色玫瑰为清迈市特有品种。

素贴山半山腰有一古寺，名双龙寺，寺庙建在高台之上，占地广阔，是 1383 年兰那王朝古纳国王督造的，因寺庙门上塑有两条气势雄伟的彩色多头神龙而得名；在两个大龙头上各有 6 个小龙头昂首向天，龙身有数十米长，组成登寺石级两旁的栏杆，造型奇特，且精工雕琢，寺内有很多佛像，其中有一尊是拍佛诗杏坐禅佛像；这尊佛像是泰国重要的古佛像，全国只有 3 尊类似的古佛像，是 700 多年前从锡兰请来的；寺庙两侧悬挂着很多铜钟，游人至此取杖击钟，祈神赐福。

每年 5 月 19 日是泰国的"万佛节"，泰北的善男信女徒步到此，登寺拜佛者众多。游人沿着龙身登 200 多个石阶可以到达素贴山山顶，山顶有一座巨大的舍利塔，塔身贴满金箔，高耸入云，阳光下灿烂夺目，富丽堂皇；舍利塔内供奉着释迦牟尼的遗骨，塔的四周有泰国历代王朝佛教圣僧史画和塑像；相传藏放佛骨的舍利塔塔址是运载佛骨的大象选定的，大象行到此处停步不前，大叫三声，并绕行三周，四脚跪下；恭运佛骨的拍昭居那认为这是佛祖的旨意，立即在此就地动工，建造了这座舍利塔；大象在佛骨安置完毕之时，也就倒地而死，所以山上特立有 1 米多高的白象塑像，以纪念驮运佛骨的大象。

素贴山周围土地肥沃，物产丰富，泰国的兰纳王朝曾在这片宽阔的山谷建国，清迈一度成为政治和经济的中心，曾长期作为泰王国的首都，至今仍保留着很多珍贵的历史和文化遗迹，较为著名的是城区内代表泰北灿烂历史文化的古老寺庙。清迈是华人社区较为集中的地方，主要有中华商会和云南、潮安、客家、海南等会馆，华侨、华人在此投资兴业；主要族群是泰族，山区少数民族包括阿卡族、嘎良族、拉胡族、苗族、瑶族等，泰国特有的长颈族妇女也越来越多地从事到当地的旅游产业。

素贴山是泰国著名的旅游胜地和佛教圣地，是清迈市城市的象征性地标；素贴山国家公园位于清迈市西北部，如今素贴山是泰国素贴—雪伊山国家公园的组成部分。清迈的口号是：壮丽的素贴山、悠久的传统、百花争奇斗艳、古城纳空清迈。每年 5 月 19 日为泰国的万佛节，泰国北部的佛教信徒云集至此。

素贴山具有重要的战略地位，同时是南方丝绸之路的重要分支，中国和缅甸的货物经过这个贸易通道走向泰国湾；清迈的丝绸、纺织品等也著称于世，每年都有大批丝绸、纺织品出口，是泰国制造业的重要支柱；上海与清迈市已经结成友好城市，清迈国际机场和泰国铁路北线终点站加强了清迈和外界的联系，随着我国"一带一路"战略的实施和亚投行的开始运行，泰国的基础设施将更加完善，也将为新丝绸之路的畅通作出新的更大的贡献。

20. 那空是贪玛叻山脉

那空是贪玛叻山脉，又译名洛坤，那空是贪玛叻府在印度梵文中是"圣王之城"的意思，其山脉也称为峦山，"峦"是连着的山的意思，该山脉有一系列 1000 米以上的山峰，连绵不绝，因而得此名。那空是贪玛叻山脉位于泰国南部狭长地带的东部海岸，马来半岛北部，邻近泰国湾和南海，紧邻普吉山，北起泰国湾中，形成潘甘、苏梅等岛屿，南止泰国和马来西亚边境。古代马来族在此建立了洛坤帝国都城，公元 12 世纪湄南河上游的泰族建立起素可泰国，逐渐扩展到那空是贪玛叻府。

那空是贪玛叻山脉山势南北纵贯，全长 319 千米，北部山脉高于南部山脉，南北地势差达 1000 余米，狭窄处如史拉地峡附近，宽度为 50 千米，山脉间绿色山峰起伏，拥有众多溪流、瀑布、热带雨林和水果种植园；西部的銮山海拔高 1835 米，是半岛重要的水道——塔披河的源头，其间动植物种群丰富，包括猕猴、麝香鹿、果子狸、熊狸、马来貘等；銮峰是泰国南部最高的山峰，因为隶属南部半岛的海湾海岸，山脉西部受西南季风控制，通常降雨在 6 月份至 10 月份居多，降水量在 2000 毫米以上；山脉东部直接与海洋相连，受东北季风影响，通常在 10 月份至次年 1 月份期间降水量较大，但降水量不及山脉西部的一半。

该山脉是海上丝绸之路的重要通道，马来半岛的古国登流眉国便位于那空是贪玛叻山脉，《宋史·外国列传》中记载，北宋宋真宗咸平四年登流眉国与古中国通商交流，大量进口登流眉国的沉香。由于泰南的聚宝盆地位和经济效益，通往中国和印度的商船必经该路，世界航海家在此驻足，海外贸易由此扩展，历史上泰国人还在此抗击外敌入侵。

13世纪，作为与中国和印度的贸易中心，那空是贪玛叻引进了斯里兰卡的小乘佛教。山脉周边的主要城市有丹老、万伦、普吉、宋卡等，横跨素叻他尼府、那空是贪玛叻府、董里府、博他仑府和沙敦府，那空是贪玛叻是泰国南部第二大城市，是稻米、橡胶、水果、水产等产品的集散地，出产矿藏锡和钨等。

那空是贪玛叻山脉名胜古迹众多，是南方精致美食、手工艺品、宗教朝圣地和文化财产的发源地；其中玛哈泰寺是主要的佛教寺院，此外还有佛寺博物馆、銮僧院、帕辛佛像大殿、清真寺、南部皮影戏工作室等。

21. 长山山脉

长山山脉（Truong Son Ra），亦译安南山脉（Annamese Cordillera），法语称Chaine Annamitique，是中南半岛的主要山脉，是湄公河与南海水系的分水岭，与海岸并行，大致呈西北—东南走向的缓和弧形，是越南与老挝的分界山岭，旧称"安南山脉"，越南称"长山山脉"，老挝称"富良山脉"。

长山山脉绵延不断，全长约1100千米，分为南、北长山；北长山山势高耸，高峰达1500—2000米以上，其中莱岭为最高峰，海拔2711米；南长山山势较低，并逐渐向丘陵、波状高原过渡；山脉两坡较缓，构成老挝、柬埔寨境内的高原；东坡较陡，逼近海岸，多峭壁和岬角；著名的隘道有骄诺山口、穆嘉关、辽保山口等，是越南与老挝之间的重要交通孔道；山地矿产与森林资源丰富，多野生动物。

长山山脉地质构造复杂，南段有褶皱结晶，北段主要由石灰岩、砂岩、花岗岩及片麻岩构成；在一些地区它们被玄武岩熔岩流覆盖着，熔岩流形成的高原有老挝南方的波罗芬高原（Plateau des Bolovens）、越南南方的昆嵩（Kontum）与多乐（Dac Lac）高原；再往南去，山脉开始转折、升高，结束在西贡平原；在此之前，于芽庄（Nha Trang）以西升高到2300米以上。

长山山脉连接红河和豆蔻山脉，是南方丝绸之路的西道，即"旄牛道"的一部分。长山北部山势位置高，以山坡为主，接老挝上寮川圹高原；南止于左乌高原，最高峰莱岭，海拔2711米；南面山峰有5座海拔超过2500米，其中比业山海拔2800米，是老挝境内的最高峰；川圹高原有铁、铅、铜、锌、硫黄等矿产；草场广袤，以发展畜牧业为主；有一系列山间盆地，如查尔平原、胡尔平原和康开谷地。

　　长山山脉著名隘道有娇女隘、辽保山口等，是老挝和柬埔寨之间的主要交通要道，平均海拔 350—650 米；山脉两坡较为平缓，构成了老挝和柬埔寨境内的高原，其中东坡较为陡峭，靠近海岸，多悬崖峭壁；西坡较为平坦，逐渐向湄公河阶地倾斜过渡；山脉向南开始转折、升高，止于西贡平原；长山山脉构成了越南全国地形的主骨架。

　　长山山脉是全球仅存的湿常绿林之一，因此有"绿廊"一说；树林间有大片珍稀物种——桫椤，这种植物被称为"中生代植物活化石"，它是地球上现存最古老的植物；除了富有森林资源外，长山山脉还有种类多样的矿产资源和野生动物。

　　1959 年 5 月，胡志明下令在长山山脉深处修建一条交通线，此后这条跨越越南、老挝、柬埔寨的胡志明小道逐渐建成，许多越战时期的传奇故事就发生在这里；胡志明小道所在的长山山脉段，被热带雨林覆盖，有崇山峻岭掩蔽的 12 号公路从老挝进入越南中部，9 号公路通过老挝班东通往越南广治省的辽保。

　　至 1975 年，胡志明小道发展成由五条纵向主干道和二十一条横向主干道的公路网。2000 年，越南政府沿长山山脉修建了新的"胡志明道"，新的交通线使长山深处的老百姓逐渐摆脱闭塞和贫穷，同时也促进了山区山林经济的发展。

22. 荔枝山

　　荔枝山是柬埔寨佛教圣地和著名风景区，坐落在驰名世界的吴哥寺东北 30 千米处，离扁担山约 95 千米；从远处眺望荔枝山，它就像一头巨狮静静地伏卧在暹粒省中部的莽原之上。

　　相传中国元朝使节曾访问柬埔寨的吴哥王朝，使节的随行人员周达观，在从事吴哥艺术研究之余，把随船带来的中国荔枝种子赠给吴哥附近的居民，撒在八角山上；后来荔枝长满山坡，当地人于是将此山改名为荔枝山，以纪念中国使节的到来；以前荔枝山上的寺庙和宝塔众多，是柬埔寨的佛教圣地之一；寺庙和塔大都建于吴哥王朝后期，距今已有一千多年的历史；由于长期的风雨剥蚀，加之外国入侵者不断的入侵、破坏，许多庙塔等古建筑物如今都已荡然无存。

荔枝山最大的寺庙是波列昂通寺，坐东朝西，整个建筑结构奇特，坐落在一块 20 多米高、10 米宽的巨石上，由 10 多块巨石构成。正面的一块岩石，颇似一个狮子头，坐北朝南，下有大小两块石头，就像两个狮子戏滚的绣球。寺内有一尊石刻的卧佛，是在一块高达 25 米的硕大山石的顶部刻成的，后人依石势建成 3 节水泥扶梯，并在第二节处环以石廊；第三节尽处则有一个过厅，拾级而上可进入柬式屋顶的卧佛厅堂，因此，这块巨型山石便成为两层楼的巍巍佛塔。

卧佛身长 9 米，肩宽 3 米，白石纹理细腻，形象生动；底座有 18 罗汉的石雕头像；寺庙左侧是一块凸形倒立的朱砂巨石，像一朵蘑菇；石檐有几排小巧玲珑、雕刻精美的佛像，寺东南的山脊上，还有鲁塞、丹雷格拉、佐则等宝塔。著名的龙镇石洞坐落在丹雷格拉塔北面的一座海拔 400 多米的山峰上，山南的丹雷湖旁有动物石像群。站在波列昂通寺厅堂外的平台上，荔枝山的勃勃雄姿尽收眼底。

在波列昂通寺西南有一著名瀑布，叫荔枝山瀑布，位于暹粒河上游的一个开阔山谷，山谷左右有茂林修竹夹峙其间，水帘似的大瀑布沿石壁倾泻而下，势如万马奔腾；瀑布分为两节，第一节约高 25 米，沿着石壁倾注在一块约 1000 平方米的平台上，瀑水流过平台，到了一垛落差约 30 米高的悬崖峭壁上；从这里再冲出峭崖，砰然跌落，又形成了一个宽达 100 米的瀑布，响声雷鸣，水花四溅，景色极为壮观；平台上分布着 16 个深浅不同的天然石洞，洞底有一层薄薄的黄沙，游人可以在洞中用瀑水洗澡。

23. 苏莱曼山脉

苏莱曼山脉，位于巴基斯坦中部，在伊朗高原的东缘，略呈弧形，北起古马勒河，南至雅各布阿巴德以北，长 450 千米；山势由北向南递降，平均海拔 1800—2100 米，主峰塔克特—伊—苏莱曼，海拔 3374 米，为宗教圣地，有铬和煤等矿藏。

在巴基斯坦中部山地，苏莱曼山脉从古马勒（Gumal）山口向南延伸到雅各布阿巴德（Jacobabad）以北不远处，长约 450 千米，将西北边省、旁遮普与俾路支分开；该山北高南低，山峰平均高度在 1800—2100 米；最高峰为双联峰塔赫特—苏莱曼（Takht-i-Sulaiman），这与传说中的所罗门访问印度斯坦有关；最高的山峰海拔 5633 米，每年有许多人来吉亚拉特（ziyarat, 圣庙）朝圣；北部多杜松与果松，中部多橄榄树，南部植被稀疏。

从苏莱曼河流出的河流包括向东流入印度河的戈马尔河，以及流向西南进入赫尔曼德河的阿尔甘达河流的其他小支流；苏莱曼山脉及其西部的高原，形成了一个自然屏障，抵御从印度洋吹来的潮湿海风，在巴基斯坦的南部和中部以及阿富汗的西部和北部形成干旱地带；山脉的东部和南部则是相对比较平坦和低洼的印度河三角洲。

Chamalang 盆地位于巴基斯坦俾路支省东部苏莱曼山脉的苏莱曼褶皱和冲断带上，苏莱曼山脉是个宽阔而平缓的褶皱和仍在活跃的冲断带；它是由沿查曼断层的左侧向平移运动和沿印度亚大陆西部终点的向南冲断运动所造成的扭压作用而发育成的构造带。

苏莱曼褶皱和冲断带从强调构造的意义方面讲，从南部到北部可划分为晚渐新世到全新世的磨拉石沉积期；二叠纪到始新世的深海地层、浅海陆棚到陆上三角洲沉积期，晚始新世到早渐新世科夹克弗莱希组及下伏的佐伯谷。

三角洲平原河流沉积的二元结构表现在同一垂向沉积序列中分流河道和天然堤依次重复出现，分流河道沉积，岩石为细砂岩、粉砂岩，垂向序列向上由粗变细，沉积构造具有规律递变性，即从下向上依次为槽状交错层理、板状交错层理和楔状交错层理，分流河道沉积反映了较强的水动力沉积环境，为泥质粉砂岩、粉砂岩以及泥岩，泥质粉砂岩与泥岩提供了相互沉积的可能。

沼泽多发育于分流河道间洼地，是由洪泛期洪水带来的碎屑物质淤积而成的封闭环境，当沼泽中的植物大量繁殖，发生泥炭堆积，沼泽逐步泥炭化，为成煤提供了前提条件；分支流河道和天然堤作为三角洲平原的河流沉积部分，为大套泥岩、薄层粉砂岩、泥质粉砂岩、煤、煤层顶底板页岩、灰色泥岩、灰绿色泥岩、棕褐色泥岩和灰黑色炭质泥岩的沉积提供了条件；煤层夹于泥岩中间，受到后期强烈的构造挤压运动，煤层厚度不稳定，煤层多出现弯曲、分叉、尖灭，薄煤层出现与泥岩混杂甚至消失的现象。

盆地沉积中心主要是西北部低洼区，该区域河道间洼地常因洪水期带来的碎屑物质淤积而发生沼泽化，并发生泥炭堆积；泥炭沼泽的发育是聚煤作用得以发生的基本条件，泥炭沼泽的堆积与保存受到水位和水深的控制，当水位降低时，上层泥炭就发生降解，长时间的干旱可以使泥炭完全毁坏。

西北部三角洲平原地势较低，区域内沼泽发育较快，沼泽面积较大、连续性较好且具有较大的水深；大面积沼泽为泥炭的形成提供了充足的物源，并且较深的沼泽可以减少因水位下降而带来的泥炭降解，使沉积到沼泽底部的植物残体得到较好的保存，从而为泥炭的形成和保存提供了有利的空间。

24. 喜马拉雅山脉

喜马拉雅山脉位于青藏高原南部边缘，是世界上海拔最高的山脉，其主峰珠穆朗玛峰为世界最高的山峰，海拔 8844.43 米（2005 年国家测绘局公布）。"喜马拉雅"，梵文意为"雪域"，藏语意为"冰雪之乡"，以其山势之高、终年积雪不化，故而得名。

珠穆朗玛峰在中国西藏和尼泊尔两国交界处，旧称额菲尔士峰，又名圣母峰，"珠穆朗玛"为藏语"第三女神"（珠穆朗桑玛）之音译；1721 年版康熙《皇舆全览图》，称其为"朱母郎马阿林"；1852 年，印度测量局在英国人主持测量高度后，擅自决定以该局前局长额菲尔士的姓氏命名此峰；1952 年 5 月 8 日，中国政府正式将"额菲尔士峰"正名为"珠穆朗玛峰"。

喜马拉雅山脉是东亚大陆、南亚次大陆的天然界山，也是中国与印度、尼泊尔、不丹、巴基斯坦等多个国家的天然国界。喜马拉雅山西起克什米尔、海拔 8125 米的南迦—帕尔巴特峰，东至雅鲁藏布江畔海拔 7782 米的南迦—巴瓦峰；整个山脉全长 2450 千米，宽 200—350 千米。

喜马拉雅山脉是由印澳、欧亚大陆两大板块碰撞而成。直到今天，印度板块仍以大于 5 厘米 / 年的速度向北移动，喜马拉雅山的造山运动至今尚未结束，每年都在缓缓的抬升之中。

喜马拉雅山脉由 4 列大致平行的大型山带组成，向南凸显呈弧形，每条山带都有自己独特的地质史和鲜明的地形特征；从南至北依次被命名为外（亚）喜马拉雅山脉、小（低）喜马拉雅山脉、大（高）喜马拉雅山脉，以及特提斯（西藏）喜马拉雅山脉。

喜马拉雅山脉从北至南，由平缓趋于陡峻；山脉北坡地带，是青藏高原湖盆带，那里湖滨宽广、牧草丰美，是天然的好牧场，从中国流向印度洋的大江大河，几乎都发源于此；河水穿过大喜马拉雅山脉，切割出 3000—4000 米深的大峡谷，蕴藏着丰沛的水力资源；此地群山连绵，耸立的高峰挡住了从印度洋吹来的湿润气流，因此，南坡地带雨量充沛，植被茂盛，而山脉北坡则雨量稀少，植被稀疏，形成了较为鲜明的对比。随着海拔的升高，各山脉间区域的自然景观也不断发生变化，形成了明显的垂直自然带。

根据海拔高度和雨量大小，喜马拉雅山脉的植被大体可分为 4 带——热带、亚热带、温带及高山带；各地地形、气候和光照都有差别，造成了每一自然带中植被构成的巨大变化；热带常绿雨林，仅出现在东、中喜马拉雅山脉的潮湿丘陵地带，主要有常绿龙脑香科森林、铁木、竹子、栎树、栗、桤木等植被；在更高处，热带雨林被山地森林所代替，露兜树即是其中一种典型的常绿树；随着雨量的减少和高度的增加，热带落叶林渐为主力，娑罗等成为其中的主要树种；再往西，草原森林、草原、亚热带棘草原及亚热带、半沙漠植被等都次第出现，蔚为壮观。

东、西喜马拉雅山脉的动物分布存在较大的差异：东部主要源于华南和中南半岛地区；西部与地中海、衣索比亚和土库曼等地区有着众多相似之处。研究发现，一些非洲动物过去也曾在这一片土地上生存、活动过。生活在树线以上高度的动物，主要有象、美洲野牛、印度犀牛、麝、克什米尔鹿、云豹、长尾叶猴、雪豹、棕熊、赤熊猫和西藏牦牛等，它们基本都是已经适应了高寒的当地特有物种，也都是在山脉抬升过程中从原有的草原动物逐步进化而来的。

丝绸之路西段，从帕米尔高原以西开始，一直延伸至欧洲，共分北、中、南三线，分别与中段的三线相互对应衔接；南线起自帕米尔山，可由克什米尔进入巴基斯坦和印度，途经瓦罕河—喀喇昆仑山脉—印度河—喜马拉雅山脉—恒河，也可经白沙瓦、喀布尔、马什哈德、巴格达、大马士革等城市前往欧洲。

印度次大陆上，分布着 3 个主要的种族集团，它们分别是印—欧人集团、藏—缅人集团和达罗毗荼人集团。其中，印—欧人集团、藏—缅人集团在喜马拉雅山脉中有着十分固定的居住社群，虽然他们在不同地区都以不同的比例混合杂居着，但相对比较固定。在漫长的历史进程中，从帕米尔高原以西而来的欧罗巴人种集团、以南来的印度各民族和以东以北来的亚洲人部落也相互杂居、相互渗透，故而造就了这一地区这种特有的间杂居住的分布方式。

这种历史造就的种族渗透，促成了通过南亚河流平原通道进行移民的活动。据专家分布，大喜马拉雅山脉和特提斯喜马拉雅山脉中，居住着藏民和其他藏—缅民族，他们属于蒙古利亚人种；而小喜马拉雅山脉和外喜马拉雅山脉中，则居住着高大白皙的印—欧人，其中后者的社会团体被称为多格拉王朝；生活在小喜马拉雅山区的山地民族加迪人和游牧民族古加利人，属于被南亚化的欧洲人集团，依靠放牧大量绵羊群、山羊群和少数牛来生活。

自古以来，藏族人民就把主峰珠穆朗玛峰尊为神明。高僧米拉日巴曾在珠峰一带的山洞中修行长达 9 年，并写下大量赞颂珠峰的诗歌。民间传说中，则把珠峰及其左右两侧的 4 座山峰称为"长寿五姊妹"，珠峰则被称为"第三女神"或"后妃神女"。

在藏传佛教中，代表珠峰的神女被描绘成一个以白狮为骑、全身素白、左手恭捧长宝瓶、右手高擎黄金九尖金刚杵、神态俊秀神武的神女；珠峰上有海拔 5000 米的世界最高寺庙——绒布寺，该寺位于珠峰北坡，是攀登珠峰的大本营所在；从这里向南眺望，可见珠峰的山体犹如一座巨型金字塔，天朗气清时，山顶可见一整片白色烟云，宛若一面白色旗帜在其上空高高飘扬，被称为"珠峰旗云"。由绒布寺向前，便是著名的绒布冰川地带，冰塔林立，堪称奇观；珠峰总储水量约为 160 多亿立方米，素有世界上"固体水库"之称。

喜马拉雅山脉含有多种经济资源，其中不仅有肥沃的土地、辽阔的草原和茂密的森林，还有可供开采的矿藏及易于开发的水力资源。在西喜马拉雅山脉中，克什米尔河谷、冈格拉河谷、苏特莱杰河流域、恒河流域及亚穆纳河侧翼的台地，是最为多产的耕地区，这些地区盛产水稻、小麦和黍类作物。其中喜马拉雅山脉主要位于尼泊尔，其间 2/3 的耕地毗邻山麓和平原，种植着大量水稻、小麦、玉蜀黍和甘蔗等作物，尼泊尔的水稻大部分即产于此地。

珠穆朗玛峰因其高峻，一直是人类想要征服的攀登圣地。自 1841 年，印度总监督官乔治·埃弗里斯特爵士记录下珠峰的地理位置以来，不断有来自世界各地的登山者在珠峰上留下脚印。1953 年 5 月 29 日，这是人类首次登顶成功的日子，而后攀登者仍未停歇，成功者不在少数；2008 年 5 月 8 日，中国健儿成功将第 29 届夏季奥林匹克的运动会火炬——祥云带上了珠峰，使珠峰峰顶成为奥运火炬传递史上海拔最高的一站。

25. 莫里山

莫里山，乌尔都语称为"玛丽卡·伊·科萨拉"，意为"群山皇后"，因其美丽的自然风光而得名，位于巴基斯坦伊斯兰堡以北 80 千米处，是著名风景区和避暑胜地。

莫里山是皮尔旁迦山前山的一部分，波特瓦高原的外围山地，海拔 2286 米；峰顶地势平坦，可俯瞰整个波特瓦高原；莫里山松林密布，松林间坐落着许多伊斯兰民族风格的别墅，是一大特色；杰卢姆河从山间流淌而下，形成许多幽深的峡谷。

莫里山的避暑山庄修建在莫里山东北至西南走向的山脊之上。山庄的东北端可以眺望杰勒姆河谷，西南端可以眺望拉瓦尔品第和伊斯兰堡，两座城市在这里一览无余；连接东北端和西南端的是一条林荫道，其中心地带则是游客众多的莫里镇。

莫里山的一个风景区——治拉潘尼，风光旖旎，距离拉瓦尔品市 40 千米，未经粉刷的人工建筑与景区古朴自然的环境融为一体，十分和谐。

莫里山所在城市伊斯兰堡是背靠喜马拉雅山麓的内陆城市，风景美丽，受亚热带季风气候的影响，冬冷夏热，雨热同期；6、7 月份温度最高，平均温度 38℃，气候较为湿润；12 月份、1 月份温度最低，平均温度 1℃，气候较干燥。莫里山由于海拔较高，比较凉爽，昼夜温差很大（平均温差 14℃左右），气温最低时节是 12 月份至 2 月份，且终年积雪，是当地避暑绝佳之地。

伊斯兰堡的主要居民是旁遮普族，属南亚民族，占巴基斯坦总人口的 63%，是巴基斯坦的主体民族，98% 以上信仰伊斯兰教。

26. 灵鹫山

灵鹫山又名耆阇崛崛山，又作伊沙崛山、耆阇多山、姞栗陀罗屈吒山、揭梨驮罗鸠月互山，意译就是灵鹫山、鹫头山，或称鸡山、鹫岭、鹫台；"耆阇"为鹫之一种，羽翼稍黑，头部呈灰白色，毛稀少，贪食腐肉，据《玄应音义》卷七所述，此鸟有灵性，知人死活，人欲死时，则群翔彼家，待其送林（指天葬），则群飞下，啄食之，故号灵鹫；《大智度论》卷三对此事曾有二说，一说山顶似鹫，王舍城人见其似鹫，故共传言鹫头山；一说王舍城南尸陀林中有死尸，诸鹫常来啖食，食毕即还山头，时人遂名鹫头山。

灵鹫山位于中印度摩羯陀国首都王舍城之东北侧，是著名的佛陀说法之地；其山名之由来，一说以山顶形状类于鹫鸟，另说因山顶栖有众多鹫鸟，故称之。梵语本为"贪食者"之意，其后转指兀鹫；此类鹫鸟羽翼略黑，头部灰白少毛，好食死尸，栖于林野；此山为王舍城五山中最高大者，园林清净，圣人多居于此。佛亦常住于此，诸大乘经典亦多在此山中说法；如《无量义经》云："如是我闻，一时佛在王舍城耆阇崛山中，与大比丘众万二千人俱。"然四阿含及南方所传诸经典中，均未载此山，而多以给孤独园、迦兰陀竹园等为之说法之处。

玄奘《大唐西域记》卷九对此山有详细记载："宫城东北行十四五里，至姞栗陀罗矩吒山；接北山之阳，孤摽特起，既栖鹫鸟，又类高台，空翠相映，浓淡分色，如来御世垂五十年，多居此山广说妙法。频毗娑罗王为闻法故，兴发人徒，自山麓至峰岑，跨谷凌岩，编石为阶，广十余步，长五、六里。中路有二小窣堵波，一谓下乘，即王至此徒行以进；一谓退凡，即简凡夫不令同往。其山顶则东西长、南北狭，临崖西埵有砖精舍，高广奇制，东辟其户，如来在昔多居说法，今作说法之像，量等如来之身。"

英国考古学家康林罕（A. Cunningham）据《大唐西域记》与高僧《法显传》的记载，推定其位置即今之贝哈尔州（Behar）拉查基尔（Rajgir）东南之塞拉吉里（Saila-giri）。另据近人之探查，则谓新旧王舍城之间有一向东绵延之山峡，山峡之北耸立一海拔千尺之秀峰，其南面之中大约224米处有一处岩台，称为查塔吉里（Chata-giri），此乃佛陀多次演说妙法之耆阇崛山。

与佛陀同时代之摩羯陀国频婆娑罗王（梵 Bimbisa^ra）为闻法之故，曾大兴工程，自山腰至山顶，跨谷凌岩，编石为阶，广十余步，长约三千米；山顶有一佛陀昔日的说法台，然迄今仅存红砖墙基。此外，还有佛教古迹多处，如提婆达多投石击佛处、佛陀与舍利弗等诸声闻入定之石室、阿难遭受魔王娆乱之处、佛陀宣说法华经、大品般若经、金光明最胜王经、无量寿经等处。

灵鹫山是佛教圣地，以佛陀说法之地闻名于世。相传，佛教始祖释迦牟尼在证道之前途经王舍城，摩揭陀国频婆娑罗王信任他，想与他一同治国，佛陀拒绝了他的美意，约定悟道之后来王舍城，接受国王的供养；释迦牟尼在鹿野苑初转法轮之后，与弟子来到灵鹫山宣讲佛法并居住将近50年。宣讲的佛法包括《摩诃般若波罗蜜多心经》，及北传佛教中极为重要的《法华经》《大般若经》《无量经》《观无量寿经》。

与释迦牟尼同时代的摩揭陀国频婆娑罗王，曾为闻佛陀诵法大兴土木，从灵鹫山山腰到山顶，传说中昔日山顶上的释迦牟尼的说法台，今日仅存红砖墙基；山上有众多石窟，为僧人居所之处。

印度灵鹫山与中国还有一段渊源。中国杭州西湖边有一座飞来峰，关于此峰名字的由来有一个故事。相传东晋时期，印度高僧慧理来杭州，看到这座怪石嶙峋的山峰，说和印度的灵鹫山相似，说这山是从印度飞来的，于是便有飞来峰一说，并与灵鹫山结为姊妹峰。中国的五台山也曾拟称作灵鹫山，取义亦是如此。

晋朝法显和尚和唐代玄奘大法师都曾到印度灵鹫山参拜；唐代高僧义净于唐高宗咸亨二年曾游历印度，公元 695 年回到洛阳，主持翻译了《大孔雀咒王经》《法华经》等著名佛教经典六十一部、二百三十九卷。灵鹫山在佛教中的地位是崇高的、神圣的，古往今来也吸引了许多信徒和游客前来朝圣。

27. 大吉岭

大吉岭又被称为"金刚之洲"，是印度西孟加拉邦的一座小城，位于喜马拉雅山麓，平均海拔 2134 米；由于海拔高，又位于避风的山坡，夏季这里凉爽宜人；没有茶园，大吉岭只是喜马拉雅山麓的一个普通山区，没有芳香、没有气韵，一年四季就只有淹没在云海雾山中；而有了茶，大吉岭一下子就有了灵性，这是它独特的个性。

大吉岭以茶叶和大吉岭—喜马拉雅铁路闻名世界，茶叶种植园最早是在 19 世纪中叶由英国人建立起来，该地区的茶叶栽培者培育出了一种独特的优秀红茶杂交品种；当地海拔 500 米至 2000 米，年均气温 15℃左右，白天日照充足，日夜温差大，谷地里常年弥漫云雾，是孕育此茶独特芳香的一大因素，被誉为"红茶中的香槟"，拥有高昂的身价。大吉岭地区的茶叶种植以庄园形式进行管理，目前共有 80 多个茶叶种植园，茶叶分级要比传统的制法更加细致；大吉岭红茶汤色橙黄，气味芬芳高雅，上品尤其带有麝香葡萄味，口感细致柔和，被誉为"茶中香槟"。

在英联邦国家，大吉岭红茶是上品好茶的茶叶代表。大吉岭地区到处都是茶园，一丛丛的茶树整齐地排列在海拔 750 米至 2000 米以上的山坡上，而且大多已有上百年的历史。采茶工的打扮和工具都非常有地方特色。采茶工多为当地的少数民族，他们身穿红底绣花的民族服装，把茶筐子上的带子勒在额头上，以头代替双肩承担双肩挑筐子的重量。

大吉岭红茶价格昂贵。当然，物以稀为贵，以高贵典雅的芳香和独特的味道而自成一派的大吉岭红茶，一年分三次采摘，3 月份至 4 月份的采摘被称为 "First Flush"（初摘／春摘茶），春茶嫩芽居多，带有温和的清新香气，汤色呈金黄色；5 月份至 6 月份采摘的被称作 "Second Flush"（次摘／夏摘茶），夏摘茶叶身饱满，味道香气比较圆熟、醇厚，汤色橙黄、明亮，气味芬芳高雅，上品尤其带有麝香葡萄味，口感细致柔和，既有香醇馥郁的芳香又兼有成熟水果的甘甜美味；在 7 月份至 8 月份雨季结束以后，就迎来了一年之中的最后一个采摘季，这个时期被采摘的红茶被称作 Autumnal/Autumn Flush（秋摘茶），这时采摘的茶叶味道甘甜浓厚，汤色呈现深红色。大吉岭红茶因其气味芳香高远，大部分茶园红茶适合清饮，下午茶及进食口味生的盛餐后，最宜饮此茶。

来自印度原产地的大吉岭红茶与锡兰乌瓦红茶、中国祁门红茶并称为世界三大高香茶之一。汤色呈现橘黄、明亮，带有高贵典雅芳香和独特的高山茶的口感。

大吉岭—喜马拉雅铁路将市镇和山下的平原连接起来，是印度少数还在使用蒸汽机车的铁路之一，于 1999 年被联合国教科文组织宣布为世界遗产。

大吉岭的历史与尼泊尔、不丹、锡金和孟加拉纠缠在一起，直到 19 世纪初，大吉岭附近地区一直轮流由尼泊尔和锡金两个王国统治，这里只有少数几个雷布查人的村庄。

大吉岭位于平均海拔 2134 米的大吉岭喜马拉雅山区的大吉岭—加拉帕哈尔山脉，该山脉从古姆的南侧开始，在天文台山以北分为 Y 形的两翼；东北侧在勒邦陡然降低，西北侧经过北角直到靠近 Tukver 茶园的山谷末端。大吉岭是该区的首府和主要城镇，该区的大部分，包括大吉岭市镇，都位于西瓦利克山脉，地表主要是砂岩和来自高大的喜马拉雅山脉的碎石。这里的土壤无法保持水分，并不适合农业生产；该区域陡峭的山坡失去了表层土，导致在雨季泥石流频繁发生。由于地处南亚次大陆和欧亚板块的分界线，地震也频繁发生。小山被较高的山峰和远处白雪覆盖的喜马拉雅山脉所环抱。干城章嘉峰海拔8591米，为世界第三高山峰，是最显著的山峰。在晴朗无云的日子，还可以看见尼泊尔的珠穆朗玛峰。

大吉岭市成立于1850年，面积为10.57平方千米；大吉岭的气候可以明显地分为5个季节：春季、夏季、秋季、冬季和雨季。夏季（从5月份至6月份）温和，最高温度很少超过25℃；雨季从6月份到9月份，多暴雨，经常引起泥石流；冬季平均气温为5—7℃，偶尔气温会下降到0℃以下，冰雪非常罕见。在雨季和冬季，大吉岭经常大雾弥漫。年均气温为12℃，月平均气温在5—17℃。曾经有记录的最高气温为26.7℃（1957年8月23日）；最低气温则是−5℃（1905年2月11日）。这里年平均降水量为281.8厘米，7月份降水量最多（75.3厘米）。

大吉岭周围的森林多是温带落叶林，主要有白杨、白桦、橡树、榆树以及常绿松类等高山树种，密集的常绿林木点缀着城镇各处，可以发现种类极多的兰花，特别好看；劳埃德植物园保存了各种常见和稀有的植物品种，而帕德马加·奈杜—喜马拉雅动物园是该国唯一的保护和饲养喜马拉雅濒临灭绝动物的专业动物园。

夏季和春季是最适合旅游的季节，许多大吉岭居民都直接或间接从事旅游行业，许多居民拥有或就业于旅馆、餐厅，许多人在旅游公司谋生或担任向导；大吉岭是宝莱坞和孟加拉电影的电影拍摄基地，许多著名电影都在此拍摄；锡金和西藏传统工艺品的销售对经济也有不小的贡献。

到大吉岭可以从西里古里乘坐喜马拉雅铁路的蒸汽机车（绰号玩具火车），或经过沿着铁路平行的55号国道线；大吉岭—喜马拉雅铁路是一条60厘米的窄轨铁路，1999年被联合国教科文组织宣布为世界遗产，成为世界上第二条获此荣誉的铁路。连接大吉岭和邻近城镇西里古里、Kurseong、噶伦堡和甘托克的轻便汽车班车，是通行此地的主要交通方式，能轻松地通过该地区陡峭的山坡；公路和铁路交通经常由于雨季的山崩而中断。最近的机场在西里古里附近的巴格多格拉，距离大吉岭大约有93千米。印度航空公司、Jet航空公司和德干航空公司是3个主要运营商，经营连接德里、加尔各答和高哈蒂的航线。最近的主要火车站位于新杰尔拜古里，从那里可以通往该国的几乎所有主要城市。在市内，人们通常步行。居民们也使用自行车、摩托车和出租车进行短途旅行。

根据 2001 年人口统计，在面积 12.77 平方千米的大吉岭都市区（包括帕塔邦茶园），人口为 109163 人；而在大吉岭市行政区内共有 107530 人；此外，平均每天还有流动人口 20500 人至 30000 人，主要是游客。大吉岭市行政区内的人口密度为每平方千米 10173 人。男女两性比例为 1017：1000，高于印度全国平均水平。女性在家庭成员收入贡献和劳动力的构成上占据着显著位置。市内大约 31% 的人口居住在贫民窟简陋的棚屋中，多数是外来移民。该地区主要宗教是印度教，其次是佛教，基督徒和穆斯林也有一定的数量。

28. 鸡足山

鸡足山，又作屈屈吒播陀山、窭卢播陀山、鸡峰、鸡岭、尊足山，位于印度比哈尔邦，是印度重要的佛教遗址，也是印度著名的山峰之一。《大唐西域记》卷九记载："莫诃河东，入大林野，行百余里，至屈屈咤播陀山（唐言鸡足），亦谓窭卢播陀山（唐言尊足）。高峦陗无极，深壑洞无涯。山麓溪涧，乔林罗谷。冈岑岭嶂，繁草被岩；峻起三峰，傍挺绝崿；气将天接，形与云同。""屈屈咤播陀"是梵文的译音，意思是"鸡足"。《佛光大辞典》记述："鸡足山，又作鸡脚山，尊足山，狼足山，狼迹山；位于中印度摩揭陀国，乃摩诃迦叶入寂之地。"《大唐西域记》中亦记载了鸡足山称为尊者山的原因："其后尊者大迦叶波居中寂灭，不敢指言，故云尊足。"

鸡足山是释迦牟尼大弟子禅宗初祖迦叶尊者的入定之所。佛经记载，大迦叶受佛陀嘱托，护持佛陀衣钵，在鸡足山等待弥勒佛诞生于婆娑世界接承衣钵，因此鸡足山在佛教中享有重要地位。

我国晋代高僧法显曾赴印求法，所著的《佛国记》中也有对鸡足山的记载。法显达到印度鸡足山时，大迦叶入定山中的传说已有八百年之久，而当地人仍有以大迦叶洗手土治头痛的习俗，可见大迦叶入定鸡足山的传说已深入人心并积习成俗了。

印度鸡足山作为佛教起源地，著名佛教景点有王舍城、菩提伽耶、那烂陀等。比哈尔邦北接尼泊尔，东邻孟加拉邦，北部是喜马拉雅山脉。有七条河流流经的比哈尔邦，拥有印度全境最为肥沃的土地，比哈尔邦拥有最早的人类文明，印度教最早期的神话传说就在这里。

佛经中记载：鸡足山山势十分陡峭，当年已 120 岁高龄的大迦叶徒手攀山十分费力，于是他将手中拄仗轻轻一划，石头中间就开了一道石路，方便他上山，也方便了后世行人。大迦叶就这样抱释迦牟尼的金襕袈裟、携舍利佛牙入定鸡足山。印度阿阇世王听闻大迦叶入灭的消息十分悲痛，行至鸡足山瞻仰尊者遗容，来到鸡足山，三峰自然开裂，形若莲花。阿阇世王见大迦叶端然入定，身覆曼陀罗花，庄严无比。待其退去，山峰又自然合拢。这些传说故事增添了鸡足山的魅力，古往今来吸引了不少信徒和游客。

此外，在中国云贵高原滇西北宾川县境内也有一座鸡足山。清初范承勋编的《鸡足山志》中引《白古通记》记述了我国鸡足山的得名："鸡足山，上古之世原名青巅山。……迦毗罗国净梵大王因其山形象鸡足，遂更名为鸡足山，名其洞曰迦叶洞，后讹为华首门。阿育王时，敕长者明智、护月、李求善、张敬成等，来创迦叶、圆觉、龙华、石钟等庵，即为名胜之始。"

29. 温迪亚山脉

温迪亚山脉，印度中部的山脉。旧译文底耶山，印度教圣山之一，位于印度中北部，西起古吉拉特邦，向东延伸约 1086 千米，经过中央邦，在瓦纳拉西附近抵达恒河谷地；温迪亚山脉是印度的南北分界线，山脉上平顶山峰众多，间有纵向通道，海拔 450—1100 米；东段有著名的凯穆尔悬崖，西段有削断山嘴和三角嘴。

温迪亚山脉东西横亘于马尔瓦高原的南缘和纳巴达河与宋河北岸之间，并以陡崖临河岸，成为南北交通的障碍，是位于印度次大陆中西部的一条地址、年龄都较老的山脉，它将印度次大陆和分割为北印度（中央平原）和南印度两部分。

温迪亚山脉西起古吉拉特邦，东至恒河谷地，长约 1100 千米，海拔450—600 米，辛加乔里峰海拔 884 米。南北两侧的河流，分别注入纳巴达河和恒河。北支为凯穆尔山（Kaimur Range），在宋（Son）河以北，进入比哈尔（Bihar）邦西部，南支在宋河上游与讷尔默达（Narmada）河上游之间延伸，在阿马尔坎塔克（Amarkantak）高原与索德布尔（Satpura）岭相接。温迪亚山脉海拔 450—1100 米，为恒河南岸的主要支流昌巴尔河、贝德瓦（Betwa）河、肯（Ken）河、通斯（Tons）河的发源地。

传说，文底耶山不满于太阳只围绕弥卢山（须弥山）旋转，和太阳怄气，开始不断升高，想要把太阳和月亮运行的轨道给堵住，这样做会扰乱到整个世界，为了阻止此事，众神去求投山仙人帮忙。投山仙人就携家带口往南印度走去，对文底耶山宣称要到南方办事。文底耶山一见这位令人起敬的大仙到来，立刻低头鞠躬，并且和仙人约定，只要仙人还没从南方回来，就保持这个鞠躬的姿势不再升高。从此投山仙人再未从南方返回，于是文底耶山俯首至今。

温迪亚山脉是印度著名的旅游胜地与佛教圣地，山上建有许多佛塔和寺庙，其中，以古城乌贾因、博帕尔最负盛名，此外还有平贝德加岩洞、桑吉佛教建筑群等。

乌贾因，印度中央邦西南部城市，是马尔瓦高原上经济中心之一，是印度教的宗教中心。乌贾因位于昌巴尔河支流上源，谷壁如画，为印度教的朝圣地。

博帕尔，印度中央邦首府，是重要的小麦产区、新兴工业城市，集美景、历史和现代城市规划于一身。历史上的几位伊斯兰教女王，为这座城市留下了古堡、清真寺等珍贵的文化遗产，展示了其辉煌的历史和灿烂的文明；著名的宗教建筑有泰吉清真寺、明多宫和道斯德·穆罕默德陵园。

比莫贝卡特石窟，被视为印度史前艺术的储藏室，2003 年被列为世界文化遗产。石窟位于印度高原心脏地区南部边缘的温迪亚山脉丘陵地带，该地区从旧石器时代早期就有人类居住，是人类最早的聚居地之一，石窟中岩画的历史从中石器时代延续到古代，是探究人类文明发展史的重要遗迹。

桑吉佛教建筑群，由一组佛教建筑物构成，包括佛塔、宫殿、庙宇和寺院。桑吉大塔现为印度最大的佛塔，此外还有两座佛塔是为释迦牟尼十大弟子中的舍利佛和目犍连所建，据传其中一座藏有舍利佛和目犍连的舍利。这些建筑的历史可追溯到公元前 2 世纪至公元前 1 世纪，是现存最古老的佛教圣地。桑吉佛教古迹引领了印度建筑艺术的发展，它是印度历史上的一个丰碑，对培育和发扬佛教文化有着不可磨灭的贡献。

温迪亚山脉上的美丽城镇和重要文化遗迹，是印度中部的文化瑰宝，也使之成为印度教和佛教名山。

30. 阿旃陀山脉

阿旃陀山脉，又称为"萨赫亚德里山脉""萨希亚德里山脉"，位于印度半岛西部的马哈拉施特拉邦境内，东西走向，西高东低，全长约400千米；西端稍向北凸出，海拔600—900米，是戈达瓦里河和塔普蒂河的分水岭；东段则为高原，海拔在600米以下。

阿旃陀山脉南坡相对平缓，北坡是陡峭的山崖，受风化和河流的侵蚀，风光秀丽；山脉上更有阿旃陀石窟群和埃洛拉石窟群两处著名的历史遗迹。

阿旃陀石窟群是印度著名的佛教石窟群，整个石窟群依山而建，凿石成洞，共有石窟29个，高低深浅，错落有致，其中有4窟佛殿，主要功能是供奉佛像和举行宗教仪式，剩下的25为僧房，供往来僧侣修行所用。阿旃陀石窟群历史悠久，它始建于公元前2世纪的阿育王时代，经历了数百年的修建历程，直到公元650年才竣工。石窟修建的时期是印度佛教十分繁盛的时期，所以整个石窟，尤其是佛殿修建十分考究，其中有精美的佛像、雕塑和大量的壁画。

阿旃陀石窟壁大部分是宗教内容，详细描绘了佛祖释迦牟尼从诞生到出家、日常修行，最后成道、降魔、说法和涅槃的轨迹。除了宗教内容之外，这些壁画还反映了古代印度帝王的宫廷生活和民众的日常生活。画面色彩丰富，所刻画的形象生动活泼，笔法细腻，从一个侧面还原了古印度不同社会阶层的生活图景，是不可多得的研究古印度历史文化的资料。

埃洛拉石窟群分布的总长度约有两千米，散落分布在萨希亚德里山的斜坡之上。埃洛拉石窟群除了有12座佛教石窟，还有17座印度教石窟以及5座耆那教石窟。埃洛拉石窟群最具代表性的是它的雕刻和建筑，最著名的是被称为"盖拉什庙"的16号石窟。这座石窟全部靠开凿和雕刻山体而成，34座石窟从公元4世纪中叶开始修建，经历了遮娄其王朝、罗湿陀罗拘陀王朝，直至11世纪才修建完毕。多宗教的组成恰好反映了古印度佛教、印度教和耆那教三大宗教的发展历史。1983年，埃洛拉石窟群被联合国教科文组织正式列入世界遗产名录。

萨希亚德里山脉因石窟而闻名于世，同时也因石窟旅游而带动了当地经济的发展。

31. 西高止山脉

西高止山脉，位于印度德干高原的西缘山脉，大体与阿拉伯海岸平行，一直向南延伸，至尼尔吉里丘陵与东高止山相会，最后到印度半岛南端的科摩林角。山脉全长 1280 千米，平均海拔 1000 米至 1500 米，北段海拔 900 米至 1500 米，中段低于 900 米，南段再度升高至千米以上，最高峰为海拔 2695 米的阿奈穆迪峰，次高峰多达贝塔峰海拔 2637 米。西临海岸平原，地势陡峻，且当季风之冲，降水丰富，森林茂密，南部发育为热带雨林，成为重要的热带作物和茶树种植地带。东接德干高原，坡度平缓，降水量在 1000 毫米以下。山脉有多处山口，为东西间交通孔道。

西高止山脉是印度南部的一座山脉，呈南北走向，长度约 1600 千米，海拔平均为 900 米，纵穿马哈拉施特拉邦、卡纳塔克邦和喀拉拉邦。"高止"一词源于印地语"加特"，意为"山口"或"登岸阶梯"。西高止山脉北起达布蒂河，西坡陡峭，面向滨海平原，受西南季风影响，降水量十分丰富。最高峰是 Anai Mudi，海拔 2695 米，位于喀拉拉邦。在南部，西高止山脉与其他小的山脉相连，特别是泰米尔纳德邦西北部的尼尔吉里丘陵，这些小山脉和丘陵与东高止山脉相连接，起到野生动物走廊的作用。

西高止山脉（印度）比喜马拉雅山脉更古老，它反映了具有独特生物物理过程和生态过程的地貌特征所具有的全部重要意义。山谷中多落差较大的河流，建有多处水电站。山脉东坡较为缓和，地接德干高原，处于背风处，降水量较少；南部与其他的小山脉相连，比如泰米尔纳德邦西北部的尼尔吉里丘陵，多为热带雨林，是重要的热带作物和茶树的种植地带。西高止山脉是世界公认的八大"最热门生物多样性热点"之一，植物多样性水平高，区域内存有 325 种濒危动、植物，是鸟类、两栖动物、爬行动物和鱼类的家园。

西高止山脉是印度许多河流的发源地。中南部的克里希纳河、高韦里河和哥达瓦里河皆发源于此，并由此滋养了流域内的众多城市。西高止山脉保留有亨比古迹群等历史遗迹。13 世纪时，亨比古迹群所在地贝拉里曾是重要的纺织品交易市场。

32. 东高止山脉

东高止山脉，英文名为 Eastern gha，印度德干高原的东缘山脉，北起马哈纳迪河中游，南至泰米尔纳德邦，转折西行，至尼尔吉里丘陵与西高止山会合。该山脉横跨奥里萨邦、安得拉邦、卡纳塔克邦和泰米尔纳德邦，紧邻孟加拉湾，大致与海岸线平行，长达 800 余千米，宽约 100—200 千米，大部分海拔 60—700 米，山脉主峰马亨德拉吉里峰海拔 1501 米，自东北向西南延伸，长达 800 余千米，宽约 100—200 千米，大部分海拔 600—700 米，呈断续低丘，最高处 1680 米（在维沙卡帕特南境）。

东高止山脉被戈达瓦里河、克里希纳河以及彭纳河分为几段：北段森林尚茂，有煤、铁等矿产资源；南段雨量不足，岩石多隙，森林稀疏，多石棉、黏土等矿产资源。

东高止山脉上从奥里萨邦到安德拉邦一带有许多佛教遗址，特别是安德拉邦有 140 多处佛教遗址，这些遗址时间跨度从公元前 14—前 3 世纪。东高止山脉还发现了 500 余处各类铭文，其中岩刻有 360 处。

阿摩罗婆提就是其中一处知名的遗址，它是古代印度驮那羯磔迦国的都城，位于基斯特纳河下游。阿摩罗婆提自薰迦王朝以来即为佛教文化、美术中心。该城以一座建于 2 世纪（又传建于阿育王时代）的古塔为中心，为古代印度三大佛塔之一。塔式为覆钵形，现仅存塔址与周围石栏；石栏有内外二重，为大理石所制，高约四公尺，内外两面均有雕刻，所雕者有佛之本生谭及龙蛇树木等。此塔有可能就是我国《大唐西域记》卷十所载之阿伐罗势罗僧伽蓝之遗址。

在古代，中国船只曾经在印度半岛东海岸的河口登陆，并通过这些河流穿过东高止山脉，进入印度半岛腹地，再由印度通向中亚、西亚、欧洲和非洲；中国沿海到印度这一段路线是海上丝绸之路的重要商贸通道，是中印两国文化交流的重要路线。如今，东高止山脉之间的谷地有铁路通过，极大地便利了印度半岛中西部之间的交通往来。

33. 阿拉瓦利岭

阿拉瓦利岭，印度北部山系；英文名为 Aravalli Range，在拉贾斯坦（Rajasthan）邦，从锡罗希（Sirohi）县向东北伸展到斋浦尔（Jaipur）县的凯德里（Khetri），长 560 千米；余脉伸展到德里以南，山系宽 10—100 千米，山峰与山脊的海拔高度有 300—900 米，山系分为两部分。

桑珀尔—锡罗希（Sambhar-Sirohi）山脉为其中较高、较宽的部分，阿布山（Mt. Abu）上的古鲁西卡尔（Guru Sikhar）峰海拔 1722 米，为全山系最高峰；桑珀尔至凯德里部分包括 3 个断续出现的山脊，多自然资源（包括矿产），为伯纳斯（Banas）、卢尼（Luni）、萨基（Sakhi）与萨伯尔默蒂（Sabarmati）等河的发源地，附近有斋浦尔、乌代普尔等胜地。

斋浦尔位于阿拉瓦利山脉北端，海拔 430 米，意为"胜利之城"，东北距德里约 190 千米；在历史上，它曾是拉贾斯坦王国的首都，现在是拉贾斯坦邦的首府。这座城市始建于 1727 年，由当时的土邦王公萨瓦伊·斋·辛格二世主持修建，整个城市布局齐整，方方正正，以王宫为中轴，呈棋盘状分布。

因为现在城内保存有许多拉贾斯坦时期的建筑，而这些建筑大多都用粉红色的砂岩修建而成，所以斋浦尔又被称作"粉红色之城"。现存的古迹中最著名的就是斋浦尔王宫、风宫、湿婆神庙阿姆巴克古堡和古天文台。

和斋浦尔相对的，是位于阿拉瓦利山脉东南部的城市乌代普尔。这座城市依山傍水，旁边不仅有朱木拿河的支流昌巴尔河，还有皮乔拉湖。乌代普尔是拉贾斯坦邦乌代普尔区的行政中心，也是印度著名的宗教和旅游胜地。

该城由土王乌代·辛格在 1559 年主持修建，因此被冠以修建者的"乌代"之名。城内最为有名的建筑就是土王宫殿和贾格·曼迪尔大石宫；整个土王宫殿由乳白色的砂石建造而成，色彩柔和秀美，宫殿内有一座圆顶八角塔楼和许多古老的雕刻，都十分精致。

土王宫对面的皮乔拉湖上就是贾格·曼迪尔大石宫。这座宫殿相传是库拉姆王子沙·贾汗的避难之所。石宫内有一座用黄砂石和大理石砌筑而成的高塔，还有花园和供奉湿婆的神庙，都值得细细观赏。

阿拉瓦利岭上的这些古老城市和著名文化遗迹，使之成为今天的重要旅游景区。

34. 亚当峰

亚当峰（Adam's Peak），僧伽罗语称 Sri Padastanaya 或 Samanaliya，简称 Sri Pada；泰米尔语称 Shivanolipatha Malai 或 Shiva padam，均可译为"圣足山"，是斯里兰卡中央高原南端的一座山峰，海拔 2243 米，西距科伦坡约 40 千米，因山峰顶上有一个类似于人类足迹的凹坑，故又被称为圣足山，该坑也被称为"圣印"。

该山峰峰顶上有一座寺庙，庙内有一块岩石，上有一个巨大足印，约 1.8 米长。对于这个足印的来历，不同的宗教有着不同的说法：佛教徒认为这是释迦牟尼讲法所留（亦有人认为这是释迦牟尼离开尘世时所留的脚印，亚当峰上的是左脚印，右脚印在泰国沙拉武里府的 Phra Phutthabat 区）；印度教认为这是大神湿婆的足印。

伊斯兰教、犹太教和基督教徒则认为这是亚当（伊斯兰教称阿丹）被逐出伊甸园后在此峰单足站立千年的遗迹；而印度圣多马教派认为这是耶稣门徒之一圣多马来此传教时展现的神迹之一。

这些众说纷纭的说法将该山变成了这些教派信徒心目中的圣地，尤其是佛教和印度教徒。该山西南壁上的沉重铁链据说是由亚历山大大帝安装，用以标示通往峰顶的道路。朝圣季节一般是在每年的 4 月份，朝圣者要连夜攀登，以便在日出之前到达山顶。5 月份到 11 月份间是当地的雨季，湿滑的山路使得亚当峰几乎无法攀登。

每年 12 月份中旬至第二年 2 月份，攀登此峰进香朝圣的信徒，络绎不绝；许多游人不惜在此度过阴冷潮湿的一夜，以便翌日早起观看日出壮景。每当晴空万里，游人站在山顶，墨蓝浩瀚的远山近壑尽收眼底，而逢淫雨霏霏，云涛滚滚，山风阵阵，一种与世隔绝的神秘感觉油然而生。

除了宗教意义外，亚当峰的自然风光也十分迷人。山体整体呈圆锥形，挺拔险峻，风景秀丽，不同的季节、不同的天气都会焕发出不同的色彩，如果碰上天气晴朗，在山顶就能将亚当峰的胜景尽收眼底；如果恰逢阴雨绵绵，山间则云雾缭绕，宛如仙境一般。

亚当峰不仅丛林密布，溪流潺潺，林间更栖息着野生大象和野豹等多种珍稀动物。该山有许多小道通向山顶，在山的西南坡有一条山道，山道旁有铁链，从此处可较容易地攀登到峰顶。

第二节　重要河流

1. 岷江

岷江，古称渎水、汶水、汶江、外水江等，是我国长江上游的重要支流。先秦时期，被视为长江正源，故又称为江水、大江水；《史记·河渠书》作外水江，唐·张守节正义引《括地志》："大江一名汶江，一名筀桥水，一名流江，亦名外水江，西南自温江县界流来。"《禹贡》中"岷山导江"，这里的导江也指岷江；《元和郡县图志》称"大江"，据此书记载，"剑南道"上："大江，一名汶江，一名流江，经（成都）县南七里。蜀守李冰穿二江成都中，皆可行舟，溉田万顷。蜀人又谓流江为悬筀桥水，此水濯锦，鲜于他水。"

中国史籍中对岷江的记载很多，不同河段在古代又被称为玉轮江、箭水、导江、都江、皂江、大皂江、沫江、武阳江、合水等。明代徐霞客通过实地踏查得出：金沙江一支才是长江正源；岷江在传统习惯上以发源于四川松潘县岷山南麓的一支为岷江正源，但实际上，其西支大渡河从河源学上讲才是岷江真正的正源。

在传统习惯上，水文水利界仍以东支为正源。以东支为正源，岷江就有东西二源：东源出自高程 3727 米的弓杠岭；西源出自高程 4610 米的朗架岭，一般以东源为正源，两源汇合于虹桥关上游川主寺后，自北向南流经茂汶、汶川、都江堰市，穿过成都平原的新津、彭山、眉山，再经青神、乐山、犍为，于宜宾市注入长江。岷江干流全长 711 千米（一说 735 千米），如果以大渡河为正源，则全长为 1279 千米。

岷江总落差 3560 米（一说总落差 2877 米），流域面积 135881 平方千米，其中四川境内就有 126280 平方千米。岷江各支流流域面积大于 500 平方千米的支流有 30 条，流域面积大于 1000 平方千米的支流有 10 条，河口流量 2830 立方米/秒，水能蕴藏量 820 万千瓦。主要支流有黑水河、寿江、白沙河、大渡河、越溪河。都江堰以上是上游段，上游落差大，水能丰富。都江堰至乐山为中游段，乐山以下是下游段。岷江是长江流域水量最大的支流，水电站分布众多，是我国水利开发最早的河流之一，全流域水能资源蕴藏量约 54564 万千瓦，占长江流域的 20% 左右。岷江流域内大部分地区属亚热带气候。

岷江的都江堰以上地区处于青藏高原边缘带，构造断裂发育，具有几个地质构造运动强烈的褶皱带，是我国南北地震活动带的一部分。都江堰以下地区地质构造简单，地层平缓，区域内地震烈度较弱。岷江流域内物理地质现象较多，主要有滑坡、崩塌、泥石流。

岷江流域内的自然资源较为丰富，主要矿藏有铂、镍、铜、金矿等，非金属矿藏中，石棉储量大、品质好，为我国主要生产基地。

岷江流域沿江城镇密集、人口众多，主要工业城市有成都、乐山、宜宾。上游段森林资源丰富，地方经济以农、林、牧、电业为主。中下游农垦发达，成都平原为四川省重要的粮油生产区。岷江流域开发最早和效益显著的水利工程是我国著名的都江堰水利枢纽工程，它把成都平原灌溉成为天府之国，其作用至今还在延续。岷江流域内各城镇交通便捷，水路、铁路、公路分布密集。

岷江是成都平原最重要的水资源，历史上岷江以都江堰为代表的灌溉工程造就了四川成都平原成天府之国。中华人民共和国成立后，其干支流上还建设了诸多水利工程，特别是水电工程，给流域内经济社会的发展提供了巨大的动力。

岷江是古代西南丝绸之路上重要的一环。我国古代对外交通史上，西南部有一条水路，从四川盆地途经云南沿岷江而下，经眉山穿过青神峡至宜宾，再穿石关门，越古夜郎国境，穿过滇东高原，到达古滇国的曲靖，在汉代被称为"蜀身毒道"。西南丝绸之路虽已慢慢沉寂，但古道上的民族迁徙、商业贸易、宗教传播从未中断，在中国对外交往历史中发挥着重要的作用。

2. 大渡河

大渡河，是长江支流岷江的最大支流，古称北江、涐水、沫水、大渡水、濛水、泸水、泸河、阳、阳山江、中镇河、鱼通河、金川等。大渡河发源于青海省玉树藏族境内阿尼玛卿山脉的果洛山南麓。传统上，认为大渡河在大金川以上有三源：梭磨河、绰斯甲河和足木足河。现代水文水利资料一般以足木足河为正源。

大渡河以泸定和铜街子为界划分为上、中、下游三段，泸定以上为上游，泸定至乐山市铜街子为中游，铜街子以下为下游。全长约 1062 千米，流域面积 7.77 万平方千米。大渡河支流较多，如康定河和流沙河，支流流域面积在 1000 平方千米以上的有 28 条。

大渡河流域内地形复杂，经川西北高原、横断山地东北部和四川盆地西缘，大渡河水系呈羽毛状分布，径流量年际变化不大，洪、枯水量差异较小。大渡河上游上段为高原山地气候，以降雪为主，其余地区属季风气候，有冬暖、夏热、潮湿的特征；河川径流主要来自降水，部分为融雪供给。巨大的落差、丰沛的水量、狭窄的河谷，形成大渡河富饶的水力资源，全流域水力资源理论蕴藏量约为 3132 万千瓦。

大渡河流域辽阔，气候多样，物产丰富。中下游河谷平原可种植双季稻；高寒地区日照丰富，可以种植春小麦、青稞和马铃薯等作物；上游气候凉爽，牧草丰茂，畜牧绵羊、牦牛、马等牲畜，是四川省主要畜牧基地之一。大渡河西岸的原始森林中拥有大量的云杉、冷杉、铁杉、桦木等珍稀植物，都属材质优良；许多珍稀动物如大熊猫、金丝猴、扭角羚羊和白唇鹿也栖息于此。

大渡河也称铜河，自古冶铜业就很兴盛。大渡河还埋藏着种类繁多的矿产。金川、泸定等地的金、银开采历史悠久，丹巴的云母、宝兴的汉白玉、石棉县的石棉等储量大、质量好。煤、铁、铜、铅、锌、磷和稀有矿产都十分丰富。

大渡河流域内旅游资源丰富，著名的峨眉山、贡嘎山、康定、乐山都有独特的旅游景观。乐山是我国优秀的旅游城市、著名的历史文化名城；康定是通往西藏的门户和军事重镇，有诸葛亮派监军郭达铸箭的遗址，城外的跑马山是藏历四月八日藏人转经的地方，颇具民族风情；下游河畔的峨眉山，是中国佛教"四大名山"之一。

同时，大渡河也是红色革命旅游路线。1935 年 5 月，中国工农红军长征在取得"遵义战役"的成果之后，曾经强渡石棉县安顺场渡口和夺取泸定县大渡河泸定桥的伟大胜利；大渡河水深流急，两岸是险峻的群山，地势险要，大部队通过极其困难，两岸红军夹河机动转移，北攻泸定，终于夺取了泸定桥，通过了被国民党视为不可逾越的天险——大渡河，为革命的成功奠定了重要基础。

3. 雅砻江

雅砻江，金沙江的最大支流，古称若水、泸水、诺矣江、奴诺水、诺江；又作雅龙江、鸦龙江、夹龙江；又称黑惠江、纳夷江、金河、小金沙江。藏语称"尼雅曲"，意为多鱼之水。

雅砻江发源于我国青海省，是典型的高山峡谷型河流，经青海流入四川，于攀枝花市雅江桥汇入金沙江，全长 1571 千米，其中四川境内有 1357 千米，流域面积 13.6 万平方千米，河口多年平均流量为 2020 立方米/秒。

扎曲，为雅砻江正源，又称清水河，源于巴颜喀拉山主峰勒那冬则南麓。扎曲经珍秦乡，从石渠县进入四川时，才正式被称为雅砻江。雅砻江位于青藏高原南部，流域区域涉及青海、四川两省，其中四川省占总流域面积的 91.5%。

按地貌划分，甘孜以上可称上游，河段长 594 千米，流经青藏高原，水流散乱，河谷平缓；甘孜至大河湾为中游，河段长 581 千米，连续穿行于高山区，多险滩急流；大河湾以下为下游，河段长 360 千米。雅砻江有众多支流，较大支流有鲜水河、理塘河、安宁河等。雅砻江流域形状略呈柳叶状，主要由降水融雪、地下水、融冰补给。径流量年际变化不大，降水量大致自北向南递增，且东侧多于西侧。

雅砻江流域内木材、水能、矿产资源丰富，植被良好，森林茂密，森林覆盖率约 20%，主要有云杉、冷杉、桦山杉、铁杉、油松、马尾松、高山桦、白桦等；矿藏丰富，以铁矿为主，还有铅、锡、镍等有色和黑色金属，另有金、银、铂等贵重金属和锂、铍、铌、钡、铀等稀有金属。

雅砻江水能资源在长江各大支流中仅次于大渡河，水能理论蕴藏量为 3372 万千瓦，其中干流水能理论蕴藏量为 2200 万千瓦，支流理论蕴藏量为 1144 万千瓦。水产资源丰富，上游段的重唇鱼、细鳞鱼、黄鱼都比较有名，沿江各地畜牧业有牦牛、麂、獐、野驴、盘羊等。

沿江带旅游资源丰富多样，藏、彝族、汉民族风情极具特色，凉山彝族自治州是雅砻江下游流域的重要组成部分。

雅砻江流域内共有两百多万人口，流域内由于地理环境差异，上中游与下游经济社会发展差异较大。上中游地区地广人稀，是四川畜牧业的重要基地；下游地区人口集中，工农业较发达，近十几年来，钢铁、国防、交通迅速发展，是我国大三线建设的重点区。雅砻江下游流域，近年来水利工程的兴建促进了当地农业的巨大发展，特别是新建的地方小水电站，促进了工业的迅速发展，形成了冶金、机械、煤炭、化工、建材、皮革、造纸等为主体的工业体系。

雅砻江下游流域内的中国凉山彝族自治州，主要分布在金沙江和雅砻江交会的江段，江北是四川省凉山彝族自治州，江南是云南省楚雄彝族自治州，处于这两个自治州中间段的迤沙拉，历史上是南方丝绸之路国际大通道上的重要驿站。作为坐落在古道上的驿站，迤沙拉因为这条丝绸之路而繁荣，并带动了周边民族地区的经济发展，逐渐成为彝族聚居的民族村寨。从驿站到村寨，南方丝绸之路的历史有多久，迤沙拉的村史就有多久，它是驿道交通的产物，也是驿道经济的产物。

雅砻江流域内旅游资源十分丰富，螺髻山、伍须海景区等吸引着八方游客。甘孜县镜内，有康熙年间修建的甘孜寺、大金寺等寺庙，以及被称为"藏族人民的文化宝库"的德格印经院。这座印经院建筑建于清朝雍正七年，构造独特，院内回柱林立，彩绘满墙，曾有印度、尼泊尔、斯里兰卡的许多僧人学者到此学经。印经院中书版最为丰富，有世界著名的佛教丛书《甘珠尔》《丹珠尔》两部大藏经，还有哲学、天文、医学、美术、音乐等方面的各种著作，是研究藏族历史文化极为重要的资料。

雅砻江流域是南方丝绸之路的重要地区，其丰富的自然资源和人文资源极大地促进了流域内的经济发展。

4. 金沙江

金沙江，我国长江上游河段，川藏界河，又名绳水、淹水、泸水。战国时期成书的《禹贡》将其称为黑水，随后的《山海经》称之为绳水。除此以外，金沙江还有丽水、马湖江、神川等名称。宋代因河边出现众多淘金者而改称金沙江，也有说是因江中沙土呈黄色而得名。

金沙江发源于青海省唐古拉山主峰各拉丹冬雪山，穿行于川、藏、滇三省区之间，正源沱沱河。长江江源水系汇成通天河后，到青海省玉树县境内进入横断山区，开始称为金沙江，至四川宜宾纳岷江始名长江。

金沙江流经云贵高原西北部、川西南山地，至四川盆地西南部的宜宾接汇岷江；金沙江长 3481 千米，流域面积 50.2 万平方千米，年平均流量 4750 立方米每秒。金沙江的主要支流为雅砻江，此外还有雅砻江大峡谷左岸的松麦河、水落河，右岸的普渡河、牛栏江、横江等众多支流。

金沙江河床窄，岸坡陡峭，具有显著的"高、深、窄、曲、陡"的特点，是典型的高山深谷型河道。径流以降水补给为主，地下水和冰雪融水补给为辅，径流和降雨峰值均在 6—10 月份，水量丰沛稳定，年际变化小。金沙江水能资源丰富，凉山段建有溪洛渡、白鹤滩、乌东德等三座特大型、大型水电站。

金沙江从青海省玉树县巴塘河口至云南石鼓镇，为上段，河长约 965 千米，落差 1720 米；从云南省石鼓镇至四川省新市镇为中段，河长约 1220 千米；中段的虎跳峡弯道，被称为"万里长江第一弯"；四川省新市镇以下为下段，河长 106 千米。

金沙江流域地形较为复杂，众多高山深谷并列相见，峰谷高落差可达 1000—3000 米，流域内气候时空变化大且垂直落差差异显著，冬季主要受西风带气流影响，被青藏高原分成南北两支西风急流。其南支经过时，带来大陆性的晴朗干燥天气；而流域东北部受西南气流和昆明静止锋的影响，阴湿多雨；夏季受海洋性西南季风和东南季风影响，雨水充足，并从流域东南向西北渐趋减少。

金沙江是长江泥沙的主要来源之一，雅砻江口至屏山河段是金沙江流域的主要产沙区。金沙江由于谷深坡陡、岩层破碎、断裂发育、地面松散而固体物质多，崩塌、滑坡、泻溜等地质灾害极为常见。金沙江右岸支流流域是中国暴雨型泥石流集中爆发地区之一。

金沙江流域的矿藏丰富多样。在四川和云南交界的攀枝花，不但拥有十分丰富的钒钛磁铁矿，而且有许多煤炭、石灰石、白云石和黏土；流域内野生动物和植物种类繁多，栖息着金丝猴、羚羊、雪豹、孟加拉虎、黑颈鹤等 77 种国家级保护动物和秃杉、桫椤、红豆杉等 34 种国家级保护植物。每年春季可以观赏到 20 多种杜鹃花，近百种龙胆、报春和绿绒马先蒿、杓兰、百合等野生花卉，植物学界将"三江并流"地区称为"天然高山花园"。

金沙江流域还是 16 个民族的聚居地，是世界上罕见的多民族、多语言、多种宗教信仰和风俗习惯并存的地区，有 9 个县为汉族、彝族、回族、苗族等多民族聚居区。金沙江上游的石鼓镇、澜沧江上游的叶枝镇，作为历史文化名镇的代表，是"三江并流"区域和"茶马古道"上的亮点。

金沙江丰富的旅游资源还包括卡诺遗址、强巴林寺、神山圣湖、达玛拉山恐龙化石群，全地区还有寺院 539 座，人们除了信奉除藏传佛教的萨加、宁玛、噶玛噶举、格鲁教派及本教外，还信奉天主教和伊斯兰教。

金沙江流域内丰富的自然资源和民族文化资源，是当地经济发展的重要支柱。

5. 伊洛瓦底江

伊洛瓦底江，是亚洲中南半岛大河之一，也是缅甸境内第一大河。中国古称大金沙江和丽水，其东源叫恩梅开江，在中国云南省境内被称为独龙江，东南流经云南贡山独龙族怒族自治县，转向西南，进入缅甸，经贾冈后折向南流，始称恩梅开江。作为缅甸各民族文化发展的摇篮，其流经之处名城林立，又是内河航运大动脉，被称为"天惠之河"。

其河源分东、西两支：发源于中国境内伯舒拉山南麓的东源叫恩梅开江，发源于缅甸北部山区的西源叫迈立开江；在密支那城北约 50 千米处，两江汇合，始称伊洛瓦底江。因受掸邦高原和西部山地的影响，整个流域南北狭长，曲折贯穿缅甸中部，穿越崇山峻岭后，向南流经兴实达附近，散布为多条支流，然后流入安达曼海，全长共约 2714 千米，流域面积约为 4 万平方千米，河口段呈现出约为 43 万平方千米的扇形三角洲。

伊洛瓦底江两大支流的源流补给，均来自发源地的高山冰川。东部支流恩梅开江，其水源来源于朗格拉冰川，补水量较大；西部支流迈立开江所处地带，坡度缓和，部分河段可供通航，流域内北部多为高山峡谷，南部为低洼平原，故地势呈北高南低状态。

伊洛瓦底江谷地位于西部山地和东部高原之间，其中分布着大小支流冲积而成的平原地带，可分为五大区域——上游谷地（多山地）、中游谷地（多小山丘）、下游谷地（平原地带狭窄，至三角洲处方渐为宽广）和三角洲、勃固山地、锡唐河谷。伊洛瓦底江支流众多，主要有大盈江、瑞丽江、亲敦江、米坦格江、穆河、尧河以及蒙河等，因其北部多崇山峻岭，水位落差极大，故蕴藏着丰富的水能资源。

流域内共有两大气候带——亚热带、热带雨林带，全年可分三个季节：暑季（3—5月份）、雨季（6—10月份）、凉季（11—次年2月份）。

伊洛瓦底江作为缅甸第一大河，由北至南曲折贯穿缅甸中部，流域面积达41万平方千米，约占缅甸全国总面积的五分之三；伊洛瓦底江作为缅甸第一大河，内河航运业发达，在缅甸国内的交通运输业中占据着举足轻重的位置，担负着国内65%的交通运输任务，是缅甸国内重要的经济运输命脉。

伊洛瓦底江沿岸的民族文化十分多样，上游居民以克钦人为主，他们以农耕为生，实行轮作制。至河谷地带，居民则以缅甸人为主，中央地带较为干旱，他们在其间种植小麦、棉花和油籽等作物；在雨量较为充沛的南部和三角洲地区则种植水稻、黄麻等。在南部，尤其是在三角洲地带，居住着相当数量的少数民族克伦人和一些印度人。此外，还有少数华人生活在整个流域的城市和乡村之中。

作为古代文化的发祥地，伊洛瓦底江河谷成为缅甸政治、经济、历史与文化的中心地带，而河口三角洲是缅甸人口最为稠密、经济最为发达的地区，前首都仰光就在三角洲东侧。

古时，海上丝绸之路是中国古代沟通中外海上交通的要道，主要干线分为东海起航线和南海起航线。其中南海起航线的西线自雷州半岛或广州起航，过南海，经今越南、柬埔寨、泰国、马来西亚，横穿马六甲海峡，再经缅甸、印度、斯里兰卡、巴基斯坦、伊朗、阿拉伯至非洲东海岸各国。仰光不仅是古代丝绸之路沿岸的重要地区，也是我国"21世纪海上丝绸之路经济带"上重要的战略部署点。

缅甸北部出产各种珍贵的玉石、琥珀、宝石。伊洛瓦底江中、下游谷地，是缅甸石油的主要产地，除了满足国内需求外，还有少量可供出口。三角洲区域，则为世界主要稻谷产区之一，是缅甸全国排名第一的稻米产量中心，享有"缅甸谷仓"的美誉。各地名产、石油、谷物等，大都通过伊洛瓦底江及其支流运送到全国各地。

伊洛瓦底江沿岸多山区，森林繁茂，品种繁多，其中最为名贵的当属柚木。缅甸素享"柚木之国"的美称，是世界柚木的主要输出国，蕴藏了世界四分之三的柚木资源。所以，柚木的运送显得尤为重要，而承担起这一责任的正是伊洛瓦底江水系。

伊洛瓦底江中游谷地，可以说是缅甸历史最为悠久的地区，其中蒲甘是该地区重要的城市。曾有缅甸人说过："没有到过蒲甘，就等于没有到过缅甸。"蒲甘，这个举世闻名的"万塔之城"，几乎汇聚了缅甸历史上一切建筑艺术的形式，至今仍吸引着众多游客慕名而来。

6. 亲敦江

亲敦江，缅甸西北部河流，又译为钦敦江，旧译"更的宛江"，是伊洛瓦底江众多支流中最大的一支。亲敦江发源于缅甸克钦邦拉瓦附近，其源为塔奈河，先由南向北流，继而转向西南，在先后接纳乌尤河、曼尼普尔河、密沙河等支流后，于帕科库附近注入伊洛瓦底江。中游自塔曼蒂以下 650 千米可通航，中游加里瓦煤区的煤和山区的柚木，都靠此外运；河谷平原产稻、豆类和芝麻等，2014 年还发现石油，亲敦江全长 840 千米，流域面积 11.4 万平方千米。

亲敦江主要支流为乌尤河和密沙河，在缅甸胡冈谷地以下，分布着几处瀑布和暗礁。总体而言，该河水流湍急，多瀑布，落差大，蕴藏着丰富的水能资源。

亲敦江上源汇集着印缅边境帕特凯（Patkai）山脉和枯门（Kumon）岭山脉间众多的溪流，主要由塔奈（Tanai）河、达万（Tawan）河等汇流而成，向西北流经胡冈（Hukawng）谷地，然后是 840 千米长的亲敦江主河段，大致由北向南，流经那加（Naga）丘陵，并通过辛嘎伦坎迪（Singkaling Hkamti）、霍马林（Homalin）、当都（Thaungdut）、茂叻（Mawlaik）、葛礼瓦（Kalewa）、蒙育瓦（Monywa）等城镇。乌尤（Uyu）河和密沙（Myittha）河是其主要支流，胡冈谷地以下有几处瀑布和暗礁。在每年的 6—11 月份雨季中，有时江轮可上行 644 多千米直接抵达辛嘎伦坎迪；到哈卡（Haka），须将大船上的货物转到皮舟上，再在敏建（Myingyan）附近注入伊洛瓦底江。

亲敦江上源，位于印缅边境的帕特凯山脉和枯门岭山脉间，溪流众多，主要有塔奈河、达万河等；汇聚成源，向西北方向流经胡冈谷地后，因地势关系，再由北向南，大致流经那加丘陵、辛嘎伦坎迪、霍马林、当都、茂叻、葛礼瓦、蒙育瓦等城镇，最终注入伊洛瓦底江。

亲敦江中游地区有重要的煤矿和农业生产区，瓦煤区的煤、沿岸山区的柚木，以及河谷平原产稻、豆类和芝麻等作物，都依靠亲敦江及其支流外运。2014 年，该地区还发现石油资源，这些油田生产的石油大部分也需通过亲敦江水路输送至炼油厂。

亲敦江下游为伊洛瓦底江中游河段，这里是缅甸国内著名的干燥地带，年降水量仅为 500—1000 毫米。缅甸的中古时期，人们就已经在此筑堤修坝，通渠引水，灌溉农田。水稻是当地最重要的物产。

亲敦江上游居住着一支神奇的部落民族——那加族，其为印度东北部山区的一个部落集团，主要分布在那加兰邦、曼尼普尔邦以及缅甸亲敦江上游。那加族由西藏人、汉族人以及印度南部移民混合而成，操汉藏语系、藏缅语族等多种方言。那加人信仰"万物有灵"之说，为父系氏族社会，至今仍过着刀耕火种的农耕生活，同时也兼事渔猎。

7. 怒江—萨尔温江

怒江，是我国西南地区众多大河之一；又称潞江，蒙古名喀喇乌苏；藏名鄂尼尔楚。"那曲河"为怒江上游河段的藏语名；云南省的怒族把怒江称为"阿怒日美"，"阿怒"是怒族人的自称，"日美"汉译为"江"，即怒族人居住地区的江河之意。

因江水深碧，我国最早的地理著作《禹贡》将其称为"黑水"。汉晋时期称为周水，唐宋时多称怒江，明清时则多称潞江，为西南线路所经的重要河道。江名由来说法有二：其一，潞江"本名怒江，以江流汹涌不平也"；其二，"在维西澜沧江外数百里崇山峻岭，有江曰怒江，环江皆怒人所居，故名"；此外，有言"怒江"系藏语，意为汉女流汗。相传文成公主远嫁，入藏时渡此江而过，因路途劳累而汗流不止；另一传说也与文成公主有关，相传来藏陪嫁的媵婢行至此处，需渡江入藏，不由悲从中来，纷纷掩袖大哭，集泪成河，故名。此外，怒江与萨尔温江的关系，在《清续通考》卷三四五中已有记载："潞江即洋图所谓萨尔温江"。

怒江发源于青藏高原的唐古拉山南麓，经怒江第一湾后，从西北折向东南，对角贯穿西藏东部的平浅谷地，进入云南省后转而南流，入缅后称萨尔温江，最后江水注入印度洋——安达曼海。怒江全长 3240 千米，中国境内河段全长 2013 千米；总流域面积达 32.5 万平方千米，中国境内流域面积为 13.78 万平方千米。

怒江上游地处高原，山势平坦，水量充沛，河面宽广，流速较缓；中游地处高山深谷，坡度较大，水流湍急；下游山势开阔，雨水补给充足，发展成农业区；部分河段为缅、泰两国的天然分界线，在今毛淡棉附近。由滇入缅后，怒江依次接纳了南定河、南卡江南登河、邦河等支流，南北纵贯缅甸东部，谷深流急，是典型的山地河流。

怒江水系拥有为数众多的支流与支沟，比较大的支流有下秋曲、索曲、姐曲、玉曲、枯柯河、南定河。怒江流域内植被良好，故而含沙量较小，是目前中国含沙量最小的河流之一。

怒江大部分河段皆奔流于峡谷之中，落差大、水流急，水能资源丰富。然而，怒江流域的水资源还尚待开发，目前利用程度较低，但也因此保存了众多珍贵的少数民族文化和水生生物资源。

怒江流域气候较为复杂：上游地处青藏高原，气候高寒，冬季漫长；中游山高谷深，垂直变化明显，形态复杂；下游地势较低，酷热而多雨。流域内年平均气温南北差异显著，由北向南主要呈递增趋势。

怒江水产资源丰富，渔业发达，是沿岸很多居民赖以生存的自然资源。怒江两岸峡谷陡峭，萨尔温江两岸则满是葱郁的原始森林；沿岸树林中，还生活着 235 种野生动物，包括虎、豹、大犀鸟、亚洲金猫、白腹啄木鸟、白手长臂猿和白眉长臂猿（仅存于缅甸境内）等。

怒江，为西南丝绸之路所经的重要河道，在缅甸境内长达 1660 千米。上游水急谷深，不宜航行；下游可通航。下游的马达班（今译莫塔马），扼东西海上交通要冲，自古为中国西南假道缅甸的出海要港；同时，又为由滇入缅，经孟艮（今景栋）中转至毛淡棉和泰国清迈的陆路交通要枢。

怒江流经多个少数民族聚居区，包括云南省贡山独龙族怒族自治县、傈僳族自治州、德宏傣族景颇族自治州等，沿江居住着独龙、怒、傈僳、傣、德昂、彝、藏、景颇等 10 多个少数民族，带有浓郁的少数民族文化色彩。在怒江峡谷，"澡塘会"是当地最出名的民俗。每年农历的正月初二至初四，散居于各处的傈僳族人，都要全家出动赶赴泸水十六汤天然温泉，参加一年一度的澡塘会；洗浴时，男女之间彼此尊重，用圣洁之水洗去身上一年的污秽，用崭新的自己迎来吉祥的明天；澡塘会期间，还会有众多精彩的表演和激烈的比赛，上刀山下火海、射弩、打秋千、赛歌会等，我国少数民族对生活的热情与对文化的钟爱由此可见一斑。

怒江流域面积宽广，各地民众所从事的职业不同：西藏境内，多以畜牧业为主；云南境内，农牧混合，耕地多位于河谷地带；缅甸境内，以农业为主，盛产水稻、甘蔗、棉花和果类等。

上游流经高山峡谷，部分河段可通地方小船；下游通航里程不足 160 千米。因主要流经山地，不利航行，成为东西交通的巨大障碍。湍急的河水可浮运森林原木，是缅甸运送柚木的重要水道。怒江流域内矿产资源丰富，主要有铜、铁、铅、锡、煤、汞、水晶、硫黄、石墨、云母等。

怒江境内有 20 余座海拔在 4000 米以上的高峰，群山逶迤，雪峰环绕，绵亘千里，瑰丽奇伟。此外，境内湖泊遍布，较为著名的有听命湖、干地依比湖、恩热依比湖和瓦着低湖等。沿岸丛林密布，古木参天，珍禽满道，幽静怡人，蔚为壮观。

其中，怒江大峡谷素有"十里不同天、万物在一山"之说。峡谷内珍禽异兽繁多，名花异卉成片点缀，大部分都被列入了国家一、二、三级保护名单中。峡谷中独特的自然风貌，配以傈僳族传统的习俗文化，更是为峡谷增添了不少情趣，吸引着众多海内外的游客。

8. 红河—元江

红河，为中国、越南两国的跨境水系，也是越南北部最大的河流。红河，由于河水夹带大量红色泥沙而呈红色，因此得名。在我国古籍中，红河及其流经地段，有不同称呼，如《清史稿·越南》中记载："同治十二年（1873 年），法人逼令越南王公布天主教及红河通航二事，红河即富良江也。"此外，红河还有㵲水、西随水、尚龙溪、西道江、富良江、浦定江、泸江、鲁江、归化江、白鹤江、洮江、大黄江、黄江、闷江、胶水江等称谓。

红河发源于云南省西部哀牢山东麓，上源礼社江，向东南流与绿汁江汇合后称元江，而后流经河口瑶族自治县，入越南后方称红河。红河全长 1280 千米，越南境内长达 508 千米，流域面积 75700 平方千米，流域大部分地区海拔 1000 米，为中国与越南之间重要的运输纽带。

红河上游河段，河道狭窄，水流湍急，共计有 26 个急滩，不利通航。在接纳黑水河、泸江两大支流后，江水猛增。下游河段，蜿蜒曲折，分岔频繁，河面较宽，流速缓慢。冬夏两季，水位变化明显，7—8 月份下游水位平均高出两岸平原约 10 米，故而沿河皆筑有堤坝，以保护流域两岸的居民，红河富于灌溉和通航之利。

红河流域内多为高山峡谷，大部分区域海拔皆在 1000 米以上；河口三角洲地区，地势相对平缓，是利于农事和生活的冲积平原。流域内地处亚热带与热带之间，因受海拔影响，属亚热带山区气候，一年只分为两大季节——干冷季和湿热季。红河蕴含着丰富的水能资源，仅中国境内的干支流蕴藏量就高达 988.8 万千瓦（理论数据），可供开发的则有 359.9 万千瓦。

南方丝绸之路，始于巴蜀，经云南大理、怒江、腾冲、瑞丽等地，直入缅甸，而后延伸至东南亚。红河作为中国、越南跨境水系，也是越南北部最大的河流，是南方丝绸之路的重要组成部分。红河河内以东形成的三角洲——红河三角洲，宽阔肥沃，人口稠密，农业发达。红河水运航道的综合治理，使其成为三角洲经济圈中的"黄金水道"，并有效地将经济圈产生的经济、文化价值进一步拓展至红河流域内的所有相关区域。

在中越两国间，红河不仅在自然、地理、经济、文化历史等各个方面占有不可撼动的位置，还有独特的生物资源、浓厚的人文历史景观、多彩的民族文化等旅游资源。

红河哈尼族彝族自治州（简称红河州），位于云南省东南部，是典型的西部多民族地区，主要特征为山区多、民族多、边境线长。红河州内，层峦叠嶂，河谷深切，海拔高差悬殊，山区面积约占全州总面积的 85%。除汉族外，境内还世居有 10 个少数民族——哈尼、彝、苗、傣、壮、瑶、回、布依、拉祜、朗族等。少数民族人口约占总人口的一半以上，民族聚居区约占全州总面积的 98%；红河州还拥有两个国家一类通商口岸，边境线从哀牢山蜿蜒至越南境内，长达 848 千米。相对封闭的山区环境，使境内多彩的民族文化得以保留，也造就了其中丰富的旅游资源，而这使得近年来红河州的旅游发展突飞猛进。

红河进入越南后，几乎纵贯越南北部平原，不仅为越南带来了充足的水量、丰富的物产资源，还促进了越南民族文化、宗教信仰的多元发展。越南境内三角洲上的海防市，为海上丝绸之路重要途经城市，是越南北部的直辖市，并拥有越北最大的港口。该市具有悠久的历史和文化。在原始时期，越南的国土上已有早期先民生活的痕迹——谅山平嘉的猿人牙齿、清化度山的旧石器时期的原始工具等。"和平文化""北山文化"是其境内的文化遗址；从考古发掘可知，当时的先民们已学会使用石器、竹木器、陶器等物品，进行农业采集和狩猎活动。公元 10 世纪初，来往于海防的船只渐多；从 15 世纪开始，外国船只开始往来其间，海防市也成为越南重要的水路交通枢纽。

9. 澜沧江—湄公河

澜沧江，中国西南地区和中南半岛的重要河流，流出中国境内后始称湄公河。澜沧江，藏语称拉楚，意思为"獐子河"；彝语称拉策，意为"老虎跌入的江"；傣语称南涯罕，意为"金江水"。中国古籍中，称其为兰仓水、兰沧水、兰沧江、濮水、羌浪川、澜沧水、鹿沧江等。《后汉书·西南夷列传》记载：永平十二年（69 年），置哀牢、博南二县，"割益州郡西部都尉所领六县，合为永昌郡。始通博南山，度兰仓水"；《华阳国志·汉中志》作兰沧水，《蛮书·山川江源第二》作兰沧江；《方舆纪要》卷 113 则记载说："澜沧江出吐蕃嵯和歌甸鹿石山，一名鹿沧江，亦曰浪沧江，亦作兰仓水"。湄公河又称九龙江，"湄公"是老挝语的译音，湄—母亲、公—幸福，有"幸福之母"的意思。

澜沧江上源有二：北源扎曲，源出唐古拉山北、巴颜喀拉山南的色的日山；南源吉曲，源出唐古拉山霞日阿巴山；二源在昌都汇合后始称澜沧江，流贯中国西藏自治区东境、云南省西部，于西双版纳傣族自治州景洪县南出国境；再经缅甸、老挝、泰国、柬埔寨，在越南南部胡志明市流入中国南海。澜沧江—湄公河全长 4500 千米，在我国境内长 1612 千米；总流域面积 81 万平方千米，在我国境内约为 15.39 万平方千米，是亚洲流经国家最多的河，被称为"东方多瑙河"。

澜沧江—湄公河流域共跨越 25 个纬度，北高南低，呈长条状；流域地形多变，起伏剧烈：上游地处青藏高原，平均海拔在 4—4.5 千米左右，有的山地更高达 5.5—6 千米。但除却高峻的雪峰，其余地势都相对平缓，故而河谷平浅，河道宽阔；中游地处高山峡谷之中，山高而谷深，河道相较上游狭窄，因河床陡峻，故流速较快；下游地势低缓，一般在 2.5 千米以下，河道呈辐射状，尤其是出中国国境后，河道变得平缓而开阔。

从源头至河口，流域落差高达5000余米，流域内立体气候明显，兼具寒、亚热、热三带气候，可供开发利用的资源十分丰富，包括土地、水力、生物、旅游等。因处亚热带季风区的中心地带，每年5—9月份都会受到西南季风的影响，潮湿而多雨，是为雨季；当年11月份至次年3月份，则受东北季风的影响，干燥而少雨，是为旱季。流域内径流补给以降水为主，以地下水和冰雪融水为辅。

流域内集中了上万种生物资源，从热带到高寒雪山地带，称得上是世界生物宝库。因各区植物相互交错，互相渗透，是植物变异、培养新品的良好基地。流域内主要有秃杉、柚木、苏铁杉、洪桐、黑黄檀、长苞冷杉等稀有植物。区域内，珍稀、特有生物品类繁多，有滇金丝猴、长臂猿、亚洲象等国家一级保护动物，穿山甲、绿孔雀、熊猴等国家二级保护动物。

"热带丛林之王"亚洲象，广泛分布于这条长达4500千米的河流两岸。千百年来，独特的象文化已经深深根植于流域内民众的心中：有些地区大象被寄予万象更新、国泰民安等美好寓意；有些则将其奉为吉祥物，甚至是神明，用于收藏或祭祀；有些将其作为和平使者，代表友好等。在西双版纳的民间，一直流传着这样一句话——"傣依象、象靠傣"；而澜沧江在傣族人的心中则为"百万大象之河"。老挝首都取名为"万象"，蕴含着富饶、丰收与智慧的寓意。泰国素有"大象之邦""白象王国"之称，是世界上有名的产象大国。象在泰国社会中有着不可颠覆、举足轻重的地位，它可以说是泰国的象征和泰民族的骄傲。

澜沧江—湄公河流域已知鱼类高达1700余种，仅次于亚马孙河。2000年，世界野生动物基金会已将其确定为世界上最重要的淡水鱼类生态区域之一。现今，澜—湄流域每年最高捕获淡水鱼类达180万吨，是世界上最大的内河淡水渔业基地，其中包括伊洛瓦底江豚等高度濒危的珍稀鱼类，及倒刺鱼、黄貂鱼、淡水鲨等极具商用价值的常见鱼类。

此外，流域内的地质成矿带，拥有金、银、铜、铁、铅、锡等多种矿产资源，然而对这些矿产资源的勘探工作尚未深入进行，利用程度尚低。

河流流域内的旅游资源丰富，目前云南地区已初步形成丽江、大理、西双版纳等三大旅游区，其在国际国内皆享有较高知名度；东南亚地区，则有曼谷的大王宫、万象的寺庙与古塔、柬埔寨的吴哥遗迹等。互补性是流域内沿岸国家旅游资源的最大特性，联合发展旅游业成为澜—湄地区的共识。

流域内各国山水相连，20 多个民族虽都逐水而居，但历史、文化、信仰、风俗等各具特色，建筑、文字、服饰等亦各不相同；流域内包含众多历史名城，在古丝路历史上占有不可撼动的地位。河口三角洲和呵叻高原，是流域内人口最为密集的地方；流域内居民，几乎皆以农业为生，水稻是他们的主要粮食作物。流域内居民间没有共同的种族关系，上游以高山民族为主，包括克伦族、苗族、汉族、藏族等；下游则以低地民族为主，包括高棉人、占人、泰人、孟人和越南人等。

贝叶文化是傣族人民的传统文化，贝叶经作为该文化的载体，以百科全书的形态广泛流传于缅甸、泰国、老挝、柬埔寨和中国云南在内的澜—湄地区。云南因与其同处小乘佛教文化圈，西双版纳、景谷、孟连和德宏傣族德昂族地区成为承传贝叶文化的中心区域。小乘佛教是德宏傣族、德昂族的全民信仰，制作与使用贝叶经，并通过其传布弘扬贝叶文化，已成为此地民众传播佛法与梵音的一种主要方式。

佛塔与寺院是缅甸古代文化最集中的体现地，蒲甘塔群、柬埔寨吴哥窟、印尼婆罗浮屠被称为东南亚三大文化遗迹，无不向我们昭示着缅甸民族的历史记忆与文化精髓。而最能体现缅甸佛塔建筑技术和文化内涵的，则是仰光的大金塔，其周围如众星捧月般簇拥着中、小型佛塔共计 68 座，是该地区最令人惊叹的佛塔群落。

湄公河北段，是缅甸、老挝两国间的天然界河；中段与南段又成为老挝与泰国之间的天然界河。琅勃拉邦是湄公河流经东南亚的第一座大城，它是老挝的古都，历史悠久、风景秀丽，又是老挝的佛教中心，寺庙成群、佛塔林立，现实与古韵都掩映于花木之中。再往下游，湄公河流过的老挝首都万象，这里除了金碧辉煌的琼楼玉宇，还有举世闻名的佛塔、古寺，如玉佛寺、塔銮寺等，皆始建或重修于公元 16 世纪。

澜沧江—湄公河干流因涉域广、落差大（高达 5167 米），拥有着丰富的电力、灌溉、航运等资源，是云南和东南亚地区的能源宝库。据科学测算，该流域理论上蕴含水力资源为 3656 万千瓦，可供开发的储量约为 2348 万千瓦。经过长期的考察与试航，到 2000 年 4 月，中、老、缅、泰四国交通部部长正式签署了《澜沧江—湄公河商船通航协议》，并于次年正式实现了四国通航。

10. 湄南河

湄南河，泰语名为昭披耶河。湄南河是华人对此河的俗称。"湄南"，意为"河流之母"，后引申为"大河"的意思；"昭披耶"是封建时代萨克迪纳制下的最高爵位，因其在泰国河流中位列水量与长度之首，故名。

湄南河发源于泰国北部山地，至南部开阔平坦地带后形成三角洲，最后注入曼谷湾。曼谷，泰国首都，坐落在湄南河入海口；湄南河乃泰国第一大河，自北向南纵贯全境，全长1352千米，流域面积达17万平方千米。

湄南河源于泰国西北部的掸邦高原，在那空沙旺汇合之后，始称湄南河。在汇合点不远处，即从右岸分流出素攀武里河，是湄南河的最大支流，与干流同向而行，于曼谷附近入曼谷湾，最终注入太平洋。

湄南河流域属于热带湿润气候，北部因受亚洲季风影响，长期高温湿润；南部因受海洋气候影响，全年状态都较温和；全年月平均气温均在22—28℃，变化幅度相对较小。湄南河主要依靠雨水补给，因受西南季风影响，汛期主要集中在6—9月份的雨季，从而导致河流年径流量变化较大，干、湿两季的径流量相差高达十余倍；流域内降雨较丰沛，从北至南呈递增趋势。

流域内地势北高南低：北部地处高山高原，为河流发源之所在；南部地处平原，乃河口三角洲那空沙旺之所在，故而，湄南河由北向南，奔流而下，几乎贯穿整个泰国西部地区。全河基本以那空沙旺为界点，以北为上游，以南则为下游。

此外，湄南河沿岸平原广阔，森林覆盖率高达25%，其中以各种热带常绿乔木、季风林木为主，如榕树、柚树、杧果树、金鸡纳树等。

湄南河上游支流流经泰国第二大都会清迈，流域内的主要城市曼谷与吞武里，皆位于河口三角洲地区，这里是泰国最大的经济、文化、政治、交通中心，主产橡胶、甘蔗、绿豆、麻、烟草、棕油和咖啡豆等经济作物。泰国首都曼谷坐落在湄南河入海口附近，人口总量约为500万。1767年，吞武里王曾在河西建都；1782年，曼谷王朝在此建都。1844年，林则徐译《四洲志》中言："暹罗建都于曼谷，两面皆山，一宽长大之谷也。"1971年，两者合并称为曼谷吞武里京都，市内有大大小小佛寺共计 300 余所，被称为"佛庙之首"，其中尤以大王宫、玉佛寺、金佛寺、金山寺、国柱神隍庙等最为著名。作为海上丝绸之路上的重要城镇，曼谷因是河渠纵横、舟楫穿梭、街道交错的水上都城，素有"东方威尼斯"之称。

游览于湄南河及其支流之上，最引人注目的，绝对当属那些宏伟壮丽又饱含历史沧桑的寺庙与佛塔。庙宇多建于河左岸，基本与市内高层建筑、一般居民住宅杂而处之，构成了一道道奇特而亮丽的风光线。据统计，仅首都曼谷市内，就有庙宇一万有余，故而，泰国素来就享有"千佛之国""黄袍之国"的美誉。

湄南河流域内分布着三座著名的寺庙：一为玉佛寺，其金碧辉煌，与大王宫毗邻而建，寺内的大雄宝殿中还供奉着泰国的镇国之宝——翡翠玉佛（释迦牟尼像）；二为郑王庙，其曾被钦定为郑昭王的御用寺院，而其中最具吸引力的建筑正是位于寺庙正中的"拍攀"大塔；三为卧佛寺（别名菩提寺），位于湄南河东岸，正好与郑王庙隔岸相对，是曼谷市内留存于世的最古老、最庞大的寺院。

大王宫建在曼谷市中心区域，由一组高低错落、布局别致的建筑群组成，汇集泰国数百年建筑艺术之大成，可谓是泰国建筑艺术的代表。其于 1782 年开始兴建，至 1784 年，第一座宫殿阿玛林宫建成，一世王即入主该宫主持朝政，后经历代君王不断扩建，方才形成现今的规模，是世人所膜拜与朝圣的圣地。

此外，游客还可乘船游览湄南河，当船驶入小港后，便开始进入泰国人民引以为傲的"东方威尼斯"——水上市场。据说，水上市场早在几百年前就已存在，主要售卖茶叶、水果、古玩、衣物等各种商品。在湄南河上，各种形状、大小各异的游船在河道中穿梭航行，游客可根据各自的喜好，沿着分岔出来的狭小水道观赏泰国人民的传统生活方式，颇有一番风味。

11. 印度河

印度河，其名出自梵文 Sindhu 之拉丁语式拼法 Indus，即"河流"之意，中间经由伊朗语和希腊语的讹转，失去了本有的咝音和送气音，遂成现今的读法。印度河在中国《元秘史》中作申河，阿拉伯古称其为弥兰大河，另有辛头、新头、身毒河等称谓，为南亚最大的河流之一。

印度河发源于我国青藏高原地区，西南贯穿喜马拉雅、喀喇昆仑山两大山脉，右岸与喀布尔河交会，左岸与旁遮普之地方诸流汇合，最终经巴基斯坦注入阿拉伯海。印度河全长2900—3200千米，年径流量约为2070亿立方米，流域总面积达116万平方千米。印巴分治之前（1947年），印度河是此地仅次于恒河的文化、政治、商业中心；而印度河文明，也是世界上最早进入农业文明和定居社会的古代文明之一。

印度河流域横跨东经66°—82°，纵越北纬24°—37°，毗邻俾路支高原、喀喇昆仑山脉、喜马拉雅山脉、阿富汗兴都库什山脉、印度塔尔沙漠和阿拉伯湾。印度河干、支流上游均处于高山地区，山高而谷深，落差较大，水力资源十分丰富；干流下游至河口地区，则处于世界最大冲积平原之一的印度河平原之上。

印度河流域地处亚热带气候地区。受显著的季风气候影响，本应湿润多雨，却因东北部高山阻挡，导致流域内气候一直介于干燥与半干燥、热带与亚热带之间。一年共分四季：东北季风季（12月份至翌年3月份），气温低、降雨少、湿度小；西南季风季（7—9月份，雨季），降雨多、雷暴多、湿度大；两大季风过渡期（4—6月份，热季）气温高、湿度小；西南季风后退季（10—11月份），温差大、降雨少、天气舒爽。

印度河水系的主要河流以融雪为源，大部分来源于喀喇昆仑山、兴都库什山脉和喜马拉雅山脉融雪及融化的冰川。河川径流量在一年内不同时期各异：冬季（12—次年2月份），为流量最低点；春季和初夏（3—6月份），冰雪渐融，水位有所上升；至雨季（7—9月份），降水增多，洪水出现，间或有山洪暴发。

印度河文明作为世界上最早进入农业文明和定居社会的主要文明之一，中心时期约在公元前2500—前1700年，主要包括哈拉帕、摩亨约—达罗两座大城市，以及周边百余个较小的城镇和村庄，比其稍早的美索不达米亚文明和埃及文明分布还要更为广泛。

印度河文明中，居民以农业为生，采用的是美索不达米亚式的灌溉农耕方式，一来土地宽广肥沃，技术先进可控，能够帮助当地居民收获足够的农作物；二来这种灌溉方式可控，虽然每年定期的河水水患，却只让其肥沃土地，而不制造祸患。勘探文明遗址后，考古学家发现，早期居民除了栽种小麦和六行型大麦外，还有种植饲料豆、芥末、芝麻、枣类和棉花，驯养狗、猫、猪、牛、骆驼、大象的痕迹。

印度河上游居住着西藏人、拉达克人和巴尔特人，属亚洲血统，以畜牧业为生，操藏语，信佛教，其中巴尔特人已改信伊斯兰教。北印度平原居民操旁遮普语，主要从事农业活动，特征是种姓制度，但其并没有印度教制度中的宗教仪式的含义，是印度河谷地区人数最多的民族。下游地区，则居住着一群操信德语、从事农业的民族，其许多文化颇具古风，当地人也皆以此为傲。

印度河流域灌溉历史悠久，早在五千年前，沿印度河两岸的狭小地带已经发展出了引洪灌溉技术；公元 1605 年，建成了印度国内第一条永久性灌溉渠，全长 80 千米；到 21 世纪初，流域内的灌溉规模已相当宏大，干支流上已兴建近 40 座拦河闸，并有若干引水渠或相邻河道连接，在河间地区内发展了大片农业灌溉区域。

1947 年印巴分治后，按所定国界，印度河及其五大支流上游全部划入印度境内，而下游部分则归属巴基斯坦所有，从而引发了印巴两国的用水纠纷问题。因矛盾日趋激化，在世界银行的帮助下，印巴两国在经过长达 13 年的协商谈判之后，终于在 1960 年签订了《印度河水条约》；条约中指出，印度仅能使用印度河总水量的 20%，其余 80% 皆归巴基斯坦使用。自此，印度河的开发和运用进入了全新的阶段。

作为古文明的发源地，流域内有不少珍贵的历史遗迹，摩亨佐·达罗考古遗址就坐落在巴基斯坦南部，全城整齐划一，拥有完备的下水道系统，是印度河流域文明中最能代表当时文化艺术成就的遗址。吉拉斯是巴基斯坦的山区小镇，素以古老岩画而闻名。在印度河两岸，当地先民用简朴的岩画为当地人留下了早期人类广阔的社会风貌。此外，还有保持着浓郁的普什图文化特色的古城白沙瓦、莫卧儿王朝留下的拉赫尔古堡等，皆以其独特的历史韵味吸引着来自世界各地的游客。

12. "五河之地"——旁遮普

旁遮普，印度次大陆西北部地区，在印度和巴基斯坦境内，位于喜马拉雅山麓印度河 5 条支流的冲积平原之上。这五条支流分别为苏特莱杰、贝阿斯、拉维、杰赫勒姆和杰纳布河，它们相继汇流而成本杰讷德河，向西南流出约 71 千米后，最终注入印度河。

五条支流呈扇形展开，构成一个完整、稠密的河系网和灌溉渠网，其地的旁遮普省、旁遮普平原的"旁遮普"之名，即源于此，意为"五河之地"。若按印地语发音，旁遮普应为"班贾布"。追溯至早期，班贾布（旁遮普）应为"班吉那德"。阿克巴大帝时期，曾据波斯语发音习惯，将梵文词汇"那德"改为波斯词汇的"阿布"，于是"班吉那德"遂变为"班贾布"，即现在的"旁遮普"。在中国古书籍中，旁遮普被称为"班札布"。

苏特莱杰河，全长约 1450 千米，是旁遮普平原五大支流河域中最长的一支。它发源于中国西藏西南部海拔 4600 米的兰加克湖，流向西北，称象泉河；然后转向西南，流过喜马拉雅山脉，经印度西北部、巴基斯坦东部，在巴哈瓦尔普尔的西部与杰纳布河汇合后称本杰讷德河；河水广泛用于灌溉和水力发电，主要灌溉工程有：巴克拉—南加尔综合利用发展工程、锡尔欣德运河、印巴两国的苏特莱杰流域工程等。

贝阿斯河，发源于海拔 4361 米的印度喜马偕尔邦古卢县罗唐山口，向南流经古卢谷地，然后向西流经门迪和冈格拉谷地进入旁遮普邦，又转向南，在赫里凯汇入苏特莱杰河。该河全长约 470 千米，为旁遮普灌溉工程的重要组成部分。

拉维河，发源于印度喜马偕尔邦山区，从印度伯索利以南的马托普尔附近流入巴基斯坦，经拉合尔地区，在法齐尔沙附近注入杰纳布河，全长约 725 千米。河水灌溉沿岸大片土地，巴基斯坦历史名城拉合尔和古城遗址哈拉帕即位于该河畔。

杰赫勒姆河，全长约 725 千米，是旁遮普平原五支河流中最西的一支。发源于克什米尔南部的一条深泉，向西北流经克什米尔谷地，再转向南流入伍勒尔湖；出湖后，流经峡谷，穿过比尔本贾尔山，进入巴基斯坦，最后向南注入杰纳布河；下游筑有门格拉坝和灌渠，用于灌溉和发电；风景区斯利那加，则位于该河上游右岸。

杰纳布河，全长约 974 千米，发源于旁遮普喜马拉雅山脉中，由圣德拉河和帕加河汇流而成，向西流经克什米尔，穿过西瓦利克山和小喜马拉雅山，转向西南流入巴基斯坦，在乌奇附近与萨特莱杰河汇流后再注入印度河；沿岸与许多灌渠相连通，主要支流有杰赫勒姆河、拉维河。

旁遮普气候炎热干燥，经五河灌溉滋养后，谷物丰茂，收成良好，都能自给有余，还种植豆类、棉花、糖蔗、油籽、水果和蔬菜等作物。

作为人类最早的文明发祥地之一，从石器时代开始，旁遮普地区就已有人类居住。南亚最早的文明遗迹就出现在哈拉帕。该城约建于 4500 年前，在印度河支流拉维河畔，于 1921 年开始发掘，为一座青铜器时代的古城遗址。从考古发掘中发现，该城堡有防御墙、谷仓、住房和墓地，出土了指环、项链、印章、铜镜、石器皿、石头雕像、彩色陶器及贝壳做的匙子等珍贵文物。

从公元前 2000 年至公元前 1000 年，来自西方的雅利安部落进入了旁遮普地区，于此地创造出了早期的梵文，并书写出了最古老的吠陀经典。印度的史诗《摩诃婆罗多》中，俱卢族与般度族曾发生一场大战，战场遗址即在旁遮普邦的东部地区。

公元前 327 年，亚历山大大帝东征后，旁遮普地区成为东西文化的交汇之处。因其地理位置独特，历来外部入侵者都选择从此处进入印度，如 4—5 世纪的笈多王朝、11 世纪的穆斯林突厥人、13 世纪的穆斯林德里苏丹王国、16 世纪的突厥人莫卧儿王朝，以及土耳其的塔塔尔部落入侵等。1526 年，莫卧儿王朝入主印度后，其皇帝巴布尔将旁遮普邦一分为三，分为拉合尔、木尔坦和德里三个省份，此后这种划分一直延续了 250 年之久。1765 年左右，因宗教信仰，此地的锡克教教民开始反抗，推翻了莫卧儿王朝的统治，建立了独立的锡克教国家；但在 19 世纪又被英国军队平定，重新归于英属印度的统治之下。1947 年印巴分治后，根据《印度独立协议》，旁遮普邦被人为分成两大部分，西部置于巴基斯坦治下，东部则归属于印度。

旁遮普人主要分布在巴基斯坦的旁遮普省以及印度的哈里亚纳邦与旁遮普邦中。在巴基斯坦境内，旁遮普人信奉伊斯兰教；印度境内，则多信奉锡克教或印度教。其中，信奉锡克教的被称为锡克人，他们皆说旁遮普语。1947 年印巴分治后，锡克教徒归属印度，伊斯兰教徒则归属巴基斯坦；旁遮普语，通行于巴基斯坦和印度部分地区，其内部方言的差别极大；而文字的使用，也因地域的不同而相去甚远。

旁遮普省农牧业比周围其他地区和城市都发达，就现在而言，巴基斯坦的粮食供应主要来源于此，约占该国粮食产量的 80%，此外巴基斯坦大部分的纸张、化肥、食糖和约 40% 的水泥皆产于此。旁遮普省地势平坦，主要为平原，拥有自英国殖民时期延续下来的世界最大灌溉系统之一。得益于良好的自然环境和条件，中巴两国的农业合作都集中在这里。从旁遮普省的拉合尔到白沙瓦和伊斯兰堡有一条高速公路，是该国最主要的高速公路，旁遮普省占了这条全长 700 多千米路段的 4/5，因而在巴基斯坦唯有旁遮普省实现县县通公路。

五河之地沿岸分布的众多历史名城和古城遗址，吸引着一批又一批的朝圣者，其中为大家所知的有作为莫卧儿王朝都城的历史名城拉合尔及印度河文明发祥地古城遗址哈拉帕，除此之外，还有位于杰赫勒姆河畔的历史名城斯利那加。

13. 罕萨河

罕萨（Hunza 也译洪扎）河谷位于巴基斯坦靠近中巴边境的巴控克什米尔地区行政中心吉尔吉特市的东北部，属于喀喇昆仑山脉和兴都库什山脉交界处的帕米尔山结地区。罕萨河谷的中心点是卡里玛巴德小镇，这里地势高峻，冰川密布，高山积雪融化汇成罕萨河，向西南流入吉尔吉特河，喀喇昆仑公路也即中巴公路由此通过。

罕萨河，由红其拉甫河、米斯加尔河等若干支流汇合而成。该河发源于喀喇昆仑山区，由冰川、冰雪融水而成，向西南流入印度河上游支流吉尔吉特河，与其汇合后最终一起汇入印度河。

罕萨，别称洪扎，也被称为"坎巨提"。在中国史书中亦称棍杂、乾竺特等，其位于喀什的西南面，距我国新疆地区仅 30 多千米。罕萨首府作为巴基斯坦重要的旅游胜地，坐落在罕萨河右岸罕萨河谷之中，曾名"巴勒提特"，现名"卡里马巴德"，海拔 2500 米，群山环绕，风景秀丽，既可在红其拉甫山口进入我国新疆，也可在明铁盖山口到达新疆。往南经吉尔吉特市，沿印度河谷可抵伊斯兰堡；罕萨四通八达的特点，使其成为古代丝绸之路的必经之处，是当地的重要贸易中心。

罕萨地区在乾隆二十六年归附我国清朝，它曾是一个有着千年历史的小山邦。1878 年，新疆收复后，罕萨王俄则项立即遣使与清朝通好；1891 年 12 月，英国趁罕萨内乱，进兵攻占，罕萨首领带领数百将士逃到中国卡伦附近请求清政府出兵保护，清政府于 1892 年 5 月，与英方达成协议，使中国保有对罕萨的宗主权。1947 年，印巴分治后，罕萨成为巴属克什米尔的一部分，由罕萨王管理。1974年，巴基斯坦政府解散罕萨山邦，置其于北部地区政府的管理之下。

罕萨王宫殿古城堡，作为罕萨两处名胜古迹之一，坐落在离村1.6千米的巴尔堤特山坡上；另外一处古迹便是"罕萨圣岩"，在罕萨河的对岸，离村外大概2000米。在这块高约50米、长约70米的"圣岩"上，刻满了各种动物和古文字图案，例如印度塔、羊、马等，具有非常高的考古价值。而这些古文字，便是外国王公大臣、香客、僧侣等为了纪念路过此地而留。其中，有一行中国文字："大魏使□"，第四字因部分剥落难以辨认，但从笔画走向看，似"云"，又像"容"，人们据此推测可能是北魏僧人宋云留下的。中国工人在修筑喀喇昆仑公路的同时，也修建了一座大桥，横跨罕萨河，此桥两侧水泥栏杆上都铸有"寿"字与石狮子，象征着中巴的友谊长存。

罕萨河谷拥有美丽的自然风光，蕴藏着非常丰富的人文历史，除此之外，现代人认为它可以媲美人间仙境"香格里拉"。1933年，英国作家詹姆斯·希尔顿来到巴基斯坦的罕萨山谷，在领略了当地风土人情后，他写出了闻名世界的《失落的地平线》一书，在该书中，他把罕萨称为"香格里拉"是世界五大长寿之乡之一。

罕萨山谷距离我国的新疆仅30多千米，4.5万罕萨人世代过着"日出而作、日落而息"的农耕生活。在罕萨，当地人几乎从不患病，六七十岁根本不叫老人，八九十岁仍可在地里劳作，健康地活过一百岁在这里并不算什么稀罕事。

这里有田园牧歌，有峡谷冰川，雪山环抱，芳草萋萋、树木葱茏，这里生活着世界上最长寿的老人，他们举止文雅、安静内向，这里是你梦中向往的那个地方。

罕萨河谷不但自然风光优美，而且人文历史丰富，它还是"香格里拉"这一世外桃源的有力竞争者。由于《消失的地平线》一书的描绘引起了世人对"香格里拉"地点的争议，后云南中甸被更名为"香格里拉"。但国外有不少人认为罕萨河谷更为符合书中的描绘，因此它被人称为巴基斯坦的"香格里拉"；其实我们不须理会哪里是真正的"香格里拉"，能被称为"香格里拉"者已非等闲之地。

14. 喀布尔河

喀布尔河，印度河上游重要支流，位于阿富汗东部、巴基斯坦西北部，长 700 千米，其中约 560 千米在阿富汗境内，其余在巴基斯坦境内。喀布尔河，古希腊语作 Cophes，"喀布尔"在信德语中意为"贸易中枢"，在波斯语中意为货栈，位于喀布尔河上游河谷平原的喀布尔城与河同名。

喀布尔河发源于桑格拉赫山脉，向东流经喀布尔、贾拉拉巴德等城市，穿过开伯尔山口的北方山地，进入巴基斯坦，最后注入印度河。上游河段落差较大，多急流险滩，包括劳加尔、潘吉舍尔河等支流在内，水力资源十分丰富，已建成一些水力发电站，极大地促进了沿河农业经济的发展；下游地区的杰拉拉巴特河谷，受印度洋季风影响，气候温暖湿润，亚热带植物和果园随处可见。这里人口密集，四季风光秀丽，其河谷为巴基斯坦和阿富汗两国间的天然通道。1945 年以来，连接白沙瓦—贾拉拉巴德—喀布尔的公路已经修通，为巴基斯坦和阿富汗两国之间的交通往来提供了便利。

白沙瓦作为坐落于喀布尔河畔的丝绸之路沿线重要城市，曾经是贵霜帝国的都城，自古以来一直是中亚、西南亚同南亚间的重要交通枢纽，中国古籍中曾多次记载过这座古老的城市。东晋史籍称弗楼沙，北齐史籍称富楼沙，唐朝史籍称为布路沙布逻，宋朝史籍称作布路沙，清代史籍中称其为北夏箪尔、伯夏湾。后经印度莫卧儿帝国统治者亚格伯改名，遂称白沙瓦。一种说法是源于梵文，指边境城镇；一种是说原名为甘德海尔。白沙瓦有"花园城市"的美称，得益于我国高僧玄奘在《大唐西域记》中赞美白沙瓦为"花果繁茂"的天府之国。

白沙瓦地理位置优越，曾相继被阿富汗人、波斯人、蒙古人、英国人入侵并统治过。2 世纪初，崇尚佛教的贵霜帝国伽腻色伽王在白沙瓦建都，为其建城之始。

贵霜帝国在此大肆开岩凿壁，建寺造塔，雕刻佛像，创造了以佛教石雕为主体的犍陀罗文化。其后，此地佛教盛行，中国晋朝高僧法显、北魏使者宋云和唐朝高僧玄奘都曾到过这里。

今城始建于莫卧儿王朝，城郊多古迹和其他古建筑，比如巴拉希萨城堡，就是莫卧儿王朝巴卑尔大帝所建；麦罕白·赫尼大清真寺，建于 16 世纪；白沙瓦清真寺，与城同期，有浓郁的民族色彩；城东的沙阿吉德里土墩上，有南亚最大的佛塔（2 世纪）废墟；城东向北约 30 千米处的莲花城要塞，自古为军事重地，历史上曾发生过多次抗击马其顿帝国亚历山大远征军、英国入侵者的反入侵武装斗争。

喀布尔城由印度商人的名字命名，即指"贸易中心"的意思。丝绸之路正是经此到达波斯和欧洲各地；公元16世纪初成为政治中心，1773年成为阿富汗首都，喀布尔市内随处可见公元初期的墓碑、宝塔、城堡、宫殿等古迹。

喀布尔河自古以来就是丝绸之路上的重要河流，沿河的重要城市也是古老商路上的重要驿站，这里留有许多丝路传说、丝路文化遗迹和历史记载，如今也是"一带一路"沿线的重要城市和地区。

15. 恒河

恒河，发源于喜马拉雅山南麓加姆尔的甘戈特力冰川，流经恒河平原和孟加拉三角洲，注入孟加拉湾，全长约2525千米，是南亚次大陆上最长、流域最广的河流。

恒河被印度人尊称为"圣河"和"印度的母亲河"。在印度神话中，恒河原是一位女神，是希马华特（意为雪王）的公主，为滋润大地、解救民众，她下凡人间。女神原居住地与喜马拉雅山脉南坡加姆尔的甘戈特力冰川相呼应，在印度语中，加姆尔意为"牛嘴"，而牛在印度是被视为神灵的，因此恒河水被视作是从神灵牛的嘴里吐出来的清泉，圣洁无比。根据印度宗教传说，恒河之为"圣水河"，乃是因为恒河之水来源于"神山圣湖"。

恒河的上游位于我国西藏阿里地区的冈底斯山脉，冈底斯山的东南坡有一个大而幽静的淡水湖，叫玛法木错湖，湖水来源于高山融化的冰雪，清澈见底，平如明镜。传说中该湖是印度教三大神之一"湿婆"和他的妻子帕拉瓦蒂沐浴的地方，被印度教徒尊称为"圣湖"，因此恒河之水出于"神山圣湖"，整个恒河都是"圣水"。

印度史诗《罗摩衍那》中，曾记载：传说印度教大神湿婆和乌玛交媾，一次就达100年之久，中间从不间断，众神对湿婆的生殖能力感到惊慌，就央求湿婆把他的精液倾泻到恒河之中，孕育了古老灿烂的印度文明。而另一个传说则是古时恒河水流湍急、汹涌澎湃，布拉马普得拉河及恒河经常泛滥成灾，毁灭良田，残害生灵，有个国王为了洗刷先辈的罪孽，请求天上的女神帮助驯服恒河，为人类造福。湿婆神来到喜马拉雅山下，散开头发，让汹涌的河水从自己头上缓缓流过，灌溉两岸的田野，两岸居民得以丰衣足食，安居乐业。从此，印度教便将恒河奉若神明。

恒河源于喜马拉雅山南麓，海拔 3150 米，流经帕吉勒提河和阿勒格嫩达河。两河汇合处是德沃普拉耶格，海拔降至 300 米，以后称为恒河。恒河河源主要包括六条河，分别是阿勒格嫩达河、道里根加河、南达肯尼河、品达尔河、曼达基尼河和帕吉勒提河。

恒河上游流经喜马拉雅山峡谷，峡谷河段长约 250 千米，流至瑞诗凯诗，结束峡谷河段，在赫尔德瓦尔附近进入恒河平原，而后流经 800 千米的曲折河段，沿途经过恒河平原和恒河三角洲，最终经加尔各答注入孟加拉湾。恒河全长 2510 千米，流域面积 91 万平方千米；河口处年平均流量为 2.51 万立方米 / 秒，为世界河水流量前 20 名的河流之一。

受热带季风气候影响，恒河流域降水量变化较大。恒河上游水源主要来自每年 3—5 月份喜马拉雅山冰雪融化；中、下游则来自 6—9 月份的西南季风降雨以及孟加拉湾热带气旋带来的降水；冬季为枯水期，5 月初开始上涨，8—9 月份升至最高，水位高约 10 米。恒河年降水量东西区别明显；西部地区年降水量为 460 毫米，中部地区年降水量为 900 毫米，三角洲地区年降水量为 1150—2000 毫米，上游尼泊尔境内年降水量约为 1860 毫米。

恒河的源头喜马拉雅山段，终年积雪覆盖，自然条件恶劣，仅有喜马拉雅岩羊和雪豹等少数稀有动植物能够在此生存。恒河—亚穆纳河地区曾经森林密布，据史料记载，在 16 世纪，在当地可以猎到野象、水牛、野牛、犀、狮和虎等大型动物，近些年随着人类活动的发展，偷猎盗猎现象严重，该地区多数野生动植物资源遭到严重破坏，除了鹿、野猪、野猫、狼、胡狼和狐之外，已经很少能见到野生动植物了。恒河三角洲的濒危动物有孟加拉虎、印度蟒、云豹、亚洲象、印度鳄鱼和孟加拉眼镜蛇等。此外，恒河三角洲还有地球上最大的红树林与红树沼泽——孙德尔本斯。

印度地处中国对外海陆交通网的节点，中印两国很早就产生了经济文化方面的交流。古丝绸之路出西域，再折向印度的道路在古时被称为西域道，由青海进入西藏，穿越喜马拉雅山峡谷，途经尼泊尔加德满都到印度的恒河平原被称为青藏道。同时，印度也是海上丝绸之路上的重要节点，《汉书》卷二八下《地理志》中有如下记述："自日南障塞、徐闻、合浦船行可五月，有都元国。又船行可四月，有邑卢没国。又船行可二十余日，有湛离国。步行可十余日，有夫甘都卢国。自夫甘都卢国船行可二月余，有黄支国……自黄支国船行可八月到皮宗。船行可二月，到日南、象林界云。黄支之南，有已程不国，汉之使者自此还矣。"经史学界考证，上文中的黄支国，即为今印度东南岸泰米尔纳德邦的康切厄普拉姆（Kanchipuram）。由此我们可以看出海上丝绸之路的大致走向：从我国雷州半岛东部出发，沿中南半岛海岸线，穿越马来半岛，航行至印度东南海岸的康切厄普拉姆；海上丝绸之路作为中印联系的桥梁和纽带，推动了双方文化的交流与传播。印度的珠宝、玉石、干姜、菠萝、胡椒、豆蔻、茉莉花、犀牛角等传入中国，中国的造纸术、火药、印刷术、指南针以及钢、茶、糖、丝绸等也传入印度。

恒河流域是古印度文明的发源地，诞生过多个王朝，见证了包括摩揭陀、孔雀王朝、笈多王朝、莫卧儿帝国、德里苏丹国等在内的多个帝国的兴衰史。

恒河流域为世界上居住人口最多的河流流域，共有 4 亿以上人口居住在恒河流域。恒河与亚穆纳河河间地区的大部分人口属于印度斯坦族；恒河下游的比哈尔及恒河三角洲地区属于孟加拉族。居民以信奉印度教为主，少数信奉伊斯兰教和锡克教，恒河流域内方言遍布，其中印度境内以印度语和英语为官方语言，孟加拉国境内是孟加拉语为官方语言。

恒河流经喜马拉雅山地区、恒河平原和恒河三角洲。恒河平原流域地面平坦，河网纵横，土地肥沃，人口密集，工农业发达，为印度、孟加拉的主要经济地区。恒河平原以种植水稻和小麦为主，其他经济作物有玉米、甘蔗和棉花等。矿物资源以铁、锰、煤最为丰富。恒河三角洲河流纵横、水道密集，是南亚次大陆水稻、小麦、玉米、黄麻和甘蔗的重要产地，同时富含渔业资源，鱼类是当地居民的主要食物来源。

恒河沿线分布有众多的名胜古迹和宗教圣地，集自然风光、历史文化和旅游资源于一体，具有丰厚的经济价值。其中印度宗教圣城瓦拉纳西，被誉为印度的耶路撒冷，每天都会有成千上万的朝圣者前来晨浴。去印度旅行的游客几乎都会选择瓦拉纳西的恒河之旅，这个被印度教徒视为一生中必来的神圣之地，也成为世界各地游客神秘向往的地方。

16. 朱木拿河

朱木拿河，又名亚穆纳河，位于印度西北部，是恒河的最大支流。朱木拿河全长约 1380 千米，发源于喜马拉雅山脉班达篷奇山西南坡的贾姆诺特里附近，从山麓向南沿着北方邦和哈里亚纳邦的边界一直流入印度北部平原，流经德里，在马土腊附近转向东南，之后流过亚格拉、菲罗扎巴德、埃达沃等城市，与恒河并行流向东南，最后在阿拉哈巴德附近与恒河汇合。朱木拿河有众多支流，尤其是在其南岸，昌巴尔河、信德河、贝特代河等河流呈梳齿状分布。

朱木拿河不仅是恒河的支流，还是旁遮普平原与恒河平原两个平原的界河，在流经的途中还为东、西朱木拿运河、亚格拉运河输送大量的水量。也正因为这些运河的分流，再加上阿格拉以上河段地域气候的原因，夏季降雨量较小，水量不大，所以朱木拿河的航运能力偏弱，但其流域是印度半岛重要的粮食产区，在当地居民的日常生活中有着不可或缺的位置，因此成为当地印度教徒心中的圣河，在它与恒河的交汇处，每年都有无数的印度教教徒前来朝拜。

朱木拿河历史悠久，沿岸古迹众多，有德里、亚格拉等著名古城。德里（Delhi），也称沙贾汗纳巴德或老德里，坐落于朱木拿河西岸，西傍德里山脉；德里是印度的第二大城市。关于“德里”一词的来源众说纷纭，部分历史学家认为其是“dehali”的误传，因为“dehali”一词在印度斯坦语有“起点、开端”之意，而更多的人则更愿意相信，是一个叫 Delhi 的人统治过这里，所以此地就以统治者的名字而命名了。

德里自古以来就是印度的重镇，因为它是由印度河流域去往恒河流域的要道，无论是在贸易运输还是在战略上都占有很重要的位置。德里有许多知名景点，例如莲花庙、胡马庸墓、古达明纳塔、贾玛清真寺、印度门、德里红堡、甘地陵等，都是旅游者慕名的胜地。

除了德里之外，朱木拿河沿岸还有一座著名的古城——亚格拉古城。亚格拉在公元 16 世纪和 17 世纪初是莫卧儿王朝的首都，因为当时在位的莫卧儿王朝的几位君主都对建筑有着狂热的爱好，所以主持修建了不少精美绝伦的建筑作品，如世界闻名的泰姬陵，以及众多的宫殿和寺庙。1634 年，印度迁都，不再以此为首都，它的政治使命虽然结束了，但是众多的历史遗存和传说故事，使它依旧是一座充满魅力和吸引力的城市，也是世界各地的游客前往印度旅行的必去之地。

17. 雅鲁藏布江—布拉马普特拉河

雅鲁藏布江—布拉马普特拉河是一条跨国河流，上游称为"马泉河"（当曲藏布），从里孜开始，在我国境内称为"雅鲁藏布江"，进入印度和孟加拉国境内称为"布拉马普特拉河"，为印度教创造神梵天的子孙之意。

"雅鲁藏布"在藏语中称为"央恰布藏布"，意为"从最高顶峰上流下来的雪水"。相传，"雅鲁"是藏族酋长始祖的名字，而"藏布"则是"赞普"的转音，是吐蕃王朝藏王的尊号，后演化为"江河、大水"的意思。因为它的高海拔，故又被称作"世界上最高的大河"。在中国，雅鲁藏布江也被称为"大金沙江"，根据清乾隆《卫藏通志》中记载，"大金沙江，番名雅鲁藏布江"；也有称为"藏博楚"的，"藏博楚"一词在当地方言中是"清净无垢"的意思，以此命名，正体现了这条河流的纯洁自然。雅鲁藏布江在当地藏族人民心目中的位置十分重要，和冈底斯山、玛旁雍措湖几乎有着同样神圣的地位。

雅鲁藏布江河源头有三，分别是喜马拉雅山北麓的杰马央宗冰川，冈底斯山南麓的马攸木藏布和喜马拉雅山北麓阿色甲果冰川的库比河。其中杰马央宗河是正源，由冰川融水汇聚而成，和其他两个源头在巴县桑木张附近汇合成一条河，流经青藏高原南部珞渝地区，在东经95°附近，形成一个马蹄形的大拐弯，后进入印度、孟加拉国，与恒河汇合，流入孟加拉湾，最终注入印度洋。

雅鲁藏布江全长3848千米，整个流域的平均海拔在4500米左右，是西藏最大的河流，也是世界上最高的河流。雅鲁藏布江在中国境内长约2057千米，流域面积240480平方千米。流域面积仅占西藏总面积的五分之一，但流域内却有人口87万，耕地面积230万亩，均占西藏自治区总人口的一半；其主流和支流冲积而成的平原，是西藏自治区主要的农业产区。

除了流域面积广、流量大之外，雅鲁藏布江拥有许多峡谷。这些峡谷落差大，坡降度高，因此水力资源十分丰富，全流域水能蕴藏量超过1.1亿千瓦，占我国总水能蕴藏量的六分之一，仅次于长江。

雅鲁藏布江支流众多，较为著名的有多雄藏布、野贡藏布、纳拉喀藏布河、年楚河、拉萨河、尼洋河、帕隆藏布等。其中最大的支流是我国境内的拉萨河。西藏自治区首府拉萨就位于该河的下游河畔；拉萨之外，我国的日喀则、江孜、林芝等重要城市都坐落在雅鲁藏布江干支流的河谷平原上，是西藏地区的政治经济文化中心，也是旅游胜地。

由于流域面积宽广，雅鲁藏布江上中下游有着不一样的自然气候。降水量方面，上游地区地处高原，降水量少，年降水量不足300毫米；中游地区稍高于上游，年降水量可达到300—600毫米；下游地区则高温多雨，个别地区甚至能达到4000—5000毫米。自然景观方面，上游河谷开阔平缓，分布着湖泊和沼泽，加上山麓、草场和沙丘以及野牦牛、藏羚羊、岩羊、野驴等珍稀野生动物，形成了一种独特的自然景观；到了中游地区，河谷则成串珠状分布，宽窄相间，落差增大，水流湍急，两岸均是悬崖峭壁，主要有岗来、永达、托夏、仁庆顶等峡谷。从派区到墨脱的下游河段，是一处大河湾，河湾迂回曲折，礁石密布，十分壮观。

在大拐弯处的南迦巴瓦峰附近，是著名的雅鲁藏布江大峡谷，整个峡谷总长496千米，平均海拔3000米以上，地下侵蚀达5382米。整个峡谷地区有9个自然带垂直分布，从热带雨林到冰雪地带应有尽有。因为自然带完整，这里的生物资源十分丰富，动植物种类堪称世界之最，加上峡谷幽深，地势险峻，难以进入，可以说是"人类最后的秘境"。

18. 戈达瓦里河

戈达瓦里河，发源于马哈拉施特拉邦境内的西高止山脉东麓，距阿拉伯海岸只有80千米，从西高止山上流出以后，戈达瓦里河沿东南方向流经德干高原，最后分为几支支流注入孟加拉湾。戈达瓦里河位于印度中南部，全长1465千米，流域面积约31.5万平方千米，河网密布，支流众多，水量充沛，是该区域内最大的河流。

戈达瓦里河流域属于热带季风型气候，夏季炎热，冬季温暖，每年的7月份至9月份为雨季，降水量东部大于西部；戈达瓦里河流域水资源丰富，年降水量在1100毫米以上，出海口平均流量3180立方米/秒；水能理论蕴藏量为600万千瓦以上，主要分布在中下游。为利用这些水能资源，在干流上兴建了十余座水库。除了水库之外，还有几处规模较大的灌溉工程，比如波占帕得工程和贾克瓦迪工程。

波占帕得工程位于安得拉邦，兴建于1964年，有两座水坝，分别是彼占帕得水坝和曼纳尔水坝。

彼占帕得水坝是一条土石混合坝，坝高 42.5 米，引水渠长 235 千米，每秒可引水 243.25 立方米；曼纳尔水坝是一座土坝，高 21.35 米，引水渠长 130 千米。这两座水坝每年可发电 3.6 万千瓦时，可灌溉 28.4 万公顷土地，并为瓦兰加尔地区的居民提供日常饮用水。

贾克瓦迪工程位于马哈拉施特拉邦，包括拜腾水坝和马贾尔古恩坝。拜腾水坝的修建早于马贾尔古恩水坝，是一座土石混合坝，坝高 37 米，长 9964 米，整座水坝横跨戈达瓦里河，总库容高达 28.9 亿立方米。这座水坝有两条引水渠，总灌溉面积达 14.2 万公顷；马贾尔古恩水坝高 30.5 米，长 60.9 米，横跨辛德蕃纳河，灌溉面积达 13.5 万公顷。

19. 克里希纳河

克里希纳河，位于印度南部，是印度的大河之一，旧称基斯特纳河，也有人称之为"吉斯德纳河""奇斯特纳河"。

克里希纳河发源于马哈拉施特拉邦境内的西高止山脉，源头在默哈伯莱什沃尔镇附近的牛嘴峰。河流先向东流经德干高原，然后切穿东高止山折向南流经卡纳塔克邦，再转向东流入安得拉邦，最后从维贾亚瓦达蜿蜒流入河口三角洲，在默吉利伯德讷姆附近注入孟加拉湾。河流全长 1290 千米，流域面积 25.9 万平方千米，河口处多年平均流量 1730 立方米 / 秒，实测历史最大流量 3000 立方米 / 秒，年输沙量 9700 万吨。

克里希纳河口三角洲土壤肥沃，经济发达，与哥达瓦里河三角洲相连，渠网密布，为印度主要稻米产区之一。在维杰亚瓦达筑堰控制的三角洲灌渠网内的水流，这里不可通航但有灌溉之利。河水靠季风带来的雨量补充，全年水量变化大，限制了灌溉的利用。

克里希纳河支流众多，且大都集中于上游。比较大的支流有戈伊纳河、卡德布勒帕河、默尔布勒帕河、栋河、比马河、巴拉尔河、栋格珀德拉河、丁迪河以及穆西河等。其中栋格珀德拉河是其最大的支流，全长 643.6 千米，流域面积达 6.96 万平方千米。

克里希纳河流经印度中南部马哈拉斯特拉、卡纳塔克和安得拉三个邦，地势西高东低，西部为高山、高原，东部为低洼平原。流域地处热带，受海洋气候影响，这里属热带季风性气候。冬季温暖，气温在 15℃—25℃；夏季炎热，气温高达 30℃以上。这里干、湿气候明显，每年 6—9 月为湿季，降雨量充沛；10 月至次年 5 月为旱季，雨水量稀少。流域地区全年平均降水量在 500 毫米以上，其中西部高原地带雨量不足 200 毫米，因此雨量大多集中在东部平原地带。

克里希纳河流域水资源并不丰富，且大多集中在东部。但由于西部是高山峡谷地带，最大可利用河水落差达 150 米，所以以水能蕴藏量丰富，可达 200 万千瓦以上。因此，目前印度政府已在该河干、支流上修建了一系列水利工程和灌溉工程，对克里希纳河进行了长期的用水规划。

克里希纳河流域内有汉皮等古城遗址。克里希纳河上游的比贾普尔为印度古城，1 世纪曾为雅达瓦人的都城。奥斯曼苏丹穆拉德二世之子优素福于 1490 年在此兴建城堡，建立了阿迭尔·沙希王朝。城内有众多历史名胜古迹。1626 年建于灰色岩石上的易卜拉欣家族陵墓是阿迭尔·沙希王朝最宏伟的建筑。此外，还有 16 世纪建造的大清真寺、哥尔·古姆巴兹陵墓等，都显示出古代印度人高超的建筑艺术。

20. 高韦里河

高韦里河，可译作"科弗里河"，位于印度半岛南部，全长 765 千米，平均宽度 300—400 米，流域面积 7.25 万平方千米。高韦里河发源于卡纳塔克邦西高止山东坡的布拉马吉里山，流经卡纳塔克邦、坦米尔纳德邦等地，穿过东高止山后分成众多支流，最后流入孟加拉湾。

高韦里河水资源丰富，除了是印度半岛重要的灌溉资源之外，也是印度重要的水电资源。由于高韦里河的重要性，关系到整个印度半岛南部居民的日常生活。因此在当地人心目中，这是一条神圣的河流，虔诚的印度教徒们便称此河为"德格西讷甘加河"，意思是"南方的恒河"。

高韦里河上游蜿蜒曲折，多峡谷险滩。为了利用这一资源，印度人在此修建了多处水电站。其实从古印度开始，在高韦里河的河口三角洲就有灌溉工程。在高韦里河上游，有峡谷和金格德代险滩。金格德代险滩长达 24 千米，印度人民在这里修建了著名的克里希纳拉贾水库。

高韦里河流至卡纳塔克邦境内后分为两支，形成锡沃瑟穆德勒姆瀑布群；该瀑布群落差高达 98 米，声势浩大，气象万千。到了泰米尔纳德邦又形成霍纳格尔瀑布群；这里修建了梅杜尔水库，用于沿岸灌溉和发电。高韦里河穿过东高止山后就形成面积约 1 万平方千米的河口三角洲。

　　除了自然资源外，高韦里河的人文资源也很丰富，沿河有迈索尔、贝卢尔等古城胜迹。迈索尔古城位于高韦里河上游南岸、查蒙底山麓盆地中，曾是迈索尔邦（现卡纳塔克邦）首府，是印度南部著名的花园城市。该城具有典型的印度—伊斯兰风格，华丽拱顶和圆形拱门在城内随处可见。附近查姆迪山上有著名的王公贵族们夏天休闲疗养的夏宫和查姆德斯瓦里古神庙，近郊有克里希纳贾萨格尔水库和布林德万公园，风景十分秀美。

　　贝卢尔城位于高韦里河上游的卡纳塔克邦南部，距哈桑市 40 千米，城中有著名的奇纳克萨瓦古庙。这座古庙建于公元 12 世纪，以寺庙中的岩石雕塑和石刻画闻名。这些刻画艺术的杰作在反映古代印度神话和宫廷生活的同时，也展现了古代印度艺术家的精湛技艺，被公认为曷萨拉时代艺术最杰出的代表。

第三节　重要湖泊

1. 密铁拉湖

　　密铁拉是缅甸中南部曼德勒省的一座城市，地居勃固山脉东北坡的干燥地带，但灌溉事业自古发达，附近有面积 10 平方千米的密铁拉湖，正是这片湖泊，滋养了这一方水土，也给这里带来了绚丽多姿的优美景色。密铁拉为缅甸佛教中心，市东有全缅四大佛塔之一的瑞印妙佛塔，每年都有许多人来这里参观、参拜。

　　密铁拉湖是由当初带领缅甸脱离酋长制并最终成为缅甸最初君主的阿努律陀国王（1044—1077 年）在位时，举全国之力建造的水库，是古代用以灌溉的人工水库，周围盛产棉花，新建有大型棉纺织厂，还生产竹器和木器等。当时阿努律陀王不惜人力物力，动用无数象、马，甚至亲自率领大军日夜筑造。在建成之后又经历了多次的维修，并一再改名，最终定名为这个有着"吉祥湖""友谊湖"意思的密铁拉湖。阿努律陀国王还邻湖而置，建起了一座古城——密铁拉。这座城市因密铁拉湖而得名，坐落在勃固山脉东北坡的干燥地带上，密铁拉是缅甸佛教的中心之一，灌溉事业自古发达，周围盛产棉花、竹器和木器等，还建有大型棉纺织厂等。

缅甸的佛教文化发达、浓郁，到处佛塔林立，而在密铁拉湖也有一座非常有名的佛塔——瑞印妙佛塔。这座佛塔距离密铁拉城东大约 10 千米，与蒲甘的瑞西光塔等佛塔齐名，是缅甸国内四大著名佛塔之一。

密铁拉交通十分便捷，塔泽至敏建的铁路和曼德勒至仰光的公路均由此经过，还建有机场，因而各地游客去密铁拉湖也十分方便。如今密铁拉湖已成为缅甸重要的旅游景点。

2. 九蛇湖

九蛇湖（Nine Snake Lake），在尼泊尔境内，是尼泊尔的著名古迹，在加德满都以北 9 千米处的瓦普里山麓的万绿丛中，因湖心有著名的九蛇雕塑而得名。

湖中九条蛇雕塑是公元 7 世纪的艺术珍品，至今已有 1300 余年的历史。在九蛇湖湖心，有 9 条用石头雕刻的灰色大蛇交错盘绕，蛇头昂出水面。石雕之上，又有一尊毗湿奴神的精美石像，安详地仰卧在 9 条蛇形成的蛇形床上，双眼向天，两足相叠，手上拿着铁饼、权标、海螺和莲子。每当微风吹过明净的湖面时，水波荡漾，九条巨蛇与神像就像是在湖中游动，景色别致，饶有神采。

因湖上供奉着毗湿奴神，当地人习惯称"九蛇湖"为毗湿奴神庙。印度教徒进入庙中，都将鲜花放在神像的足踝上，开始拜祭。毗湿奴神是印度教三大相神之一，是"维护"之神，性格温和，对信仰虔诚的信徒施予恩惠，而且常化身成各种形象拯救危难的世界，因而信徒众多。

如今，九蛇湖是尼泊尔著名的旅游景区和宗教圣地，每年吸引许多游客和宗教徒前来观光朝圣。"一带一路"战略的推进，必将促进尼泊尔当地的旅游业的发展。

3. 康提湖

康提湖，位于斯里兰卡康堤市中心。康堤市位于气候宜人的斯里兰卡中部山区、马哈韦利河畔，海拔 488 米。康堤市古城始建于公元前 5 世纪，从 15 世纪中期开始，到 19 世纪初，一直是康提王国的首都。从古至今，康提市一直是斯里兰卡地区重要的文化中心，也是斯里兰卡佛教圣地。这里有着丰富的历史文化遗迹，如康提湖、佛牙寺、德瓦勒寺、兰卡蒂拉卡寺、加达拉德尼亚寺等，是著名的游览和度假胜地。

康提湖是康提市最为著名的旅游景点之一。其实康提湖并非天然形成的湖泊，而是一个人工湖。它是由一片巨大稻田挖掘而成。这片著名的古人工湖开凿于 1806 年，由当时的康提王维克勒马·拉贾辛哈主持修建。这位康提王也是康提王朝历史上最后一位君主。

康提湖景色优美，湖边长满了斯里兰卡地区特有的植物。这些热带花草树木，常年郁郁葱葱，青翠的树木绿草搭配竞相开放的各种鲜花，不仅装点了整个湖畔，还为这片湖泊营造了天然的阴凉之地。有人说，康提湖之于康提，犹如中国西湖之于杭州，康提湖在当地民众生活中的重要地位可见一斑。

著名的佛牙寺坐落在康提湖的环湖大道之上。它曾经是康提王维克勒马·拉贾辛哈的王宫，现在作为一座博物馆，收藏了丰富的康提王朝的古文物，其中最引人注目的就是一顶 17 世纪的康提王冠。

佛牙寺，又称达拉达·马利夏瓦，以供奉佛祖释迦牟尼的佛牙而闻名。相传佛祖入灭之后，有两颗佛牙遗留人间，一颗被保存在中国北京西山八大处第二处的佛牙塔，一颗则供奉于康提佛牙寺。

佛牙寺兴建于 15 世纪，后经历代康提国王的修缮和扩建，成为如今可见的恢宏壮观的佛教寺庙建筑群。佛牙寺建在一个 6 米高的台基上，周围有护城河环绕。主体建筑分为上下两层，主要的构成部分有佛殿、鼓殿、长厅、大宝库、诵经厅等，结构十分复杂。在佛牙殿四角相对的位置分别兼有帕蒂尼女神庙、多罗伽拏庙、摩诃庙和纳特庙。

在二层左侧暗室的七重金塔中，即供奉着斯里兰卡的国宝——佛牙舍利。安放舍利的金塔构造十分精妙，为七座大小不一的金塔套就而成。在前六个小金塔里分别藏有各国佛教徒供奉的珍宝，佛牙则放置于最内层金塔的金莲花花心中，可见其贵重。

斯里兰卡佛教徒奉佛牙为至圣宝之物，因此佛牙寺就成为当地的礼佛胜地。从 1774 年起，每年的 7、8 月份，在佛牙寺都会举行盛大隆重的"伊萨拉·佩拉喜拉"节。盛会中，会有上百头大象盛装而出，和人们一起游行，享受这节日的喜悦。

第四章　21 世纪海上丝绸之路沿线山河湖泊

第一节　重要山岭

1. 太白山脉

太白山脉，朝鲜半岛的主要山脉，也被称作朝鲜半岛山脉，沿日本海海岸自北向南延伸。太白山脉全长 500 千米，平均海拔 792—1000 米，整体呈南北走向，山势北高南低，主体部分濒临东海，从元山绵延至釜山，延长入海的部分形成对马岛。除主体山脉之外，有三个分支，分别是海岸山脉、中央山脉和岭西山脉，其中较为著名的山峰有雪岳山、金刚山、俗离山和小白山。

太白山脉的主要山峰有金刚山（1638 米）、雪岳山（1708 米）、五台山（1563 米）和太白山（1561 米）。山脉东坡，以陡峭的断层临海紧迫海岸，西坡较为平缓；小白、车岭、光州等支脉山峰向西南延伸，是汉江、洛东江、锦江的发源地。山脉区域有铁、煤、钨、萤石和石灰岩等矿产资源，山区有大片森林。

最高峰雪岳山（又名雪狱山），海拔高 1708 米，又被称作雪峰山或者雪山，是指"高山""雪岳"的意思，是韩语音译而来的名字。也有说是因为雪岳山山巅之上有常年不化的积雪，又有像雪块一样颜色洁白的岩石，所以冠以"雪岳"之名。雪岳山和金刚山一脉相承，因为位于金刚山的南面，所以也有"南金刚"之称。

金刚山是长白山脉的次高峰，位于朝鲜和韩国交界处，但大部分区域位于朝鲜境内，是太白山脉的北段，主要地质结构为花岗岩，有"朝鲜第一名山"之称，是朝鲜著名的风景区。金刚山一名的得来是因为它的春景奇绝，纯净透明如金刚石。但到了夏季，山间云雨环绕，犹如仙境，颇可与蓬莱仙境比肩，所以又被称为"蓬莱山"。秋季满山红叶，如秋日艳阳高照，又被称为"枫岳山"。冬季万物凋零，奇岩怪石裸露出来，犹如嶙峋瘦骨，又被称为"皆骨山"。一山数名，随季节而变，确实奇特少见。

俗离山位于太白山脉向西南方延伸的中部，韩国忠清北道，围绕此山有报恩郡、槐山郡、尚州郡三郡，是著名的韩国八景之一，建有俗离山国立公园；俗离山海拔 1057 米，山峰高耸，溪谷纵横。因有九峰突起，所以也被称作"九峰山"。关于俗离山还有个美丽的传说。相传新罗惠恭王十三年，真表在这里遇到一个农夫牵着一头牛，牛见真表即跪地落泪。农夫见状立即心生感悟，毅然决定削发离俗，随真表入山修行，以后此山就被称为"俗离山"。俗离山的由来既和宗教有关，山中就少不了寺庙，法住寺、龟龙寺和白羊寺就是较为有名的三个。

长白山脉是朝鲜和韩国的重要山脉，由于其矿产资源丰富，有煤、铁、铅、钨、萤石等多种矿藏，为朝、韩两国提供了重要的资源。山脉中的重要山岭和旅游名胜，也是两国重要的旅游资源。

2. 富士山

富士山，日本国内最高峰，横跨静冈县和山梨县，山体呈优美的圆锥形，景色优美。"富士"一词发音来自日本少数民族阿伊努族的语言，意思是"火之山"或"火神"，现意为"永生"，创作于 10 世纪初的《竹取物语》中指出，许多武士将长生不死的灵药在最接近天的富士山上燃烧，因此，这座山名为"富士山""不死山"或"不尽山"，而在日语中，"不死"和"不尽"的发音都与"富士"相近。作为日本民族的象征，富士山被日本人民誉为"圣岳"，经常被称作"芙蓉峰""富岳""不二的高岭"等。富士山山体高耸入云，峰顶白雪皑皑，放眼望去似一把悬空倒挂的扇子，因此也有"玉扇"之称。自古以来，这座山的名字就经常在日本的传统诗歌中出现，日本诗人曾用"玉扇倒悬东海天""富士白雪映朝阳"等诗句赞美它。

富士山是世界上最大的活火山之一，海拔 3776 米，面积约为 91 平方千米。作为日本自然美景的最重要象征，富士山是距今约一万年前，过去曾为岛屿的伊豆半岛，由于地壳变动而与本州岛激烈互撞挤压时所隆起而形成的山脉，是一座有史以来有十几次喷火记录的活火山。富士山目前处于休眠状态，但地质学家仍然把它列入活火山之列。自公元 781 年有文字记载以来，共喷发了 18 次，最后一次喷发是在 1707 年，此后一直休眠至今。

富士山上有植物 2000 多种，大致呈垂直分布，总体而言动植物资源比较丰富。富士山南麓是一片辽阔的高原，绿草盈盈，有成群的牛羊，是著名的观光牧场；还有著名的白系瀑布和音止瀑布分布；富士山北麓有富上五湖，从西到东分别为木栖湖、精进湖、西湖、河口湖、山中湖，以山中湖为最大，面积近 7 平方千米；湖东南的忍野村内有镜池、湧池等 8 个池塘，与山中湖相通，称"忍野八海"；西湖岸边有红叶台、富岳风穴、青木原树海、足和田山、鸣泽冰穴等风景区；河口湖在五湖中交通最为方便，湖中有鹈之岛，是五湖中唯一有岛之湖。湖中的富士山倒影，被称为富士山奇景之一。

富士山迷人的湖光山色吸引着国内外成千上万的游客，设置在富士风景区花样繁多的博物馆、设备齐全的体育场以及植物园、野生动物园更使游客兴趣盎然，流连忘返。2013 年 6 月 22 日，第 37 届世界遗产大会批准将日本富士山列入《世界遗产名录》，富士山从而成为日本的第 17 处世界遗产。

在富士山观测气象，可以有利于台风的预报。因此，日本很早就在富士山顶设立了气象观测所。1880 年，开始在富士山顶观测气象，但直到 1932 年，才设立了富士山临时气象观测所，进行常年的气象观测工作，观测结果通过超短波无线电发送到气象厅。1936 年，观测所移至最高峰的剑峰，并改为常设气象观测所，这是当时世界上海拔最高的气象观测所。

富士山很早就进入日本的古籍记载中了，在日本古代诗歌集《万叶集》中就有许多与富士山有关的文学作品，其中以山部赤人的短歌最为著名。《续日本纪》是能够考证富士山喷发年代的最早的文字记录，书中记录了 781 年（天应元年）从富士山喷出的火山灰。在平安时代初期创作的《竹取物语》也有相关记载可以了解到当时的富士山是一座活火山。在江户时代，1707 年 12 月 16 日的宝永山大喷发在江户城中落下了大量的火山灰，关于这次喷发，留存有大量的文字和图画记录。江户时代著名浮世绘画家葛饰北斋以富士山为题材创作了 46 幅的连续版画《富岳三十六景》，其中，《凯风快晴》《山下白雨》这两幅画被人地称为"赤富士"与"黑富士"。

富士山在日本文学作品中被广泛描写，并产生了大量歌颂富士山的诗歌。近代作家太宰治在 1939 年创作的小说《富岳百景》中，有一段"月见草与富士山最为相配"的文字广为流传，山梨县富士河口湖町的御坂山腰处立有刻着这段文字的石碑。直木文学奖获奖者新田次郎根据其在富士山顶气象观测所的工作经验，写成了关于富士山的许多作品。他的获奖作品《强力传》便是描写富士山的挑山工的生活小说；此外，新田次郎还写有《死在富士》《发怒的富士》《芙蓉的人》《富士山顶》等作品。

富士山不仅是自然奇观，同时也是著名宗教圣地，它在古老的日本宗教神道教中也占据至关重要的地位。神道教教徒认为富士山是通向另一个世界的门户，而火山口被称作神社。神道教的信徒们相信神灵存在在于岩石、树木和其他自然物中。富士山顶设有富士山本宫浅间大社，用于祭祀富士山的神灵，在富士山八合目以上除去登山道和气象观测所之外的 385 万平方米土地，都属于该神社所有。

由此可见富士山对于日本的意义之重大，1984 年到 2004 年，5000 日元纸币和 2004 年以后的 1000 日元纸币背面都使用了富士山的画面。

3. 吉保山脉

吉保山脉位于马来西亚境内，在半岛中轴偏西，是纵跨马来半岛的南北向山脉。全长 483 千米，宽 48 至 64 千米，由北向南逐渐降低，最终没于马六甲州，最高点是高约 2188 米的吉宝峰。其地质状况大部分为花岗岩，也有丰富的金属矿藏，例如山体西坡有富锡矿，东坡则有金矿。

作为马来半岛两条重要河流彭亨河和吉兰丹河的发源地，吉保山脉在当地整个生态环境和社会环境中都占有至关重要的地位。除了丰富的自然资源，吉保山脉还有引人注目的旅游资源，其中较为著名的是金马伦高原、云顶高原及花沙山。

金马伦高原位于吉保山东陂，彭亨州西北部，平均海拔 1600 米，面积约 1658 平方千米，是马拉西亚地区面积最大的高山旅游区。除了有纵横起伏的山峦，清新悦目的流水，山中还有众多的花圃、菜园和茶园，更有百余种珍贵的禽鸟和蝴蝶，让人目不暇接，俨然一座"空中花园"。高原之上，鲁滨逊瀑布从山崖上跌落，声势浩大，气势磅礴。宁力水库如同一块翠绿的宝石镶嵌于山巅之上，水库水质清澈，一望见底，泛舟其上，满目都是高原奇景，有临仙境之感。

在金马伦高原的最高峰——伦碧兰璋山上，还有一座著名的寺庙——三宝万佛寺，雕梁画栋，辉煌灿烂，是当地著名的宗教圣地。

云顶高原也称"珍丁高原""任珍高原"，位于吉保山脉中段，彭亨州西南51千米处。云顶高原东有森巴山，西有朋布阿山，山间林木名贵，郁郁葱葱，草木争奇斗艳。由于地势原因，终年云雾笼罩，正合"云顶"之名。此处气候凉爽，舒适宜人，山顶处也修建了多种旅游设施，比如吊桥、泳池、高山缆车等，在全年炎热的马来西亚，是一处不可多得的度假胜地。

花沙山位于彭亨州劳勿县西南，海拔1260米，自然环境优美，和金马伦高原及云顶高原一样，受到海内外游客的喜爱。花沙山山势层峦叠嶂，更有奇峰异石，动人心魄；山中林木参天，生态资源丰富。流贯山体的众多溪水、河流、瀑布，除了让人赏心悦目之外，更给人带来清凉感受，让人流连忘返。正因为花沙山旅游度假资源的独特性，法国巴黎地中海俱乐部在彭亨州首府关丹市郊外45千米处修建了亚洲第一家"地中海旅游村"。这座度假村集当地自然风光和民俗体验于一体，向来自世界各地的游客们展示了特色鲜明的马来西亚本土风情。

吉保山脉丰富的自然资源和旅游资源，在马来西亚的社会经济文化中占有重要地位，也是21世纪海上丝绸之路沿线重要的资源地区。

4. 圣保罗山

圣保罗山，位于马来西亚马六甲河口附近，是马六甲地区的一座历史名山，登上此山便可远眺整个马六甲海峡。马六甲地区古迹众多，除了著名的三保山和青云亭，保存较多的就是位于该市西南面的圣保罗山了。

圣保罗山原名"升旗山"，之后因为多个历史事件数次更名。早在我国明朝时期，明成祖朱棣曾赠送给马六甲苏丹拜里米苏拉金龙文笺，苏丹受赠之后欣喜不已，随后便将该文笺刻于石碑之上，立于此地。明成祖听说此事之后，便将这座山封为"镇国山"，取其"保国安民"之意。1548年，西班牙传教士圣芳济来到马六甲，在镇国山上修建了圣保罗教会学校，故将此山更名为"圣保罗山"。

　　圣保罗山地区较为著名的建筑有圣保罗教堂和圣地亚哥城门。圣保罗教堂是马来西亚马六甲的一座古老教堂，最初建于1511年，它位于圣保罗山之巅，是今天马六甲博物馆的一部分（包括圣地亚哥古城门废墟、荷兰总督府和其他历史建筑）。1670年，荷兰人占领马六甲后，将教堂用作城堡，今天在外墙上仍可见到不少子弹孔。1753年，荷兰人另建了一座教堂，而圣保罗教堂则作为荷兰贵族的墓地，现在仍保留了一些刻有拉丁文和葡萄牙文的墓碑。

　　圣保罗教堂里有一座圣法朗西斯的坟墓，他生前经常到访这间小教堂。1553年时，他被埋葬于此，后来，他的遗体才被移往印度果阿，为纪念他400多年前曾经在此居留，并作出了贡献，这里建立了一座圣法朗西斯的大理石雕像。站在山丘的教堂上，可以俯瞰整座城市，还可以观赏到许多很有特色的荷兰墓碑。这里每晚都举行声光晚会，20：30为马来语，22：00为英语；在斋月期间，每晚只有英语一场，于20：30举行。

　　圣保罗教堂是欧洲殖民者在东南亚修建最早的一座教堂，由当年的葡萄牙总督阿伯主持修建，门前有为纪念圣芳济教士而修建的雕像。圣芳济教士是西欧著名的传教士，也是耶稣会创始人之一，是他第一次将天主教传播到亚洲；他最早踏足之地是马六甲，后又辗转到中国和日本。1552年，圣芳济教士在中国病逝之后，其遗灵转运回马六甲，最后安放之处就是圣保罗教堂。

　　1512年，葡萄牙人又在圣保罗山的东南坡修建了一座古堡。这座古堡气势宏伟，仅城门就有17米高，这就是后来的圣地亚哥城门。遗憾的是，由于17世纪初，葡萄牙、荷兰争夺马六甲，山上的建筑多毁于战火，这两座建筑也未能幸免，到如今已经残破不堪，只能看到圣保罗教堂的断壁残垣和残存的圣地亚哥城门了。

　　圣保罗山区数百年来一直都受到外来文化，如中国、印度、爪哇、阿拉伯、欧洲文化的影响，再加之马六甲的本土文化，碰撞融合成一种当地特有的文化景观。其特点显现于当地人日常生活的方方面面。

5. 三保山

　　三保山，也称"三宝山"，是马来西亚马六甲地区的一座历史名山，海拔

307 米左右，占地面积约为 125 平方千米，相传是为了纪念明朝的三宝太监郑和而得名。

据传，在 15 世纪 60 年代，明朝的汉丽宝公主嫁给了马六甲苏丹满苏沙为妻，陪嫁而来的还有 500 名侍女。公主来到马六甲后，苏丹满苏沙将她和 500 名侍女都安顿在三保山，其后为了表示对公主的重视，又专门在此地修建了一座宫殿，并将宫殿所在的这座山命名为"中国山"，将宫殿赐予她们永久居住。

后来郑和下西洋时来到马六甲，也曾驻扎于此。当地人为了纪念郑和下西洋，就将原来的"中国山"更名为"三保山"。葡萄牙人统治马六甲时，在山顶上修建了修道院和教堂。1629 年，此山和山上的建筑物被荷兰人损毁。

马六甲人对郑和如此看重，是因为郑和下西洋时曾将船队总部驻扎于此，并在山上设立了官仓，用明朝的丝绸、瓷器交换当地的象牙、珍珠等，促进了马六甲地区的贸易发展。因此当地人不仅用郑和的"三保"之名来命名此山，还在山上修建了三保公庙、三保井和三保亭。三保公庙坐落于三保山山麓，庙内供奉着三保公郑和的雕像。这座三保庙修建于 1795 年，白墙、红柱、黄瓦、飞檐、彩龙戏珠图案，具有浓重的明代传统宫宇建筑风格。为了纪念当年郑和在三保山登山远眺之事，又修建了三保亭。

三保公庙内又有三保井，这口井又被称为"苏丹井"，相传是苏丹为汉丽宝公主所凿。这口水井不仅水质清冽甘美，且不论气候变化，从来没有枯竭过，被当地人称为"神井"，并专门修建了围栏加以看护。

还有一种说法更具神秘色彩，据说这口井永不枯竭是因为当年三保公来马六甲的时候曾经喝过井里的水，因此这口井才变得如此神奇。在当地的风俗中，如果有人要出远门或者要下海远航，只要喝了这口井里的水，就会逢凶化吉，遇难呈祥。到如今，因为当地旅游业的发展，这口井又被称为"许愿井"，据说只要将一枚硬币投到井中，日后总会重游故地。

从明朝开始，三保山就一直和中国有着千丝万缕的联系。除了汉丽宝公主和郑和的故事，这座名山更是华人文化在马六甲地区的发祥地，也是华人六百年来在当地来辛勤开垦、落地生根的历史见证。

6. 哈杜尔舒艾卜峰

哈杜尔舒艾卜峰，位于阿拉伯半岛西南部，也门境内，为阿拉伯半岛的最高峰，也是也门的最高峰，海拔 3760 米，西边山脚海拔仅为 1500 米。山麓有泉水，土地肥沃，终年白云缭绕，因而此山又被称为绿山。

最高峰为海拔 3760 米的哈杜尔舒艾卜峰的阿拉伯半岛，位于亚洲西南，东临海湾及阿曼湾，西傍红海，南濒阿拉伯海，西北界叙利亚沙漠，北界美索不达米亚平原，面积 322 多万平方千米，是世界上最大的半岛。

阿拉伯半岛与印度半岛、中南半岛并称亚洲三大半岛。东临波斯湾、阿曼湾，南临亚丁湾和阿拉伯海，西隔红海与非洲大陆相望，北与亚洲大陆的分界大致在西起红海东北部的亚喀巴湾北端东至波斯湾的阿拉伯河口一线。

阿拉伯半岛南北长 2240 千米，东西宽 1200—1900 千米，面积 322 万平方千米，海拔 1200—2500 米，地势自西南向东北倾斜。

除西南端海拔 2700—3200 米的也门高地外，仅在西南和东南部有小部分山地。其中，西岸南段的希贾兹山脉高 1500 米，山峰多为死火山堆。

哈杜尔舒艾卜峰峰顶上有舒艾卜清真寺，是阿拉伯半岛上最高的清真寺，现在已经成为著名旅游景点。山麓周边地区的居民主要是阿拉伯人。

也门首都萨那坐落于哈杜尔舒艾卜峰的东侧，萨那也是全国政治、文化、经济中心。

7. 西贾兹山（汉志山）

西贾兹山，属于沙特阿拉伯半岛赛拉特山阿拉伯段。赛拉特山是沿阿拉伯半岛西岸伸延的山地，大致可以分为三段，其中北纬 23° 以北段称为汉志山，即西贾兹山地，海拔在 1000—2000 米，气候干旱。西贾兹山地区有伊斯兰发祥地麦加和麦地那，是伊斯兰文化的重要地区。

汉志，中文又译"西贾兹"，是沙特阿拉伯王国西部沿海地区三个行省（塔布克省、麦地那省和麦加省）的合称，因境内有西贾兹山脉而得名，所以"西贾兹山"又可以称为"汉志山"。

汉志所辖区域北至约旦王国西部边陲，南至亚西尔地区沿海地带，地形呈南北狭长、东西窄扁状。境内有西贾兹山脉纵贯南北，东北部多沙漠，西南部有绿洲点缀其间。

汉志地区是伊斯兰教和早期伊斯兰文化的发祥地，境内有麦加和麦地那两座伊斯兰圣城。麦地那城内有先知穆罕默德陵墓，城外有传说中哈娃（夏娃）的墓冢。汉志是沙特阿拉伯王国的一部分。

历史上曾属于埃及和奥斯曼帝国。1916 年哈希姆家族的谢里夫·侯赛因建立汉志王国，1925 年被内志王国吞并，1932 年并入沙特阿拉伯王国。现分属沙特阿拉伯塔布克省、麦地那省和麦加省管辖，境内主要城市有麦加、麦地那、吉达、延布和塔伊夫。

麦加，全称是麦加·穆卡拉玛，意为"荣誉的麦加"，坐落在沙特阿拉伯西部赛拉特山区一条狭窄的山谷里，是伊斯兰教的第一圣地，麦加在穆斯林世界被誉为"诸城之母"，圣地只对穆斯林开放，非穆斯林一律不准入内，连记者也不例外。城中心的麦加大清真寺是伊斯兰教著名圣寺，是世界各国穆斯林去麦加朝觐礼拜的主要圣地。

麦地那，也称麦迪纳、麦迪莱，与麦加、耶路撒冷一起被称为伊斯兰教三大圣地，同时还是伊斯兰教的第二圣城。麦地那城内古迹众多，最著名的有穆罕默德亲自督建的先知清真寺，寺内有穆罕默德陵墓。

因汉志地区在伊斯兰世界的重要性，所以汉志山也是"一带一路"沿线重要的宗教地区。

8. 阿拉法特山

阿拉法特山，是伊斯兰教著名朝觐圣地之一，位于沙特阿拉伯麦加城以东 40 千米处，为一座小山，其海拔高度为 880 米。原本只是一座名不见经传的小山，但因与伊斯兰教有千丝万缕的渊源，故此山又成为另一座宗教名山。

在阿拉伯语当中，阿拉法特一词为"相认"的意思，据伊斯兰教经典古籍《古兰经》中记载，阿丹和哈娃（即经典文史中的人类始祖）因犯禁被安拉处罚离天园后失散，后在此山重逢，此山因此而得名。

阿拉法特山是《古兰经》记载之地，为伊斯兰教的宗教名山，是伊斯兰教信众朝拜的圣山。阿拉法特山闻名于世的原因有三：一是伊斯兰教经典《古兰经》中的记载之地，是阿丹和哈娃重逢之地，带有浓厚的神话色彩，更兼有厚重的宗教气息；二是在伊斯兰教教历 10 年（公元 632 年）12 月 9 日，先知穆罕默德曾站在阿拉法特山上，向由麦地那前来麦加朝觐的 10 多万穆斯林作生前最后一次宣教演说，史称"辞朝演说"；三是先知穆罕默德在阿拉法特山作"辞朝演说"过程中传达了《古兰经》中的最后一次启示。因此进驻阿拉法特山成为朝觐的三项主命之一。

作为伊斯兰教朝觐圣地，按伊斯兰教法规定，朝觐者在每年伊斯兰教教历12月8日晚从麦加来到这里搭帐篷夜宿，伊斯兰教称为"守祖"，而进驻阿拉法特山则是穆斯林朝觐者集体参加的大典仪式，俗称"站山"。翌日，即12月9日（宰牲节前一天）是"阿拉法特日"，朝觐者身穿白色戒衣，整日诵读《古兰经》并默祷，祈求安拉宽恕和回赐自己。午后，伊玛目登上山顶，作宣教演讲，率众礼拜和恭默念主。大典仪式至日落才结束。入夜，朝觐者启程向米那进发，完成朝觐功课的另一项仪式。

阿拉法特山距伊斯兰教第一圣地麦加城40余千米，每年全球范围内伊斯兰教信仰者们争相前往麦加朝觐。同时，作为先知穆罕默德的诞生地，麦加在伊斯兰教中的重要性更是神圣不可言喻。克尔白圣殿位于麦加城中，为麦加城乃至整个伊斯兰教信仰者所神往的礼拜之处。

9. 沙马尔山

沙马尔山，又称杰拜勒舍迈尔山，位于沙特境内，是沙特阿拉伯内志高原北部的山地。该山脉由两条西南—东北走向的平行地带组成：阿扎山，位于沙马尔山北边，全长约160千米，宽约24—32千米，顶峰海拔1676米；萨勒马山，位于沙马尔山南边，全长约55千米，宽约7千米，顶峰海拔1100米。

沙马尔山位于沙特阿拉伯西北部山区，西邻汉志地区，东接东部省。沙特阿拉伯西北部在该地区呈现出的主要地形是阿扎山和萨勒马山两大山脉及内夫得沙漠广阔无垠、绵延起伏的沙丘地区。

沙马尔山地区气候温和、降水较多，拥有很多优质牧场。沙马尔山地区的农耕区域主要位于阿扎山和萨勒马山之间的肥沃谷地，尤其是在山麓地区，孕育了一座历史古城——哈伊勒。沙特内志高原地区普遍降水量偏少，因而愈加显出沙马尔山的重要性。由于所处地理环境的特殊性，在该区域当中，定居与游牧的居民大致相当。沙马尔山地区出产的农产品主要有谷物、椰枣、水果、蔬菜等，当地所产的内志骏马更是蜚声世界。

沙马尔部族，世世代代居住在沙马尔山地区。在1834—1921年，伊本·拉希德王朝的公国独立期间，沙马尔地区卷入了东沙特王朝拉希德统治者与麦加的谢里夫之间长期纷争，直至1932年建立沙特阿拉伯王国为止。

建立在沙马尔山麓绿洲中的古城哈伊勒位于萨勒马山南侧，曾是伊拉克和伊朗去沙特阿拉伯的麦加、麦地那朝圣路途上的重要驿站。

哈伊勒，位于沙特阿拉伯内志高原北部。该城居民以农业为主，主要出产农作物有水稻、小麦、海枣和水果等。小麦是哈伊勒的一大招牌，该省出产的小麦几乎占沙特全国的一半左右。哈伊勒位于红海沿岸，为利雅得、麦地那通往叙利亚与伊拉克之间商路的交叉点，是牧民与商队的贸易中心，也是海上丝绸之路的一个重要连接点，其地理位置非常重要。此外，哈伊勒还是沙特的一座古城，文化历史悠久，见证了沙特阿拉伯的不断发展与历史变迁。

10. 迪纳拉山脉

迪纳拉山脉，又称"狄那里克山脉""狄那里克阿尔卑斯山""第拿里阿尔卑斯山脉"，是欧洲东南部的一条主要山脉，西起阿尔卑斯山脉，沿亚得里亚海海岸向东南延伸，东隔多瑙河流域与喀尔巴阡山脉相望，向南延伸到希腊境内诸山脉和爱琴海诸岛。绵延于克罗地亚、波斯尼亚—黑塞哥维那、南斯拉夫沿岸和阿尔巴尼亚北部的宽广山地，是阿尔卑斯山脉向东南延续的部分。

迪纳拉山脉呈西北—东南走向，全长约 645 千米，宽约 100—250 千米，海拔为 1000—2000 米；2000 米以上的高峰有二十多座。最高点为阿尔巴尼亚境内的湖泊峰，海拔 2692 米。受西北—东南走向的影响，该山脉以东地区是西风带迎风坡，形成地中海气候；以西地区是背风坡，降水少，形成温带大陆性气候。

迪纳拉山脉是欧洲第四大山脉，横跨斯洛文尼亚、克罗地亚、波黑、塞尔维亚、黑山和阿尔巴尼亚六国和科索沃自治省。迪纳拉山脉位于亚欧板块与非洲板块交汇处，由两大板块长期挤压、碰撞隆起而成，山体主要由石灰岩构成，溶蚀作用强烈，广泛发育成石林、漏斗、小盆地、溶洞和地下河等岩溶地貌，西北部喀斯特高原地貌尤为典型，也正因此山脉西北部的喀斯特高原成为喀斯特地貌的命名地。该山脉特殊的地形地质，形成了众多的喀斯特地貌风景点，拥有众多天然的旅游资源。

波斯托伊那溶洞位于斯洛文尼亚境内，是欧洲第二大溶洞，也是喀斯特地貌的典型代表。洞内洞套洞，有隧道相连，形成一条奇伟的山洞长廊，圣景甚多，蔚为奇观；洞顶有"天然管风琴"之称的钟乳石群而被称为"音乐厅"，

1929年起每年在此举办的音乐会更使其成为名副其实的音乐厅。

斯库台湖是巴尔干半岛上面积最大的湖，在南斯拉夫与阿尔巴尼亚边境，原为海边潟湖，因地壳轻微下沉而加深，成为湖；湖区面积约为369.7平方千米，湖岸边有很多小村庄，尤以古老的寺院和城堡而闻名。

除了一些因地形地势形成的自然景观，迪纳拉山脉纵贯欧洲东南部，连接东南欧诸国，在历史上逐渐形成了一些非常有特色的城市，这些城市不仅风光旖旎，还拥有丰富的历史文化资源，成为当地著名的旅游胜地。

克罗地亚是欧洲东南部的一个古老国家，位于地中海和巴尔干半岛潘诺尼亚平原交界处，在迪纳拉山脉地区孕育了古老的欧洲文明，形成了众多的历史名城和海港城市。

普拉始建于公元前2世纪，是克罗地亚西部重要海港城市，也是全国最大造船工业中心，有博物馆、古罗马和拜占庭的角斗场、拱门、庙宇和教堂等古代建筑遗迹，当然还是海滨游览胜地。

扎达尔是克罗地亚西部著名港口、历史名城，同时也是克罗地亚第五大城市，有考古博物馆、海洋陈列馆、中世纪教堂和罗马建筑遗迹等，是东南欧著名的旅游胜地之一。

希贝尼克是克罗地亚东南部历史名城，同时也是东南欧最著名的旅游胜地之一。希贝尼克是由斯拉夫人建立的，该城是亚得里亚海东岸最古老的克罗地亚城市。

杜布罗夫尼克古名"拉古萨"，是克罗地亚东南部港口城市，最大旅游中心和疗养胜地。建于公元7世纪，中世纪为杜布罗夫尼克城市共和国中心，在亚得里亚海和东西方贸易中起过中转站的重要作用，1979年杜布罗夫尼克被联合国教科文组织收入世界遗产名录。

此外，位于黑山境内的科托尔、铁托格勒及波黑境内的莫斯塔尔等都是迪纳拉山脉地区著名的历史名城和海港城市。

11. 中央山脉

中央山脉，英语作Central Range。我国台湾岛上主要的山脉，呈南北走向，北起宜兰县苏澳附近的东澳岭，南抵台湾岛最南端的鹅銮鼻，纵贯台湾本岛南北，全长330千米，东西宽80千米，高峰连绵，其中的南湖大山（3740

米）、中央关山、崎莱山、碧绿山、合欢山、能高山、秀姑峦山、关山、卑南主山（3293 米）和北大武山（3090 米）等，高度均在海拔 3000 米以上。中央山脉纵贯全岛中央，有"台湾屋脊"之称，它将全岛分成东小、西大不对称的两半，东部地势陡峻，西部较宽缓，并成为全岛各水系的分水岭；由 3 条主要山脉形成，自东向西分布是中央山脉、玉山山脉和阿里山山脉。

阿里山山脉多为断层，引起地层结构上的凹陷，日月潭即为其中之一；中央山脉年降雨量高，通常超过 3800 毫米，是为浊水溪、大甲溪、高屏溪和新武吕溪的发源地。山麓为阔叶林所覆盖，山腰多为混合林，1800—2400 米的高山上则为针叶林。山区人口稀少，仅少数原住民散居其间。中央山脉处于太平洋板块与亚洲板块碰撞带上，系地球上最年轻的地壳活动带之一，地震频繁。

中央山脉山脊线上的大禹岭，旧称合欢垭口，地处碧绿、合欢两山的鞍部，海拔 2565 米，是中横公路主线的最高点，也是中横公路与中央山脉、中横公路主线与雾社支线的交叉点。站在环境清幽的大禹岭山庄，环顾四周的巍巍群山，不仅要为越过这气势磅礴的台湾屋脊而豪情满怀，也会为美丽宝岛这雄奇壮丽的山景而赞叹不已。

从大禹岭往北，越过 3379 米的碧绿山和 3449 米的无明山，是两座海拔超过 3700 米的著名高峰，即"三尖"之一的中央尖山和"五岳"之一的南湖大山。

中央山脉的第三高峰——南湖大山，海拔 3740 米，为台湾岛第五高峰，山势巍峨，气势恢宏，周围还有 7 座 3650 米以上的副峰，合称"南湖群峰"。由于南湖大山位于兰阳溪谷以南，受东北季风和寒流的影响，降雪较多，是台湾冬季积雪最深的地区，也是台湾冰川地形最为发达的地区之一。

从大禹岭往南，中央山脉脊线上又分布着许多座 3000 米以上的高峰，其中合欢山、崎莱山、能高山等，都是台湾的名山。合欢群峰位于大禹岭西南方，中央山脉脊线在这里有一个偏西的转弯。合欢山东南，是崎莱连峰，它包括七八座 3000 米以上的山峰，最高的崎莱北峰，海拔 3605 米，是台湾"十峻"之一；崎莱山以山势险峻而闻名，因此有人称它为"黑色的崎莱"。尽管如此，由于这里怪岩兀立，松柏挺拔，朝日晚霞，飞云流雨，还有澄碧如镜的崎莱天池点缀其间，景色奇佳，风光无限。因此，无视危险、不顾艰辛而探访崎莱山的人还是越来越多。

崎莱连峰南面的能高山，以断崖奇险、林壑幽美著称，是一座富于传奇色彩的山峰。据说有一位名叫能的青年，身体健壮、本领高强而又勇敢正直，有一次，能在海边救活了一位名叫塔琳的渔家姑娘，赢得了姑娘的爱慕。后来，能为了给人民排忧解难，冲破了像大棉被一样遮住了蓝天和太阳的一块永不消散的乌云，变成一座千丈高山；塔琳怀念能，偎依在山麓痛心地哭泣，眼泪化作一道雪白的瀑布，后来就称这座山为能高山，称这道瀑布为塔琳瀑布。能高山区有几个陡峭多姿的大断崖，豁谷峡涧相间，条条飞瀑垂挂，景色十分幽静。这里的天长断崖、连岭云海、能高残雪，以及附近翠绿的草原，绮丽的高山湖，都是著名的胜景。

合欢山群峰海拔都超过 3000 米，山高气寒，虽地处热带岛屿，却是冬季降雪区。合欢山积雪是宝岛奇景之一。这些峰岭位于潮湿气流交汇地带，从立雾溪引入的太平洋气流和从兰阳溪吹来的东北风带来丰富的水汽，在合欢山区流动，冬季寒流袭来，水汽遇冷，合欢山便雪花纷飞。平缓的山坡使大雪能一层一层地盖积起来（不像玉山积雪易被风吹走或慢慢"流"下陡坡），形成良好的滑雪条件。这里有许多不太陡的山坡，在台湾所有降雪区山岭中唯独合欢山宜于滑雪，因此合欢山的名气比东侧的崎莱山群峰更大。

最好的滑雪场是"合欢谷"，位于主峰、东峰与合欢尖山之间；三山围绕，一面开敞，谷下缓坡广阔，滑雪道长达数百米。

除了景观资源丰富，合欢山还有一段可歌可泣的原住民奋勇抗日的故事。日本人占领台湾后，对不肯归顺的原住民大为恼火。雾社事件（1930 年）发生后，日本人开辟了一条贯穿南投雾社到花莲太鲁阁的"理番道路"，多次前往征服，试图奴役原住民。当时，原住民太鲁阁人参与防御战争的战士仅 2300 余人，用简陋的弓箭猎枪英勇无畏地迎战两万余名武器精良的日方军警，大战 74 天，无奈最终战败。这是 20 世纪台湾最大的战争，太鲁阁人为民族独立付出了惨痛代价，奏响了悲壮的不屈的自由之歌。

由于合欢山是出入崎莱山区的门户，又是滑雪胜地，游人如织，因此林业部门于 1970 年在合欢尖山南侧建了一座"合欢山庄"，可容百余人住宿。借宿者一切自理，山庄不收费。这是全台唯一建在中央山脉主脊上的"自助旅舍"。

中央山脉是台湾全岛南北的大分水岭，其岭脊位置偏东，将全岛分为不对称的东西两部。受地形限制，河流比较短小，且都注入太平洋；山脉森林资源较为丰富，榕树、相思树、竹林、枫树林、樟、楠、罗汉松、楮、栎、台湾胡桃、油松、肖楠、红桧、亚杉、扁柏、台湾云杉、铁杉、红豆杉、台湾冷杉、山柏、刺柏等垂直分布，较为广泛；有些是稀有树种，树木珍贵。

12. 阿里山

阿里山，我国台湾地区的地名，位于台湾省嘉义县东北，是大武峦山、尖山、祝山、塔山等18座山峦的总称；《台湾通史》记载："阿里山为玉山之子，森林之富冠东洋，天赋之宝藏也"。文人墨客用"群峰耸翠，林海茫茫，风光如画"来赞颂阿里山。阿里山海拔2216米，东面靠近台湾最高峰——玉山，由于山区气候温和，盛夏时依然清爽宜人，加上林木葱翠，是全台湾最理想的避暑胜地。

清代《诸罗县志》叙述阿里山为"离县治十里许，山广而深峻"。另根据日本人安倍明义的《台湾地名研究》，诸罗平埔族人与凤山平埔族人的语音相近，凤山平埔族称阿里山区的生番为"Karii"，流传到诸罗平埔族便以"Arii"同音讹传称呼之。

阿里山年平均气温为10.6℃，夏季平均气温14.3℃，冬季平均气温6.4℃；阿里山森林游乐区西靠嘉南平原，北界云林、南投县，南接高雄、台南县，总计面积达1400公顷。

阿里山属于玉山山脉的支脉，这里群峰环绕、层林叠翠、巨木参天。阿里山的由来，与当地的原住民有密切的关系，相传很久很久以前，有一位邹族酋长阿巴里曾只身来此打猎，满载而归后常带族人来此，为感念他，便以他的名字为此地命名。

阿里山的日出、云海、晚霞、森林与高山铁路，合称阿里山五奇。阿里山铁路有70多年历史，是世界上仅存的三条高山铁路之一，途经热、暖、温、寒四带，景致迥异，搭乘火车就如同置身自然博物馆。

阿里山区的森林丰富，森林品种齐全，从亚热带的阔叶林到寒带的针叶林都有。800米以下的丘陵为热带林，主要由相思树、构树构成；樟树、枫树、楠树和壳斗科为主的植物是暖带林；1800—3000米左右的林带为温带林，以红桧、台湾扁柏、台湾杉、铁杉及华山松等号称阿里山五木在此生长最为茂盛。阿里山的千年桧木群是目前台湾最密集的巨木群，其中有一株3000多年的老红桧，高约53米，有台湾"神木"的美誉。桧木还分为红桧和黄桧，其中黄桧较为稀少；海拔3000—3500米的地区，主要是台湾冷杉，呈现寒带林的特点。

层次分明、品类多样的森林造就了多种动物得以栖息的生态环境，在鸟类方面，有栗背林鸲、酒红朱雀、鳞胸鹪鹩等中高海拔鸟群；还有台湾猕猴、赤腹松鼠、山羌、山猪等动物。

阿里山山脉地形在塔塔加鞍部以楠梓仙溪、沙里仙溪和玉山群峰为区隔；阿里山又是一个绯艳绚丽的樱林，这里的樱花驰名中外，每年2—4月份，是阿里山樱花盛开的季节，登山赏樱花的游人络绎不绝。由于长年受季风和浪涛的影响，阿里山海岸有很多浑然天成的嶙峋怪石；附近的龙洞湾、龙铜岬、鼻头角、三貂角景色宜人；在鼻头角南面，"洋寮鼻""莱莱鼻"两角矗立于太平洋上，煞是雄伟壮丽。

1975年，台湾当局将"阿里山风景特定区"更名为"阿里山森林游乐区"。1976年3月1日，台湾当局核定"阿里山森林游乐区"，规划面积175公顷。1995年，台湾当局再次核定"阿里山森林游乐区计划"，面积1400公顷，由林务局嘉义林区管理处负责经营、管理、服务工作。1999年，林务局改隶"农委会"，成为"中央机关"，仍负责阿里山森林游乐区的经营管理、规划建设及游客服务等工作，但名称改为阿里山"国家"森林游乐区。2001年7月阿里山"国家"森林游乐区纳入阿里山"国家"风景特定区（台湾第八座）规划范围。

13. 马荣火山

马荣火山，位于菲律宾比科尔行政区阿尔拜省境内，耸立在阿尔拜湾海岸上，位于首都马尼拉东南方约340千米，是菲律宾吕宋岛东南部的一座活火山。马荣火山近乎完美的圆锥形山体，号称"最完美的圆锥体"，是世界上轮廓最完整的火山，日本富士山仅次于它，经常被人拿来和日本的富士山相媲美，是菲律宾著名的旅游胜地。

从地质学角度，菲律宾位于欧亚板块和菲律宾板块的交界地带，因为板块挤压作用，较重的海洋板块把较轻的大陆板块往上推，推挤过程中强大的压力及高温热流使得板块熔化，产生炽热的岩浆。而马荣火山正是分布在环太平洋火山带上，火山喷发的频率非常高。

在火山学的分类中，马荣火山属于复式火山，也是一座活跃的层状火山，它那对称的圆锥体是经由多次火山灰和熔岩流喷发、累积的结果。马荣火山是菲律宾 22 座活火山中最活跃的一个，在过去 400 年间爆发了 50 余次。

自有确切记录以来，马荣火山第一次喷发是在 1616 年。自 1616—1968 年，马荣火山共爆发了 36 次，最大的一次是在 1814 年 2 月 1 日，那时火山岩浆埋没了卡葛沙威镇，有 1200 人命丧岩浆，只剩下卡葛沙威教堂的塔尖露出地面。而最壮观的一次喷发是在 1897 年 6 月，当时马荣火山在连续 7 天内持续喷射熔岩。马荣火山最近一次喷发是在 2013 年 5 月，当时只是小规模喷发，造成的损伤、危害也相对比较小。时至今日，马荣火山依旧处在"活跃"状态，随时都有可能再次喷发。

虽然马荣火山的每一次喷发都会带来不同程度的危害，但在火山喷发过后沉淀下来的火山灰富含矿物质，为土壤带来丰富的养料，可以使土壤非常肥沃，有利于发展农业生产。在马荣火山较低坡一带就有大片的蕉麻种植园，不仅充满热带风情，更是带动了当地农业的生产和发展。独具魅力的马荣火山，吸引着菲律宾国内外的火山爱好者、研究人员和探险者蜂拥而来，这也直接促进了邻近马荣火山的莱加斯皮市的经济发展和旅游业的壮大。

第二节　重要河流

1. 汉江

朝鲜境内的汉江，是朝鲜半岛的一条主要河流，也是朝鲜半岛上长度排名第四的河流，仅次于中国东北境内的鸭绿江、图们江与洛东江。它发源于太白山脉西坡五台山，大体向西流经江原道、京畿道和忠清北道，在中游与北汉江汇合。而南汉江和北汉江这两条主要河流在京畿道汇合后才称之为真正意义上的"汉江"；汉江流经韩国首都首尔，最后注入黄海江华湾。

汉江总长度（包括支流南汉江和北汉江）大约为 514 千米，流域面积约为 26000 平方千米。与世界上其他大江大河相比，汉江并不算是一条很长的河流，但是这样一条短小的河流，却拥有相当宽广的河道。在河口处，汉江形成溺谷、呈喇叭状。一般来说，汉江整体流量比较大，冬季有结冰期；在汉江上游地区，由于水力资源丰富，沿岸建有很多水电站；而中下游地区河流流速减缓，携带大量的泥沙沉积下来，形成广阔的平原，成为重要的农业种植区。

在朝鲜历史发展过程当中，汉江曾经拥有许多不同的名称。在汉四郡时期与朝鲜三国时代早期称汉江为带水，高句丽王朝把它叫作阿利水，百济王朝时期则把它叫作郁里河，而新罗时期称汉江为泥河。随着百济和高句丽两个王国的灭亡，新罗在 668 年统一朝鲜半岛后，汉江长期被视为是一条"韩国河流"。

统一的新罗时代（668—918 年）完全控制了该流域，随后又受到王氏高丽王朝（918—1392 年）的统治，最后则是成为李氏朝鲜王朝（1392—1910 年）的一部分。在李氏朝鲜时期，汉江成为韩国新首都的主要航道。

20 世纪 60 年代开始，韩国首尔的"江北"是整个城市的政治经济中心，其中总统府青瓦台、购物胜地如明洞等均位于该区域。70 年代以后，首尔的发展重心开始向江南地区转移。整个 70 年代期间，韩国经济处于高度发展阶段，跻身于"亚洲四小龙"的行列，也称为"汉江奇迹"。1988 年，韩国成功在当时的首都汉城（现在的首尔）举办奥运会，对于江南地区的经济发展和基础设施建设起到了巨大的推动作用。

韩国首都首尔的兴起、发展等都与汉江有着息息相关的联系，而位于首尔中心的五大宫殿（分别为景福宫、昌德宫、昌庆宫、庆熙宫和德寿宫）更是韩国历史文化的重要遗存。这五大宫殿均兴建于朝鲜王朝时期，却因为壬辰倭乱及之后的日本殖民统治被烧毁或荒弃，后在原址基础上复建。其中，规模最大的正宫——景福宫、被列为世界文化遗产且最具韩国宫阙楼宇特色的昌德宫、位于昌德宫附近担任重要辅佐角色的昌庆宫、采用 19 世纪西洋式建筑与设施的德寿宫、历经多次历史性灾难而导致规模逐渐变小的庆熙宫等，都是守护韩国 600 年首都——首尔的重要宫殿，韩国的文化历史符号大都在这 5 座宫殿中。

2. 利根川

利根川，位于日本本州岛关东地区，长约 332 千米，流域面积约为 16840 平方千米，是日本国内流域面积最大、第二长的河流，其长度仅次于信浓川。

利根川别名"坂东太郎",坂东是关东的旧名,而太郎则是长子的意思,也就是说利根川是关东地区第一大河流,

利根川发源于三国山脉的丹后山附近,曲折南流,后转向东南,经关东平原,在千叶县境内注入太平洋。在上游地区,河窄流急,多峡谷和阶地,建有水电站。在中下游地区,利根川流入关东平原后水流逐渐减缓,沿岸是宽广肥沃的平原。利根川流域有群马县、栃木县、长野县、埼玉县、东京都、茨城县和千叶县等一都六县,占关东平原的大部分。

在历史上,利根川曾一度因其不受控制的洪水而出名,即每当洪水暴发时它都会改变河道,因此很难准确地描绘这条河的古河道。东京湾是利根川最初的入海口,其后为了河流运输以及人为控制洪水,在 17 世纪关东地区开始变为日本的行政中心时,这条河流进行了一次大改造,现在的河道大致上确定于明治时期。

由于日本国土面积狭小,山脉纵贯整个日本国土,呈南北狭长之势。因为这个特点,造就了极具日本特色的利根川水系体系;利根川水系虽然支流庞杂,但绝大多数仅为山溪小河。

利根川流域位于日本关东平原,地形上总体趋势是西北高、东南低,主要由山地、丘陵、台地和冲积平原四大要素组成。

根据日本的气候分类,利根川流域的气候属于典型的"表日本型"气候,总的来看较为湿润温暖,但北部山区和南部太平洋沿岸相差很大,前者趋于干燥寒冷,后者显得潮湿暖热。一般而言降水量是夏多冬少。

利根川流经关东平原的一都六县,涵括关东平原的大部分区域,也造就了以东京、横滨等中心,向外辐射到千叶、群马、栃木、长野、埼玉、山梨等范围的世界上最大的城市群,其经济发展水平在世界上处于领先地位。

在日本历史上,1603 年由德川家康建立的德川幕府统治时代,开启了东京发展的繁盛时期。位于东京、横滨的日本皇宫、东庆寺、三溪园、八幡宫等著名的文化古迹,依稀让人回忆起日本历史上的过往。

3. 穆西河

穆西河,位于印度尼西亚苏门答腊岛南部,发源于巴里桑山脉的卡巴山,大致由西向东,流经巨港后折往北,上游穿过巨港县山地后进入直民丁宜的

丘陵地带，在巨港附近的奥甘与科梅灵两河汇合，过一大片三角洲注入邦加海峡，全长约为 520 千米，流域面积约为 63500 平方千米。

大体上，穆西河上游地区河水落差较大、水流较急，多峡谷、瀑布；中游地区流速趋缓，河床宽而浅；下游地区，主要指的是巨港以下，河流携带大量泥沙沉积，形成宽广的平原地带，土壤肥沃，利于农业发展。

巨港位于印度尼西亚苏门答腊岛东南部，横跨穆西河下游两岸，是南苏门答腊省的首府，也是苏门答腊岛南部最大的港口与贸易中心。在市区内，巨港水运发达、河港纵横，故又有"水城"之称。巨港早在公元 7 世纪就成为室利佛逝王国的发祥地，也是明代的行政机构，巨港宣慰司政府就驻在此处。17 世纪荷属东印度公司在此开辟贸易商站，建立堡垒。

巨港交通发达，万吨海轮随潮入港，公路、铁路直通省内外各地，为新加坡与雅加达的航空中转站；附近有大片橡胶园，主要种植咖啡与胡椒。此外，还有大型炼油厂，以油管连接穆西河流域各油田；也有化肥、橡胶、造船、陶瓷、纺织、机械和咖啡加工等工业。巨港主要以出口原油及油制品、橡胶、胡椒、茶叶、咖啡、藤条、松香和煤炭为主；刺绣、金银钿工、木雕和象牙雕刻等手工艺有名，菠萝和虾饼是当地主要特产。

巨港依托穆西河，坐拥得天独厚的地理位置，航运尤其发达，自古以来就是印度尼西亚与外界交流的一个窗口。境内多名胜古迹，建于 18 世纪的大清真寺，寺前广场可容 5 万—6 万人祈祷；在寺的对面穆西河左岸有俗称观音亭的水月宫，为中国式庙宇，有 100 多年历史，建筑雄伟，香火鼎盛。

4. 苏伊士运河

苏伊士运河，位于埃及境内，处于埃及西奈半岛西侧，横跨苏伊士地峡，地中海侧的塞德港和红海苏伊士湾侧的苏伊士两座城市之间。苏伊士运河全长 190 多千米，河面平均宽度为 135 米，平均深度为 13 米。苏伊士运河从 1859 年开凿到 1869 年竣工，它是亚洲与非洲的分界线之一，也是著名的国际通航运河。运河位于欧、亚、非三洲交接地带的要冲，战略地位重要。

苏伊士运河的建成使得非洲大半岛变成非洲大陆，埃及横跨亚非，西南亚、东北非以及南欧的贸易更繁忙。该运河不仅是亚洲与非洲间的分界线，同时也是亚非与欧洲间最直接的水上通道。与绕道非洲好望角相比，从欧洲大西洋沿岸各国到印度洋缩短 5500—8000 千米；从地中海各国到印度洋缩短 8000—10000 千米。它是世界使用最频繁的航线之一。

苏伊士运河开凿的历史，最早大约是在公元前 1874 年埃及第十二王朝法老辛努塞尔特三世（Senusret III，其名字即为"苏伊士"一词的来源），其下令挖掘了一条"东西方向"的运河，连接红海与尼罗河。而这条运河的存在也至少持续到公元前 13 世纪的拉美西斯二世时期，随后运河被荒废。根据希腊历史学家希罗多德的著作《历史》记载，大约在公元前 600 年，法老王尼克二世（Necho II）准备着手它的重新挖掘工作，但没有完成。其后在公元前 250 年左右，苏伊士运河又被托勒密二世（Ptolemy II）重新获得。在随后的一千年中被连续改进、摧毁和重建，直到最终于公元 8 世纪为阿拉伯帝国阿拔斯王朝的哈里发曼苏尔（al-Mansur）废弃。其后，苏伊士运河又被断断续续挖掘和开放，分别在公元前 117 年罗马时期的图拉真国王和公元 640 年欧麦尔·伊本·哈塔卜时期两度长时期开放。

至 18 世纪末，拿破仑占领埃及时，曾计划建立运河连接地中海与红海。不过由于法国人的错误勘定结果计算出红海的海平面比地中海要高，也就意味着建立无船闸的运河是不可能的，随后拿破仑放弃该计划，并在和英国势力的对抗中离开埃及。法国在拿破仑失败之后，重建法兰西第二殖民帝国，因为在美洲的殖民地失于英国，所以法国重点向东方发展，打通苏伊士运河对法国意义更为重大。

1854 年和 1856 年，法国驻埃及领事斐迪南·德·雷赛布子爵获得了奥斯曼帝国埃及总督特许。帕夏塞伊德授权雷赛布成立公司，并按照澳大利亚工程师制订的计划建造向所有国家船只开放的海运运河。通过对有关土地的租赁，公司可从运河通航起主持营运 99 年。1858 年 12 月 15 日，苏伊士运河公司建立，强迫穷苦埃及人穿过沙漠挖掘运河的工作，花费了近 11 年。工程克服了很多技术、政治和经费上的困难，最终于 1869 年 11 月 17 日通航，这一天被定为运河的通航纪念日。

苏伊士运河是沟通欧、亚、非三洲的交通咽喉要道，具有重要的战略价值和经济价值。自从建成之日起，围绕着这条运河及航道的争夺就从来没有停止过。第二次世界大战结束后，埃及政府坚决要求收回苏伊士运河的主权，并为此进行了不懈的斗争。1951 年，埃及推翻了 1936 年《英埃条约》，新政府要求英国撤军。

1956年7月26日，埃及领导人纳赛尔为维护国家主权和民族尊严，宣布将运河公司收归国有。同年10月份，英国和法国联手以色列对埃及发起军事进攻，企图用武力重新夺回苏伊士运河，推翻纳赛尔政权，为期一周的苏伊士运河战争（亦称第二次中东战争）爆发，战争损伤和沉没船只的影响导致了运河被关闭。

1967年，六日战争爆发，其后运河被迫再次关闭。其间，在1973年的犹太赎罪日战争中，运河成为埃及军队横越进入西奈半岛以色列控制区的场所，随后以色列军队跨越运河西渡。1974年起，联合国维和部队入驻西奈半岛。1975年6月5日，苏伊士运河重新恢复开放。

苏伊士运河在埃及本国经济发展上具有极大的价值。因此，苏伊士运河被称作是埃及经济的"生命线"和"摇钱树"。

5. 尼罗河

尼罗河，其名源于希腊语，意为谷地或河谷，后引申为河流。尼罗河在印第安人语言里叫月亮的眼泪。尼罗河在中文文献中的记载相对比较晚，清代史籍译为"乃罗江"。1854年，慕维廉在《地理全志》中记载："尼罗河上游之水，湾曲汇注，是以滨地多肥沃，余皆不毛之土。"

尼罗河是一条流经非洲东部与北部的河流，自南向北注入地中海，与中非地区的刚果河以及西非地区的尼日尔河并列为非洲最大的三个河流系统。尼罗河全长6670千米，是世界上公认的最长河流。

尼罗河源于维多利亚湖流出的卡格拉河，注入地中海，干流流经布隆迪、坦桑尼亚、卢旺达、乌干达、苏丹和埃及。尼罗河有两条主要的支流：白尼罗河和青尼罗河。发源于埃塞俄比亚高原的青尼罗河是尼罗河下游大多数水和营养的来源；白尼罗河是两条支流中最长的一条。尼罗河的不同河段有不同的称谓，狭义上的尼罗河是指白尼罗河和青尼罗河汇合后流入地中海的这一段，长约3000千米。

尼罗河穿过撒哈拉沙漠，在开罗以北进入河口三角洲，在三角洲上分成东、西两支注入地中海。尼罗河流域分为七个区：东非湖区高原、山岳河流区、白尼罗河区、青尼罗河区、阿特巴拉河区、喀土穆以北尼罗河区和尼罗河三角洲。

尼罗河有很长的河段流经沙漠地区，水量在那里只损失而无补给。由于河流的上源有巨大的流量，所以即使在沙漠中因蒸发、渗漏而失去大量径流，但尼罗河仍然能够维持长年流水。像尼罗河这种不是由当地的径流汇聚而成，只是单纯流过的河，称为客河。

尼罗河是世界古文明发祥地之一，历史悠久，这一地区的人民创造了灿烂的文化。尼罗河是埃及文化之母，给埃及提供了一条主要的运输线，对埃及农业和贸易影响巨大。流经埃及境内的尼罗河河段虽只有 1350 千米，但自然条件优越，平均河宽 800—1000 米，深 10—12 米，且水流平缓。

尼罗河文明即古埃及文明，产生于约公元前 3000 年。埃及位于亚非大陆交界地区，在与苏美尔人的贸易交往中，深受激励，形成了富有自己特色的文明，埃及文明为人类社会的发展做出了重要贡献。

古埃及的文字最初是一种单纯的象形文字，经过长期的演变，形成了由字母、音符和词组组成的复合象形文字体系。古埃及人还利用尼罗河沿岸盛产的一种植物——纸草，做成书写的载体，这要远远早于中国造纸术发明的年代。

古埃及在天文学和数学领域所作的贡献也很大，他们创造了人类历史上最早的太阳历，把一年确定为 365 天，世界上通用的公历，其渊源便来源于此。古埃及人很早就采用了十进制记数法，他们仍然没有"零"的概念。埃及人制作的木乃伊举世闻名。金字塔是埃及建筑艺术的典型代表。

金字塔是法老的陵墓，底座呈四方形，越往上越狭窄，至于塔端成为尖顶，成为形似汉字的"金"字，故中文译为金字塔。除金字塔之外，埃及的神庙、殿堂等建筑也颇为宏伟壮观。

作为"尼罗河赠礼"的埃及，每年尼罗河水的泛滥，给河谷披上一层厚厚的淤泥，使河谷区土地极其肥沃，庄稼可以一年三熟。据希罗多德记载："那里的农夫只需等河水自行泛滥出来，流到田地上灌溉，灌溉后再退回河床，然后每个人把种子撒在自己的土地上，叫猪上去踏进这些种子，以后便只是等待收获了。"

的确，尼罗河使其下游地区得以农业兴起，成为古代著名的粮仓。在古代埃及，农业始终是最主要的社会经济基础。在如此得天独厚的自然环境和自然条件下，使古埃及的历史比较单纯。至约公元前332年，亚历山大大帝征服埃及为止，共经历了31个王朝。其间虽然经历过内乱和外族入侵，但总体而言政治状况比较稳定。

尼罗河对于埃及非常重要，在当地流传着许多与其相关的传说故事。相传，女神伊兹斯与丈夫相亲相爱，一日，丈夫遇难身亡，伊兹斯悲痛欲绝，泪如泉涌，泪水落入尼罗河水中，致使河水猛涨，造成泛滥。每年到了6月17日或18日，埃及人都为此举行盛大欢庆活动，称为"落泪夜"。

目前，就全流域平均而言，尼罗河流域是水资源短缺的地区。限于流域内各国经济发展水平，水资源的利用仍以农田灌溉为主，而且除埃及以外，水资源短缺问题尚不突出，但随着各国经济的发展，人民生活水平的提高，水源将严重不足，各国水源之间的分配也没有达成一致。1929年，在当时英国殖民者的提议下，9个尼罗河流域国家达成一项赋予埃及和苏丹对尼罗河水拥有优先使用权的协议，埃塞俄比亚没有加入这项协议。

1959年，尼罗河流域国家对协议进行了部分修改，埃及每年享有555亿立方米尼罗河水的使用份额，而苏丹的份额为185亿立方米，其他国家认为协议不公。曾被称为非洲"水塔"的埃塞俄比亚扼守着青尼罗河的源头，每年从其境内注入尼罗河的水量占尼罗河总水量的86%，因此埃塞俄比亚要求每年至少分得120亿立方米的河水。而埃及和苏丹不同意埃塞俄比亚从上游截留河水，认为这将影响下游的生存。

由于严重缺水，埃及前总统萨达特曾经说过："埃及将对任何可能危及青尼罗河水流的行动作出强硬反应，哪怕诉诸战争。"未来，只有流域内各国加强合作，合理、充分开发尼罗河水资源，才能有效解决各国之间因水资源短缺造成的冲突。

第三节　重要湖泊

1. 琵琶湖

琵琶湖，位于滋贺县境内，是日本第一大淡水湖，因形似琵琶而得名。

作为近畿地区 1400 万人的供水源地，琵琶湖被人们亲切地称为"生命之湖"。

琵琶湖流域面积约为 674 平方千米，大致占据滋贺县面积的 1/6。琵琶湖湖岸全长约 241 千米，平均水深为 41.2 米，最深处为 103.58 米。自琵琶湖流出的河流依上下游的不同而依序称为濑田川、宇治川、淀川，最后流入大阪湾。

琵琶湖大桥，建立在琵琶湖湖面最狭窄处，在该桥北边的部分称为北湖，南边的部分称为南湖，北湖面积约为南湖的六倍。琵琶湖四周群山环绕，该湖湖水的来源主要为周围的山地。

自古以来，琵琶湖就是日本重要的水上交通要道，在铁路开通以前是日本东部与北陆地方的运输要道。琵琶湖邻近日本古都京都、奈良，横卧在经济重镇大阪和名古屋之间，是日本近年来经济发展速度最快的地区之一，因而琵琶湖的地理位置十分重要。因此，与富士山一样，琵琶湖也被日本人视为日本的重要象征之一。

琵琶湖大约成形于 400 万年前（也有一说为 600 万年前），在世界著名的湖泊当中，琵琶湖仅次于贝加尔湖、坦噶尼喀湖，是第三古老的湖泊。

琵琶湖景色秀丽，拥有众多自然景观，其中最负盛名的是湖畔的"近江八景"：烟雨——比睿的树林、夕阳——濑田石川的清流、凉风——雄松崎的白汀、晓雾——海津大崎的岩礁、新雪——贱岳的大观、明月——彦根的古城、深绿——竹生岛的倒影以及春色——安土八幡的水乡。

琵琶湖周边还有许多历史文化古迹遗存。彦根城是日本四大国宝城（彦根城、长滨古城、安土城、小谷城）之一，是著名的历史古城，此城是德川家康大将井伊家的城堡。三井寺、石山寺和大通寺是该城著名的古寺庙。

琵琶湖是集自然风光和人文景观于一体的日本重要旅游文化景区，是日本旅游必不可少的一站。

2. 濑户内海

濑户内海，位于日本本州、四国和九州之间，东西长约 440 千米，南北宽 5—55 千米，面积约为 9500 平方千米。濑户，在日语中是狭窄的海峡的意思，又因在诸海峡之内，故叫"濑户内海"。

濑户内海北面为本州，南面靠九州，中依四国，东为太平洋，西邻日本中部城市大阪，宜于航行。东经丰后水道和纪伊水道与菲律宾海和太平洋沟通。西经关门海峡与日本海相连，该地区是日本关西地区和亚洲大陆之间交通线上的文化交流中心。

瀬户内海属西南日本地带，由断层陷落和海浸而成。海底地形地貌比较复杂，海岸线曲折、多港湾，海中岛屿众多，成为多岛之海。由于四国山地与中国山地的屏障，瀬户内海的气候温暖少雨，多晴天，较干燥，年均降水量1200毫米左右。

瀬户内海与日本本土一样，资源、原材料等相对比较稀缺，既没有较大市场，又没有充裕的资源为依托，唯有依靠水陆运输，成为典型的加工贸易地区。在古代和中世纪时期，瀬户内海为日本与中国交往的要道，对日本文化发展有极为重要的作用。在沿海地带，地势较为平坦，土壤也比较肥沃，因而农业发展也比较早。

第二次世界大战后，沿瀬户内海地区，新兴起大片的工业产业，如钢铁、化学、汽车、造船、石油和石油化学等大型联合企业，因而瀬户内海被誉为"产业运河"。瀬户内海沿岸工业产业的发展，也直接促进了沿岸地区城市的兴起和不断发展壮大。

瀬户内海沿岸城市众多，是日本重要的历史文化地区，主要城市有大阪、神户、广岛等。大阪是位于日本西部近畿地区大阪府的都市，是大阪府的府厅所在地，也是政令指定的都市之一。

大阪在古代多称为"大坂"，而"大坂"一词最早出现在室町时代。自奈良时代开始，大阪就因其临海的地理位置成为贸易港口。丰臣秀吉修建大阪城，并以大阪作为丰臣政权的统治核心城市。在江户时代，大阪和京都江户并称为"三都"，是当时日本经济活动最为旺盛的商业都市。

神户位于京阪神大都市圈，也是政令指定的都市之一，是日本国际贸易港口城市。1868年，神户成为日本最早对外国开放通商的五个港口之一，之后迅速发展为日本最重要的港湾都市之一。

广岛建于1589年，在第二次世界大战中曾受过原子弹的破坏，1958年重建。广岛作为世界上第一个被原子弹严重破坏的城市，在原子弹爆炸之处，建造了广岛和平纪念公园，以祈求永久的和平。

由此可见，瀬户内海一直以来是日本重要的文化中心，如今也同样是重要的旅游区，吸引着世界各国的旅游者前来观光旅行。

3.多巴湖

多巴湖，是一座位于印度尼西亚苏门答腊岛北部的火山湖，位于印度尼西亚苏门答腊北部的马达高原，是印度尼西亚最大的淡水湖，也是驰名世界的高原湖泊和著名的旅游胜地，被誉为"苏门答腊高地之珠"。

多巴湖在地图上呈西北—东南走向，在中间与赤道相交叉，由两个地区组成：西部巴里散山脉和东部的沼泽地。巴里散山脉为青藏高原新生代山脉的延续，纵贯苏门答腊岛。在东部，强大河流把淤泥带到下游，形成了辽阔的平地，遍布沼泽和湖泊。

多巴湖是由火山喷发后出现的断层而形成的，是古代火山口遗址，因年久积水而成湖，湖边断层崖壁高达600米，崖壁下面是狭窄的平原。湖底下依旧是休眠中的超级火山，湖水最深处可达529米。此湖呈菱形，长100千米，宽30千米，面积1130平方千米，是世界上最大的火山湖，海拔905米。

多巴湖位于亚欧板块的西缘，是欧亚地震带的一部分，处于地震活跃地带。多巴湖周围环绕着许多火山，海拔在2000米以上的有西巴亚活火山和森纳布活火山，山口时有轻烟喷出，白云缭绕；山坡松林茂密，景色迷人。著名的避暑胜地马达山，海拔1400米，山峰峻峭，树木葱茏。此外，世界珍稀物种——苏门答腊虎也在多巴湖地区出没。

多巴湖原湖中央有一个长约7000米、宽约2500米的小岛，名叫沙摩西岛，这个小岛约占全湖面积的三分之一，有狭长人工堤连接湖的西岸。岛上有亚齐王朝西达布塔尔的陵墓，大约建造于250年前，用石块建成，高出地面，尸体直接放在石块之中。陵墓的前面有西达布塔尔的石头像，后面是一位公主的头像。陵墓附近还有一些石像，是古代巴塔克人许愿求神的地方。

在多巴湖的西北端有著名的西比索比瀑布，落差300多米。瀑布的水从石洞里流出，注入湖中。

多巴湖附近的佩玛丹·普尔巴村内，有建于200多年前的西马伦甘王的宫殿长屋，是印尼重要的文化古迹。整座建筑以树木和绳索造成，不用铁钉，进门处中央的木架上放着12对牛角，每对牛角代表一个王朝。

4. 布莱德湖

布莱德湖，位于斯洛文尼亚西北部的阿尔卑斯山南麓。因山顶积雪的融水不断注入湖中，故该湖有"冰湖"之称。湖面宽约 500—180 米，最深处为 30 米。

布莱德湖是在大约 14000 年前，因阿尔卑斯山脉的冰川地质移动而形成的冰蚀湖，被人们盛赞为阿尔卑斯山的美丽大眼睛。这个"大眼睛"不仅是斯洛文尼亚最美丽的风景，也是全世界十大最美湖泊之一。

布莱德湖是避暑、度假和冬季运动胜地。湖水夏季温度在 22℃左右，是人们划船、游泳、钓鱼的理想场所。冬季多雪，气候寒冷，湖面结冰达 40 厘米，所以又是冰上运动的绝妙去处。这里曾多次举行过欧洲及世界性的水上与冰上运动比赛。

布莱德湖中央的湖心岛上有一座巴洛克风格的圣玛利亚古教堂，关于这个教堂，还有一个凄美的故事。传说 16 世纪时，一对年轻恩爱的夫妇从外地到这里游玩，陶醉于湖光山色不愿离去而定居在这里。后来丈夫为抗击土耳其奥斯曼帝国的入侵应征入伍，不幸战死疆场。听到噩耗的妻子伤心欲绝，变卖全部家产铸造了一口巨钟，捐献给了湖心岛的教堂，之后便离开了这个他们曾经留下美好回忆的地方。从此以后，就有了这样一个美好的传说：如果新郎带着新娘来到这个小岛，从码头走上 99 级台阶来到岛上的教堂，并且一起敲响教堂的钟，就会婚姻美满，美梦成真。所以这里不时响起的钟声，不是为了报时，而是为了许愿，祈祷爱情天长地久。

布莱德湖区早已成为旅游胜地，吸引着越来越多的人前来旅游度假。从中世纪开始，尤其是奥匈帝国时代，这里就是皇家的避暑胜地，当时的匈牙利、奥地利和瑞士的大公贵族们，都以到布莱德湖度假而自豪。湖岸峭壁上有布莱德城堡。古堡修建当年是为了防御敌人，尤其是 13 世纪蒙古大军横扫欧洲大陆以后，各国的当权者为免重蹈覆辙，在各个地方的高处建起易守难攻的城堡。布莱德湖附近还有特里格拉夫（Trigrav）国家公园，湖畔的布莱德镇也是历史名胜。

5. 普里特维采湖群

普里特维采湖群，又称十六湖国家公园，位于克罗地亚西部山脉峡谷中，由 16 个天然湖泊和周围区域组成，总长 10 千米，总面积 19462 公顷，其中森林覆盖面积占 70% 以上。

普里特维采湖区是克罗地亚最美、也是最有名的国家公园，1979 年被联合国教科文组织列为世界文化遗产。普里特维采湖群距沿海小城塞尼约 50 千米，靠近连接萨格勒布和达尔马提亚的主要道路。

湖泊根据地形不同分为高低两组，上组位于白云石亚地层山上，下组湖泊则位于一条石灰岩峡谷中。第一湖与第十六湖之间的高度差达 135 米。众湖之间，形成数百条白如银练的大小瀑布，最大瀑布落差 76 米，成梯形一节节飞流而下。

普里特维采湖的前身为普里特维采湖盆地，其湖群与瀑布的形成缘于石灰岩长期沉淀，即钙化的结果。当蜿蜒于石灰岩和白云石峡谷中的科纳拉河流到这里时，不能畅流而形成串串湖泊。这一地质现象虽然普遍见于流经石灰岩地区的许多河流，但以普里特维采地区最为独特，景致最为壮观。

普里特维采湖群是典型的喀斯特地貌，水中因含有大量矿物质与化学元素，使湖水呈现一种特殊的色泽，特别是在倒于水中的树木上，钙结了一层古铜色的物质，致使树皮更加光洁可爱，且不朽烂，形成罕见的水底玉树奇观。

此外，还有高低错落、形状各异的天然堤坝将河水辟成多股湍流；坝身多洞穴，蕴含有形形色色、千姿百态的石笋和钟乳石。

湖两岸断壁悬崖，林木茂盛，山毛榉树、杉树和忽布榆郁郁葱葱。湖中碧波粼粼，湖与湖之间由木桥蜿蜒相连，既便利观赏，又提供游览捷径。公园中除飞禽走兽之外，还有熊、狼、羚羊、狐、鹿等稀有动物，是个天然的狩猎场所。

早在远古时期，普里特维采湖群水域内就有人类居住了。斯拉采人、凯尔特人、伊里人、拉博特人、罗马人、土耳其人、克罗地亚人和塞尔维亚人相继在此活动。土耳其人入侵后，这一地区变成边境地带，对立、争斗和抢劫司空见惯，故被冠以"恶魔之地"。旅游者因此望而却步，直到 19 世纪末，风光秀丽的普里特维采湖还鲜为人知。1949 年，普里特维采湖被辟为国家公园，1979 年因其独特的天然秀色和科学价值被联合国教科文组织世界自然与文化遗产委员会列入世界遗产名录，世界各地的游人便慕名而至。

6. 内湖

内湖是菲律宾最大的湖泊，面积922平方千米，位于吕宋岛，在马尼拉东南，湖长约51千米，海拔约为2米，呈新月形。可能由于火山喷出物将原为马尼拉湾深入内地水域堵塞分离而成，有很多溪流注入，湖盆淤积变浅。湖水经巴石河（Pasig River，长16千米）排入马尼拉湾。雨季暴雨时，湖区低地常被洪水淹没，北岸有两个半岛；湖中多岛屿，其中面积最大、人口最多的塔利姆（Talim）岛长14千米，宽1.6千米。湖南岸的圣克鲁斯（Santa Cruz）、比尼扬（Binan）和卡兰巴（Calamba）是繁荣的城镇。

内湖是一个火山堰塞湖，由火山喷出物将原为马尼拉湾深入内地的水域堵塞分离而成。有很多溪流注入，湖盆淤积变浅，湖水经巴石河排入马尼拉湾。雨季暴雨时，湖区低地常被洪水淹没。

内湖北岸有两个半岛，南岸有圣克鲁斯、比尼扬和卡兰巴三个繁荣的小城镇。湖中多岛屿，其中面积最大、人口最多的是塔利姆岛。塔利姆岛全长14千米、宽1.6千米。

内湖所在水域的省份为内湖省，该省以此湖命名。水域内的圣克鲁斯是内湖省的首府，为菲律宾吕宋岛上一座著名的海港城市；圣克鲁斯依托内湖、环靠太平洋，自然条件优越，使得圣克鲁斯成为菲律宾重要的港口，其航运业尤为发达。位于市内的圣克鲁斯教堂、邮政总局等文物古迹，是见证菲律宾被西班牙、美国等西方国家先后殖民统治的历史缩影。

坐落在内湖湖畔的卡兰巴，是菲律宾内湖省的一级城市。关于这个城市名称的由来，有一种说法是在西班牙占领初期，有两个迷了路的士兵来到了现在的卡兰巴，正好遇到了一位年轻的女子提着一个瓦罐从河边打水回来。士兵问她地名，由于西班牙士兵和女子语言不通，女子无法理解士兵的问话，于是，她困惑地回答说"卡兰——帮嘎"，意思是"土炉"和"水罐子"，随后，这名女子急忙离开，从那时起，该城便被称为卡兰巴。位于卡兰巴的百胜滩瀑布，以刺激紧张的泛舟活动而闻名，是著名的旅游胜地。

此外，被菲律宾人民尊称为"民族英雄和共和国国父"的黎刹博士，就出生于内湖省卡兰巴一个带有中国血统的家庭之中。

内湖不仅自然风光优美，而且历史底蕴深厚，是菲律宾极其重要的水域和历史文化区域。

参考文献

［1］崔乃夫主编．中华人民共和国地名大辞典．商务印书馆，2002.

［2］戴均良主编．中国古今地名大辞典．上海辞书出版社，2005.

［3］史为乐主编．中国历史地名大辞典．中国社会科学出版社，2005.

［4］单树模主编．外国名山大川辞典．山东教育出版社，1995.

［5］单树模主编．中国名山大川辞典．山东教育出版社，1992.

［6］［英］艾伦·艾萨克斯主编．郭建中，江昭明，毛华奋等译．麦克米伦百科全书．浙江人民出版社，2002.

［7］高清海主编．文史哲百科辞典．吉林大学出版社，1988.

［8］《交通大辞典》编辑委员会编．交通大辞典．上海交通大学出版社，2005.

［9］孙文范编著．世界历史地名辞典．吉林文史出版社，1990.

［10］周伟洲，丁景泰著．丝绸之路大辞典．陕西人民出版社，2006.

［11］雪犁主编．中国丝绸之路辞典．新疆人民出版社，1999.

［12］夏征农主编：《辞海》，上海辞书出版社，2002.

［13］《西域地名辞典》编委会编：《西域地名词典》，新疆人民出版社，2002.

［14］斯文·赫定．江红，李佩娟译．丝绸之路．新疆人民出版社，1997.

［15］杨建新，芦苇．历史上的欧亚大陆桥——丝绸之路．甘肃人民出版社，1992.

［16］罗丰竹编．丝绸之路上的考古、宗教与历史．文物出版社，2011.

［17］林梅村．西域文明——考古、民族、语言和宗教新论．东方出版社，1995.

［18］刘迎胜．丝绸之路．江苏人民出版社，2014.

［19］阿里·玛扎海里，耿昇译．丝绸之路：中国——波斯文化交流史．中国藏学出版社，2014.

［20］沈爱凤．从青金石之路到丝绸之路——西亚、中亚与亚欧草原古代艺术溯源．山东美术出版社，2009.

［21］藤田丰八．前汉时代西南海上交通之记录．商务印书馆，1936.

［22］林梅村．汉唐西域与中国文明，文物出版社，1988.

［23］郑一钧．论郑和下西洋．海洋出版社，1985.

［24］烈维等著．冯承钧译．王玄策使印度记．中国国际广播出版社，2013.

［25］王义桅．"一带一路"：机遇与挑战．人民出版社，2015.

［26］杨建新，卢苇．历史上的欧亚大陆桥——丝绸之路．甘肃人民出版社，1992.

［27］芮传明．丝绸之路研究入门．复旦大学出版社，2009.

［28］余太山．早期丝绸之路文献研究．商务印书馆，2013.

［29］Frederick J. Teggart，Rome and China：A Study of Correlations in Historical Events，Berkeley，University of California Press，1969.

［30］季羡林．中国蚕丝输入印度的初步研究．历史研究，1955 年第 4 期．

［31］郑炳林主编．耿昇译．法国西域史学精粹。甘肃人民出版社，2011.

［32］孙培良．丝绸之路概述．陕西师大学报，1978 年第 3 期．

［33］赫德逊．王遵仲等译．何兆武校．欧洲与中国．中华书局，1995.

［34］罗丰主编．丝绸之路上的考古、宗教与历史．文物出版社，2011.

［35］林梅村．西域文明——考古、民族、语言和宗教新论．东方出版社，1995.

［36］张绪山．甘英西使大秦获闻希腊神话传说考．史学月刊，2003 年第 12 期．

［37］杨巨平．亚历山大东征与丝绸之路开通．历史研究，2007 年第 4 期．

［38］杨巨平．文明的流动：从希腊到中国．光明日报，2013 年 7 月 4 日第

011 版.

［39］姚宝猷.中国丝绢西传考.史学专刊，1937 年第 1 期.

［40］D. B. Campbell, "Romans in China?" Exercitus（Bulletin of the Ermine Street Guard）Vol. 2, No. 3（Summer 1987）.

［41］L. Casson, The Periplus Maris Erythraei：Text with Introduction, Translation, and Commentary, Princeton University Press, 1989.

［42］Pliny, Natural History, with an English Translation by H. Rackham, Cambridge, MA：Harvard University Press, 1999.

［43］E. H. Warmington, The Commerce between the Roman Empire and India, Curzon Press, 1974.

［44］夏鼐.汉唐丝绸和丝绸之路.载《夏鼐文集》（中册）.社会科学文献出版社，2000.

［45］林梅村.公元 100 年罗马商团的中国之行.中国社会科学，1991 年第 4 期.

［46］杨共乐.谁是第一批来华经商的西方人.世界历史，1993 年第 4 期.

［47］汪受宽.骊靬梦断——古罗马军团东归伪史辨识.兰州大学出版社，2012.

［48］张国刚，吴莉苇.中西文化关系史.高等教育出版社，2006 年.

［49］张文德.阿拉伯人与中国造纸术的西传.历史教学，1994 年第 12 期.

［50］荣新江.中古中国与外来文明.三联书店，2001.

［51］Richard C. Foltz, The Islamization of the Silk Road, Religions of the Silk Road, St. Martin's Press, 1999.

［52］The Edicts of Asoka, edited and translated by N. A. Nikam and Richard Mckeon, The University of Chicago Press, First Phoenix edition 1960.

［53］向达.唐代长安与西域文明.河北教育出版社，2007.

［54］晁华山.佛陀之光：印度与中亚佛教胜迹.文物出版社，2001.

［55］朱谦之.中国景教.东方出版社，1993.

［56］李兴华等编.中国伊斯兰教史参考资料选编：1911—1949.宁夏人民出版社，1985.

［57］克林凯特.赵崇民译.丝绸古道上的文化.新疆美术摄影出版社，

1994.

[58]冯承钧.中国南海交通史.商务印书馆,2011.

[59]杜瑜.海上丝绸史话.社会科学文献出版社,2011.

[60]刘迎胜.海路与丝路.北京大学出版社,2011.

[61]巩珍.西洋番国志郑和航海图两种海道针经.中华书局,2000.

[62]张星烺.中西交通史料汇编.中华书局,2003.

[63]钟兴麒.西域地名考录.北京图书馆出版社,2008.

[64]余太山.西域通史.中州古籍出版社,1996.

[65]钱穆.史记地名考.九州出版社,2011.

[66]史为乐.中国地名考证文集.广东省地图出版社,1994.

[67]王颋.西域南海史地探索.中国人民大学出版社,2010.

[68]侯仁之.中国古代地理名著选读.学苑出版社,2005.

[69]冯承钧.西域南海史地考证译丛.商务印书馆,1995.

[70]谭其骧.中国历史地图集.中国地图出版社,1982.

[71]徐兆奎,韩光辉.中国地名史话.商务印书馆,1998.

[72]冯承钧.中国南洋交通史.上海古籍出版社,2012.

[73]彭树智.阿拉伯国家史.高等教育出版社,2002.

[74]李晨阳.列国志柬埔寨.社会科学文献出版社,2010.

[75]马丁·弗·黑尔兹.北京师范大学伊拉克史翻译小组译.柬埔寨简史.福建人民出版社,1972.

[76]冯承钧.西域南海史地考证译丛.商务印书馆,1995.

[77]彭树智.阿拉伯国家史.高等教育出版社,2002.

[78]王任叔.印度尼西亚古代史.中国社会科学出版社,1987.

[79]金应熙.菲律宾史.河南大学出版社,1990

[80]陈佳荣,谢方,陆峻岭.古代南海地名汇释.中华书局,1986.

[81]芭芭拉·沃森·安达娅,伦纳德·安达娅.黄秋迪译.马来西亚史.中国大百科全书出版社,2010.

[82]戈·埃·哈威著,姚梓良.缅甸史.商务印书馆,1973.

[83]申德尔.李腾译.孟加拉国史.东方出版中心,2011.

[84]帕特里克·皮布尔斯.王琛译.斯里兰卡史.东方出版中心,2013.

［85］戴维·K. 怀亚特. 郭继光. 泰国史. 东方出版中心，2009.

［86］谢光. 国与东南亚古代史地丛考. 中国华侨出版社，1997.

［87］伊夫提哈尔·H. 马里克. 张文涛. 巴基斯坦史. 中国大百科全书出版社，2010.

［88］陈重金. 越南通史. 商务印书馆，1992.

［89］贺圣达. 东南亚历史和文化发展：分期和特点. 学术探索，2011 年第 3 期.

［90］Abudul Sahibi. 丝绸之路的发展历程. 大陆桥视野，2009 年第 7 期.

［91］廖国一. 从北部湾出发的汉代海上丝绸之路研究述略. 广西民族研究，2014 年第 5 期.

［92］耿昇. 从法国安菲特利特号船远航中国看 17—18 世纪的海上丝绸之路. 西北第二民族学院学报（哲学社会科学版），2001 年第 2 期.

［93］牛汝极. 地名与新疆多民族风俗. 语言与翻译，1994 年第 3 期.

［94］邓阳阳. 东北亚地区元代海上丝绸之路瓷器贸易. 内蒙古师范大学，2014.

［95］周定国. 东南亚岛国菲律宾重要地名趣谈. 地理教学，2006 年第 8 期.

［96］贺圣达. 东南亚历史和文化发展：分期和特点. 东南亚地区研究学术研讨会论文集，2011.

［97］马勇. 东南亚与海上丝绸之路. 云南社会科学，2001 年第 6 期.

［98］李传江. 东海丝绸之路史疏. 人文中国学报，2013 年 00 期.

［99］牛军凯. 都元、屈都乾与卡蒂加拉考. 海交史研究，2001 年第 2 期.

［100］赵焕庭. 番禺是华南海上丝路最早的始发港——对《关于中国古代"海上丝绸之路"最早始发港研究述评》的意见. 地理科学，2006 年第 1 期.

［101］李琴. 伽色尼王朝衰亡原因探析. 浙江师范大学，2014.

［102］韩振华. 公元六、七世纪中印关系史料考释三则——婆利国考、赤土国考、丹丹国考. 厦门大学学报（哲学社会科学版），1954 年第 1 期.

［103］陈玉霞，高芬. 古代海上丝绸之路与中外交流. 兰台世界，2011 年第 5 期.

［104］赵和曼. 古代中国与柬埔寨的海上交通. 历史研究，1985 年第 6 期.

［105］赵春晨. 关于"海上丝绸之路"概念及其历史下限的思考. 学术研

究，2002 年第 7 期.

[106] 蔡祥梅. 关于"丝绸之路"起点问题的一些认识. 三门峡职业技术学院学报，2015 年第 1 期.

[107] 许永璋. 朱应、康泰南海诸国之行考论. 史学月刊，2004 年第 12 期.

[108] 王二建. 中亚历史上的族群变迁. 学理论，2011 年第 19 期.

[109] 段渝. 中国西南早期对外交通——先秦两汉的南方丝绸之路. 历史研究，2009 年第 1 期.

[110] 牛军凯. 早期华侨聚居地——屈都乾. 华侨华人历史研究，2002 年第 1 期.

[111] 林亦秋. 元磁州窑瓷在印尼满者伯夷王朝的风光. 收藏，2012 年第 21 期.

[112] 牛汝辰. 新疆地名研究史概略. 中国边疆史地研究，1992 年第 4 期.

[113] 赵杰. 新疆多语地名的语言探析. 石河子大学学报（哲学社会科学版），2003 年第 4 期.

[114] 何巍. 新疆地名中的地域文化浅析. 西安社会科学，2010 年第 4 期.

[115] 曾昭璇，曾新，曾宪珊. 西瓯国与海上丝绸之路. 岭南文史，2004 年第 3 期.

[116] 张莉. 西汉楼兰道新考. 西域研究，1999 年第 3 期.

[117] 周伟洲. 西汉长安与南海诸国的交通及往来. 中国历史地理论丛，2003 年第 4 期.

[118] 刘迎胜. 威尼斯——广州"海上丝绸之路"考察简记. 中国边疆史地研究，1992 年第 1 期.

[119] 刘宝. "唐天祐元年佛齐国人贡条"考释. 福建文博，2014 年第 3 期.

[120] 周运中. 唐代南海诸国与广州通海夷道新考. 暨南史学，2014 年 00 期.

[121] 邵艳平. 宋日贸易与海上丝绸之路. 兰州学刊，2014 年第 1 期.

[122] 李军. 宋元"海上丝绸之路"繁荣时期广州、明州（宁波）、泉州三大港口发展之比较研究. 南方文物，2005 年第 1 期.

[123] 孙佳梅. 宋代至清末中国和文莱关系研究. 海南师范大学，2013 年.

[124] 黄纯艳. 宋朝对境外诸国和政权的册封制度. 厦门大学学报（哲学社会科学版），2013 年第 4 期.

［125］李竞成.丝绸之路与西域文化特质.新疆艺术学院学报,2004年第4期.

［126］李明伟.丝绸之路研究百年历史回顾.西北民族研究,2005年第2期.

［127］赵斌.丝绸之路西安至泾川段线路研究.丝绸之路,2009年第6期.

［128］杨镰.丝绸之路史二题.文史知识,2009年第6期.

［129］介永强.丝绸之路上的佛教石窟.丝绸之路,2009年第6期.

［130］陆敬严.丝绸之路考略.同济大学学报(社会科学版),1997年第1期.

［131］孙培良.丝绸之路概述.陕西师范大学学报（哲学社会科学版）,1978年第3期.

［132］牛汝辰.新疆地名概说.中央民族学院出版社,1994.

［133］张双志."掸国"地望新考.云南民族大学学报,2003年第5期.

［134］贺圣达.东南亚文化史研究三题.云南社会科学,1996年第3期.

［135］娄自昌.古代掸国位置考辨——兼论掸国不是傣掸民族建立的国家.文山师范高等专科学校学报,2005年第4期.

［136］（明）陈诚.周连宽校注.中外交通史籍专刊:西域行程记 西域番国志 咸宾录.中华书局,2000.

［137］（唐）义净.王邦维校注.中外交通史籍专刊:大唐西域求法高僧传校注.中华书局,1988.

［138］（唐）玄奘,（唐）辩机.季羡林校注.中外交通史籍专刊:大唐西域记校注.中华书局,2000.

［139］钱伯泉.几个新疆地名的渊源和含义.新疆地方志,1999年第2期.

［140］赵杰.论西域民族的发展过程与结合特性.石河子大学学报（哲学社会科学版）,2002年第4期.

［141］牛汝极.论新疆地名传说的特点、类型和主题.西北民族研究,1993年第1期.

［142］牛汝极.新疆双语地名的类型及其成因.语言与翻译,1993年第3期.

［143］肖纯荣.论早期伽色尼王朝.贵州师范大学,2005年.

［144］赵永复.明代《西域土地人物略》部分中亚、西亚地名考释.历史地理,2006年第00期.

［145］王云度."丝绸之路"始辟于何时.徐州师范学院学报,1984年第1期.

［146］牛汝辰．新疆地名的语言考察．民族研究，1992 年第 2 期．

［147］牛汝辰．新疆地名研究的回顾与展望．新疆师范大学学报（哲学社会科学版），1987 年第 1 期．

［148］韩天琪．海上丝绸路：郑和时代的造船与航海技术．中国科学报，2015 年 1 月 16 日．

［149］《新疆地名大词典》编纂委员会．新疆地名大词典．中国大百科全书出版社，2012.

［150］周伟洲，丁景泰．丝绸之路大辞典．陕西人民出版社，2006.

［151］（北魏）郦道元注．（民国）杨守敬，（民国）熊会贞疏．段熙仲校．陈桥驿复校．水经注疏．江苏古籍出版社，2001.

［152］（汉）许慎．（宋）徐铉校．说文解字．中华书局，2013.

［153］方韬注．山海经．中华书局，2009.

［154］（晋）郭璞注．王世伟校．尔雅．上海古籍出版社，2015.

［155］张永雷，刘丛译．汉书．中华书局，2016.

［156］朱玉麒．徐松与《西域水道记》研究．北京大学出版社，2016.

［157］向达．唐代长安与西域文明．河北教育出版社，2001.

［158］黄文弼．黄烈编．黄文弼历史考古论集．文物出版社，1989.

［159］（明）张岱．袁丽校点．夜航船．汕头大学出版社，2009.

［160］陈竺同．两汉和西域等地的经济文化交流．上海人民出版社，1957.

［161］韩康信．丝绸之路古代居民种族人类学研究．新疆人民出版社，1994 年 7 月．

［162］袁珂校译．山海经校译．上海古籍出版社，1995.

［163］王际桐．地名学概论．中国社会出版社，1993.

［164］曲金良主编．海洋文化概论．中国海洋大学出版社，1999.

［165］张亚辉，张原，陈波等．历史、神化与民族志．民族出版社，2012.

［166］崔明．甘肃"庄浪"地名的历史人类学分析．青海师范大学学报，2015 年第 1 期．

［167］王守春．新疆孔雀名物考与孔雀河名的由来．西域研究．2015 年第 2 期．

［168］刘健．东地中海地区古代民族的交流及其文化特性．

［169］安作璋．两汉与西域关系史．山东人民出版社，1959.

［170］丝绸之路考察队编著.丝路访古.甘肃人民出版社，1982.

［171］王胜三编."一带一路"百问百答.中国社会出版社，2015.

［172］王胜三编."一带一路"历史地名考略.中国社会出版社，2016.

［172］王胜三，陈德正编."一带一路"列国志.中国社会出版社，2016.

［173］徐苹芳.中国境内的丝绸之路.文明论坛，2007年第1期.

［174］王韵.唐代南方丝绸之路与中印佛教文化交流.中华文化论坛，2015年第4期.

［175］周长山.海上丝绸之路概念之产生与流变.广西地方志，2014年第3期.

［176］冯敏.中古时期沿丝绸之路入华佛教僧侣译经活动考述.广西师范大学学报，2013年2月.

［177］介永强.丝绸之路上的佛教石窟.丝绸之路，2009年第6期.

［178］刘禾编.世界秩序与文明等级.三联书店，2016.

责任编辑：邵永忠

封面设计：徐　晖

责任校对：吕　飞

图书在版编目（CIP）数据

一带一路山川志 / 王胜三　主编 . —北京：人民出版社，2017.12（2021.4重印）

ISBN 978–7–01–017999–5

Ⅰ . ①一… 　Ⅱ . ①王… 　Ⅲ . ①山—介绍—中国

②河流—介绍—中国 　Ⅳ . ① K928

中国版本图书馆 CIP 数据核字（2017）第 185405 号

一带一路山川志

YIDAIYILU SHANCHUAN ZHI

王胜三　主编

人 民 出 版 社 出版发行

（100706　北京市东城区隆福寺街 99 号）

北京一鑫印务有限责任公司印刷　新华书店经销

2017 年 12 月第 1 版　2021 年 4 月第 3 次印刷

开本：710 毫米 × 1000 毫米　1/16　印张：23.75　字数：380 千字

ISBN 978–7–01–017999–5　定价：68.00 元

邮购地址　100706　北京市东城区隆福寺街 99 号

网址：http://www.peoplepress.net

人民东方图书销售中心　电话（010）65250042　65289539